एक सर्जन का चिंतन

एक सर्जन बनने के लिए दो विशिष्ट और क्रमबद्ध अवस्थाएँ होनी आवश्यक हैं। पहली है—व्यापक अर्थों में एक सज्जन मनुष्य बनना सीखना और दूसरी है—अपने व्यवसाय की तकनीकी कुशलताओं को सीखना। कुछ लोग कभी भी पहली अवस्था में उत्तीर्ण हो ही नहीं पाते। वे केवल तकनीशियन ही बनकर रह जाते हैं, सर्जन नहीं बन पाते।

—जेम्स प्रीस्टले

सर्जन, मेयो क्लीनिक, अमेरिका

(जिन्होंने सन् 1944 में पैंक्रियाज की पहली सफल सर्जरी की)

❖ ❖ ❖

शल्य-चिकित्सा संबंधी कौशल में अनुचित हस्तक्षेप या तो रोग की प्रक्रिया से संबंधित अज्ञानता के कारण होता है या धन के लालच या फिर निदान में कमी होने के कारण होता है, जिसके फलस्वरूप केवल जटिलताएँ ही बढ़ती हैं।

—सुश्रुत

600 ईसा पूर्व (भारतीय शल्य चिकित्सक)

प्लास्टिक सर्जरी के जनक

एक सर्जन का चिंतन

डॉ. वि.ना. श्रीखंडे

प्रभात प्रकाशन, दिल्ली
ISO 9001:2008 प्रकाशक

प्रकाशक • **प्रभात प्रकाशन**
4/19 आसफ अली रोड,
नई दिल्ली–110002

संस्करण • प्रथम, 2017
मूल्य • पाँच सौ रुपए
मुद्रक • आर–टेक ऑफसेट प्रिंटर्स, दिल्ली

EK SURGEON KA CHINTAN
by Dr. V.N. Shrikhande ₹ 500.00
Published by Prabhat Prakashan, 4/19 Asaf Ali Road, New Delhi-2
e-mail: prabhatbooks@gmail.com ISBN 978-93-86300-68-3

मेरे माता-पिता को समर्पित,
जिन्होंने मुझे सार्थक जीवन जीने के तरीकों को
उदाहरण सहित सिखाया। मेरी पत्नी सुहास को,
जो जीवन-पथ पर सदा मेरे साथ चलती रहीं।
भारत और इंग्लैंड में हजारों ऐसे रोगियों को समर्पित,
जिन्होंने मेरे हाथों पर अपना विश्वास दिखाया।
जन्मजात प्राप्त हुआ कुशलता का वरदान और मेरी नियति,
जो मुझे अनजानी ऊँचाइयों तक ले गई।

सर्जन की प्रार्थना

मुझे काम दें, जब मैं युवा हूँ,
ऑपरेशन टेबल पर कभी कोई अप्रत्याशित मौत न हो,
कभी पेट के अंदर कोई टुकड़ा या चिमटी छूट न जाए,
ऑपरेशन के दौरान कभी ऐसी स्थिति न आए, जहाँ से लौटना संभव न हो,
संकट की हर घड़ी में कोई सहायता अवश्य मौजूद रहे,
मेरे हाथो का कौशल्य मुझे अहँकारी और मगरूर न बनाए,
पैसे के लालच से मैं दूर रह सकूँ,
अदृश्य शत्रु, सूक्ष्माणु कभी मेरे रोगियों को संक्रमित न करें,
मुझे बुद्धि दें कि मैं समय पर काम से विराम ले सकूँ,
और अच्छा स्वास्थ्य दें कि मैं जीवन की संध्या का भरपूर आनंद ले सकूँ,
मुझे अखिरतक विनम्र ही रहने दे।

मेरी प्रार्थना सार्थक हुई

मैं अपने व्यवसाय से धन्य हुआ,
चौरासी की उम्र में मेरी यादें खुशनुमा पलों से भरपूर हैं।
मेरा जीवन उन छुपे खजानों से परिपूर्ण है, जिन पर
कोई अधिकारी कर नहीं लगा सकता; कोई भी कभी जान न सका
कि खुद मैं अपने भाग्य पर हैरान हूँ।

लेखक की कलम से

अठहत्तर वर्ष की आयु में मैंने एक सर्जन और प्रोफेसर तथा शिक्षाविद् के रूप में अपने अनुभवों पर अपनी मातृभाषा में एक किताब लिखी। यह किसी सफल सर्जन की आत्मकथा नहीं थी, बल्कि मैं चाहता था कि समाज मेरे पेशे और उनके स्वास्थ्य के बारे में मेरी जानकारी को साझा कर सके तथा अपना ज्ञान बढ़ा सके। वर्तमान युग में काफी महत्त्व रखता है, जब संतुलित सूचना, अन्यायपूर्ण आलोचना, बहुत अधिक उम्मीदों और आत्म-उन्नति के बीच अंतर करना कठिन होता जा रहा है।

और फिर पाठकों से मिलनेवाली प्रतिक्रिया कल्पना से परे थी। अब तक इस किताब के चार संस्करण और तीन पुनर्मुद्रण हो चुके हैं। इस किताब को 6 प्रतिष्ठित साहित्य सम्मान मिल चुके हैं। दो बार आकाशवाणी पर इसे पढ़ा गया, टेलीविजन और रेडियो पर मेरा इंटरव्यू लिया गया और पूरे राज्य में 28 स्थानों पर लेक्चर के लिए मुझे बुलाया गया। मुझे पाठकों के 300 से अधिक पत्र, इ-मेल मिले तथा फोन कॉल आए। वे चाहते थे कि इस किताब का प्रकाशन सभी भारतीय भाषाओं में किया जाए तथा अध्यायों को स्कूल और कॉलेज के पाठ्यक्रम में शामिल किया जाए। मैं साहित्य के क्षेत्र से नहीं आता, अत: ऐसा कुछ भी नहीं हुआ।

हालाँकि, मैंने अंग्रेजी में ऐसी ही एक किताब लिखी, क्योंकि अनुरोध किया गया था कि अंग्रेजी में भी एक किताब लिखी जाए। दरअसल, भारत और विदेश में रहनेवाले मराठी पाठकों के बच्चे और उनके बच्चों के बच्चे अपनी मातृभाषा को बोल-समझ नहीं पाते। यह दु:ख की बात है। अंग्रेजी में इस पुस्तक का विमोचन अगस्त 2015 में किया गया था।

मई 2016 में मुंबई के टाटा मेमोरियल हॉस्पिटल में कार्यरत मेरे सुपुत्र डॉ. शैलेश श्रीखंडे के अनन्य मित्र रायपुर के सुप्रसिद्ध युवा-उत्साही संपादक व लेखक डॉ. हिमांशु त्रिवेदी ने इस किताब को पढ़ा और जब मैं उनसे मिला तो किताब को लेकर उनके मुँह से एक ही शब्द निकला—अद्भुत। उन्होंने मुझे बताया कि भारत में अंग्रेजी बोलनेवाले

लोग उन लाखों लोगों की तुलना में काफी कम हैं, जो अपने रोजाना के कामकाज के लिए हिंदी का इस्तेमाल करते हैं। ऐसे में बहुमूल्य जानकारी से संपन्न यह किताब उन तक जरूर पहुँचनी चाहिए।

मैं इस बात से खुश हूँ कि डॉ. हिमांशु द्विवेदी ने अपनी भारी व्यस्तताओं में से समय निकालकर, सारी जिम्मेदारी लेकर पुस्तक का संशोधन-परिमार्जन किया, मैं हृदय से उनका आभारी हूँ व इस पुस्तक के हिंदी में प्रकाशित होने का सारा श्रेय उन्हें ही देता हूँ। उन्होंने ही नई दिल्ली के जाने-माने प्रभात प्रकाशन से संपर्क किया, उन्होंने हिंदी में इस पुस्तक के अनुवाद का बेहतरीन काम किया, वह भी रिकॉर्ड समय में। इस प्रकार की कुशलता किसी भी क्षेत्र के लिए असाधारण है। मेरे पास उस भावना को व्यक्त करने के लिए शब्द नहीं हैं, जिसके साथ इस कार्य को पूरा किया गया है। मुझे इस बात की भी विशेष प्रसन्नता है कि भले ही मैं तंदुरुस्त हूँ, फिर भी मैंने 85 की उम्र को पार कर लिया है और स्वाभाविक रूप से थोड़ी जल्दी में हूँ।

प्रस्तावना

लगभग एक महीने पहले डॉ. वि.ना. श्रीखंडे के पुत्र शैलेश, जो स्वयं भी आज टाटा मेमोरियल स्नेत्र, बंबई में हीपैटोबिलिय एवं पैंक्रियाटिक सर्जन हैं, ने मुझे बताया कि उनके पिताजी ने मराठी भाषा में अपनी आत्मकथा लिखी है, जिसके चार संस्करण छप चुके हैं और जिसे अनेक साहित्यिक पुरस्कार भी प्राप्त हुए हैं। अब वरिष्ठ श्रीखंडे ने अंग्रेजी भाषा में एक पुस्तक लिखने का निर्णय कर लिया था और शैलेश ने मुझसे इस नए संस्करण की प्रस्तावना लिखने का अनुरोध किया। मैंने तुरंत ही हामी भर दी, क्योंकि मैं उन विशिष्ट योग्यता प्राप्त लेखक से अनेक वर्षों से परिचित था, जिन्होंने बॉम्बे हॉस्पिटल में सर्जरी विभाग की अध्यक्षता की, जिन्हें किस्से सुनाने में विशेष दक्षता प्राप्त थी और सबसे महत्त्वपूर्ण, जो एक उत्कृष्ट इनसान थे।

मुझे आशा थी कि सर्जरी की दुनिया में सफलता अर्जित करनेवाले एक व्यक्ति की कालानुक्रमिक गाथा पढ़ने को मुझे मिलेगी और फलस्वरूप मैंने सोचा था कि उसे पढ़कर डॉ. वि.ना. श्रीखंडे जैसे महान् डॉक्टर के विषय में कुछ विचार व्यक्त करना आसान होगा।

लेकिन जब मुझे इ-मेल से पुस्तक के पेज प्राप्त हुए तो मेरे आश्चर्य का ठिकाना न रहा। शुक्रवार को मैंने पुस्तक पढ़नी शुरू की और रविवार तक मैं इसे पूरा पढ़ चुका था। तब तक मैं पूरी तरह से सम्मोहित हो चुका था। आरंभिक पृष्ठ पुस्तक के स्वरों को मुखरित करता है, जो आशावाद से युक्त और जीवन के प्रति लेखक की कृतज्ञता के भावों से भरपूर है—युवावस्था में काम, विभिन्न ऑपरेशन के दौरान गलतियों से रक्षा, धन के प्रति उदासीनता और जीवन-संध्या का आनंद लेने के लिए अच्छा स्वास्थ्य। उनकी सभी प्रार्थनाएँ पूर्ण हुईं।

डॉ. विनायक श्रीखंडे का जन्म कोल्हापुर में हुआ था और उनकी आरंभिक शिक्षा बेलगाम में कुछ कठिन परिस्थितियों में एक ऐसे घर में हुई, जहाँ बिजली भी नहीं थी; लेकिन इन सभी कमियों की क्षतिपूर्ति ममतामयी माँ और प्रेरणादायक पिता से होती थी,

जो एक जाने-माने वकील थे और बाद में डिस्ट्रीक्ट और सेशन्स कोर्ट के जज भी बने।

आगे की शिक्षा उन्होंने पुणे के फर्ग्युसन कॉलेज से ली और फिर मेडिकल की पढ़ाई ग्रांट मेडिकल कॉलेज, में की, जहाँ वे कुछ विशेष मुकाम हासिल नहीं कर सके। बाद में वे इंग्लैंड के लिए रवाना हुए, जहाँ उन्होंने एक ही बार में एडिनबर्ग और इंग्लैंड दोनों स्थानों में एफ.आर.सी.एस. की प्रतिष्ठित परीक्षा उत्तीर्ण की। इंग्लैंड में ही रहकर आरामदेह जीवन व्यतीत करने के अनेक प्रस्तावों को ठुकराकर वह अपनी मातृभूमि की सेवा करने के लिए स्वदेश लौट आए और अपने कठिन परिश्रम एवं समर्पण भाव से काम करते हुए वह अपने व्यावसायिक क्षेत्र में सफलता के शिखर तक पहुँच सके।

जापानी दर्शन 'कैजन' का अभ्यास करते हुए उन्होंने प्रतिदिन स्वयं में सुधार करना ही अपना सिद्धांत बनाया था और इसी प्रकार वह एक कुशल सर्जन बने। जब उन्होंने महसूस किया कि दोनों हाथों से काम करना उनके लिए विशिष्ट गुण सिद्ध होगा तो उन्होंने दाँतों में ब्रश करने, शेविंग करने, कपड़े पहनने, कैंची के उपयोग और यहाँ तक कि लिखने के काम में भी बाएँ हाथ का उपयोग करना आरंभ कर दिया।

उन्हें पढ़ने का अत्यधिक शौक था, विशेषकर अच्छे और महान् व्यक्तियों की प्रेरक पुस्तकें। उनका उच्च स्तर की नैतिकता को अपने जीवन में सदैव आत्मसात् करना ही उनका जीवन-दर्शन था; यद्यपि वह एक ऐसे माहौल में रहते और काम करते थे, जहाँ इसके विपरीत ही कायदे थे।

उस समय वह अपने व्यावसायिक जीवन के शीर्ष पर पहुँच गए, जब देश के राष्ट्रपति का ऑपरेशन करने के लिए पूरे देश और संभवत: विदेशों के भी अनेक सर्जनों की तुलना में उनका चयन किया गया। इस विषय में और उनकी अनेक अन्य उपलब्धियों के विषय में भी उनकी विनम्रता अत्यधिक आकर्षक है और अब जबकि उन्हें एक आघात लगा कि हाल ही में उन्हें दो बार हृदय संबंधी बड़ी चिकित्सा करवानी पड़ी, जिसे उन्होंने अत्यधिक गंभीरता के साथ सहन किया।

हालाँकि उनके घटना-प्रधान जीवन पर आधारित इस पुस्तक में उनके जीवन की घटनाओं का कालक्रम के अनुसार वर्णन नहीं किया गया है। पुस्तक में डॉ. श्रीखंडे के रोगियों के अनगिनत किस्से, उनकी जीत और साथ ही उनकी हार के किस्से, भारत ही नहीं, बल्कि पूरे विश्व के अनेक सर्जनों के साथ मुलाकातों के किस्से बिखरे हुए हैं। जीवन एवं खुशियों के विषय में उनके विचार मुझे सर्वाधिक रोचक और प्रेरक लगे। बोलने में अपनी कमी के बावजूद (जो मुझे ज्ञात हुआ कि हकलाहट थी, यद्यपि वह कमी मुझे कभी भी पता नहीं चली) वह एक अत्यधिक प्रभावशाली और लोकप्रिय वक्ता के रूप में प्रसिद्ध हुए हैं।

डॉ. श्रीखंडे की विरासत और उदाहरण हम सबके सामने सिद्ध करते हैं कि किस

तरह से कर्नाटक के एक छोटे से शहर का लड़का अपनी त्रुटिपूर्ण बोली के साथ और किसी विशेष शैक्षिक उपलब्धि के अभाव में भी अपने कठोर परिश्रम, स्पष्ट रूप से निर्धारित उद्देश्यों के साथ एक अत्यंत प्रतिस्पर्धी व्यवसाय के शीर्ष में चमकते सितारे के रूप में स्थापित होता है और फिर भी नैतिकता, दयालुता और करुणा से भरपूर बना रहता है।

दार्शनिक किस्सों से भरपूर और आकर्षक यह आत्मकथा एक ऐसे जीवन को प्रस्तुत करती है, जिस पर मेडिकल क्षेत्र के उनके सभी सहकर्मियों को और साथ ही समस्त देशवासियों को अभिमान का अनुभव होना चाहिए।

—समीरन नंदी

अध्यक्ष, सर्जिकल जठरांत्र विज्ञान
एवं अंग प्रत्यारोपण, सर गंगाराम अस्पताल
मुख्य संपादक, करेंट मेडिकल रिसर्च एंड प्रैक्टिस

इस पुस्तक में

"यदि मैं एक फाइटर पायलट न बनता तो मैं अवश्य ही एक सर्जन बनता।" यह वक्तव्य यूँ ही नहीं दिया है। सन् 1964 में मैंने उपयुक्त विषयों का चयन किया था, जिससे मैं एम.बी.बी.एस. की प्रवेश परीक्षा में सम्मिलित हो सकूँ। जिस व्यवसाय से मैं पीछे हट गया, उसमें सामन्य रूप से मेडिसिन और विशिष्ट रूप से सर्जरी ही मेरे विकल्प थे। इसका यह तात्पर्य नहीं कि मेरी दृष्टि में यह योग्यता किसी भी प्रकार से कम थी, जिसके कारण मैंने मिलिट्री एविएशन किया। सच्चाई यह नहीं थी कि मुझे मेडिसिन से कम प्यार था; लेकिन हाँ, निश्चित रूप से मुझे उड़ने से अत्यधिक प्यार था।

इस पृष्ठभूमि के साथ आप मेरे आश्चर्य की कल्पना कर सकते हैं कि डॉ. वि.ना. श्रीखंडे ने इस पुस्तक के लिए मेरी टिप्पणी माँगी। कुछ घबराहट-मिश्रित अभिमान का अनुभव करते हुए मैंने उस प्रस्ताव को स्वीकार कर लिया और इस कार्य के लिए आमंत्रित किए जाने को अपने लिए सम्मान का विषय माना, क्योंकि वह एक पारंगत व्यावसायिक होने के साथ ही एक उच्च कोटि के व्यक्ति भी हैं।

यह मेरा सौभाग्य है कि मैं उन्हें उनके डॉक्टरी पेशे से बाहर भी जानता हूँ और अपने व्यावसायिक जीवन के शीर्ष पर पहुँचने के बावजूद उनकी विविध रुचियों और ज्ञान अर्जित करने की भूख ने मुझे सदैव अचंभित किया है। मूल रूप से वह एक अन्वेषक हैं। वह अपने आसपास की हर चीज से सीखते हैं। अन्य व्यवसायों के विषय में और अन्य व्यावसायिकों की जीवन-यात्रा को परिभाषित करनेवाले उनके जीवन के विविध पक्षों में आनेवाले तनावों और दबावों के विषय में भी वह वास्तव में जानकारी प्राप्त करने के इच्छुक रहते हैं। आज भी वह खुद को इसी रूप से शिक्षित कर रहे हैं।

इस उल्लेखनीय पुस्तक को पढ़ते समय उत्कृष्टता की राह में लेखक के सामने आनेवाली वास्तविक घटनाओं से पाठक परिचित हो सकेंगे। ये ऐसी घटनाएँ थीं, जिन्होंने या तो उनके चरित्र का निर्माण किया या उनके विचारों की पुष्टि की; जैसे—व्यक्ति की अपनी क्षमताओं पर विश्वास, अन्य लोगों की आवश्यकताओं के प्रति संवेदनशीलता,

आचरण, ईमानदारी और विनम्रता से संबंधित व्यक्तिगत सत्यनिष्ठा।

इस असाधारण पुस्तक के पृष्ठों में लेखक ने कुछ अत्यधिक गंभीर संदेश दिए हैं। यह साथी व्यावसायिकों के लिए पांडित्यपूर्ण उपदेशों के समान है; जैसे—मैंने अपने छात्रों को बताया कि यदि किसी रोगी पर कोई उपचार असर नहीं करता है तो दवाएँ न बदलें, निदान ही बदल दें। उनकी शिक्षा में अतिरिक्त आयाम था। उनके ही शब्दों में मैंने केवल सर्जरी ही नहीं पढ़ाई, मैंने उन्हें एक बेहतर इनसान बनने की शिक्षा दी।

अध्याय 10 अत्यंत कष्टदायी भी है और अत्यधिक प्रेरक भी। यह हमें बताता है कि किस तरह से जीवन द्वारा बिछाई गई बिसात पर खराब दाँव खेलने के परिणामस्वरूप होनेवाली निराशा के साथ भी हम काम कर सकते हैं; किस तरह से हमें बिना संकोच अपनी कमजोरियों को स्वीकारना चाहिए और उन्हें परतों के नीचे छुपाकर रखने के प्रयास नहीं करने चाहिए।

एक लंबी, विकट, तनाव से भरपूर, चुनौतीपूर्ण, कभी-कभी निराशाजनक, लेकिन अंततः अत्यधिक संतोषजनक और प्रसन्नतादायक यात्रा में पाठक डॉ. श्रीखंडे के साथ-साथ चलेंगे। इसमें कठिनाइयों पर साहस की विजय है, निराशा पर आशा की और वास्तव में स्वार्थ पर सेवा की विजय निहित है। पाठक को आकस्मिक लाभ के विषय में जानकारी होगी और साथ ही अनुभव होगा कि यदि हमारे उद्‌देश्य अच्छे हैं तो कैसे हमारे प्रयासों को फलीभूत करने के लिए ब्रह्मांड तदनुकूल परिस्थितियों का निर्माण भी करता है; अंतर्दृष्टि की जानकारी होगी कि यह कोई लॉटरी या साधारण अनुमान ही नहीं होता। यह हमारे भीतर से आता है, जो गहन चिंतन और अनुभव का परिणाम होता है।

इन तीन दशकों में, जब मैं डॉ. श्रीखंडे से परिचित हूँ और उनका सम्मान करता रहा हूँ, मैंने उनके चरित्र में कुछ विशिष्टताएँ महसूस कीं, जिनके विषय में मेरा विश्वास है कि उनकी प्रवृत्तियों के निर्माण में उनकी अहम भूमिका थी और वास्तव में इन विशेषताओं ने उनके कार्यक्षेत्र में एक असाधारण व्यावसायिक के रूप में उनके विकास में महत्त्वपूर्ण योगदान दिया है।

उदाहरण के लिए, व्यक्तिगत रूप से आहत होने पर उन्हें निश्चित रूप से अपमानजनक अनुभव हुआ और वे निश्चय करते हैं कि वे स्वयं कभी किसी के साथ ऐसा व्यवहार नहीं करेंगे। यह एक विकसित मस्तिष्क का संकेत देता है, जो अपनी क्षमताओं और सीमाओं के ज्ञान में सुरक्षित है। वह अपनी सफलता का श्रेय भाग्य को देते हैं और वास्तव में इस प्रकार से भाग्यशाली होने के लिए अत्यधिक आभारी महसूस करते हैं। विनम्रता का वास्तविक मानवीयकरण।

सर्जन की अनुभूतियाँ आंशिक रूप से ए.जे. क्रोनीन हैं, आंशिक रूप से ग्रे की अनेटॉमी और रोचक ढंग से आंशिक रूप से दर्शन है, आंशिक रूप से भारतीय नैतिक

शिक्षा है और आंशिक रूप से आध्यात्मिकता भी है। समुचित रूप से जिए गए एक जीवन का यह एक विनम्र वर्णन है, जो हमारे जीवन के चारों ओर मौजूद शोर के बावजूद एकाग्र बने रहने के लाभों को सरल भाषा में समझाता है।

मेरा विश्वास है कि सामर्थ्य, विनम्रता, करुणा और संवेदनशीलता परस्पर संबंधित हैं और अकसर सहक्रियाशील तरीके से एक-दूसरे को पोषित करते हैं। ये सारी विशिष्टताएँ एक-दूसरे का स्तर बढ़ाने में सहायक होती हैं। मैं निश्चित रूप से कह सकता हूँ कि डॉ. श्रीखंडे की कहानी उस विश्वास की सकारात्मक कहानी है, जहाँ पाठकों को इस विषय पर अनेक प्रकार के ज्ञान मिलेंगे कि किस प्रकार से जीवन को समुचित ढंग से जिया जा सकता है और किस प्रकार से वास्तविक सफलता को मापा जा सकता है। यह सबकुछ इस पुस्तक में निहित है।

खुद को इस प्रकार से अनावृत्त करने के लिए हमें लेखक के प्रति अनुगृहीत होना चाहिए, जिससे उनकी अब तक की असाधारण जीवन-यात्रा से दूसरे भी लाभान्वित हो सकें।

डॉ. वि.ना. श्रीखंडे को निश्चित रहना चाहिए कि वह अपने पिताजी के स्वप्न को पूर्ण करने में सफल रहे हैं। वह सामान्य लोगों के असामान्य सर्जन रहे हैं।

ईश्वर करे, उन्हें वैसे लोगों में वृद्धि हो।

जय हिंद!

—राकेश शर्मा

विंग कमांडर (सेवानिवृत्त)

अशोक चक्र

कुनूर, नीलगिरि

(राकेश शर्मा, टेस्ट पायलट एवं अंतरिक्ष में जानेवाले प्रथम (एवं एकमात्र) भारतीय हैं, जिन्होंने स्पेस स्टेशन 'सैल्यूट 7' में अप्रैल 1984 में पृथ्वी के चारों ओर चक्कर लगाया।)

मेरी बात

एक करोड़ से अधिक की जनसंख्यावाले शहर बंबई में मैंने पाँच दशक तक एक सर्जन के रूप में जीवन व्यतीत किया है। मैं खुशकिस्मत था कि मुझे ग्रांट मेडिकल कॉलेज और जी.टी. अस्पताल में सर्जरी के प्रोफेसर के रूप में काम करने का मौका मिला, जो विश्वविद्यालय स्तर की शिक्षा देनेवाले अस्पताल हैं, जहाँ हमारे पास पूरे देश से निर्धन रोगियों की भीड़ आती थी, क्योंकि वहाँ उपचार नि:शुल्क था और उत्कृष्ट चिकित्सा के लिए बंबई पूरे देश में प्रसिद्ध था। चार दशक से भी अधिक समय तक मुझे स्नातक और स्नातकोत्तर छात्रों को प्रशिक्षित करने का अवसर मिला; क्योंकि बाद में मेरी नियुक्ति बॉम्बे हॉस्पिटल इंस्टीट्यूट ऑफ मेडिकल साइंसेज (देश का एक प्रमुख निजी अस्पताल, जहाँ अनेक शीर्षस्थ डॉक्टरों, जो शैक्षणिक अस्पतालों में प्रोफेसर भी थे, को अवैतनिक रूप से नियुक्त किया गया था) में कंसल्टेंट सर्जन के रूप में हो गई थी। लगभग अस्सी वर्ष की आयु में मैं बंबई अस्पताल से जनरल सर्जरी के प्रमुख के पद से सेवानिवृत्त हुआ।

साथ ही, अपने आरंभिक वर्षों में मुझे डॉ. जी.एम. फड़के के निजी कॉलनी नर्सिंग होम में काम करने का अवसर मिला, जहाँ मुझे अपनी निजी प्रैक्टिस जारी रखने के उत्कृष्ट अवसर मिले। यहाँ काम संबंधी नैतिकता और विचारधारा मेरी विचारधारा से बहुत मिलती-जुलती थी। इसके फलस्वरूप अंतत: वर्ष 1977 में मैं अपना निजी क्लीनिक 'श्रीखंडे क्लीनिक' खोलने में सफल हुआ। यह एक ऐसी संस्था थी, जो छोटा, लेकिन सुंदर के सिद्धांत पर तैयार की गई थी और जिसने मेरे उच्च कोटि के व्यवसाय में सर्वोत्तम परंपराएँ जारी रखीं।

मैं सौभाग्यशाली था कि मुझे अनेक सर्जन साथियों से मुलाकात करने का अवसर मिला, जिनमें से अधिकांश विदेशों से थे और उनके द्वारा ऑपरेशन किए जाते समय मुझे पर्यवेक्षक के रूप में उपस्थित रहने का अवसर मिलता।

रोग माध्यम बने कि मेरे जीवन में अनेक अजनबी लोग आए और उनमें से कुछ

मेरे मित्र बन गए। जीवन कैलिडोस्कोप की तरह रहा। प्रत्येक नए अनुभव के साथ संसार को देखने की मेरी अवधारणा बदलती रही, यद्यपि छोटी ही मात्रा में। जीवन यात्रा की यह संपन्नता एक सर्जन के जीवन में आनेवाले तनाव और अति व्यस्त दिनचर्या की क्षतिपूर्ति करती रही।

एक सर्जन के रूप में मेरे जीवनकाल में अनेक लोग चाहते थे कि मैं एक पुस्तक लिखूँ। हालाँकि लिखना एक श्रम-साध्य कार्य होता है, जिसमें अत्यधिक समय लगता है और मेरे पास समय ही नहीं था। एक सर्जन के जीवन का यह विरोधाभास ही है कि या तो उसके पास काम कम होगा, जिसके फलस्वरूप लिखने के लिए अनुभव भी कम होंगे या फिर काम का अत्यधिक बोझ और बहुत अधिक अनुभव होंगे, लेकिन लिखने के लिए समय नहीं होगा।

78 वर्ष की उम्र में अंततः मुझे लिखने के लिए समय मिला और मैंने अपनी मातृभाषा मराठी में एक पुस्तक लिखी। यह आत्मकथा नहीं होने वाली थी। इसमें मैं अपने रोगियों के रोचक रहस्य नहीं बताने वाला था। एक सर्जन के रूप में अपनी सफलता का प्रचार करने के लिए मैं यह पुस्तक नहीं लिख रहा था। यह तो बस, उन बातों का विवरण था, जो जीवन ने मुझे सिखाई थीं। मैं मानवीय नाटक का एक भाग ही था। एक ऐसा नाटक, जहाँ मुझे अभिनेताओं को चुनने की, पटकथा लिखने की या अंत जानने की कोई स्वतंत्रता नहीं थी। इसलिए मैंने इस बात की कल्पना कभी भी नहीं की थी कि मैं लिख सकता था अथवा मैं कभी पूरी किताब लिख सकता हूँ, जो 12 सप्ताह के लिए बेस्टसेलर बन जाएगी और 3 वर्ष के भीतर जिसके 4 संस्करण और 2 पुनःप्रकाशन होंगे, जिसे 6 साहित्यिक पुरस्कार प्राप्त होंगे और जिसकी ऑडियो बुक का संस्करण आकाशवाणी पर सुनाया जाएगा। इस प्रकार की अनपेक्षित और प्रभावशाली प्रतिक्रिया आह्लादित और भावुक कर देनेवाली थी।

मेरे पास एक प्रशंसक का फोन आया। उन्होंने कहा, "मैं 94 वर्ष का हूँ और नेत्रहीन हूँ, लेकिन आकाशवाणी पर प्रसारित आपकी पुस्तक को सुनने के बाद मैं आपके पूरे जीवन को देख सकता हूँ।" मेरे पास ऐसे अनगिनत लोगों के पत्र आए, जिनसे मैं कभी भी मिला नहीं था। युवा पाठकों के विचार मेरे लिए और भी अधिक हृदयस्पर्शी थे, जिनके विषय में मैं सोचता था कि उन्हें किसी बुजुर्ग के अनुभवों को पढ़ने में अधिक रुचि नहीं होगी।

मुझे साहित्य के क्षेत्र के सम्माननीय व्यक्तियों से भी पत्र प्राप्त हुए। मराठी के प्रसिद्ध लघुकथा लेखक के.जे. पुरोहित ने लिखा—"आपकी पुस्तक मराठी भाषा की सर्वश्रेष्ठ आत्मकथाओं में से एक मानी जाएगी। यह सभी व्यवसायों के, सभी उम्र के, सभी समय के लोगों का मार्गदर्शन करेगी।"

प्रतिष्ठित मराठी प्रकाशक मुकुंदराव किर्लोस्कर ने लिखा—"आत्मकथाओं में

मुझे विशेष रुचि रही है। लेकिन अधिकांश को मैं पूरा नहीं पढ़ पाया, क्योंकि उनमें अरुचिकर, अप्रासंगिक विवरण शामिल था। वस्तुत: डॉक्टर, एडवोकेट, अधिकारियों आदि को अपने व्यवसाय के अतिरिक्त एक सामाजिक दृष्टिकोण भी रखना चाहिए। लेकिन मैंने जितनी भी आत्मकथाएँ पढ़ीं, उनमें यह पक्ष उपस्थित नहीं था। आपकी पुस्तक एक अपवाद है, इतनी अधिक कि आपकी पुस्तक पढ़ते समय मुझे चिकित्सा के क्षेत्र की इतनी जानकारी प्राप्त हुई कि मैं आधा डॉक्टर ही बन गया। मैंने आपकी पुस्तक पर नोट्स रखने शुरू कर दिए थे, जो कि एक सामान्य प्रथा है। लेकिन यह कार्य मैंने आधे में ही छोड़ दिया, क्योंकि यहाँ नोट्स खुद ही एक पुस्तक का रूप धारण करने लगे थे। मैंने हर व्यक्ति से इस पुस्तक को पढ़ने का अनुग्रह किया है। व्यवसाय से आपका अनुभव, आपकी सामाजिक जागरूकता, कृतज्ञता और सत्यनिष्ठा के जिन भावों के साथ आपने काम किया, सभी मेरे जीवन का भी निरूपण करते हैं। यदि मैंने कोई पुस्तक लिखी होती तो अंतिम अध्याय आपकी पुस्तक के अंतिम अध्याय जैसा ही होता। एक उत्कृष्ट आत्मकथा और मराठी साहित्य में आपके विशिष्ट योगदान के लिए मैं आपका अभिनंदन करता हूँ।

जीवन आश्चर्यों से भरा हुआ है। कोई भी व्यक्ति इससे अधिक संतोष की आशा क्या कर सकता है?

वर्ष की उम्र में मैंने एक सर्जन बनने का निर्णय कर लिया था। 25 वर्ष की उम्र में मुझे इस बात का प्रबल विश्वास हो गया था कि मेरा निर्णय सही था। 40 की उम्र में मैंने पहली बार सही अर्थों में सफलता के स्वाद का अनुभव किया। लेकिन इस बात की मैंने कभी कल्पना भी नहीं की थी कि 78 वर्ष की उम्र में मैं एक लेखक बन जाऊँगा। इन बीच के वर्षों में अर्जित किए गए मेरे नए ज्ञान और अनुभवों पर आधारित यह एक नई प्रस्तुति है।

> *''प्रत्येक क्षेत्र में कुछ श्रेष्ठ अथवा प्रशंसनीय कार्य करनेवाले सभी ईमानदार और विश्वसनीय लोगों का यह दायित्व है कि वे अपने जीवन की घटनाओं को अपने ही शब्दों में दर्ज करें। लेकिन उन्हें यह कार्य 40 वर्ष की उम्र में पहुँचने से पहले नहीं करना चाहिए।''*

—बेन्वेनूटो सेलिनी

(3 नवंबर, 1500 से 13 फरवरी, 1571
पुनर्जागरण युग के स्वर्णकार, चित्रकार, मूर्तिकार, सैनिक एवं संगीतज्ञ)

50 वर्ष पहले मैं उस शहर में आया, जिसे उस समय बंबई के नाम से जाना जाता था, जो एक ऐसा शहर था, जो मेरे उस छोटे से नगर से 150 गुना बड़ा था, जहाँ

मैंने अपना बचपन बिताया था। बंबई, जिस नाम से इसे आज जाना जाता है, एक ऐसा शहर है, जहाँ प्रभावशाली और धनाढ्य लोगों की प्रभुता है। यद्यपि बंबई का एक अन्य पक्ष भी है, जो भारत का दूसरा सर्वाधिक बड़ा शहर है और हमारे देश का सर्वाधिक उदारचरित, सहनशील महानगर है। यह न केवल साधारण परिवेश से आनेवाले लोगों को बड़ा स्वप्न देखने के लिए प्रेरित करता है, बल्कि उन स्वप्नों को पूरा करने में भी सहायता करता है, चाहे वे स्वप्न कितने ही असंगत क्यों न प्रतीत हों।

प्रत्येक व्यवसाय का एक सामाजिक विचार भी होता है; लेकिन सामाजिक मुद्दों में रुचि रखने के साथ ही मानवीय प्रवृत्ति रखने का कार्य सर्वप्रथम घर से आरंभ होता है। हम अपने वंशाणुओं को नहीं बदल सकते, लेकिन चरित्र उन्नत कर सकते हैं। मैं अपने माता-पिता से अत्यधिक प्रभावित था। मेरे पिताजी एक वकील, कानून के ज्ञाता थे, जो बाद में न्यायाधीश बने। उन्होंने मुझमें कठोर परिश्रम, सादगी, ईमानदारी के गुणों के साथ ही निर्धन एवं सुविधाओं से वंचित रह गए लोगों के लिए समर्पण भाव से उत्कृष्ट कार्य करने और तदनुभूति के भाव रखने के मूल्यों का बीजारोपण किया था। सर्जन बनने का विकल्प मैंने स्वयं चुना था। मैं भलीभाँति जानता था कि अपनी कष्टप्रद भारी जिह्वा के बावजूद प्रकृति ने मुझे कुशल हाथों का उपहार दिया था। अपनी इस संपदा का अपने सतत प्रयासों से परिमार्जन करते हुए मेरे सकारात्मक गुणों के प्रति मेरी जागरूकता ने मेरी सहायता की और कमियों को पूरी तरह से अप्रासंगिक बना दिया। प्रत्येक यात्रा का आरंभ एक परिकल्पना से होता है और मेरी परिकल्पना थी एक अच्छा सर्जन बनना। मेरे पिताजी चाहते थे कि मैं सामान्य लोगों का असामान्य सर्जन बनूँ। उन्हें इस बात की प्रसन्नता थी कि मैं उनकी अपेक्षाओं के अनुरूप ही बना रहा। सन् 1994 में जब मुझे तत्कालीन राष्ट्रपति डॉ. शंकर दयाल शर्मा का ऑपरेशन करने के लिए बुलाया गया था, उस समय मुझे उनकी बहुत याद आई।

नियति ने मुझे एक सफल पद प्राप्त करने में सहायता की, ऐसा पद और जीवन जिसकी मैंने कभी भी कल्पना भी नहीं की थी। मुझे आशा है कि यह पुस्तक भावी सर्जनों को इस बात का अनुभव कराने में सहायक बनेगी कि वास्तव में यह व्यवसाय क्या है। सर्जरी में कोई रन नहीं बनाने हैं, कोई मैच नहीं जीतने, कोई रिकॉर्ड नहीं तोड़ने और न ही किसी भी पर्वत के शिखर पर पहुँचना है। यह एक लंबी यात्रा है, जिसमें सतत सुधार और नवीकरण को आदत में शामिल कर लेना चाहिए। इंग्लैंड में मैंने जो चार वर्ष व्यतीत किए, जिसने मुझे ऐसी अनेक बातें सिखाईं जिनसे मेरे दृष्टिकोण को व्यापकता मिली, उनमें से एक है—ब्रिटिश लोगों में व्याप्त निष्पक्षता के भाव, जिसका वे अपने दैनिक जीवन में भी दृढ़ता से पालन करते हैं। मैंने सदा नैतिक सर्जरी को अपनाया और अनावश्यक जाँच एवं सर्जरी संबंधी परीक्षणों से बचता रहा। मैंने यह अनुभव किया

कि कोई भी सर्जन, जिसके हाथों में हुनर हो और अपने रोगी के स्वास्थ्य का विचार जिसके मन में सर्वोपरि हो, हमेशा ही उत्कृष्टता की पराकाष्ठा पर पहुँचेगा। शोषण और अनैतिक चीजें उसी समय तंत्र में प्रवेश करने लगती हैं, जब रोगी का हित सर्वाधिक महत्त्वपूर्ण नहीं रह जाता। लगातार कठिन परिश्रम के साथ ही एक सर्जन को जीवन की कठिनाइयों, निराशाओं, असफलताओं और अस्वीकृतियों को भी स्वीकार करना चाहिए। यह व्यवसाय उस रोगी के हित को समर्पित है, जिसने अपनी सबसे बहुमूल्य संपत्ति अपना जीवन ही एक सर्जन के हाथों में सौंप दिया है।

संभव है, पुस्तक में दिए गए कुछ उद्धरण और संदर्भ परिशुद्ध न हों। मैं इतिहास का छात्र नहीं हूँ और न ही मैंने इस पुस्तक के लिए कोई विशेष शोध किया है। ये मेरे चौरासी वर्ष के जीवनकाल में अर्जित की गई धारणाएँ और अनुभव हैं।

हम सभी भारत से अन्य देशों की ओर भारतीय प्रतिभा पलायन से अवगत हैं। हम जानते हैं कि जिन्हें बेहतर अवसर मिले, उन्होंने वास्तव में वे अवसर लिये और सफलता प्राप्त की। हम ऐसे भी अनेक लोगों के विषय में जानते हैं, जो भारत वापस आए और देश के विकास तथा उसकी प्रतिष्ठा को बढ़ाने में उल्लेखनीय योगदान दिया। इस तरह की सभी कहानियाँ युवाओं को प्रेरित करने की प्रबल क्षमता रखती हैं, जिससे वे व्यवसाय के अगाध सागर में अपने लिए सही दिशा चुन सकें। मुझे आशा है कि एक छोटे से शहर से आकर भारत में अनेक युवा सर्जनों के लिए आदर्श बन जानेवाले एक संकोची लड़के की इस कहानी से कुछ लोग प्रेरित होंगे।

मेरी कहानी प्रस्तुत है।

—डॉ. वि.ना. श्रीखंडे

आभार

इस पुस्तक को लिखना मेरे लिए अत्यधिक कठिन और जटिल ऑपरेशन रहा है। यद्यपि मुझे बहुत से लोगों से सहायता एवं मार्गदर्शन प्राप्त हुआ, जिनके प्रति मैं आभार व्यक्त करना चाहता हूँ। श्रीमती भारती आनंद, श्रीमती अंजलि सावंत, सुश्री अर्मेटी मोटाफ्राराम और श्रीमती स्वप्ना शिंदे से मुझे अत्यधिक उत्साहवर्द्धक सहयोग प्राप्त हुआ, जिन्होंने इस पुस्तक पर काम करने के लिए मेरे साथ अनेक घंटों तक काम किया।

मैं श्रीमती मृदुला जोशी के प्रति आभारी हूँ, जिन्होंने मेरी पुस्तक के एक अंश को संपादित करने के लिए अपनी सहज और सहर्ष स्वीकृति दे दी। मेरे घर में ही अपनी पोती अनुश्री नांदे के रूप में मेरे पास एक कुशल संपादक होने के कारण मुझे विशेष लाभ मिला। साथ ही मेरा सौभाग्य है कि मेरे दामाद आनंद और मेरी बेटियों सीमा एवं वासंती से मुझे अनेक रचनात्मक सुझाव एवं बहुमूल्य टिप्पणियाँ मिलीं।

अपनी पच्चीस वर्ष पुरानी सचिव सुश्री थेलमा सिक्वेरा के प्रति भी मैं अत्यंत आभारी हूँ। श्री संतोष समल के प्रति भी मैं ह्रदय से आभारी हूँ, जिन्होंने कुछ अत्यधिक पुरानी तसवीरों को स्कैन करके उन्हें पुस्तक के लिए सुलभ कराया।

अपनी अत्यंत व्यस्त दिनचर्या के बावजूद पुस्तक के लिए सहायक सुझावों एवं सहयोग देने के लिए मैं श्री हर्षा भटकल एवं श्री रामदास भटकल के प्रति कृतज्ञता का अनुभव करता हूँ। अंत में, मेरे व्यावसायिक जीवन में अपना बहुमूल्य सहयोग देने के लिए मैं अपने हजारों रोगियों, उनके परिवारों, नर्सों, डॉक्टरों और अस्पताल के स्टाफ के प्रति मैं अपना आभार व्यक्त करना चाहता हूँ। यह पुस्तक मेरे निजी अनुभवों पर आधारित है और विवरणों के दौरान मैंने कुछ परिवर्तन किए हैं, ताकि मेरे रोगियों की पहचान गोपनीय बनी रह सके।

अनुक्रम

	लेखक की कलम से	*7*
	प्रस्तावना	*9*
	इस पुस्तक में	*13*
	मेरी बात	*17*
	आभार	*23*
1.	राष्ट्रपति का ऑपरेशन	27
2.	बचपन	35
3.	कॉलेज की शिक्षा	51
4.	सर्जरी में प्रशिक्षण	60
5.	इंग्लैंड के लिए प्रस्थान	66
6.	प्रतीक्षा का समय	113
7.	जिलों का भ्रमण	129
8.	वार्ड के चक्कर	134
9.	श्रीखंडे क्लीनिक	146
10.	हकलाहट पर विजय	149
11.	परिवर्तन का बिंदु	157
12.	यादगार प्रकरण	160
13.	डॉक्टर, आपको मुझे रोग-मुक्त करना होगा!	180

14. सर्जरी में तनाव 191
15. निपुणता और सर्जन 201
16. मेरी परदेश यात्राएँ 204
17. मुझमें मौजूद शिक्षक 220
18. रोग अजनबियों को मेरे जीवन में लाए 228
19. क्या मैं किस्मत पर विश्वास रखता हूँ? 245
20. मृत्यु का सामना करने में साहस 257
21. मेरा परिवार 261
22. अंतिम मोड़ के साथ 265

परिशिष्ट
सर्जन, शिक्षक, दार्शनिक जिन्होंने हमारे जीवन को स्पर्श किया 270

अध्याय 1

राष्ट्रपति का ऑपरेशन

सन् 1994 में मुझे तत्कालीन राष्ट्रपति डॉ. शंकर दयाल शर्मा का ऑपरेशन करने का विशिष्ट सम्मान प्राप्त हुआ। मैं राज्यपाल और राज्य के अन्य वी.आई.पी. लोगों के स्वास्थ्य की देखभाल करनेवाले चिकित्सा विशेषज्ञों के पैनल में था। राष्ट्रपति जी को बड़ा हर्निया था। 20 वर्ष पहले किया गया उनका ऑपरेशन संक्रमण के कारण खराब हो चुका था। एक और सर्जरी की संभावनाओं से डरकर वे उसे टालते रहे। लेकिन तकलीफ इस हद तक बढ़ चुकी थी कि अब ऑपरेशन में और ज्यादा देरी नहीं की जा सकती थी।

मैं उनके भाई, जो भोपाल के एक आंतरिक चिकित्सा विशेषज्ञ थे, के पित्ताशय की पथरी का ऑपरेशन कर चुका था। राष्ट्रपतिजी को लगता था कि मैं केवल पित्ताशय और अग्न्याशय रोगों के क्षेत्र का ही विशेषज्ञ था, हर्निया का नहीं। उनके निजी फिजिशियन बॉम्बे हॉस्पिटल के हृदय रोग विशेषज्ञ डॉ. बी.के. गोयल मेरे तीन दशक पुराने सहकर्मी थे, इसलिए उपचार को अंतिम रूप देने के लिए हमें दिल्ली बुलाया गया।

हम सुबह जल्दी ही फ्लाइट से बंबई से दिल्ली पहुँचे। दिल्ली हवाई अड्डे पर एक विशेष चारदीवारी में एक गाड़ी हमारा इंतजार कर रही थी, जो हमें राष्ट्रपति भवन ले गई, जहाँ पूरी सुरक्षा के साथ प्रथम तल पर ले जाए जाने से पहले हमें सलाम कर रहे वरदीधारी पंक्तिबद्ध लोगों की कतार के सामने से होकर गुजरे। हमें एक हॉल में ले जाया गया, जहाँ राष्ट्रपति, देश की प्रथम महिला और उनके कुछ करीबी रिश्तेदार हमारा इंतजार कर रहे थे।

उनकी उम्र 70 वर्ष के पार हो चुकी थी। हर्निया बहुत बड़ा था। सामान्य एनेस्थीसिया देने में जोखिम था और एपीड्यूरल एनेस्थीसिया देना संभव नहीं था। (एपीड्यूरल एनेस्थीसिया का अर्थ था—पीठ के निचले हिस्से में इंजेक्शन से एनेस्थीसिया देकर एक सीमित हिस्से को सुन्न कर देना।)

मुझे लगा कि मैं लोकल एनेस्थीसिया से यह मामला सँभाल सकता था। यह वह तकनीक थी, जिसका प्रयोग मैंने सन् 1955 से लेकर अपने पूरे कैरियर में किया था। सवाल-जवाबों के एक विस्तृत सत्र के बाद हमने सर्जरी की तारीख और अस्पताल तय किए।

मुझे रिहायशी हिस्से में एक सुइट दिया गया था, जिसकी खिड़की से बाहर के हरे-भरे बगीचे का खूबसूरत नजारा मिलता था। आसपास कोई आवाज या आवाजाही नहीं थी, सिवाय सशस्त्र सुरक्षा गार्ड्स के। मुझे नहीं लगता कि आराम करने के लिए मुझे इससे बेहतर जगह मिल सकती थी। पिछली रात मैंने एक आपातकालीन ऑपरेशन किया था और सोचा था कि शाम को बंबई वापसी की फ्लाइट पकड़ने से पहले मैं सो लूँगा। लेकिन मैं सो नहीं सका क्योंकि मेरा दिमाग अतीत के गलियारों में भटकता रहा, जहाँ मुझे एक छोटे से कस्बे से की गई अपनी मामूली शुरुआत, अपना शरमीला और संकोची व्यक्तित्व, बिना पेशेवर वित्तीय और ढाँचागत मदद के किया गया अपना शुरुआती संघर्ष याद आता रहा। मुझे अपने पिताजी की याद आई, जो चाहते थे कि मैं सामान्य लोगों का असामान्य सर्जन बनूँ। इस पृष्ठभूमि में मौजूदा परिस्थितियाँ आश्चर्यजनक रूप से स्वप्निल लगती थीं। मुझे देश के प्रथम नागरिक के उपचार के लिए चुना गया था। मैं अपने भाग्य के प्रति अति कृतज्ञ महसूस कर रहा था।

ऑपरेशन 4 अप्रैल, 1994 को होना निश्चित हुआ था और मैं एक दिन पहले नई दिल्ली पहुँच गया था। तब तक वी.आई.पी. उपचार इतनी नई बात नहीं रह गई थी। मेरे साथ मेरे पूर्ण विश्वासपात्र सहकर्मी डॉ. किशोर आद्यनाथइया, के.ई.एम. (KEM) अस्पताल से जुड़े जी.एस. मेडिकल कॉलेज के प्रोफेसर और तीन दशकों से मेरे एनेस्थेसिस्ट डॉ. बी.एस. घारपुरे और निस्संदेह कुछ चिर-परिचित सर्जिकल उपकरण थे। डॉ. आद्यनाथइया अब बॉम्बे हॉस्पिटल इंस्टीट्यूट ऑफ मेडिकल साइंसेज में प्रोफेसर और सामान्य सर्जरी विभाग के प्रमुख हैं।

सर्जरी की एक रात पहले जब हम अस्पताल में राष्ट्रपति से मिले तो उन्होंने पूछा, "मैंने इससे पहले कई सर्जनों से मशविरा किया है और मुझे यही बताया गया है कि यह ऑपरेशन लोकल एनेस्थीसिया से संभव नहीं है। फिर आपकी राय उन सबसे अलग कैसे है?" यह पूरी तरह से एक अप्रत्याशित प्रश्न था, क्योंकि यह हमारे पिछले परामर्शों के दौरान नहीं पूछा गया था। मैंने बस इतना ही कहा कि अगर अनुभव को मार्गदर्शी माना जाए तो हमने आपके लिए जो योजना बनाई है, वह सही फैसला है।

अंतर्ज्ञान या अंत:प्रज्ञा का कोई तार्किक स्पष्टीकरण नहीं होता। आंतरिक अनुभूति पर विश्वास करने के लिए उसे अनुभव करना पड़ता है। यह कुछ लोगों में विकसित होती है। अंतर्ज्ञान तर्क के रास्ते से नहीं पाया जा सकता और इसे सिखाया या विश्लेषित नहीं किया जा सकता। यह स्पष्टीकरण और विश्लेषण से परे सूक्ष्म सुरागों को समझने

और उन्हें संसाधित करने की क्षमता है। मैं इससे ज्यादा स्पष्टीकरण नहीं दे सकता। निर्णय लेना अनुभव, गलतियों और सोच-समझ की चित्रमय आकृति का अंतिम भाग है।

अंतर्ज्ञान कोई लॉटरी या मोटा अनुमान नहीं है। यह मनुष्य के भीतर से आता है और गहन विचार एवं अनुभव का परिणाम होता है।

मैंने लोकल एनेस्थीसिया यानी उस तकनीक के साथ ऑपरेशन करने का फैसला लिया, जिसका प्रयोग मैंने पैंतीस से भी अधिक वर्षों से किया था। हर्निया इतना बड़ा और पुराना था कि समस्या मेरे अनुभव-क्षेत्र से बाहर की थी और मरीज भारत के प्रथम नागरिक थे। भारत और विदेश दोनों के ही बहुत से सर्जनों ने ठोस कारणों सहित लोकल एनेस्थीसिया के साथ सर्जरी किए जाने को खारिज किया था। मेरे एकाकीपन को साझा करना किसी के लिए असंभव था।

पिछली रात भी बेचैनी बनी रही थी। मेरी नींद इस अहसास के साथ खुली थी कि कोई मेरी गरदन के पीछे के छोटे से मस्से को स्पर्श कर रहा था। बत्ती जलाने पर मैंने एक चूहे को कमरे से बाहर निकलते देखा, लेकिन खुशकिस्मती से मस्से से खून नहीं आ रहा था।

मैंने शिविरों में भाग लेते हुए गाँवों और खुले मैदानों में शामियानों में कुछ रातें बिताई थीं, जहाँ नींद खराब करनेवालों में ज्यादा-से-ज्यादा मच्छर और कॉकरोच होते थे; पर चूहे, बिच्छू या साँप कभी नहीं आए और यह सोचना ही अपने आप में अजीब था कि मुझे यह अनुभव और कहीं नहीं बल्कि राष्ट्रपति भवन में हुआ था। इसके बाद मैं सो नहीं पाया।

मुझे शकुन-अपशकुनों पर कभी विश्वास नहीं रहा था; लेकिन उस रात उस जगह, जबकि अगले दिन मेरे जीवन की शायद सबसे महत्त्वपूर्ण सर्जरी होने वाली थी, मैं अपने दिमाग में उठ रही शंकाओं से निजात नहीं पा सका।

मैंने सोचा, क्या मुझे इस मुश्किल फैसले के साथ आगे न बढ़ने के लिए चेताया जा रहा है? ऑपरेशन न करने का फैसला लेने पर मैं क्या स्पष्टीकरण दे सकता हूँ? अपने फैसले और जिम्मेदारी से भागकर क्या मैं खुद को मूर्ख नहीं बना रहा हूँ?

यह बेचैनी तकलीफदेह और पीड़ादायक थी। यह अवश्य था कि मुझे अपने खुद के अंतर्ज्ञान और क्षमताओं पर विश्वास था। अंतिम निर्णय मुझे स्वयं ही लेना था और चाहे कुछ भी हो जाए, उस पर कायम रहना था। अंत में, मैंने ऑपरेशन करने का निर्णय लिया। चूहे को भगवान् गणपति की सवारी माना जाता है, जो बुद्धिमत्ता के भगवान् हैं—हिंदू संस्कृति में वह प्रथम पूज्य देवता, जो हर प्रकार के विघ्नहर्ता हैं और मैंने मान लिया कि यह एक सकूँ ही था।

हम किसी समस्या को जिस दृष्टि से देखते हैं, वह समस्या से अधिक महत्त्वपूर्ण होती है।

अगला दिन अन्य सोमवार की तरह नहीं था, जिनमें ऑपरेशन की एक बड़ी सूची होती है। मुझे केवल एक ऑपरेशन करना था, लेकिन मेरे मरीज राष्ट्रपति थे। परिचित (मेरे एनेस्थेटिस्ट, साथी सर्जन, उपकरण और अपने निर्णय पर मेरा आत्मविश्वास) से अधिक बोझ अपरिचित (अस्पताल, ऑपरेशन थिएटर, और नर्सेस) का था।

ऑपरेशन तो (मेरे मस्तिष्क में) तीन सप्ताह पहले ही आरंभ हो चुका था, जब तारीख तय हुई थी। मैं अपने मस्तिष्क में ऑपरेशन के प्रत्येक चरण से गुजरा, जैसे कि युवावस्था में किसी अपरिचित ऑपरेशन की योजना बनाते समय मैं करता था। मैं अपने साथ अपनी नाजुक आंत्रीय कीलक भी लाया था, जो यदि मुझे आँतों को पकड़ना पड़े तो वे आँतों को (हलके से) पकड़ती हैं, लेकिन उन्हें दबाती नहीं हैं। मैं अप्रत्याशित संभावनाओं के लिए तैयार था। सर्जन अपने परिचित उपकरणों के साथ ही सहज होते हैं, जैसे विंबल्डन चैंपियन अपने साथ अपने रैकेट लाते हैं, संगीतज्ञ अपने वाद्य लाते हैं और लेखक अपने खास पेन से ही लिखना पसंद करते हैं।

अंततः वह समय आ गया था। राष्ट्रपति को व्हीलचेयर पर ऑपरेशन थिएटर में पहुँचाए जाने से पहले मैं उनके परिजनों से मिला और फिर मैंने कुछ सामान्य दिनचर्या की, जिनका उपयोग मैं कई वर्षों से कर रहा था। ऑपरेशन थिएटर में मैंने इस विश्वास के साथ प्रवेश किया कि ऑपरेशन सफल होगा। जिस समय रोगी की शिराओं में सीडेटिव इंजेक्ट किया जा रहा था, मैंने उनका हाथ अपने हाथों में लिया और उन्हें उपचार का आश्वासन दिया। कुछ ही पल बाद जब मैं साफ करने गया तो मैंने एक वरिष्ठ सर्जन को टिप्पणी करते सुना, ''लोकल एनेस्थीसिया पर इस ऑपरेशन को कैसे किया जा सकता है? यह तो असंभव है!''

दूसरों की राय से मेरी अपनी अनुभूतियाँ प्रभावित नहीं होतीं। मैंने स्वयं से कहा, 'हाथ में आए काम पर ध्यान केंद्रित रखो।' इस असामयिक टिप्पणी को मैंने पूरी तरह से नजरअंदाज कर दिया। मेरा अनुभव मेरा साथी था। जब मैं ऑपरेशन थिएटर में प्रवेश करता हूँ, उस समय ध्यान भंग करनेवाले नकारात्मक विचारों को किनारे रखता हूँ, उसी तरह जैसे मंदिर में प्रवेश करते समय हम अपने जूते-चप्पल बाहर छोड़कर जाते हैं। सर्जरी के लिए सुव्यवस्थित और गहन रूप से केंद्रित मस्तिष्क की आवश्यकता होती है।

हर्निया ठीक करने के लिए सामान्यतः लगभग एक घंटे का समय लगता है; लेकिन यहाँ तकनीकी कठिनाइयों के कारण तीन घंटे बीस मिनट का समय लगा। पिछली सर्जरी और संक्रमण के कारण पूरे क्षेत्र में घाव के निशान आ गए थे और प्रभावित क्षेत्र में नई संरचना बनने लगी थी। इस मैराथन सर्जरी के बाद जब मैंने अंतिम स्टिच लगाई तो उस समय मैंने जिस तरह की असाधारण संतुष्टि का अनुभव किया, उसका पूर्ण वर्णन मैं कभी नहीं दे सकता। इस सशक्त अनुभूति कि मैंने कुछ ऐसी उपलब्धि की थी—

'जिस पर अनेक ने असंभव होने की मुहर लगा दी थी,
ने मेरी खुशी को सातवें आसमान पर पहुँचा दिया था,
मेरे जीवन का एक और महत्त्वपूर्ण क्षण था।'

पूरी अवधि के दौरान मैंने अपने रोगी की शक्तिशाली प्रतिष्ठा से संबंधित विचारों को पूरी तरह से भुला दिया था और यदि आप एक सर्जन के रूप में अपने संपूर्ण सामर्थ्य के साथ उपलब्धि करना चाहते हैं तो भावनात्मक विरक्ति की इस प्रवृत्ति को अपने दैनिक जीवन में शामिल करना चाहिए।

'यदि हम वह कर सकते हैं जो कठिन, किंतु संभव है तो एक दिन
हम वह भी कर सकते हैं, जिसे असंभव माना जाता है।
वह व्यक्ति जो सोचता है कि काम किया जा सकता है, वह सहज रूप से
यह भी जानता है कि खतरे नियंत्रित किए जा सकते हैं।

मुझे एक एनेस्थेसिस्ट ने बताया, "सर, इस बात पर अत्यधिक व्यग्रता थी कि लोकल एनेस्थीसिया पर इस तरह के हर्निया को कैसे ठीक किया जा सकता है? हमने जो देखा, वह अविश्वसनीय था।"

यद्यपि ऑपरेशन के कमरे में उपस्थित—और बाहर भी—सभी की बधाइयों से मैं अभिभूत हो गया, लेकिन मैंने उसी समय जो काम पूरा किया था, उसका पूर्ण प्रभाव तब तक नहीं कम हुआ, जब मैंने उसी शाम राष्ट्रीय टेलीविजन समाचारों में अपना नाम देखना शुरू किया। उस समय मुझे अपने उस दुष्कर दायित्व की वास्तविक अनुभूति हुई, जो मैंने उस सर्जरी को करने का निर्णय लेकर खुद पर लिया था।

अगले तीन दिनों तक मैं राष्ट्रपति के कमरे से जुड़े हुए बगल के कमरे में ही ठहरा। अगले दिन मेरे दरवाजे को किसी ने खटखटाया और मेरे आश्चर्य का ठिकाना नहीं रहा। वहाँ और कोई नहीं, बल्कि स्वयं तत्कालीन प्रधानमंत्री खड़े थे।

"मैं नरसिम्हा राव हूँ।"

मैं निःशब्द रह गया था। मैं अपने शब्दों में गड़बड़ाने लगा, "सर, आपको कौन नहीं जानता?" हम कुछ समय तक साथ टहले। उन्होंने राष्ट्रपति के स्वास्थ्य के विषय में जानकारी ली। कुछ समय पश्चात् उपराष्ट्रपति श्री के.आर. नारायणन आए।

मुझे बताया गया कि आपने अत्यधिक असाधारण तरीके से यह ऑपरेशन किया है और सर्जरी अत्यधिक चुनौतीपूर्ण थी। क्या आप इसे समझा सकते हैं?

हमने विभन्न रेखाचित्रों के द्वारा उन्हें समझाया और अंत में उन्होंने पूरी टीम को बधाई दी।

तीन दिन बाद हमने राष्ट्रपति को वापस राष्ट्रपति भवन भेजने का निर्णय लिया। दिल्ली की जनता को कम-से-कम असुविधा हो, इसके लिए वह उचित समय चुनने

के विषय में अत्यधिक ध्यान रखते थे।

यह घर वापसी पूरे परिवार के लिए अत्यधिक प्रसन्नता का अवसर था। अस्पताल के स्टाफ द्वारा एक प्रसन्नतापूर्ण विदाई के बाद कारों का काफिला अस्पताल से निकला। हमारी कार राष्ट्रपति की गाड़ी के ठीक पीछे थी। हम धीमे-धीमे जा रहे थे। सड़क के दोनों ओर से भीड़ हमें देख रही थी और अपनी राइफल के साथ वरदी में सजे सैनिक कारों के काफिले की ओर पीठ किए सावधान की मुद्रा में खड़े थे।

सामान्य परिस्थितियों में एक या दो दिन बाद हम दिल्ली से वापस जा सकते थे। लेकिन जब बड़े हर्निया का ऑपरेशन होता है तो स्क्रोटम में स्थित खाली स्थान में सिरम भर जाता है, सुई डालकर निकालने की आवश्यकता पड़ सकती है।

दो दिनों बाद एक मेडिकल एसोसिएशन के वार्षिक उत्सव में मुझे एक भाषण देना था, अत: एक दिन के लिए मैं बंबई वापस चला गया। लेकिन जैसे ही मैं बंबई हवाई अड्डे पर उतरा, हमें अत्यंत महत्त्वपूर्ण संदेश मिला कि राष्ट्रपति को हलका बुखार आ गया है। आवश्यक हो गया था कि हम दिल्ली वापस लौटें।

जब मैंने मेडिकल एसोसिएशन के सामने खेद व्यक्त किया तो मुझे पूर्वानुभव की अनुभूति हुई। इस मेडिकल एसोसिएशन के लिए भाषण देने के लिए मुझे एक वर्ष पहले भी आमंत्रित किया गया था, लेकिन उसे स्थगित करना पड़ा, क्योंकि उसी दिन मुझे दिल का दौरा पड़ गया था। मेरे दिमाग में जो पहला शब्द आया, वह था— विडंबना। कहने की आवश्यकता नहीं कि उस भाषण के लिए मुझे बाद में कभी भी नहीं बुलाया गया।

अंत में मैं कुल 18 दिनों तक राष्ट्रपति के साथ ठहरा, क्योंकि पूरी तरह से सूजन के कम होने तक चार बार एस्पिरेशन किया जाना था।

यह सुनिश्चित करने पर कि वह लगभग पूरी तरह से स्वस्थ हो गए हैं, मैंने दिल्ली से 320 कि.मी. दूर स्थित हलवारा एयरफोर्स बेस जाने की योजना बनाई, जहाँ मेरे दामाद एक फाइटर पायलट थे। गाड़ी की व्यवस्था हो चुकी थी और यह तय हुआ था कि अगली सुबह जल्दी ही मैं कार से निकलूँगा। रात्रि भोजन के बाद जब मुझे संदेश मिला कि राष्ट्रपति मुझसे मिलना चाहते हैं तो मुझे थोड़ी उत्सुकता हुई। पता चला कि उन्हें इस बात की चिंता थी कि मैं सुबह जल्दी निकल रहा था।

राष्ट्रपति ने मुझे अपने कमरे में बुलाया और कहा, ''कृपया इतनी सुबह न निकलें। उस समय ग्रैंड ट्रंक रोड बहुत खतरनाक होती है। बहुत सी गाड़ियों में पीछे की लाइट नहीं होती, सड़कों में कोई अनुशासन नहीं है, सामने से आनेवाली गाड़ियों की लाइट से आपकी आँखें चमकती हैं और ड्राइवर थके होते हैं, क्योंकि सो नहीं पाते या फिर एल्कोहल के कारण अयोग्य होते हैं।''

इस बात से एक अंतिम पुष्टि हुई कि वह सभी संभावित विवरणों पर कितना अधिक

विचार करते हैं और दूसरों के बारे में कितनी चिंता करते हैं। मैं अत्यधिक प्रभावित हुआ।

मैंने उनसे अपना अनुभव साझा किया, जब इंग्लैंड से वापसी के बाद मैंने अपने पिताजी के लिए ड्राइवर का चयन किया था। ड्राइवर तो आसानी से मिल जाते थे; लेकिन यह देखकर मुझे धक्का लगा था कि वैध लाइसेंसधारी 10 में से 8 ड्राइवरों को ड्राइविंग सीट पर बैठने का भी अधिकार नहीं था। मैंने उनसे पूछा कि उन्हें लाइसेंस कैसे मिला और उत्तर मिला कि इसके लिए उन्होंने दलाल को पैसे दिए थे।

भारत में वाहन संबंधी दुर्घटनाएँ अधिकतम संख्या में होती हैं। कारण अनेक हैं—ड्राइविंग के नियमों का पालन न करना, खराब सड़कें, पुरानी गाड़ियाँ, ऐसे ड्राइवर जो या तो नींद में होते हैं या फिर अयोग्य होते हैं, जल्दी में होते हैं या फिर शराब के नशे में होते हैं।

ये तथ्य भ्रष्टाचार और शोषण की एक श्रृंखला में आपस में जुड़े हुए हैं। सड़क निर्माण के अनुबंधों में भ्रष्टाचार और ट्रक ड्राइवर्स का शोषण, जिन्हें अधिकतम लाभ के लिए जल्द-से-जल्द लंबी दूरी तय करनी पड़ती है। दुर्भाग्यवश दलालों, घूसखोरी, देरी से और खराब काम करने की नीयत भारत में सभी क्षेत्रों में कैंसर की तरह फैल गई है; लेकिन चारों ओर विस्तृत अंधकार के सागर में भी हमारे पास आशा का एक दीप है। कम-से-कम हमारे यहाँ लोकतंत्र है और आकस्मिक रात में गुप्त जासूस पकड़ ले जाने का भय नहीं है। इसी से मुझे आशा मिलती है कि अच्छे दिन आएँगे।

अंत में सबकुछ ठीक-ठाक रहा; लेकिन मेरे लिए वह समय अत्यधिक एकाकी भी था। मैंने एक कठिन राह चुनी थी; जो अनिश्चितताओं से भरी हुई थी; लेकिन मुझे अपने निर्णय पर अडिग विश्वास था। मैं जानता था कि यदि मैं असफल रहा तो यह एक भयंकर स्वप्न के समान होगा। यद्यपि ऑपरेशन एक चुनौतीपूर्ण कार्य था, फिर भी मैंने कभी असफलता के विचारों को जगह नहीं दी।

नकारात्मक विचारों के साथ कोई भी पर्वतारोही अपनी चढ़ाई शुरू नहीं करता। उसकी योजना रहती है कि अभियान के बाद उसे वापस आना है।

‘जिन्हें असफलता का भय होता है, उन्हें सफलता नहीं मिलती।
जिन्हें मौत का भय होता है, उन्हें जीवन की खुशियाँ नहीं मिलतीं।
चुनौतियों को स्वीकार करें,
ताकि आप सफलता के उल्लास का अनुभव कर सकें।’

मैंने देखा है कि मार्गदर्शन उसी व्यक्ति को मिलता है, जिसे विश्वास होता है कि उसके मस्तिष्क में जो बात है, वह सही समाधान है और बिना असफलता का विचार किए हुए आगे बढ़ता जाता है। उसके अंतर्ज्ञान पर उसका विश्वास अन्य लोगों की भविष्यवाणी को अप्रासंगिक बना देता है।

मैं जानना चाहता था कि राष्ट्रपति ने भारत में ऑपरेशन करवाने का निर्णय क्यों किया, जबकि सभी से उन्हें दृढ़तापूर्वक विदेश में उपचार करवाने का सुझाव मिला था।

उनका उत्तर अत्यधिक सामान्य था, ''यदि मैं ऑपरेशन के लिए विदेश चला जाता तो पूरे विश्व को यह कैसे बता पाता कि भारतीय डॉक्टर किसी से पीछे नहीं हैं!''

जब सन् 1961 में मैं इंग्लैंड से वापस आ रहा था तो मुझसे पूछा गया कि मैं वहाँ ही क्यों नहीं बस गया? अत्यधिक हलके मन से मैंने इसके दो कारण बताए, ''ऐसा लगता है कि उच्च वर्ग के समाज में आजकल लड़कियाँ सामान्य लड़कों से शादी करना चाहती हैं और मैं खतरा लेना नहीं चाहता।''

''दूसरा कारण क्या है?''

''यदि कल महारानी या प्रधानमंत्री का ऑपरेशन किया जाना हो तो इसके लिए मेरा चयन नहीं किया जाएगा, क्योंकि मैं बाहरी व्यक्ति हूँ।'

''जैसे आपको भारत के राष्ट्रपति या प्रधानमंत्री का ऑपरेशन करने के लिए चुना जाएगा।''

''कौन जानता है?'' मैंने जवाब दिया।

यह सारी बातचीत अनौपचारिक और परिहास में की गई थी।

राष्ट्रपति की सर्जरी के कुछ महीने बीत गए। उस समय मैं यूरोप में था, जब मुझे राष्ट्रपति भवन से फोन आया। मुझसे पुछा गया कि क्या राष्ट्रपति के एक बीमार रिश्तेदार को देखने इंग्लैंड जाना मेरे लिए संभव था? प्रथम महिला ने कहा, ''हम आपको अपना फैमिली सर्जन मानते हैं। यदि सर्जरी आवश्यक हो तो कृपया उसे दिल्ली या बंबई में कीजिए।''

लंदन पहुँचने पर हवाई अड्डे पर एक कार मेरी प्रतीक्षा कर रही थी। भाग्यवश सर्जरी की कोई आवश्यकता नहीं थी।

अगले दो वर्षों में मैंने परिवार के लिए चार और ऑपरेशन (सभी पित्ताशय की पथरी के, जिनमें लगातार दर्द होता रहता था) किए।

मेडिकल उपचार के लिए राष्ट्रपति का विदेश जाना सरकार के लिए और अंततः करदाताओं के लिए एक खर्चीला मामला होता है। राष्ट्रपति जी के द्वारा बचाए गए धन को उनके स्टाफ की सुविधाओं में सुधार करने के कार्य में लगाया गया।

यह मेरी हार्दिक उम्मीद है कि जनता के सभी प्रतिनिधि और वी.आई.पी. उनके उदाहरण का अनुसरण करें। भारत ने अत्यधिक प्रगति की है और मुझे खुशी होती है कि आज प्रधानमंत्री भी भारत में ही अपनी चिकित्सा करवा रहे हैं।

मुझे अपने पिताजी की बहुत याद आती रही, जो यह देखने के लिए उपस्थित नहीं थे कि मैं उनकी अपेक्षाओं से भी आगे निकल गया था। सौभाग्यवश, मेरी उपलब्धियों को देखने के लिए मेरी माँ जीवित थीं।

❑

अध्याय 2

बचपन

मेरा बचपन बेलगाम में बीता, जो बंबई के दक्षिण में करीब 500 कि.मी. दूर लगभग 45,000 लोगों की आबादीवाला एक छोटा सा कस्बा था। समुद्र तल से 800 मीटर की ऊँचाई पर स्थित। यहाँ का मौसम गरमियों में भी ठंडा रहता था और इस स्थान को गरीबों का पर्वतीय स्थल माना जाता था।

मच्छर इतने अधिक थे कि उन्हें मार-मारकर हमारे हाथ खून से रँग जाते थे। हम मच्छरदानियों के अंदर सोते थे। मलेरिया आम बात होती थी और जिन्हें 'क्विनीन' का इंजेक्शन लगता था, उनके लँगड़ाकर चलने के कारण उन्हें आसानी से पहचाना जा सकता था।

हमारा घर एक छोटी सी गली में स्थित था। गलियों में खुले गटर की पंक्तियाँ होती थीं। घरों की दीवारें सटी होती थीं और पड़ोसियों से बातचीत करना आसान था। शाम के समय सड़कें सुनसान होती थीं। रात में केवल कुत्तों के भौंकने से ही सन्नाटे में एक विराम लगता था। कैरोसीन के लैंप जलाए जाते थे और शाम के समय उन्हें इस्तेमाल करने से पहले काँच पर से कालिख को पोंछना एक दैनिक दिनचर्या थी।

शौचालय घर से काफी दूर बना था और रात के समय लालटेन की मदद से रास्ता खोजना एक बुरे स्वप्न के समान होता था। बारिश के दिनों में यह एक तरह की बाधा-दौड़ बन जाती थी। दीवारों पर बननेवाली गहरी, चलती-फिरती परछाइयाँ मुझे बहुत डराती थीं।

जल-निकासी की कोई व्यवस्था नहीं थी। एक खुला हुआ टैंकर, जिसके ऊपर मक्खियाँ भिनभिनाती रहती थीं और जिससे बहुत गंदी बदबू आती थी, कूड़ा इकट्ठा करने के लिए सड़कों पर घूमता था। रात की गंदगी को समाज की एक विशेष जाति के सदस्य बालटियों में इकट्ठा करते थे, जिन्हें इसी कार्य के लिए नियुक्त किया गया था। वे अपने सिरों पर उन बालटियों को ढोते थे।

वह दृश्य और बदबू आज भी मेरी दृश्य और गंध की स्मृति में स्पष्ट है। बंबई से आनेवाले हमारे अतिथि हमारे पिछड़ेपन के लिए हमें हेय दृष्टि से देखते थे कि हम इतने अस्वास्थ्यकर तरीकों को अपनाते थे, जिसे मैं उस समय तक सहज रूप से सही मानता था, जब तक कि मैंने एक बड़ी दुनिया नहीं देख ली।

कस्बे के केवल एक भाग में ही बिजली आती थी। हमने आठ वर्ष अँधेरे क्षेत्र में बिताए और उस दिन का इंतजार करते रहे, जब हमें भी अपने घर में बिजली मिलेगी। नजदीक के सार्वजनिक कुएँ से पानी लाना होता था, जहाँ हमें अपनी बारी का इंतजार करना होता। हमारे माता-पिता हमें प्रोत्साहित करते कि कुएँ से पानी लाने में हम अपने नौकरों की सहायता करें। जब गरमियों में कुआँ सूख जाता तो नगरपालिका के टैंकर से पानी आता था। पानी की कमी भारत में एक सामान्य समस्या है।

ब्रिटिश राज्य के समय कस्बे में एक कैंटोनमेंट और छोटा सा एयरफोर्स बेस था। अपने घर की खिड़कियों से हवाई जहाजों को हवा में करतब करते देखना अत्यधिक आकर्षक होता था। गुंजायमान आवाज इस बात का संकेत होती थी कि सारे काम छोड़कर दौड़कर खिड़कियों या सड़क पर पहुँचो और आकाश की ओर देखो। पंद्रह वर्ष बाद जेट युग आया। एयरक्राफ्ट की आवाज उसके गुजर जाने के बाद बहुत देर में सुनाई देती है। कई वर्ष बाद मुझे अपने रोते हुए बच्चों को यह समझाने में बहुत कठिनाई होती कि आसमान में हवाई जहाज क्यों नहीं दिखाई देते। वे इस बात को समझने के लिए बहुत छोटे थे कि ध्वनि की तरंगों को हमारे कानों तक पहुँचने में कुछ समय लगता है और उस समय तक तेजी से उड़नेवाले हवाई जहाज हमारी आँखों से ओझल हो जाते हैं।

हमारा घर पूरे साल मेहमानों से भरा रहता था। उनसे बातचीत करते समय बहुत ही कम उम्र में मैंने यह सीख लिया था कि जो लोग अंग्रेजी भाषा नहीं जानते, उन्हें अशिक्षित या कमतर कहीं से भी नहीं समझना चाहिए।

मुझे अपने पिताजी के मित्र के परिवार में एक शादी में शामिल होना याद है। दुलहन बंबई के एक धनी परिवार से थी और उसके रिश्तेदार बहुत ही उच्च्व स्तर के परिधानों में सजे थे। वे कलाइयों में घड़ी और फाउंटेन पेन इस्तमाल करते थे, जो उस समय धनाढ्यता की निशानी होते थे। मैंने खुद को अत्यधिक पिछड़ा हुआ महसूस किया।

जून 1939 में मेरे पिताजी मुझे एक हाई स्कूल में ले गए, जो हमारे क्षेत्र में सबसे पुराना था और सन् 1832 में स्थापित हुआ था। हम प्रधानाचार्य के कमरे में गए, फॉर्म भरा गया और दाखिले से संबंधित सारी औपचारिकताएँ पूरी हुईं। एक चपरासी ने मुझे कक्षा में पहुँचाया और मैंने अपनी स्कूली शिक्षा आरंभ की। सारी प्रक्रिया दस मिनट में पूरी हो गई।

स्कूल में मुझे रुचि नहीं हुई, यद्यपि कुछ शिक्षक बहुत अच्छे थे। मैं एक औसत

छात्र था, जब कि मेरे बड़े भाई शीर्ष के छात्र थे। वह मुझे कभी भी कमतरी का अनुभव नहीं होने देते थे और बदले में मुझे भी कभी उनके प्रति ईर्ष्या नहीं हुई। लेकिन स्कूल में और दोस्तों, रिश्तेदारों के बीच तुलना होना स्वाभाविक ही था। एक बार स्कूल में एक शिक्षक ने मुझसे पूछा, ''जब भगवान् अक्ल बाँट रहे थे, उस समय क्या तुम शौचालय में थे?'' कक्षा ठहाकों से गूँज उठी।

यह 1930 के दशक की बात है, जब बच्चों के मनोविज्ञान की अवधारणा के बारे में लोगों ने नहीं सुना था। लेकिन मेरी माँ, जिन्होंने केवल कुछ ही वर्ष स्कूली शिक्षा ली थी और मेरे पिताजी को अलग-अलग क्षमताओंवाले बच्चों को सही ढंग से पालने का तरीका पता था। मैट्रिकुलेशन की परीक्षा में मेरे बड़े भाई प्रथम स्थान पर आए और शहर में आयोजित एक सार्वजनिक कार्यक्रम में उन्हें सम्मानित किया गया। मुझे उनकी उपलब्धि पर अभिमान था।

मैं चित्रकारी में अच्छा था और कैरम व कंचे जैसे खेलों में अच्छा था। एक चिकने पत्थर को पानी की सतह पर तैराते हुए बहुत दूर तक फेंक सकता था। मुझमें बोलने से संबंधित कमी थी। मैं अपनी सीमाओं से परिचित था और इसलिए किसी प्रकार की महत्त्वाकांक्षा नहीं थी।

कपड़े घर में धोए जाते और धूप में सुखाए जाते थे। उन पर कभी भी प्रेस नहीं किया जाता था। एक बार सर्दियों में हमारे दरवाजे पर एक भिखारी अपने नग्न बच्चे को लेकर आया। मैंने अपनी माँ से अपनी नई शर्ट और निकर उस बच्चे को देने के लिए कहा और उन्होंने उसे दे दिया। दानशीलता एक दैवी गुण है और इसका पोषण बचपन से ही किया जाना चाहिए।

कस्बे में एक पुस्तकालय था, जिसके साथ ही एक घंटाघर था, जो हमारे घर की खिड़की से आसानी से दिखाई देता था। हमारे घर में अलार्मवाली एक घड़ी थी। अपनी तीखी आवाज से वह हमें उठाती थी। दोबारा नींद में सुला देनेवाले संगीतमय अलार्म की जानकारी उस समय नहीं थी।

पुस्तकालय जाना एक शौक था। कई बार पुस्तक पाने के लिए प्रतीक्षा की अवधि कई दिनों तक होती थी। मैं मित्रों द्वारा अनुमोदित की हुई पुस्तकें पढ़ता था।

बंबई में मेरे मेडिकल कॉलेज के दिनों में फुटपाथ पर सेकंड हैंड पुस्तकों को खोजना दिल-बहलाव का मेरा पसंदीदा तरीका था। मुझे बहुत ही कम कीमत पर कुछ अत्यधिक उपयोगी पुस्तकें मिल गईं। एक थी, बुकर टी. वॉशिंग्टन अप फ्रॉम स्लेह्वरी। पुस्तकों में मेरी व्यापक रुचि मेरे लिए लाभकारी सिद्ध हुई।

बेलगाम में खेल के कई मैदान थे। हम भाग्यशाली थे कि उस समय कोई ट्यूशन क्लासेज नहीं थीं और हर शाम हम खेल के मैदान में खेलने जाते थे। दिन जल्दी ही

खत्म हो जाता था।

यातायात का साधन घोड़े द्वारा खींची जानेवाली एक गाड़ी होती थी, जिसे ताँगा कहते थे। एक बंद गाड़ी धमनी भी होती थी, जिसे बैलों की जोड़ी खींचती थी, जो बेलगाम की विशिष्ट सवारी थी।

साइकिल किराए पर मिलती थी और सड़कें सुरक्षित होती थीं। सड़कों पर नाममात्र का ट्रैफिक होता था। बाइक चलाने का अपना मजा था और पैदल यात्रियों को घंटी की आवाज से सतर्क करने से हमें अपने रोब की अनुभूति होती थी। मैं सर्कस के साइकिल सवारों के करतबों की नकल करता, विशेषकर किसी चढ़ाई से नीचे उतरते समय हाथों को छोड़कर चलाने में। वह मदमस्त कर देनेवाला अनुभव होता था, कुछ ऐसा, जो मुझे आज भी याद है। मेरे पैरों पर पड़े दाग मुझे बचपन में कई बार गिरने की याद दिलाते हैं और चोट पर लगाए गए आयोडीन के टिंक्चर के कारण होनेवाली तेज जलन मुझे आज भी विशेष रूप से याद है। इस तरह से गिरने के लिए मुझे कभी भी घर पर डाँट नहीं पड़ती थी और न ही कभी मुझे साइकिल चलाने से रोका गया।

अब, जब मैं अपने गृहनगर जाता हूँ, मुझे यह देखकर दुःख होता है कि खेल के मैदान गायब हो चुके हैं और सीमेंट व कॉन्क्रीट के जंगल अपना जाल फैला रहे हैं। जब मैं बंबई गया तो मेरे साइकिलवाले दिन खत्म हो गए। अट्ठावन वर्ष के अंतराल के बाद यूरोप में मैंने फिर से साइकिल चलाने की कोशिश की थी, पर असफल रहा। मैं बहुत निराश हुआ, लेकिन स्वीकार करना पड़ा कि मेरी उम्र हो चली थी। उम्र बढ़ने का अर्थ है खेलों का छूट जाना। हमसे हमारे बाल, दोस्त, यादें और यहाँ तक कि छोटी-छोटी कुशलताएँ भी छूटने लगती हैं। मेरा यह विश्वास गलत था कि साइकिल चलाना ऐसी कला है, जिसे एक बार सीख लिया तो जिंदगी भर नहीं भूल सकते। अब हम सीढ़ियों पर तेजी से नहीं चढ़ सकते और न ही रेलिंग से फिसल सकते हैं। अब गिरने के डर से बारिश में घूमने और खेलने का आनंद नहीं लिया जा सकता।

कुछ अखबारों में स्थानीय खबरें छपती थीं। केवल कुछ कैफे में रेडियो बजते थे। हम अपने घर के पास स्थित एक कैफे के सामने खड़े होकर क्रिकेट की कॉमेंट्री सुनते थे। जब मैं दस वर्ष का था, उस समय मेरे पिताजी ने एक रेडियो खरीदा था। मेरे पिताजी को उनके एक चचेरे भाई, जो कम आयु में इंग्लैंड चले गए थे, ने एक बॉल पॉइंट पेन उपहार में दिया था। यह उत्सुकता बहुत से लोगों को हमारे घर ले आती थी, जो उस पेन को देखना चाहते थे, जिसमें स्याही नहीं भरनी पड़ती थी। काफी बाद में, वर्ष 1972 में, पड़ोसी और मित्र बंबई में हमारे घर में टेलीविजन नामक चमत्कार को देखने के लिए आए।

मेरी माँ

जिस समय मेरी माँ का विवाह हुआ, वह केवल चौदह वर्ष की थीं और उनके बाईस की होते-होते हम तीनों का जन्म हो चुका था। वह केवल छह वर्ष तक स्कूल गई थीं, लेकिन उनकी सामान्य समझ और जीवन के प्रति उत्साह बहुत ही प्रभावशाली था। असाधारण योग्यता के साथ वह अकेले ही पूरे घर का कामकाज सँभालती थीं, मेरे पिताजी की सीमित आय में खूबसूरती के साथ सारा प्रबंधन करती थीं।

मैंने कभी भी उन्हें आराम करते या समय व्यर्थ गँवाते नहीं देखा। जब मेरे पिताजी जज्ज बन गए तो उन्हें कुछ सामाजिक समारोहों में भी शामिल होना होता था। उन्होंने बैडमिंटन खेलना सीखा और थोड़ी अंग्रेजी सीखी, जिससे उन्हें बातचीत करने में आसानी हो सके। वह अत्यधिक विनोदप्रिय थीं और अपने बाद के दिनों में मेरे रोगियों को 'हैलो' करने के लिए मेरे क्लीनिक के चक्कर लगाती थीं। उन्होंने रिश्तेदारों का एक बड़ा नेटवर्क बनाया था, जो उनकी मृत्यु के बाद अंतत: खत्म हो गया।

जब मैं इंग्लैंड गया तो वहाँ के लोग विश्वास ही नहीं कर सके कि भारत में अरेंज मैरिज का चलन है, जहाँ माता-पिता ही बच्चों के रिश्ते तय करते हैं। मेरे चाचा का विवाह कम उम्र की एक लड़की से हुआ, जिन्हें उन्होंने कभी भी नहीं देखा था। विवाह की रस्मों के दौरान वह उनका चेहरा देखने के लिए व्याकुल थे; लेकिन चूँकि उनका कद छोटा था, सिर झुकाए हुए थीं और चेहरा मालाओं से ढँका हुआ था, अत: वह नहीं देख पाए। शादी शाम को हुई। गाँव में बिजली नहीं थी और अगली सुबह होने के बाद ही वह उनका चेहरा देख सके। विवाह के बाद युवा होने तक वह अपने माता-पिता के साथ ही रहीं। अपने विवाह को पूर्णता पर पहुँचाने के लिए युगल को तीन वर्ष तक प्रतीक्षा करनी पड़ी थी। उनके चार बच्चे हुए और उन्होंने लंबा प सुखी वैवाहिक जीवन बिताया।

आज तलाक की घटनाएँ बढ़ रही हैं, जबकि सगाई के बाद लड़का और लड़की को काफी समय मिलता है कि वे एक-दूसरे को अच्छी तरह से समझ सकें। लेकिन क्या वे सचमुच एक-दूसरे के बारे में अधिक समझ पाते हैं ? अरेंज मैरिज करनेवाले युगलों की तुलना में प्रेम विवाह करनेवाले युगलों के बीच में उपजनेवाले मतभेदों को सामान्यत: कम सहन किया जाता है।

जल्दी शादी होने से यह लाभ होता था कि माता-पिता के युवा रहते ही बच्चे भी बड़े हो जाते थे। मेरे एक बड़े भाई और एक छोटी बहन है। हम सभी उसी समय ग्रेजुएट हो गए, जबकि मेरी माँ अपने चौथे दशक में ही थीं।

मेरी माँ एक छोटे से गाँव डोंबिवली से आती थीं, जो बंबई से 30 मील दूर था। मेरे नानाजी की एक डेयरी चलती थी। घर के पास बहुत सी भैंसें रहती थीं और उनके

गोबर की गंध अच्छी नहीं लगती थी। शौचालय जाने के लिए व्यक्ति को भैंसों के बाड़े से होकर गुजरना होता था, जहाँ जमीन फिसलन भरी होती थी। इसलिए मैं एकांत जगहों पर पेड़ों और झाड़ियों के बीच खुली जगह पर जाना पसंद करता था; लेकिन वहाँ भी लगातार साँपों और बिच्छुओं का डर बना रहता था। मैं अपने हाथ में एक छड़ी लेकर जाता था और अकेले जाने से बचता था। मुझे अच्छी तरह से याद है कि दो बार मैंने बड़े साँप देखे थे।

घर के पीछे आम के पेड़ों से आम तोड़ने की हमें पूरी आजादी थी। गरमी की छुट्टियों में सुबह के नाश्ते, दोपहर के खाने और रात्रिभोज के लिए हमारा आहार आम ही होते थे। आम के लिए मेरा प्यार आज भी कम नहीं हुआ है। मुझे पता चला कि हमारे पूर्व प्रधानमंत्री पं. जवाहरलाल नेहरू इंग्लैंड की महारानी के लिए नियमित रूप से अल्फांसो आम उपहार-स्वरूप भेजते थे।

भारत में सफाई व्यवस्था आज भी बड़ी समस्या बनी हुई है। हमारे पास शौचालय की तुलना में सेलफोन अधिक हैं। ग्रामीण महिलाओं को शौच जाने के लिए अँधेरा होने का इंतजार करना पड़ता है। वहाँ उन्हें साँप और बिच्छू के काटने का खतरा रहता है। हमारे यहाँ दो भारत हैं—एक में ब्रांडेड सामानोंवाले चमकदार, आधुनिक मॉल्स हैं, जबकि दूसरे में शौचालय की भी समुचित व्यवस्था नहीं है। भारत में आनेवाले पर्यटकों के लिए सबसे बड़ी समस्याओं में से एक है कि यहाँ साफ-सुथरे सार्वजनिक शौचालयों की बहुत कमी है।

डोंबिवली का घर रेलवे लाइन के निकट था। उस पर दौड़नेवाली लंबी दूरी वाली रेलगाड़ियों की आवाजें और लोकल ट्रेन के धीमे और फिर रफ्तार पकड़ने की प्रक्रिया को देख मुझे अत्यधिक आनंद आता था। दूर तक अपनी तेज लाइट फेंकनेवाली दौड़ती हुई रेलगाड़ियों का दृश्य मुझे रोमांचित करता था।

रेलवे लाइन के नामों के अपने व्यक्तित्व होते थे। एम.एस.एम. था—मद्रास एंड सदर्न मराठा रेलवे। बी.बी.सी.आई. था—बंबई बड़ौदा एंड सेंट्रल इंडिया रेलवे। सेंट्रल, वेस्टर्न, सदर्न रेलवे आदि सामान्य नाम थे, जिनमें आरंभिक नामोंवाला आकर्षण नहीं था।

शाम के समय हम रेलवे पुल पर बैठ जाते थे और अपने नीचे से गरजती हुई निकलती रेलगाड़ियों को देखते। बड़ों की चेतावनी कि तेज दौड़ती रेलगाड़ी के साथ आनेवाली हवा का झोंका हमें उड़ा ले जाएगा, के बावजूद रेल की पटरियों के पास खड़े होकर रफ्तार से आनेवाली रेलगाड़ियों को महसूस करना अत्यधिक साहसिक काम होता था।

बंबई और पूना के बीच चलनेवाली डेकन क्वीन एक आकर्षक रेलगाड़ी थी। उसका रंग मनोहर रॉयल ब्लू था। जो यात्री हमें प्रत्युत्तर देते, हम उन्हें हाथ हिलाते थे। डेकन क्वीन पर यात्रा करने की मेरी बड़ी अभिलाषा थी।

यह अभिलाषा दस साल बाद पूरी हुई, जब मैंने बंबई से पूना की यात्रा, वह भी द्वितीय श्रेणी में। उस समय मैं मेडिकल कॉलेज में था। सामान्यत: मैं तीसरे दर्जे में यात्रा करता था। बहुत से लोग इसे 'गांधी श्रेणी' कहते थे, क्योंकि महात्मा गांधी उसी पर चलते थे। हमने बड़े सफेद रंग के कप में चाय के साथ टोस्ट लिया, जिसे वरदी में सजे वेटरों के द्वारा सफेद तौलिए से ढँकी एक ट्रे में पेश किया गया था।

मुझे बहुत ही अच्छा महसूस हुआ था। मैंने ट्रैक के पास खड़े लोगों को हाथ हिलाया, क्योंकि मैं उनकी अनुभूतियाँ जानता था। हम जब पूना पहुँचने वाले थे, मैं थोड़ा उदास हो गया था। मैं सबसे बाद में डिब्बे से निकला। स्टेशन से निकलने से पहले मैंने ट्रेन पर एक अंतिम बार भरपूर नजर डाली।

मैंने कई बार अपने मित्रों को यह किस्सा सुनाया। मुझे लगा कि डेकन क्वीन में, वह भी द्वितीय श्रेणी में, यात्रा करने का विशिष्ट अनुभव उनके साथ भी साझा करना चाहिए। कई वर्ष बाद जब जापान में मैंने बुलेट ट्रेन से यात्रा की तो वह अनुभव पहली बार डेकन क्वीन से यात्रा करने जैसा नहीं था।

हम शाकाहारी थे। सभी उम्र के लोगों के लिए पौष्टिक भोजन के रूप में दूध पर बल दिया जाता था। हम अपने घर में कुछ भैंसें भी रखते थे। मेरी माँ बाजार जाकर चारा और कपास के बीज लेकर आतीं, भैंसों का दूध दुहतीं और यहाँ तक कि उसकी डिलीवरी भी अपनी निगरानी में करवातीं। कुछेक बार मैंने भी दूध दुहने की कोशिश की। यह हस्त-कौशलवाला काम था। उन्हें पिछवाड़े में रसोई के सामने छोटे से आँगन में रखा जाता था। प्रतिदिन एक चरवाहा आकर भैंसों को चराने के लिए लेकर जाता था। बड़े शहरों में रहनेवाले मेरे रिश्तेदार विश्वास नहीं कर पाते थे कि हर सुबह भैंसें बाहर जाने के लिए सामने के दरवाजे पर इकट्ठा होती थीं और उसी रास्ते से शाम को वापस आ जाती थीं।

मौसम ठंडा था और भारी वर्षा होती थी, जिसके कारण पूरा कस्बा मच्छर-मक्खियों का घर बन जाता था। आश्चर्य नहीं कि पेचिश, उल्टियाँ, मलेरिया, निमोनिया, टी.बी. और फ्लू सामान्य बातें होती थीं। एक सुबह पड़ोस के एक परिवार में फ्लू के कारण तीन बच्चों की मृत्यु हो गई। मेरा एक सहपाठी शनिवार को स्कूल आया। शाम तक उसे तेज बुखार हो गया और अगली सुबह उसकी मृत्यु हो गई। मुझे हमेशा मिलने-जुलनेवाले एक मित्र को टी.बी. थी। खाँसी और बुखार के कारण वह अकसर स्कूल से अनुपस्थित रहता था। उसका वजन घटता जा रहा था। उसने हमसे मिलने आना बंद कर दिया और एक दिन मुझे पता चला कि उसकी मृत्यु हो गई। कुछ समय तक मुझे उसकी याद आती रही। कम उम्र में मृत्यु की बात सामान्य थी।

एक अन्य मित्र को भी दो सप्ताह टायफाइड का बुखार, साथ ही आँतों से रक्तस्राव

रहने के बाद मृत्यु हो गई। अब, जब मैं कभी-कभार अपने गृहनगर जाता हूँ और सड़कों पर टहलता हूँ, मुझे अभी भी उसका मुसकराता चेहरा, घुँघराले बाल और उसकी खूबसूरत चित्रकारी याद आती है। मेरे पिताजी के क्लर्क, जो मधुमेह से पीड़ित थे, 50 की उम्र में चल बसे और मुझे अच्छी तरह से याद है कि किसी ने कहा था कि वे काफी बूढ़े हो गए थे। पिछली पीढ़ी में बहुत से सर्जनों की मृत्यु उनके साठ के दशक में ही हो जाती थी और आज मैं अस्सी वर्ष से अधिक का हो चुका हूँ और अभी भी चुस्त हूँ। बस, एक ही पीढ़ी में कितना बड़ा परिवर्तन आ चुका है।

छुट्टियों में मैं कोल्हापुर जाता था, जहाँ मेरे दादा-दादी रहते थे। मेरे दादाजी सुबह जल्दी उठते थे। यद्यपि वह अपने कस्बे के जाने-माने वकील थे, प्रतिदिन 5 मील टहलना वह कभी भी नहीं छोड़ते। वह हलका भोजन करके जल्दी सो जाते थे। उन्होंने अत्यधिक सादगीपूर्ण सक्रिय जीवन बिताया और '70 के दशक में न्युमोनिया के कारण उनकी मृत्यु हो गई। उस समय तक एंटीबायोटिक नहीं आई थी।

कोल्हापुर बेलगाम से लगभग 70 मील दूर था। बस की यात्रा में लगभग पाँच घंटे लगते थे। रास्ते में यात्रियों को चढ़ाने के लिए बस कई जगह रुकती थी। साथ ही वह चाय और फल के लिए भी रुकती थी। सड़कें ऊबड़-खाबड़ और सँकरी थीं, लेकिन बैलगाड़ी की अपेक्षा बसों को एक बड़ा सुधार माना जाता था। मैं विश्वास नहीं कर पाता था कि कोई व्यक्ति सुबह बेलगाम से चलकर उसी शाम कोल्हापुर पहुँच सकता था। अपने बचपन के इन ठिकानों की यादें मुझे अत्यधिक आनंदित करती हैं। अब, जब कि हाइवे बन गए हैं तो उस दूरी को पूरा करने में एक घंटे से बस कुछ ही समय अधिक लगता है। लेकिन मुझे अभी भी पुराने दिनों की याद आती है, जब रफ्तार महत्त्वपूर्ण नहीं थी; क्योंकि उससे यात्रा रोचक बन जाती थी। उस समय ट्रैफिक लाइट, ट्रैफिक जाम, रिकॉर्ड किए हुए संगीत, टी.वी. या सेल फोन नहीं होते थे। बसों में खुली हुई खिड़कियाँ होती थीं, जिसमें से व्यक्ति मीलों तक घने जंगलों को निहार सकता था।

हम दीपावली पर अपने दादाजी के साथ पटाखे और फुलझड़ियाँ खरीदने जाते थे। जब लोग मेरे दादाजी को अपने सिर पर पटाखों की टोकरी रखकर लाते देखते तो उन्हें आश्चर्य होता कि ऐसे सम्मानित एडवोकेट इस छोटे से काम के लिए किसी नौकर को नहीं कह सके। किसी ने पूछा, "बापू साहेब, आपने एक कुली क्यों नहीं ले लिया?"

उनका उत्तर था, "अपने हाथ से कुछ काम करने में मुझे शरमाना कैसा!"

इन अनुभवों के आधार पर ही मेरी प्रवृत्तियों का विकास हुआ होगा। खुद अपने हाथों से काम करने में और आत्मनिर्भर रहने में अपनी प्रतिष्ठा है। चाय बनाने, कपड़े धोने, जूते पॉलिश करने और प्रेस करने के कामों में मुझे मजा आता है। बुढ़ापे में ये जीवन के कौशल में शामिल हो जाते हैं।

कोल्हापुर में हमारी एक पड़ोसन अत्यधिक धार्मिक महिला थीं, जो पूजा-पाठ में कई घंटे व्यतीत करती थीं। एक दिन उन्होंने मुझे एक कहानी सुनाई, जो मुझे अच्छी तरह से याद है। एक दिन उन्होंने हमारे घर के सामने दलदल भरे तालाब में एक भैंस को डूबते हुए देखा। भैंस की दयनीय दशा की कल्पना करके मैं अत्यधिक व्यथित हो गया कि कैसे मिट्टी उसकी नाक और मुँह में घुसी होगी। उस निरीह पशु ने कितनी पीड़ा सही होगी। उसे बचाने की सारी कोशिशें नाकाम रहीं। उसका क्रंदन पूरे वातावरण में गूँजता रहा और अंततः वह बेचारा जानवर पानी में डूबकर मर गया। मुझे सबसे अधिक दुःख यह देखकर हुआ कि हमारी पड़ोसन हमें वह सारा किस्सा मुसकराते हुए सुना रही थी। एक धार्मिक महिला किसी जानवर की पीड़ा के प्रति इतनी असंवेदनशील कैसे हो सकती थी? उस समय मैं सात वर्ष का था। धर्म और मनुष्य द्वारा निर्मित ईश्वर पर से मेरा विश्वास शायद इसी कहानी को सुनने के बाद से हटने लगा था।

सन् 1942 में हमने कोल्हापुर के पास स्थित एक गाँव अंबा घाट ('घाट' घुमावदार पहाड़ी सड़क के लिए मराठी शब्द है) में अपने रिश्तेदारों और मित्रों के साथ गरमी की छुट्टियों का एक महीना बिताया। वह क्षेत्र साँप और बिच्छुओं का था और हमने वहाँ अतिक्रमण किया था। पहले ही दिन हमने एक पेड़ की डाली पर एक अजगर को धीमे-धीमे रेंगते देखा। मैं ग्यारह वर्ष का था और हमारी टोली में सबसे अधिक उम्रवाले की उम्र सोलह वर्ष थी। हमें निर्देश थे कि हर समय अपने साथ एक छड़ी रखें और जमीन को लगातार टटोलते चलें, विशेषकर उन स्थानों पर, जहाँ साँप घास में छुपे हो सकते हैं। हमने अजगर के विषय में कहानियाँ सुनी थीं कि वह अन्य जानवरों को जकड़कर उनका दम घोंटने के बाद उन्हें निगल जाता है। हम डर गए थे। लेकिन वहाँ से गुजरते हुए एक गाँववासी ने हमें भरोसा दिलाया कि हालाँकि ये अकसर दिखाई देते हैं, लेकिन कोई नुकसान नहीं पहुँचाते। आश्चर्य नहीं कि इसीलिए भारतीय देवताओं को साँपों और जंगली पशुओं के साथ दिखाया जाता है।

हम सभी करीब एक दर्जन बच्चे थे और एक बड़े कमरे में जमीन पर सोते थे। मुझे डर रहता कि कहीं साँप हमारे बिस्तरों में न घुस आए। मैं बीच में सोता था। उन दिनों हर्निया बेल्ट सामान्य चीज होती थी और दीवार पर एक खूँटी पर टँगी होती थी। वह बेल्ट कुंडली मारे हुए कोबरा की तरह दिखती थी, जो मेरे डर को और भी अधिक बढ़ाती थी। मान्यता थी कि यदि हम 'राम-राम' के मंत्र का उच्चारण करते रहें तो साँप दूर रहेंगे। मैं प्रत्येक रात वह मंत्र पढ़ता था।

हालाँकि यदि कीड़ों और साँप-बिच्छुओं का डर नहीं होता तो मैंने अपनी छुट्टियों का अधिक आनंद लिया होता। जब मैंने देखा कि अन्य लोगों को इतनी चिंता नहीं थी जितनी कि मुझे तो मुझे अपने डरपोकपन पर शर्मिंदगी हुई। क्या मुझसे बड़े बच्चे

बहादुर दिखने का नाटक कर रहे थे? मैं नहीं जानता था। मैंने साँप के काटने से बहुत से लोगों के मरने की कहानियाँ सुनी थीं। आज भी भारत में साँप के काटने से प्रतिवर्ष 50,000 लोगों की मृत्यु होती है। बहुत से स्वास्थ्य केंद्रों में आज विष-रोधक उपलब्ध हैं; लेकिन यातायात की खराब व्यवस्था और जानकारी की कमी जीवन-रक्षण में बाधक बनते हैं।

जब मैं 10 या 12 वर्ष का था, मैं कोल्हापुर गया था और एक जमींदार के बड़े से घर में ठहरा था। वह जमींदार फिल्मों में दिखाए गए विशिष्ट रूप से कठोर और निर्दयी जमींदारों के विपरीत अत्यधिक दयालु और सहृदय व्यक्ति था, जो हर किसी के साथ शिष्टाचार के साथ पेश आता था। एक शाम जब मैं बरामदे में था, उसकी बेटी ने एक छोटी सी नौकरानी को बहुत बुरी तरह से डाँटा। जमींदार की माँ, जो एक वृद्ध विधवा थीं, ने अपनी पोती से कहा, ''इन निर्धन-अभागे नौकरों से तुम इतनी बुरी तरह से क्यों बात कर रही हो? उनके लिए यह समय खेलने और पढ़ने का है; लेकिन गरीबी के कारण उन्हें अपने घर छोड़कर धनी लोगों के यहाँ काम करने के लिए निकलना पड़ा। ईश्वर का धन्यवाद करो कि तुम्हें ऐसा दुर्भाग्य नहीं मिला कि उनकी तरह बनती। कभी भी गरीबों को तकलीफ न दो।''

उस शाम की वह घटना मेरे मस्तिष्क में छप गई। प्रतिष्ठा या श्रेणी में कम स्तर के लोगों के साथ मैंने कभी भी अशिष्ट व्यवहार नहीं किया।

31 जुलाई, 1943 को मैं बीमार पड़ गया। वह शनिवार की सुबह थी। मैं बहुत तेज बुखार में घर लौटा और इतना अधिक बीमार हो गया कि याद ही नहीं कि मुझे घर में बहुत ही सँकरी सीढ़ियों से पहली मंजिल पर ले जाया गया। ठीक होने के बाद भी मुझे बार-बार बुखार वापस आ जाता, जो 47 दिनों तक चला। उस समय एंटीबायोटिक नहीं था। एकमात्र दवा कोय्यामिन की बूँदें थीं, जिसे दिन में चार बार दिया जाता था। मुझे वह छोटी सी भूरे रंग की बोतल और उन बूँदों का कड़वा स्वाद आज भी याद है।

तेज बुखार को नियंत्रित करने के लिए ठंडी पट्टी रखी जाती थी। खाने में कुछ भी नहीं दिया जाता था। रक्तस्राव के डर से मुझे भूखा रखा गया। फिर भी, मुझे अधिक-से-अधिक मात्रा में ग्लूकोज लेने के लिए प्रोत्साहित किया जाता। विशिष्ट गंधवाले वे गोल डिब्बे मेरे स्मृति-पटल पर अच्छी तरह से छपे हुए हैं।

सैंतालीस दिनों की मेरी बीमारी के दौरान परीक्षण के लिए मेरा खून केवल एक बार ही लिया गया था। मेरा वजन अत्यधिक गिर गया। बहुत अधिक कमजोरी महसूस होती थी। खड़े होने और चलने में मुझे काफी अधिक समय लगा; लेकिन मैं जीवित था।

कुछ वर्ष पहले जब मैं नॉर्वे गया था, मैंने एक कब्रिस्तान देखा। वहाँ बच्चों की याद में बनाए गए बहुत से समाधि-स्तंभ थे, जिनकी मृत्यु टायफाइड, निमोनिया और

अन्य संक्रमणों से हुई। बहुत समय नहीं हुआ, जब यूरोप में भी कम उम्र में मृत्यु सामान्य बात थी।

मेरे पिताजी

मेरे पिताजी ने वकालत के लिए बेलगाम को चुना। अपनी योग्यता व सत्यनिष्ठा और गरीबों के प्रति अपनी सहानुभूति के विषय में अपनी प्रतिष्ठा स्थापित करने से पहले उन्हें कुछ वर्ष संघर्ष करना पड़ा। बचपन में एक बार नाई की दुकान पर जाने पर मैंने ग्राहकों को कस्बे के वकीलों के विषय में चर्चा करते हुए सुना।

मेरे पिताजी का नाम सम्मान से लिया जा रहा था, क्योंकि अपनी प्रतिष्ठा के बावजूद वह गरीब मुवक्किल के केस भी लेते थे और बहुत ही न्यायसंगत फीस लेते थे। उन्हें जरा भी आभास नहीं था कि मैं उनका पुत्र था। बचपन के ऐसे अनुभव हमारे चरित्र का निर्माण करते हैं।

बेलगाम, उत्तरी कर्नाटक में पहले लॉ कॉलेज की स्थापना में उनकी अहम भूमिका थी। वह एक उच्च कोटि के शिक्षक थे और छात्रों के बीच अत्यधिक लोकप्रिय थे, जो सुझाव के लिए नियमित रूप से हमारे यहाँ आते थे। श्री नाथ पै उनमें से एक थे। बाद में पई जेनेवा में 'अंतरराष्ट्रीय युवा फेडरेशन' के अध्यक्ष बने। दुर्भाग्यवश केवल 50 वर्ष की आयु में उनकी मृत्यु हो गई और भारत ने एक सम्माननीय सांसद एक प्रभावशाली वक्ता खो दिया, जो संभवत: भारत के प्रधानमंत्री भी बन सकते थे। (संसद् में उनके भाषण के लिए उनकी और अटल बिहारी वाजपेयी की प्रशंसा पं. जवाहरलाल नेहरू करते थे। वह सुनिश्चित करते कि उनके भाषण छूटें नहीं। चालीस वर्ष बाद अटल बिहारी वाजपेयी भारत के प्रधानमंत्री बने)।

1990 के दशक में जब मैं एक कॉन्फ्रेंस के लिए व्हीएना गया तो मैंने नाथ पै की पत्नी क्रिस्टल से मुलाकात की। उन्हें यह जानकार अत्यधिक प्रसन्नता हुई कि उनके पति का मेरे परिवार के साथ कुछ रिश्ता था। मेरे पिताजी के कुछ छात्र हाई कोर्ट और सुप्रीम कोर्ट के जज बने।

जब मैं स्कूल में ही था, उस समय बेलगाम के जिला न्यायालय में एक केस की सुनवाई के लिए गया, जहाँ बंबई से प्रसिद्ध अटॉर्नी भूलाभाई देसाई एक केस में जिरह करने के लिए आए थे। सामने के पक्ष में मेरे पिताजी थे। कोर्ट वकीलों और कानून के छात्रों से भरा हुआ था और मुझे खड़े होने के लिए कोई जगह नहीं मिली। वे सभी यह जानने के लिए उत्सुक थे कि निक्कर पहने यह स्कूली छात्र कोर्ट में क्या कर रहा था। लेकिन जब मैंने अपना परिचय दिया तो मेरे साथ अत्यधिक स्नेह का व्यवहार हुआ। मेरे पिताजी मुझे वहाँ देखकर आश्चर्यचकित हो गए थे। उन्होंने मेरी ओर हाथ हिलाया

और मुसकराए। मैं अत्यधिक खुश था। मुझे आज भी वह पल याद है।

मेरे पिताजी मेरे आदर्श थे। उनसे संबंधित बहुत सी घटनाएँ मुझे आज भी स्पष्ट याद हैं। 12 वर्ष की उम्र में मैं उनके साथ बस से बेलगाम से करीब 30 मील दूर एक छोटे से कस्बे में गया। हम एक बहुत ही सँकरी व सुनसान गली से गुजरे, जिसके दोनों ओर घर बने थे और फिर हमने आधे खुले एक दरवाजे में प्रवेश किया। वहाँ पत्थर से बना एक आयताकार क्षेत्र था, जिसके केंद्र में तुलसी का एक पौधा लगा था। कार्यालय दाहिनी ओर था। वहाँ एक वृद्ध सज्जन के सामने मेरे पिताजी सम्मान के साथ झुके और मैंने भी वैसा ही किया। हम जमीन पर एक पतली सफेद बिछावन पर बैठे। चर्चा के दौरान वह वृद्ध व्यक्ति चाय पी रहे थे, बीड़ी पी रहे थे और पास रखे एक पीकदान में लगातार थूक रहे थे। हमारे सामने कानून की किताबों और शराब की बोतलों से भरी एक दराज थी। मैं जानता था कि यह शराब है, क्योंकि उन दिनों एक लोकप्रिय मराठी फिल्म चल रही थी, जिसका नाम था—'ब्रांडीची बाटली' (ब्रांडी की बोतल)।

मुझे आश्चर्य हो रहा था कि उस व्यक्ति में ऐसा क्या महान् था कि मेरे पिताजी उनका इतना अधिक सम्मान करते थे। मेरे पिताजी उनसे ठीक विपरीत थे। उन्होंने कभी भी धूम्रपान नहीं किया और न ही शराब को हाथ लगाया। जैसे ही हम उस घर से निकले, मेरे पिताजी ने कहा, 'किशोर, (मेरा उपनाम) ये सज्जन एक महान् इनसान हैं; क्योंकि यह अत्यधिक ईमानदार हैं। प्रत्येक केस के लिए बहुत अच्छे ढंग से तैयारी करते हैं और गरीब मुवक्किलों के लिए निःशुल्क केस लड़ते हैं। जब केस में कोई सार नहीं होता तो यह मुवक्किलों को कोर्ट में जाने से रोकते हैं।''

आज मुझे अहसास होता है कि नैतिक व्यवहार के बीज मेरे मस्तिष्क में ऐसे अवसरों पर ही पड़े।

भारत की स्वाधीनता के दो वर्ष बाद बंबई प्रांत के चार वकीलों को सेशन कोर्ट के जज के रूप में नियुक्त किया गया, जो उस समय बहुत बड़े सम्मान की बात थी। मेरे पिताजी उनमें से एक थे। उनकी पहली पोस्टिंग कारवार में हुई, जो भारत के पश्चिमी तट पर स्थित एक छोटा सा कस्बा था। (अब बड़ा नेवेल बेस बन गया है।)

कस्बे में प्रवेश करने पर दो बँगले थे—एक पहाड़ी के शीर्ष पर कलेक्टर के लिए था और दूसरा पहाड़ी पर बीच रास्ते में जज का बँगला था। समुद्र के सामने स्थित यह स्थान बहुत आकर्षक था, जिसके सामने सुंदर सा बगीचा था और चारों ओर घना जंगल। पहाड़ी पर आनेवाले बाघों के द्वारा भटके हुए कुत्तों को मार डालने की कहानियाँ सुनाई देती थीं।

नल में पानी आने की व्यवस्था नहीं थी, इसलिए नौकरों को अपने कंधों पर पानी लेकर पहाड़ी चढ़कर आना होता था। वह दृश्य मेरे पिताजी को पीड़ा पहुँचाता था। वह

केवल आधी बालटी पानी से ही नहा लेते और पानी की बरबादी न करने पर जोर देते थे। सेशन कोर्ट के जज एक ऊँची पदवीवाले अधिकारी होते थे और उनके लिए इस तरह से विचारवान् होना अस्वाभाविक था। उच्च वर्गीय भारतीयों में अकसर सामंतवादी प्रवृत्ति आ जाती थी। जब मैं स्कूल में पढ़ता था, मैं एक जूनियर इंजीनियर को जानता था, जो अपने नौकर को 2 मील दूर स्थित अपने घर से अपना हैट मँगवाने के लिए भेजता था। अधिकार के प्रदर्शन में उसे बहुत आनंद आता था।

हमारे बँगले में हमसे पहले दो विशिष्ट व्यक्ति रह चुके थे। एक थे रवींद्रनाथ टैगोर के भाई और दूसरे थे एक अंग्रेज—डेनिस किनकैड, जिनका जन्म भारत में हुआ था और जिनकी मृत्यु दुर्भाग्यवश सन् 1937 में बहुत ही कम उम्र में कारवार तट पर डूबने से हो गई थी। वह अपने '30 के दशक के मध्य में ही थे और एक अच्छे लेखक के रूप में अपना अच्छा नाम कमा चुके थे। उन्होंने 17वीं शताब्दी के महान् शासक शिवाजी के विशेष संदर्भ के साथ मराठा इतिहास का अध्ययन किया था।

(भारत के इतिहास में शिवाजी एक असाधारण व्यक्ति रहे हैं। अत्यंत अल्पायु में उन्होंने राष्ट्र को दमनकारी शासकों से मुक्ति दिलाने का प्रयास शुरू कर दिया था। महाराष्ट्र राज्य पर्वत-शृंखलाओं से भरा हुआ है। उन्होंने शोषित आम जनता की समस्याओं का निदान किया, उन्हें प्रोत्साहित किया, अनेक दुर्गों का निर्माण किया, समुद्र-तट के किनारे सुरक्षा तैनात की, गुरिल्ला युद्ध तकनीक विकसित की। एक अनुशासित सेना तैयार की, जो छोटे कद के घोड़ों पर बिजली की तेजी से दौड़ती थी। अपनी मुद्रा चलाने के लिए मिंट की स्थापना की। वह हर समुदाय के प्रति निष्पक्ष थे। उनकी सेना में मुसलिम भी थे और भारत के कई भागों में उन्होंने अपना साम्राज्य फैलाया। उन्होंने अच्छी संरचनावाला प्रशासन स्थापित किया, समाज-विरोधी गतिविधियों के लिए स्वयं अपने ही रिश्तेदारों को दंड दिया और इस प्रकार से ऐसे देश में आम जनता के लिए प्रशासन की स्थापना की, जो शताब्दियों से सामंतवाद में जी रहा था। आश्चर्य नहीं कि 350 वर्ष से भी अधिक समय से वह लाखों लोगों के लिए प्रेरणास्रोत बने हुए हैं।)

मेरे पिताजी अपनी सत्यनिष्ठा के लिए जाने जाते थे। मैं एक घटना का वर्णन करना चाहता हूँ। जिस समय मैं जे.जे. हॉस्पिटल में अपनी रेजीडेंसी कर रहा था, उस समय मेरे मामा—जो मराठी के सुप्रसिद्ध लेखक थे—का बार-बार खिसक जानेवाली नीकैप (घुटने के ऊपर की हड्डी) का ऑपरेशन हुआ। उन्होंने मेरे पिताजी के बँगले पर ही निवास किया; क्योंकि वह इतना बड़ा था कि वहाँ वह प्लास्टर किए हुए पैर के साथ आसानी से चल-फिर सकते थे। एक दिन उन्होंने अपने पेन में एक बोतल से स्याही भरी। मेरे पिताजी ने कहा कि उन्हें वह स्याही बोतल में वापस डाल देनी चाहिए, क्योंकि वह केवल आधिकारिक कार्यों के लिए है, व्यक्तिगत कार्यों के लिए नहीं।

मुझे एक कहानी याद आ गई, जो मैंने कुछ वर्ष पहले सुनी थी। एक चीनी यात्री ह्वेन-त्सांग भारत यात्रा पर आए और हमारे देश की शांति, स्थिरता और कानून के प्रति सम्मान को देखकर चकित रह गए। उन्होंने सम्राट् से पूछा कि ऐसी उपलब्धि किस प्रकार संभव हुई। उन्हें प्रधानमंत्री चाणक्य से मिलने के लिए कहा गया। यात्री उनके पास गए। वह अपनी तरफ रखे एक दीये की रोशनी में कुछ पढ़ने में व्यस्त थे। कुछ देर काम करने के बाद उन्होंने उस दीये को बुझा दिया और दूसरा दीया जलाया और उसके बाद ही साक्षात्कार आरंभ किया। अतिथि ने उनके इस कृत्य के पीछे का कारण पूछा।

'मैं आधिकारिक लालटेन का उपयोग करके प्रशासनिक कार्य कर रहा था। अब आप मुझसे अनधिकारिक कारण से मिलने आए हैं, इसलिए मैंने अपना खुद का दीया जलाया।'

अतिथि ने कहा, 'आपने अपने इस कार्य से मेरे सभी सवालों का जवाब दे दिया। जब किसी देश का प्रधानमंत्री इतना ईमानदार हो तो समाज में शांति और समृद्धि तो व्याप्त होगी ही।'

नौ वर्ष बाद मेरे पिताजी बंबई सेशन कोर्ट से रिटायर हुए। उनके रिटायर होने के अगले दिन जैसे ही मेरे पिताजी कोर्ट में पहुँचे, उनकी कार का दरवाजा खोलकर उनकी अटैची उठाने के लिए एक चपरासी दौड़ा हुआ आया। मेरे पिताजी ने उसे बताया कि अब वह जज नहीं हैं और एक एडवोकेट की ही तरह अपने कागज खुद उठाकर ले जाएँगे। मेरे पिताजी जिस दिन रिटायर हुए, उसी दिन उन्होंने अपना आधिकारिक बँगला छोड़ दिया। हालाँकि यह भारत में सामान्य बात नहीं है, जहाँ हमें मंत्रियों, सांसदों और सरकारी अधिकारियों द्वारा रिटायर होने के महीनों और यहाँ तक कि वर्षों तक अपने मकान बनाए रखने का दु:खद प्रदर्शन देखने को मिलता है। इंग्लैंड में एक बार कार्यालय छोड़ देने के बाद प्रधानमंत्री तुरंत ही 10, डाउनिंग स्ट्रीट को छोड़कर अपने निजी आवास में चला जाता है।

मुझे वह दिन याद है, जब मेरी बेटी का स्कूल छोड़ने की परीक्षा का परिणाम आया था। उसी के कुछ घंटे पहले मेरे पिताजी मेरे घर आए थे और जब यह समाचार मिला कि वह प्रथम स्थान पर आई थी, हमने उस अवसर को बियर के साथ मनाने का निश्चय किया। उन्होंने अपने जीवन में कभी भी अल्कोहल को हाथ नहीं लगाया था; लेकिन वह इतने खुश थे कि उन्होंने बियर के गिलास में नींबू-पानी के साथ हमारा साथ दिया। कई बार आडंबरहीन और आदर्शवादी अपने विचारों में अत्यंत कट्टर होते हैं। भाग्यवश, मेरे पिताजी बहुत ही खुले स्वभाव के थे।

सन् 1979 में अपने रिटायर होने के दो दशक से अभी अधिक समय के बाद वे गुजर गए। उच्च न्यायालय में विशेष रूप से बुलाई गई बैठक में उनका संदर्भ लिया

गया। यह बात ऐसे व्यक्ति के लिए अत्यधिक असामान्य थी, जो कभी भी बंबई उच्च न्यायालय के जज नहीं रहे थे। मुख्य न्यायाधीश जस्टिस बी.एन. देशमुख ने पूरी तरह से भरी हुई अदालत में कहा, "श्री श्रीखंडे का प्रमुख गुण था कि वह अपनी बढ़ती हुई उम्र के बाद भी हमेशा एक बच्चे की तरह सरल थे। अपने आसपास हम जिस तरह के लोगों को देखते हैं, उनमें वे सबसे अधिक विशुद्ध प्रकृति के व्यक्ति थे और यदि कुछ अच्छा हो रहा होता तो वही उस कार्य में दिल खोलकर भाग लेते थे। ऐसे सरल व्यक्ति बहुत मुश्किल से मिलते हैं। वह अपने कनिष्ठों की अत्यधिक सहायता करते थे और जहाँ तक अदालत में उनके योगदान का प्रश्न है, अदालत के लिए यह हमेशा ही संभव था कि श्रीखंडे द्वारा बनाए गए किसी भी तथ्य के वक्तव्य या कानून पर पूरी तरह से निर्भर कर सकती थी। स्वभाव में वह अपने केस को उसके वास्तविक मुद्दे से अधिक नहीं खींचते थे। यही कारण है कि उनके वक्तव्यों पर विश्वास करना सुरक्षित माना जाता था और यह एक और कारण था कि उन्हें बाहर एवं बेंच दोनों में बराबर लोग पसंद करते थे। श्रीखंडेजी की महानता केवल वकालत तक ही सीमित नहीं थी। अनेक लोग बस, सफल वकील बन जाते हैं और धन-संपदा इकट्ठी कर लेते हैं।

"बंबई में सक्रिय वकालत से रिटायर होने के बाद उन्होंने कुछ ऐसा योगदान देने का निर्णय लिया, जो उपयोगी हो सकता था। वह एक लेखक भी थे। उन्होंने राज्य में न्यायिक व्यवस्था के अंतर्गत मराठी माध्यम को प्रस्तुत करने की संभावना पर अध्ययन किया। ऐसे परिवर्तन के लिए हमेशा पाठ्य पुस्तकों की आवश्यकता होती है और उन्होंने मराठी भाषा में 'द मोहम्मडन लॉ' लिखी और साथ ही उन्होंने श्री दबके के साथ सक्सेशन एक्ट पुस्तक का सह-लेखन किया। टॉर्ट्स पर भी उनकी पांडुलिपि तैयार थी और उनकी मृत्यु के बाद उसे अंतिम रूप दिया गया।

"उनकी रुचि केवल कानून तक ही सीमित नहीं थी। वह संगीत-प्रेमी थे और दादर-माटुंगा संगीत अंचल के अध्यक्ष थे और जनरल एजुकेशन सोसाइटी, दादर के अध्यक्ष थे, जो छबीलदास हाई स्कूल चलाते हैं। इस प्रकार श्री श्रीखंडे ने एक संपूर्ण जीवन जिया।"

राजा भोंसले, एडवोकेट जनरल एवं अध्यक्ष, पश्चिमी भारत के एडवोकेट्स एसोसिएशन के अध्यक्ष ने कहा, "माय लॉर्ड्स, बार के सदस्यों की ओर से मैं स्वर्गीय श्री एन.एस. श्रीखंडे, जो एक संक्षिप्त बीमारी के बाद सत्याहत्तर वर्ष की आयु में अचानक मृत्यु को प्राप्त हो गए, के प्रति मुख्य न्यायाधीश द्वारा अर्पित की गई श्रद्धांजलि का पूर्ण समर्थन करता हूँ। उनकी मृत्यु से बार सदस्यों ने एक विशिष्ट वरिष्ठ वकील, शहर के सिविल एवं सेशन कोर्ट के एक पूर्व जज, भारतीय शास्त्रीय संगीत के पारखी और एक दयालु इनसान को खो दिया है।"

उन्होंने किसी प्रकार की कोई संपदा इकट्ठी नहीं की; लेकिन अपने पीछे जो हमारे लिए छोड़कर गए, वह बेशकीमती था। वह महात्मा गांधी की सादगी एवं आत्मसंयम से अत्यधिक प्रभावित थे। उनकी मृत्यु के पश्चात् हमें 600 से अधिक शोक संदेश प्राप्त हुए और लोग हमसे मिलने आए। वह हमेशा मेरे हीरो बने रहेंगे।

❑

अध्याय 3

कॉलेज की शिक्षा

मैंने सन् 1946 में अपनी स्कूली शिक्षा पूरी की और पुणे जाने का निर्णय किया। एक ऐसा शहर, जो अपनी उच्च शिक्षा के लिए उत्कृष्ट कोटि के कॉलेजों के लिए प्रसिद्ध था।

पुणे 240 मील और दस घंटे की दूरी पर स्थित था। जब ट्रेन ने बेलगाम के स्टेशन पर प्रवेश किया तो मेरे मित्र मेरे लिए आरामदायक सीट रोकने के लिए खुली हुई खिड़कियों से अंदर कूद गए (उन दिनों यह आम बात थी)। तीसरे दर्जे में सीटों के आरक्षण की कोई सुविधा नहीं थी। उन्होंने मेरे सामान को खिड़की से अंदर फेंक दिया, क्योंकि दरवाजों को भीड़ ने अवरोधित कर रखा था। भारत में यात्रा हमेशा ही साहसिक काम होता है।

मैंने उन्हें आश्वासन दिया कि मैं पत्रों के माध्यम से उनके संपर्क में बना रहूँगा। गार्ड ने सीटी बजाई और ट्रेन चल पड़ी। मेरे मित्रों ने अपनी आँसू भरी आँखों से मेरे उदास चेहरे को देख लिया होगा, क्योंकि वे प्लेटफॉर्म के अंत तक चलती हुई ट्रेन के साथ-साथ दौड़ते रहे। उन परिचित चेहरों की एक झलक देखने के लिए मैं डिब्बे की खिड़की से बाहर देखता रहा, जो अगले छह महीनों तक मुझे याद आएँगे। अब जीवन में पहली बार मैं अकेला था। प्रत्येक मिनट मैं अपने घर से दूर होता जा रहा था।

फर्ग्युसन कॉलेज का कैंपस बहुत बड़ा था। हॉस्टल में मैं भारत के विभिन्न क्षेत्रों से आनेवाले, विविध भाषा बोलनेवाले और विभिन्न प्रकार का आहार लेनेवाले छात्रों के साथ रहा। नल खोलते ही पानी उपलब्ध हो जाता था, जो एक नई चीज थी; लेकिन साथ ही पानी व्यर्थ बहाने के दृश्य भी दिखाई देते थे।

सबसे पहले मैं जंगली महाराज रोड देखने गया, जो अस्सी फीट चौड़ी रोड होने के लिए प्रसिद्ध थी। मैंने बेलगाम में अपने मित्रों को लिखा कि हमने जो सुना था वह सच था, इसमें कोई अतिशयोक्ति नहीं थी। उस समय चौड़ी समझी जानेवाली सड़क

आज एक सँकरी सी वन-वे वाली सड़क रह गई है। ऐसा लगता है जैसे एक विशालकाय व्यक्तित्व सिकुड़कर बौना रह गया हो।

मेरे लिए महानगरीय जीवन का यह पहला अनुभव था। मुझे अत्यधिक संकोच और घबराहट महसूस होती थी। कक्षा में कोई भी स्थायी सीट नहीं होती थी, जो कुछ ऐसा था, जो स्कूल के दिनों में हमें सुरक्षा की अनुभूति देता था। कक्षा में मैंने कभी अपना मुँह नहीं खोला, कभी भी किसी वाद-विवाद के लिए नहीं जाता, खेलकूद में कोई भाग नहीं लिया। अब मुझे अफसोस होता है कि मैंने विविध रोचक विषयों पर दिए जानेवाले किसी भी लेक्चर में भाग नहीं लिया, जिसके लिए पुणे प्रसिद्ध है।

आकर्षक तरीके से कपड़े पहननेवाले लड़के-लड़कियों के सामने मैं काफी संकोची था।

मेरे लिए वह समय जीवन का विशिष्ट क्षण था, जब मैंने कुछ माह बाद अपना पहला फाउंटेन पेन खरीदा। जब छुट्टियों में मैं घर वापस आया तो मेरे स्कूल के दोस्त उस इंपोर्टेड शेफर पेन को देखने के लिए मेरे घर आए थे।

लड़कियाँ कम थीं और वे हमेशा आगे की पंक्ति में बैठती थीं। मैं उन लड़कों की सराहना करता था, जो खुलकर उनसे बात कर लेते थे। प्रोफेसर्स के प्रश्नों से बचने के लिए मैं आगे की पंक्ति में बैठने से बचता था। मैं कभी भी पीछे की पंक्तियों में नहीं बैठता था, जिन पर सामान्यत: उपद्रवी छात्र ही बैठते थे, जो कागज के तीर लड़कियों पर फेंकते या नीरस लेक्चर के दौरान शोर मचाते थे। मैं न ही खुद को बुद्धिमान मानता था और न ही उपद्रवी था। शॉर्ट्स में टेनिस खेलने की निर्भीकता दिखानेवाली लड़कियों को देख मुझे अचरज होता था। मैं नियमित रूप से व्यायाम करता था।

सर्दियों में अत्यधिक ठंड होती थी और मुझे कुछ ऐसे अवसर याद हैं, जब उस अत्यधिक ठंडे मौसम के अनुरूप अपने शरीर को ढालने के लिए मैं ठंडे पानी से नहाया। मैंने पढ़ा था कि अत्यधिक आराम देने से शरीर की रोग-प्रतिरोधक क्षमता खराब होती है, जिससे रोग बढ़ते हैं। मैं बेलगाम से अपनी रैले साइकिल लाया था; लेकिन एक बार जब मैं पुस्तकालय में एक किताब वापस करने गया तो वह चोरी हो गई थी। मैं वर्णन नहीं कर सकता कि मुझे कितना अधिक दु:ख हुआ था। वह साइकिल चोरों का क्षेत्र ही था। अब दोपहिया और कारें चोरी होती हैं।

पुणे में रहने के दौरान मेरे साथ दो महत्त्वपूर्ण घटनाएँ हुईं। 15 अगस्त, 1947 को भारत ने स्वाधीनता प्राप्त की और मैंने पं. नेहरू का प्रसिद्ध भाषण 'ट्रीस्ट विथ डेस्टिनी' सुना।

जब मध्य रात्रि में भारत ने अपनी स्वतंत्रता प्राप्त की उस समय पेशवाओं के महल प्रतिष्ठित शनिवारवाड़ा में एकत्र विशाल जन-समुदाय के बीच मैं भी उपस्थित था।

देश की स्वतंत्रता के उल्लास पर बँटवारे के सांप्रदायिक दंगों ने ग्रहण लगा दिया था। आंदोलन के प्रणेता महात्मा गांधी दिल्ली में नहीं थे, क्योंकि वह पूर्वी बंगाल के दौरे पर थे, जहाँ वे सांप्रदायिक हत्याकांड से प्रभावित सैकड़ों-हजारों पीड़ितों के आँसू पोंछ रहे थे।

कुछ महीनों के भीतर 30 जनवरी, 1948 को शांति के उस दूत की नई दिल्ली में एक प्रार्थना सभा में जाते समय गोली मारकर हत्या कर दी गई।

बंबई 1948

मैंने इंटर-साइंस उत्तीर्ण कर लिया और मेरे सामने कैरियर से संबंधित चार विकल्प थे—कानून, इंजीनियरिंग, कॉमर्स और मेडिसिन। मेरी बोलने संबंधी कमी के कारण कानून का तो प्रश्न ही नहीं उठता था। मुझे गणित, भौतिकी या कॉमर्स पसंद नहीं थे। बचपन में जब मुझे टायफाइड हुआ था, उस समय अपनी लंबी बीमारी के दौरान मैंने डॉक्टर की भूमिका की अहमियत को महसूस किया था। इस बात ने मेरे डॉक्टर बनने के निर्णय में योगदान दिया होगा।

सन् 1948 में ग्रांट मेडिकल कॉलेज में दाखिला लेने के लिए मैं बंबई आ गया। कुछ रात मैं शहर के एक मध्यम वर्गीय भीड़ भरे इलाके गिरगाव में स्थित एक पारिवारिक मित्र के अपार्टमेंट के खुले बरामदे में सोया। उन दिनों बंबई आनेवाले हजारों लोगों के लिए यह सामान्य चलन था कि स्थायी आवास मिलने तक मित्रों और रिश्तेदारों के साथ उनके छोटे से अपार्टमेंट में रहते। होटल में ठहरने की अवधारणा मौजूद नहीं थी।

बंबई में जीवन अत्यधिक चहल-पहल भरा था। सड़कों पर ट्राम के नजारे एक नया अनुभव था। अपनी लोकल ट्रेन, डबल-डेकर बस, विशाल इमारतों और आधुनिक दुकानों के साथ बंबई एक पूरी तरह से नया अनुभव था। शहर एक महानगर था। मुझे कुछ विदेशी भी दिखाई देते थे।

यहाँ बहुत से सिनेमाघर थे और लोग हमेशा जल्दी में प्रतीत होते थे। वे ऐसे कपड़े और घड़ियाँ पहनते, जिससे वे अधिक स्मार्ट और आधुनिक दीखते थे। चलती हुई ट्राम को पकड़ सकनेवाले लोगों से मैं अत्यधिक प्रभावित होता था। मुझे चिंता होती थी कि मैं कभी बंबई की जिंदगी के साथ समायोजन कर पाऊँगा। मुझे बेलगाम याद आता, जहाँ मैं अत्यधिक सुरक्षित महसूस करता था। मुझे पुणे की याद नहीं आती थी। बंबई आने से पहले तक मैं जमीन पर बैठकर खाना खाता था, तो बंबई में मेज पर बैठकर खाने का बदलाव आया। अत्यधिक कट्टर रूप से शाकाहारी समुदाय के मेरे एक निकटस्थ मित्र ने मेरी जानकारी के बिना मुझे मांसाहारी खाना शुरू करवाया। इंग्लैंड में मेरे एक चाचा, जिन्होंने खुद कभी शराब नहीं पी, ने मुझे शराब का सेवन शुरू करवाया। जीवन

रोचक था।

पहली बार मैंने उस समय टेलीफोन का इस्तेमाल किया, जब मैंने पास के हॉस्टल में रहनेवाले अपने एक मित्र को फोन किया। मैं बहुत जोर से बोल रहा था, क्योंकि मैं चाहता था कि मेरी आवाज उस लंबी दूरी तक पहुँच सके। मुझे आज भी वह पल याद है।

मैं अपने हॉस्टल के कमरे के लिए एक टेबल फैन खरीदना चाहता था, लेकिन आधिकारिक रूप से इसकी अनुमति नहीं थी। बेलगाम गरमियों में भी ठंडा होता था, जबकि बंबई गरम और उमस भरा हो जाता था। प्राचार्य ने एक नोटिस तक लगा रखी थी कि छात्र केवल उसी स्थिति में पंखे चला सकते हैं, जब वे अपनी खुद की बिजली का उत्पादन कर सकते हों। बहुत अधिक आराम निश्चित रूप से एक व्यक्ति के विकास के लिए स्वास्थ्यकर नहीं है; लेकिन बंबई की तपन में एक पंखा निश्चित रूप से कोई विलासिता नहीं थी।

आरंभिक दो वर्षों में हमें अनाटोमी हॉल में शवों (लावारिस लाशों) की चीर-फाड़ और मेढकों पर प्रयोग करने होते थे। फोर्मलिन में संरक्षित किए गए और डिसेक्शन के लिए संगमरमर की मेजों पर रखे गए सिकुड़े हुए मृत शरीरों की गंध आज भी मेरी स्मृतियों में बनी हुई है। हमें चीर-फाड़ के लिए विभिन्न अंग दिए जाते थे—ऊपरी सिरे, निचले सिरे, पेट, सिर आदि। एक समय में लगभग आठ छात्र एक शरीर पर काम करते थे। हॉल में बहुत अधिक प्रकाश होता था, लेकिन वातावरण अत्यधिक अवसाद से भरा होता था। डिसक्शन हॉल की घृणित गंध हमारे शरीरों में भर जाती थी और हम कहीं भी जाते तो वह गंध साथ बनी रहती थी। हमारे कुछ शिक्षक अत्यधिक उच्च कोटि के थे, जो बहुत मनोयोग से पढ़ाते थे। मानव शरीर की प्राकृतिक संरचना मुझे अचंभित करती थी।

शवों के दृश्य विचारों की श्रृंखला बनाते थे। उसका जन्म कहाँ हुआ होगा? उसने कैसा जीवन बिताया होगा? वह कैसे मर गया? वे अनजान रहते हुए चुपचाप मर गए, जिनकी मौत पर कोई रोनेवाला भी नहीं था। उनके माता-पिता के क्या सपने रहे होंगे? क्या वे स्कूल गए होंगे? उन्होंने कितनी पीड़ा सही होगी? क्या किसी ने उनकी सहायता की होगी? कैसी त्रासदी है कि आपकी मृत्यु पर आपके लिए कोई रोनेवाला भी न हो। बहुत कम छात्र इस तरह से सोचते थे; लेकिन मेरे लिए यह अत्यधिक स्वाभाविक व सहज प्रतिक्रिया थी।

जीवन में बाद में मैंने अकसर ऐसे रोगियों को मरते देखा है, जिनके बगल में कोई भी रोनेवाला नहीं था। किसी की मौजूदगी के बिना होनेवाली मृत्यु अपने आप में एक त्रासदी है। जब मैं अपनी अनेटॉमी की किताब में प्रदर्शित प्रत्येक संरचना का प्रदर्शन करने के लिए डिसक्शन करता था तो मैं उन मृत पुरुषों और महिलाओं के प्रति अत्यधिक कृतज्ञ महसूस करता था, जिनसे मैं पहले कभी नहीं मिला था। बेहतर इनसान

बनने के लिए कृतज्ञता की यह भावना अनिवार्य है। संभवत: उन्होंने अपने जीवनकाल में इस प्रकार की सहानुभूति का अनुभव कभी भी नहीं किया होगा। मानवीय पीड़ा के भावनात्मक पहलुओं को मेडिकल कॉलेजों में कदाचित् ही छुआ जाता है।

मुझे छुरी के स्पर्श में आनंद आता और मैंने महसूस किया कि मैं एक सर्जन बनूँगा। मैं उस समय की प्रतीक्षा कर रहा था, जब मैं एक योग्यता प्राप्त डॉक्टर के रूप में रोगियों के बीच घूमूँगा। उन दिनों मेडिकल के छात्रों को अत्यधिक प्रतिष्ठा की दृष्टि से देखा जाता था, अचरज से और यहाँ तक कि द्वेष से भी।

पहले के समय में मेडिकल की शिक्षा बहुत कम महँगी होती थी। आज मेडिकल कॉलेज में दाखिले के लिए छात्रों को लाखों रुपए का भुगतान करना पड़ता है। कुल मिलाकर मेडिकल का प्रशिक्षण लाभ का उद्योग बनकर रहा गया है। ऐसे लालची समाज में मानवीय मूल्य किस तरह से बचे रह सकते हैं!

शरीर-विज्ञान में हम अचेत मेढकों पर मांसपेशीय रिफ्लेक्सेस को पढ़ रहे थे, जब लैब असिस्टेंट जीवित मेढकों को पकड़ते और उन्हें अचेत करने के लिए उनके मस्तिष्क में स्थित तंत्रिका फाइबर काटी जाती तो वह दृश्य मुझे उतना अधिक आहत नहीं करता, क्योंकि इस प्रक्रिया में बहुत कम पीड़ा होती थी। यद्यपि कई वर्ष बाद यह पढ़कर मुझे धक्का पहुँचा था कि मेढक के पैर, जो कि बहुत नाजुक माने जाते हैं, निकाल लिये गए और उस लाचार मेढक को पीड़ा में मरने के लिए छोड़ दिया गया। निर्दयता के लिए मनुष्य की क्षमता असीमित है।

मेडिकल कॉलेज के पहले वर्ष में एक भाग की परीक्षा में मैंने बहुत खराब प्रदर्शन किया। डेमॉन्सट्रेटर ने मुझसे कहा, ''तुम ठीक से कुछ वाक्य भी नहीं बोल पाते हो। ऐसे में तुम डॉक्टर कैसे बन सकते हो? रोगी तुम्हारे हाथों में अपना जीवन कैसे सौंप सकता है? अपने पिताजी का पैसा बरबाद मत करो।''

उसकी टिप्पणी से मुझे निराशा और दु:ख हुआ। उसने मेरी कमी देखी; लेकिन मैं अपनी खूबियाँ जानता था और जानता था कि मैं एक डॉक्टर बनूँगा। एक सर्जन के पास एक सधा हुआ हाथ होना चाहिए, वक्ता के पास भाषा-प्रवाह और एक गायक के पास सुमधुर आवाज होनी चाहिए। भाषा की कमी मेडिकल के एक इच्छुक छात्र को एक सर्जन बनने से कैसे रोक सकती है?

तीस वर्ष बाद उसी सर्जन ने मुझे एक पैंक्रियाटिक ट्यूमर का ऑपरेशन करते हुए देखने की इच्छा व्यक्त की। वह पाँच घंटे तक वहाँ खड़े रहे और मुझ पर प्रशंसा की बारिश करते रहे। शायद उन्हें याद भी न हो कि अतीत में उन्होंने मुझे डॉक्टर बनने के लिए अयोग्य समझा था। बाद में उन्होंने अपने भतीजे को सर्जरी में पोस्ट ग्रेजुएट करवाने के लिए मेरे पास भेजा। अब वह विदेश में एक कंसल्टेंट सर्जन है।

मैं सोचता हूँ कि काश, उस समय मुझे ज्ञात होता कि बचपन में बीथोवेन को बताया गया था कि उनमें संगीत के कोई गुण नहीं हैं। मुझे इस बात की प्रामाणिकता ज्ञात नहीं है; लेकिन मुझे उन व्यक्तियों की सफलता की कहानियाँ पढ़ने में बहुत आनंद आता था, जिन्हें बचपन में औसत माना जाता था।

मैं धीमे-धीमे पढ़ता था, लेकिन विविध विषयों पर पुस्तकें पढ़ता था, जिनमें जीवनी, दर्शन, समाज शास्त्र और मनोविज्ञान शामिल हैं। मुझे एक पुस्तक विशेष रूप से याद है। वह हैंस जे. आयसेंक द्वारा लिखित 'यूसेस एंड अब्यूसेस ऑफ साइकोलॉजी' थी, जो जर्मनी में जनमे, इंग्लैंड में कार्यरत मनोवैज्ञानिक थे। सन् 1955 में संयोगवश वह पुस्तक मेरे हाथ लग गई थी।

मुझे लगता है कि उस पुस्तक ने मेरे दिमाग में यह बात डाल दी कि शैक्षिक और स्कूली स्तर पर अच्छा प्रदर्शन जीवन में सफलता को सुनिश्चित नहीं करता। व्यक्तित्व संबंधी गुण, जैसे—उत्साह, कठिन परिश्रम, तदनुभूति, सहानुभूति, समर्पण, वफादारी, निर्णय लेने की क्षमता, असफलता के प्रति निर्भयता, खुले विचार और जिज्ञासा अधिक महत्त्वपूर्ण होते हैं। यह धारणा मुझमें गहरे से समा गई और इसने मेरे पूरे जीवन को प्रभावित किया।

जन्म से बुद्धिमान ऐसे अनेक छात्र होते हैं, जो जीवन में कोई स्थान नहीं बना पाते हैं। पढ़ने से व्यक्ति की विद्वत्ता में वृद्धि होती है, भले ही यह आवश्यक नहीं कि उसके शैक्षणिक प्रदर्शन में इससे कोई सुधार हो। मैं नहीं जानता कि किस तरह से मैं ऐसी रोचक पुस्तकों को चुनता, जिनसे मेरे व्यक्तित्व में बड़ा परिवर्तन आया।

मेडिकल के छात्र के रूप में हम अनवरत रूप से पीड़ा और मृत्यु के संपर्क में बने रहते थे। मुझे विशेष रूप से एक घटना याद है, जब मैं इमरजेंसी ड्यूटी पर था। एक युवक को ट्रॉली लाया गया, जिसकी छाती पर चाकू के घाव थे। वह मर चुका था, शरीर अभी भी गरम था और उसकी आँखें खुली थीं। आधे घंटे पहले भी उसे यह आभास नहीं रहा होगा कि वह अपने अंत के इतना निकट है।

उसे केले की कीमत से जुड़ी एक बहस के कारण चाकू मार दिया गया था। वह एक फिल्म देखने गया था और बस के लिए प्रतीक्षा करते समय उसने फलवाले से एक केला खरीदने की सोची।

कभी-कभी हमारे सामने बड़े संकट आते हैं। रॉयल डच सुपर कॉन्स्टेलेशन का एक विमान जिस समय बंबई हवाई अड्डे के रनवे पर पहुँच रहा था, उसी समय वह एक पहाड़ी से टकरा गया। यह घटना सन् 1949 की जुलाई में भारी वर्षा के दौरान हुई।

उस त्रासदी में सभी यात्रियों की मृत्यु हो गई। मृत शरीरों को हमारे अस्पताल के शवगृह में लाया गया और एक लाइन से रख दिया गया। कुछ तो केवल मांस का

टुकड़ा मात्र रह गए थे। उस विमान में अमेरिका से पत्रकारों का एक दल यात्रा कर रहा था, जिनमें से एक हर्बर्ट निकरबॉकर थे। उस घटना से मेरा सामना इस सत्य के साथ हुआ कि जीवन जीने की क्रिया ही एक खतरे की प्रक्रिया है। इन घटनाओं के कुछ वर्ष बाद जब मैंने विमान में यात्रा की तो उस दुर्घटना के पीड़ितों के दृश्य मेरी स्मृतियों में ताजा हो गए। मैं उसी समय सहज महसूस कर सका, जब विमान सुरक्षित रूप से हवाई पट्टी पर उतर गया।

एक बार मैं चंडीगढ़ से दिल्ली की फ्लाइट में था। मौसम बहुत आँधीवाला था और विमान एवं उसके यात्रियों दोनों को ही हिलते हुए देखा जा सकता था। फ्लाइट के कैप्टन मुझे जानते थे, क्योंकि मैंने उनके भाई का ऑपरेशन किया था। उन्होंने मुझे कॉकपिट में प्रवेश की अनुमति दे दी। उन्होंने मुझे दिखाया कि कैसे विमान पूरी तरह से उनके काबू में था, जिसके लिए वह विमान में कुछ चालबाजी कर रहे थे, जिससे हवा के कुछ झोंकों से बचा जा सके, जिस तरह से हम भारतीय सड़कों पर कार चलाते समय गड्ढों से बचते हुए चलते हैं। यात्रियों को संबोधित करती हुई उनकी आश्वासन भरी आवाज में सच्चाई थी। इससे मुझे सुरक्षा की अनुभूति हुई।

ओ.टी. में पहला दिन

जब मैंने सर्जिकल यूनिट में नियुक्ति ली, मैं ऑपरेशन थिएटर में प्रवेश करने के लिए और सर्जरी के नाटक को देखने के लिए आतुर था, जो मैंने अपनी जीविका के लिए चुना था। यह सन् 1950 में हुआ। थिएटर में मौजूद सिस्टर ने हम पर एक ठंडी और लगभग तिरस्कारपूर्ण निगाह डाली। बड़े कंसल्टेंट के साथ काम करनेवाले रेसिडेंट कुछ उच्चता का दिखावा करते थे। अनस्थेटिस्ट ने शिकायत की कि हम रास्ते में आ रहे हैं। संक्षेप में, ऑपरेशन थिएटर में हमारा स्वागत नहीं हुआ था।

सर्जन इस नाटक के प्रमुख अभिनेता युवा डॉक्टर और नर्सों के साथ विनम्र नहीं थे। मैं स्पष्ट रूप से ऑपरेशन नहीं देख सका, क्योंकि मेरा कद कम था। मुझे लंबे छात्रों से बड़ी ईर्ष्या हुई।

मैं अत्यधिक हतोत्साहित हुआ और उस दिन मैंने निश्चय किया कि जब मैं एक सर्जन बन जाऊँगा तो हर किसी के साथ विनम्रता से पेश आऊँगा। जब मैं सर्जन बना तो मैं नियमित रूप से मेडिकल के छात्रों को स्क्रब करने और मेरी सहायता करने के लिए बुलाता था। मैं ऐसे अनेक छात्रों को जानता हूँ, जो इसलिए सर्जन बने, क्योंकि अपने सर्जिकल टर्म के दौरान उन्होंने मेरे साथ सर्जरी होते देखी थी।

जो पहला ऑपरेशन मैंने देखा, वह प्रोस्टेट का था। सर्जन अत्यधिक अहंकारी थे। उनका व्यवहार रूखा था और मुँह बहुत बड़ा था। उन्होंने प्रोस्टेट ग्रंथि निकाल दी और

उसे बगल में फेंक दिया। उसे एक अर्दली ने पकड़ लिया, जो क्रिकेट के खेल में एक अच्छा फील्डर बन सकता था। सर्जनों में दिखावे की प्रवृत्ति होती है।

सर्जन चिल्ला रहे थे, "जल्दी, कच्चे घाव को बंद करने के लिए मुझे एक स्पॉन्ज दो, नहीं तो रक्तस्राव के कारण रोगी मर जाएगा।" ऑपरेशन थिएटर के अंदर का वातावरण अत्यधिक तनावपूर्ण था और हमें यही अनुभूति हुई कि इस तरह की आपदा को केवल कुशल सर्जन अपनी योग्यता और अनुभव से बचा सकते हैं।

नौ वर्ष बाद सन् 1959 में, जब मैंने खुद भी एक प्रोस्टेट ग्रंथि निकाली, मैंने देखा कि यह कोई मुश्किल ऑपरेशन नहीं था।

एक अच्छे शिक्षक को चाहिए कि वह जटिल चीजों को आसान बनाकर प्रस्तुत करे और उन छात्रों के दिमाग से मनोवैज्ञानिक भय निकाल सके, जो सर्जरी में अपना कैरियर बनाना चाहते हैं।

मुझे एक प्रसिद्ध सर्जन की याद है, जिन्हें रीढ़ की हड्डी पर एक ऑपरेशन करना था। उन्होंने सिगरेट की एक टिन के साथ ऑपरेशन थिएटर में प्रवेश किया। उन्होंने मास्क नहीं पहना था। ऑपरेशन के दौरान वह धूम्रपान करते रहे, लंबर डिस्क पर काम करते समय सिगरेट को भी अपने होंठों के बीच धीमे-धीमे घुमाते रहे। उन्हें तंबाकू और चिल्लाने दोनों की ही लत थी। वह दिखावा करते थे कि सिगरेट की राख जीवाणु-रहित होती है, इसलिए थिएटर के लिए नुकसानदेह नहीं है।

यह साठ साल पहले की बात है, जब इस बात के कोई प्रमाण नहीं थे, जिससे तंबाकू को कैंसर से जोड़ा जा सकता और ऑपरेशन थिएटर के अंदर कीटाणुओं की रोकथाम का प्रोटोकॉल अपनी आरंभिक अवस्था में ही था। ऑपरेशन थिएटर में सर्जन बाहर के कपड़ों के ऊपर एक स्टेरिलाइज गाउन पहन लेते थे।

मास्क पहनना सामान्य नहीं था; लेकिन कैप संभवतः आदतवश पहनी जाती थी। मैंने ऐसे अनेक अस्पताल देखे हैं, जहाँ ऑपरेशन थिएटर का उपयोग परामर्श के रूप में किया जाता था। मैं सौभाग्यशाली हूँ कि मैंने दोनों ही युगों में काम किया और सर्जरी से संबंधित प्रक्रियाओं और चिकित्सा क्षेत्र में आमूलचूल परिवर्तन का अनुभव किया। मेरी जीवन, यात्रा एक अपवाद है, जिसमें मैंने एक ही जीवन में अनेक जीवन के अनुभव ले लिये।

मैं सर्जन क्यों बना

जब मैं छात्र था, सर्जरी के कैरियर में साहस, प्रतिष्ठा और यहाँ तक कि ग्लैमर भी था। सर्जिकल वार्ड में आने के बाद सर्जन के जीवन में होनेवाले तनावों को देखते हुए अनेक लोगों ने अपना मन बदल लिया। हालाँकि मुझे यह अत्यधिक आकर्षक लगा।

सन् 1950 में मैं एक आपातकालीन टर्म कर रहा था, जब साइकिल दुर्घटना के कारण पंगु बनानेवाले एक लंबे घाव के साथ एक युवक आया। मैंने सोचा कि अपनी सर्जरी संबंधी कुशलताओं को जाँचने के लिए मेरे पास यह एक अवसर आया था; लेकिन सी.एम.ओ. (चीफ मेडिकल ऑफिसर), जो मुझसे केवल चार वर्ष बड़े थे, ने सोचा कि मैं इस कार्य के लिए अपरिपक्व हूँ। मैंने उन्हें आश्वासन दिया कि यदि मुझे कोई कठिनाई नजर आएगी तो मैं मार्गदर्शन के लिए उन पर निर्भर करूँगा।

उनके अहं को बढ़ाने के लिए इतना पर्याप्त था। घाव को सिलने में मैंने डेढ़ घंटे का समय लिया और यह देखकर अत्यधिक उत्साह का अनुभव किया कि मैं वह कर सका, जो मैं करना चाहता था। यह उसी तरह था जैसे एक चित्रकार वह चित्रकारी कर सके जो उसके दिमाग में है या एक गायक का प्रदर्शन उसकी आकांक्षा के अनुरूप हो सके। मेरा सहयोग करनेवाले सहायक ने कहा, ''मैं बीस वर्ष से काम कर रहा हूँ, लेकिन कभी भी इतना साफ काम नहीं देखा। एक दिन आप बहुत अच्छे सर्जन बनेंगे।''

मैं बहुत खुश था, क्योंकि मेरे अलावा एक और इनसान को महसूस हुआ कि मुझमें अच्छा सर्जन बनने की क्षमता थी।

❑

अध्याय 4

सर्जरी में प्रशिक्षण

मैंने 1 जनवरी, 1954 को सर्जरी के क्षेत्र में अपना काम शुरू किया। मैंने एक सफेद एप्रेन डाला, जिसकी जेब में स्टेथेस्कोप रखा। जब मैंने अस्पताल की इमारत में प्रवेश किया तो निर्णय लिया कि मैं अपने जीवन के प्रत्येक दिन में किसी-न-किसी रूप में सुधार करूँगा और एक अच्छा सर्जन बनूँगा। मैंने एक प्रसिद्ध सर्जन बनने का कोई स्वप्न नहीं देखा था।

जब मुझे अहसास हुआ कि दोनों हाथों से काम करना एक प्रकार की संपदा होगी तो मैंने अपने दाँत में ब्रश करने, शेविंग, कपड़े पहनने, कैंची के उपयोग और यहाँ तक कि लिखने के कार्य भी अपने बाएँ हाथ से करने शुरू कर दिए। जल्दी ही मैंने देखा कि दोनों हाथों से काम करने से सर्जरी के कुछ कार्यों में आसानी हो गई। कुछ को लगता था कि मैं सनकी हूँ।

मुझे आज भी अपना पहला ऑपरेशन याद है। मैं भाग्यशाली था कि मुझे हाइड्रोसील से पीड़ित एक रोगी का स्वतंत्र रूप से ऑपरेशन करने का अवसर मिला। (हाइड्रोसील अंडकोष में पानी भर जाना होता है, जो भारत में एक सामान्य समस्या है; लेकिन पाश्चात्य संसार में यह बहुत कम पाया जाता है।)

नए-नवेले सर्जन के साथ वरिष्ठ एनेस्थेटिस्ट अत्यंत सहायक थे। अपनी छुरी की धार से त्वचा और अधिक गहरी परतों को अलग करने के काम को देखना और महसूस करना अत्यधिक रोमांचक था।

मैंने इस अनुभव का अत्यधिक आनंद लिया और उस समय प्रोत्साहित महसूस किया, जब मैट्रन से नर्स को बोलते सुना कि यद्यपि मैंने समय लिया, लेकिन ऑपरेशन इतनी सफाई से किया कि यह बहुत आसान लग रहा था। मैंने इस तरह की टिप्पणियाँ जीवन में कई बार सुनीं; लेकिन पहली अधिक विशिष्ट थी, जिसे मैं कभी भी नहीं भूलूँगा।

जब मैं जूनियर था, 40 आंतरिक रोगियों के लिए नोट्स बनाने, ड्रेसिंग करने,

IV ग्लूकोज/सलाइन शुरू करने, ओ.पी.डी. में भाग लेने, इमरजेंसी, ऑपरेशन थिएटर की सूची तैयार करने और ऑपरेशन में सहयोग करने के कार्य के साथ काफी थका देनेवाली दिनचर्या होती थी।

सीनियर सर्जिकल रेसिडेंट के रूप में हमें छोटे-छोटे ऑपरेशन करने की अनुमति थी; लेकिन कोई भी ऐसे ऑपरेशन, जिनमें जनरल एनेस्थीसिया देने की आवश्यकता होती, को केवल तभी किया जा सकता था जब ऑपरेशन थिएटर में कोई कंसल्टेंट सर्जन मौजूद होते। यह नियम जरूरी थी, क्योंकि किसी प्रतिष्ठित सर्जन की अनुपस्थिति में किसी भी प्रकार की दुर्घटना होने पर लापरवाही के लिए अस्पताल को जिम्मेदार माना जाता। हम ऑपरेशन से संबंधित अधिक-से-अधिक काम करना चाहते थे और इस बात पर असंतोष व्यक्त करते कि ऐसे अवसर हमें नहीं मिलते थे। (सामान्यत: उपयोग होनेवाला शब्द है—कटिंग एक्सपीरिएंस)। मैं अपने रेसिडेंट से कहता, 'सर्जन ऑपरेट करते हैं, कट नहीं करते।' व्यक्तिगत रूप से मैंने कभी भी इस शब्द का प्रयोग नहीं किया।)

मुझे विश्वास था कि हर्निया और हाइड्रोसील जैसे सामान्य ऑपरेशन स्वतंत्र रूप से करने की कुशलता मुझमें मौजूद थी। उसी समय लोकल एनेस्थीसिया के साथ कुछ सामान्य ऑपरेशन कैसे किए जा सकते हैं, इस विषय पर मुझे ऑस्ट्रेलिया के एक जनरल सर्जन द्वारा लिखी पुस्तक मिली। समुचित सावधानियाँ बरतने के साथ लोकल एनेस्थीसिया का उपयोग करने से मृत्यु जैसी गंभीर जटिलताएँ अत्यधिक दुर्लभ थीं। मैंने महसूस किया कि मेरे पास इस विधि को आजमाने का और अपने सपने को साकार करने का अवसर था।

तकनीक आसान थी। रोगी को एक शांतिकर औषध दिया जाता है, जिससे वह आधी नींद में चला जाता है। रोगी को ऑपरेशन थिएटर में ले जाने से पहले कानों को रुई के फाहों से बंद कर दिया जाता है और आँखों को पैड्स से ढँक दिया जाता है। उसे मास्क लगाए हुए लोग, तेज रोशनी और छुरियों एवं कैंचियों से भरी औजारों की ट्रॉली को नहीं देखना पड़ता। जिस भाग का ऑपरेशन होना है, वहाँ एनेस्थीसिया का एक लोकल इंजेक्शन लगाकर उस भाग को सुन्न कर दिया जाता है, ठीक उसी तरह जैसे दाँतों पर काम करते समय डेंटिस्ट मुँह के एक छोटे से भाग को सुन्न कर देते हैं। सभी से उम्मीद की जाती है कि वे मृदुलता से बात करें, साथ ही सर्जनों को अपने हाथों का उपयोग बहुत कोमल ढंग से करना चाहिए। ऑपरेशन में समय लगता है, लेकिन बाद में रोगी को उलटियाँ नहीं आतीं और बिना किसी कठिनाई के वह पेशाब कर सकता है। इस विधि में एनेस्थेसिस्ट के साथ ही ऑपरेशन थिएटर के पूरे स्टाफ के पूर्ण सहयोग की आवश्यकता होती है। एनेस्थेटिस्ट की मौजूदगी अनिवार्य होती है, क्योंकि यदि असाधारण स्थिति में कुछ गलत हो जाता है तो वह रोगी को पुन: होश में

लाने के लिए वहाँ मौजूद रहे।

इस तकनीक से मुझे अत्यधिक लाभ हुआ। पोस्ट ग्रेजुएट डिग्री के बिना ही मैं स्वतंत्र रूप से अनेक ऑपरेशन कर सका। जूनियर कंसल्टेंट ने ऑपरेशन करने की मेरी कुशलता देखी और मुझे स्वतंत्र रूप से ऑपरेशन करने के अवसर प्रदान किए।

तीन वर्ष बाद जब मैं इंग्लैंड में काम कर रहा था, हृदय आघात के लिए भरती किए गए एक रोगी को तेज खाँसी की तकलीफ थी और जाँघ के मूल में स्थित हर्निया अचानक बड़ा हो गया और उसे वापस नहीं किया जा सका। जनरल एनेस्थीसिया का सवाल ही नहीं उठता था; लेकिन मैं लोकल एनेस्थीसिया पर ऑपरेशन कर सका और रोगी बच गया। अगले दिन मेरे सीनियर ने मुझे बधाई दी। तकनीक ज्ञात तो थी, लेकिन बहुत कम इसका उपयोग करते थे, क्योंकि इसमें ज्यादा समय लगता था और वह आसान भी नहीं थी।

जैसे-जैसे स्वतंत्र ऑपरेशन करने का मेरा आत्मविश्वास बढ़ता गया और मेरे कंसल्टेंट का मुझ पर भरोसा बढ़ता गया, मैंने जनरल एनेस्थीसिया देकर भी रोगियों का ऑपरेशन करना आरंभ कर दिया।

वॉक्मैन कंट्रेक्चर

वर्ष 1955 में हाथ के अगले भाग में विकृति के साथ एक छोटे लड़के को भरती किया गया। ऐसा फ्रैक्चर बहुत कसकर प्लास्टर लगाने के परिणामस्वरूप हुआ था। प्लास्टर के बाद वह दर्द की शिकायत करता, लेकिन किसी ने ध्यान नहीं दिया। रक्त-प्रवाह में आनेवाला अवरोध इतना अधिक नहीं था कि उसे गैंगरीन हो जाता, लेकिन मांसपेशियों को नष्ट करने के लिए वह पर्याप्त था।

यदि कोई रोगी प्लास्टर किए हुए हाथ-पैर में दर्द की शिकायत करे तो उसका विश्वास करें, सर्जरी के प्रशिक्षण में यह बहुमूल्य मूलभूत सिद्धांत सिखाया जाता है।

वह घर का सबसे बड़ा बेटा था और गरीब परिवार उसके स्कूल पूरा करके नौकरी शुरू करने का इंतजार कर रहा था। लापरवाही के कारण सारी योजना खराब हो गई थी। उसे कई ऑपरेशन और लंबे समय तक अस्पताल में भरती रहने की जरूरत थी। यह अत्यंत निराशाजनक स्थिति थी और दूर एक कस्बे में रहनेवाला उसका परिवार असहाय व दुःखी था। मैंने सोचा कि इस लड़के को इतनी लंबी अवधि तक अस्पताल में रहने के दौरान स्कूल जाना चाहिए। सौभाग्य से डेविड ह्यूम स्कूल अस्पताल के बगल में ही स्थित था और रोगी भी पढ़ना चाहता था। प्रधानाचार्य आश्चर्यचकित थे और रोगी में इतनी रुचि लेनेवाले डॉक्टर से मिलकर खुश थे। अस्पताल के नियमों के कारण अस्पताल के डीन लड़के को अस्पताल से जाने की अनुमति न देते। मैंने दबाव डाला और एक

पत्र लिखा कि यदि कुछ गलत होता है तो उसकी जिम्मेदारी मैं लूँगा। फलस्वरूप ग्रांट मेडिकल कॉलेज और जे.जे. अस्पताल के 108 वर्ष के इतिहास में पहली बार भरती हुए किसी रोगी को स्कूल जाने की अनुमति मिली थी। स्कूल ने कोई भी फीस नहीं ली।

मैंने देखा है कि हमारी नीयत अच्छी होती है तो प्रशासनिक नियमों से बँधे प्रतिकूल व्यक्ति भी नरम पड़ जाते हैं। कई वर्ष बाद उस लड़के ने मुझे पत्र लिखा—'मैं वार्ड संख्या 24 में एक रोगी था, जहाँ आप सर्जरी में प्रशिक्षण ले रहे थे। आपने बंबई जैसे बड़े शहर में, जहाँ मैं किसी को जानता भी नहीं था, मुझ जैसे गरीब व असहाय व्यक्ति में रुचि ली। आपने एक स्कूल में मेरी शिक्षा की व्यवस्था की और उससे हमारा भाग्य बदल गया। मुझे कोऑपरेटिव बैंक में नौकरी मिल गई। मैंने एक छोटा सा घर बनवा लिया है, परिवार बना लिया है और अब मेरे बच्चे स्कूल जा रहे हैं।'

जब 20 वर्ष बाद मैं बंबई से 500 कि.मी. दूर स्थित धुले नामक जिले में गया तो उससे मिलकर मुझे अत्यंत सुखद आश्चर्य हुआ। उसके हाथ में अभी भी विकृति थी, लेकिन वह अपनी जिम्मेदारियों को निभाने में सक्षम था।

जब मैं उसके घर चाय पीने गया तो वहाँ मुझसे मिलने के लिए लोगों की बहुत बड़ी भीड़ मेरा इंतजार कर रही थी। उनकी आँखों में अचरज, आभार की अभिव्यक्ति और आँसू नजर आ रहे थे। मैं उस समय का इनसान हूँ, जब डॉक्टरों को भगवान् माना जाता था। ऐसे अनुभवों ने मेरे जीवन को समृद्ध बना दिया।

भारत में लाखों ऐसे लोगों के लिए जीवन बहुत बड़ा संघर्ष है, जो झुग्गियों में रहते हैं, फुटपाथ पर सोते हैं और मीलों दूर रहनेवाले अपने परिवारों का भरण-पोषण करने के लिए थोड़ा सा धन कमाने के लिए अमानवीय परिस्थितियों में काम करते हैं। वे ऐसे उत्पादक कार्य करते हैं, जिन्हें नियमित रूप से झुग्गियों के जीवन पर अध्ययन करने के लिए आनेवाले विदेशी पर्यटकों की सराहना मिलती है।

उनकी आर्थिक तंगी के प्रति जागरूकता और रोगियों के प्रति तदनुभूति के भाव एक डॉक्टर के लिए महत्त्वपूर्ण होते हैं; लेकिन न ही यह बात मेडिकल कॉलेज में पढ़ाई जाती है और न ही मेडिकल कॉन्फ्रेंसेस में इसकी चर्चाएँ होती हैं। वह सर्जरी के बाद जटिलताओं और मृत्यु का युग था। पढ़ाईवाले अस्पतालों में आनेवाले रोगी गरीब और अशिक्षित होते थे। एक लाइन की स्वीकृति ही ऑपरेशन शुरू करने के लिए पर्याप्त होता था। जो लोग हस्ताक्षर नहीं कर सकते थे, उन्हें अँगूठे की छाप देनी होती थी।

ऑपरेशन में संक्रमण और मृत्यु का खतरा होता था। आपातकालीन जीवन-रक्षण संबंधी ऑपरेशन के लिए मना करने के परिणामों के विषय में मुझे रोगियों को समझाना पड़ता था। रोगी का विश्वास जीतने के लिए मैं साधारण रेखाचित्रों का उपयोग करता और उनमें से अधिकांश सर्जरी के लिए तैयार हो जाते। घातक एपेंडिसाइटिस से पीड़ित एक

युवा को भरती किए जाने पर उसके परिजन सर्जरी नहीं चाहते थे, क्योंकि उनका मानना था कि पहले दर्द होने पर केवल इंजेक्शन और सलाइन से उसका इलाज हो गया था।

मैंने सवाल किया, "यदि उसका इलाज हो गया था तो उसे फिर से दर्द क्यों हुआ?" जिसका उनके पास कोई जवाब नहीं था। मेरे समझाने पर वे सर्जरी के लिए तैयार हो गए। लेकिन स्वीकृति देने के उन अशिक्षित रिश्तेदारों ने तीन शर्तें लगाईं—रोगी की मृत्यु नहीं होनी चाहिए, उसे असहनीय दर्द नहीं होना चाहिए और उसे दोबारा ऐसी समस्या का सामना न करना पड़े। सामान्य प्रक्रिया में ऑपरेशन की अस्वीकृति के लिए रोगी से लिखित में लिया जाता था। रोगी की अज्ञानता का लाभ उठाते हुए मैंने जिम्मेदारियों और खतरों से बचने का मौका नहीं ढूँढ़ा।

मेरे सहकर्मियों का मानना था कि ऐसे में हमें ऑपरेशन करने की जिम्मेदारी नहीं उठानी चाहिए, क्योंकि रोगी के रिश्तेदार काफी प्रतिकूल नजर आ रहे थे। यदि वे ऑपरेशन के लिए मना करते हैं तो यह उनकी समस्या है।

लेकिन मैंने उनकी शर्तें मान लीं। मैंने अवसाद युक्त एपेंडिक्स निकाल दिया और थिएटर के बाहर मौजूद भीड़ ने देखा कि रोगी जीवित था, उन्होंने मिठाई बाँटी। उन्हें पीड़ा-युक्त व सूजे हुए एपेंडिक्स को देखने में कोई दिलचस्पी नहीं थी। तीसरे दिन रोगी की माँ मेरे पास अपने दूसरे बेटे की जाँच करने का निवेदन लेकर आई, जिसे पेट में दर्द था और कहा कि यदि मेरी इच्छा हो तो मैं उसका एपेंडिक्स भी निकाल दूँ।

जिम्मेदारी से हटना सुरक्षा का विकल्प चुनना होता है, लेकिन साथ ही भविष्य के लिए असफलताओं को भी दावत देना होता है। जीवन अनिश्चितताओं और अवसरों से भरपूर है। रोगियों को ऑपरेशन से संबंधित सुरक्षा के विषय में चिंता-मुक्त करने और समझाने की मेरी क्षमता का ज्ञान मुझे हो गया था और परिणामस्वरूप मेरे अनेक सहकर्मियों की तुलना में मुझे ऑपरेशन करने का कहीं अधिक अनुभव प्राप्त हुआ। यह रोगी व डॉक्टर के उत्कृष्ट संबंधों का बेहतरीन युग था, जिसमें डॉक्टरों को पूरी स्वायत्तता दी गई थी। वे केवल अपनी अंतरात्मा के प्रति जवाबदेह थे।

सन् 1956 के मानसून में बंबई में भारी बारिश हुई। बीस वर्ष की आयु में एक युवा लड़की अपने घर में रिसकर आ रहे पानी को जाँचने के लिए अपनी बिल्डिंग की छत पर गई, लेकिन वह गिर गई और नीचे फुटपाथ पर जा रहे एक युवक के कंधों पर गिर गई। उस युवक का दुर्भाग्य, लेकिन लड़की का सौभाग्य कि वह युवक उस समय वहाँ था। कुछ मामूली खरोंचों के साथ वह लड़की तो चमत्कारिक रूप से बच गई, लेकिन उस युवक को कई जगह फ्रैक्चर हो गए।

उन्हें अगल-बगल के वार्ड में भरती किया गया। वह चिल्ला रही थी, शिकायतें कर रही थी और उसके आक्रामक व अविवेकपूर्ण व्यवहार को नियंत्रित करना कठिन

हो रहा था। इसके विपरीत, वह युवक धैर्य की प्रतिमूर्ति था। वह हमारे प्रयासों के प्रति अत्यंत कृतज्ञ था और ईश्वर एवं भाग्य के प्रति आभार व्यक्त कर रहा था कि वह मरा नहीं। अगले दिन मैं उस लड़की को उस पीड़ित के पास ले गया, जिसने ऐसे आत्मसंयम के साथ उस लड़की के कारण आनेवाली अपनी चोटों को स्वीकार कर लिया था।

युवक को पूरी तरह से ठीक होने में कई महीने लगे, जिनमें उसे कई ऑपरेशन करवाने पड़े, चलना-फिरना बंद रहा और उसे फिजियोथैरैपी लेनी पड़ी।

इस दुनिया में दो प्रकार के लोग होते हैं—एक वे, जो आभारी होते व कृतज्ञ रहते हैं और दूसरे वे, जो आभारी नहीं होते, कृतज्ञ रहते हैं। पहली तरह के लोग समाधान के अंग होते हैं, जबकि दूसरी तरह के लोग अपरिहार्य रूप से समस्याओं के अंग होते हैं। अकृतज्ञ, आत्म-केंद्रित इनसान हमेशा दुःखी ही रहते हैं।

❑

अध्याय 5

इंग्लैंड के लिए प्रस्थान

8 सितंबर, 1957 की रात मैं ठीक से सो नहीं सका। कुछ ही घंटों में मुझे इंग्लैंड में 'रॉयल कॉलेज ऑफ सर्जन्स' (एफ.आर.सी.एस.) की फैलोशिप प्राप्त करने के और एक योग्यता प्राप्त सर्जन बनने के अपने सपने को पूर्ण करने के लिए भारत छोड़कर जाना था।

बंबई में मैंने सर्जिकल रेसिडेंट के रूप में तीन साल का प्रशिक्षण पूरा कर लिया था और समय आ गया था कि मैं अपने सपनों को पूरा कर सकूँ। उस समय अधिक डॉक्टर विदेश नहीं जाते थे और हवाई यात्रा दुर्लभ थी। मैंने अपने लिए लॉइड की ट्रीसटीनो एशिया लाइनर बुक करवाई।

रेडिमेड कपड़ों का जमाना नहीं आया था और कपड़ों का चयन करना तथा फिर उन्हें सिलवाना ऐसा काम था जिसमें बहुत समय लगता था। ट्रैवेल एजेंट के पास जाना, किताबें खरीदना, मित्रों को पत्र लिखने आदि ने मुझे इतना अधिक व्यस्त रखा कि अपने निर्णय के असली प्रभाव की कल्पना करने का मेरे पास समय ही नहीं था। जिस दिन मुझे निकलना था, मैं सुबह जल्दी सोकर उठा, अपने माता-पिता का आशीर्वाद लिया और हर समय सूट में असहजता का अनुभव करता रहा, जो ऐसा परिधान था, जिसे मैं बहुत कम पहनता था। जब हमारी कार डॉक की ओर बढ़ी, मैं जिस तरफ से भी गुजरता, उस पर भरपूर नजर डालता; जैसे उन सब चीजों को अपनी यादों में हमेशा के लिए सँजोकर बंद कर लेना चाहता था। भय और घबराहट ने मुझे जकड़ लिया था; अब बहुत समय बाद इन सारे दृश्यों को दोबारा देख सकूँगा। वास्तविक समुद्री यात्रा आरंभ होने से पहले ही मैंने बंबई की सड़कों पर उबकाई का अनुभव किया।

मेरे अड़सठ मित्रों और रिश्तेदारों ने उस पूरी तरह से वातानुकूलित जहाज में प्रवेश किया और उस केबिन का निरीक्षण किया, जिसमें अगले दो सप्ताह तक मैं रहने वाला था। ऐसा इसलिए संभव हो सका, क्योंकि मेरा एक मित्र पुलिस अधिकारी था और

उस समय भारत में सुरक्षा जाँच लगभग नदारद ही थी। अच्छे संपर्क, आवश्यक नहीं कि महत्त्वपूर्ण हों, जीवन को आसान बना देते हैं। आज हर बार जब मैं विदेश जाता हूँ और हवाई अड्डे पर हर बार बढ़ती हुई सुरक्षा जाँच से गुजरता हूँ तो मुझे पुराने अच्छे दिन याद आते हैं।

जब अंततः प्रस्थान का समय आया, मेरे मित्र और रिश्तेदार चले गए और मैं डेक की रेलिंग के पास खड़ा हो गया। शिप का हॉर्न बजा, बैंड ने संगीत बजाना शुरू कर दिया और मैंने हम सबको डॉक से दूर होते देखा और महसूस किया। मैं अपने बहते आँसुओं को रोक न सका। एक मित्र चिल्लाया, ''ये अपनी एफ.आर.सी.एस. लिये बिना मत आना।'' मैं तब तक डेक पर खड़ा रहा जब तक कि भारतीय समुद्र-तट मेरी आँखों से ओझल नहीं हो गया, इस अनुभूति के साथ कि मैंने एक ऐसा कदम उठा लिया था, जिसे वापस नहीं किया जा सकता था।

हमारा पहला गंतव्य कराची था। मैं कोई खर्चीला या साहसी व्यक्ति नहीं था। कुछ यात्री शहर देखने चले गए और शाम को डींगें हाँकते हुए वापस आ गए। एक व्यक्ति मेरे पास पाकिस्तानी मुद्रा की गड्डी लेकर आया, जिसे वह कुछ भारतीय रुपयों में बदलना चाहता था। मुझे खुशी हुई कि हमारी मुद्रा उनकी मुद्रा से अधिक कीमती थी।

हमारा अगला पड़ाव एडेन था, जहाँ मैं एक मित्र के घर मिलने गया। हम कार से गए और जीवन में पहली बार मैंने एक नई चीज, कैट्स आई, सड़कों के परावर्तक निशान देखे, जो साधारण किंतु लाजवाब थे। कुछ साथी पर्यटकों ने कैमरे खरीदे, लेकिन बाद में महसूस किया कि वे नकली थे। सीखने की प्रक्रिया शुरू हो चुकी थी।

हमने सुएज केनाल में प्रवेश किया और एक कृत्रिम नहर बनाकर दो समुद्रों को जोड़ने के इंजीनियरिंग के लाजवाब करिश्मे को देखकर मैं हतप्रभ था। एक और पड़ाव पोर्ट साइड में था। बहुत से लोग पिरामिड और बेली डांस देखने गए, लेकिन मुझे पूरे समय याद था कि मेरे पास अनावश्यक खर्च करने के लिए अतिरिक्त पाउंड नहीं थे। (वही पिरामिड, जो मैं सन् 1957 में नहीं देख सका था, 2006 में अपनी इजिप्ट यात्रा में देखे।)

हमारा अगला पड़ाव नेपल्स था, किसी यूरोपीय देश में मेरा पहला अनुभव। लोग हमें उत्सुकता से देखते। उनके लिए हम उतने ही अलग थे, जितने कि वे हमारे लिए। सड़क के किनारे खड़े होकर एक रेस्टोरेंट में मैंने पहली बार टेलीविजन का एक कार्यक्रम देखा और जिस अचरज व हैरानी के भावों के साथ मैं उसे देख रहा था, उससे कुछ स्थानीय लोगों का ध्यान मेरी ओर चला गया।

लगभग दस वर्ष बाद मैं हैदराबाद में एक गाँव में 'परिवार नियोजन केंद्र' के उद्घाटन के लिए गया। वहाँ हॉल में मुख्य अतिथि के रूप में केवल मेरे लिए एक

कुरसी रखी हुई थी और बाहर से बड़ी भीड़ झाँक रही थी। मैं जानने के लिए उत्सुक था कि यह भीड़ क्यों जमा हुई है; क्योंकि डॉक्टरों को उस तरह की आवभगत नहीं मिलती जिस तरह का आकर्षण केवल क्रिकेटर, अभिनेताओं या राजनीतिज्ञों के लिए ही आरक्षित है। मुझे बताया गया कि एक दिन पहले ही गाँववालों ने अपने जीवन में पहली बार बिजली देखी थी। वे अभी भी विश्वास नहीं कर पा रहे थे कि केवल एक बटन दबाकर ही कोई व्यक्ति ऊपर छत से लटके बल्ब को जला सकता है। उनके चेहरे के भावों को देख मुझे नेपल्स में हुआ खुद अपना अनुभव याद आ गया।

मैं जान रहा था कि हर क्षण मैं अपने देश से दूर होता चला जा रहा था। इंग्लैंड में अपनी उच्च शिक्षा लेकर मैंने सही किया या नहीं, यह विचार मुझे व्यग्र बना रहा था। जब मुझे मदनलाल धींगरा, जो इंग्लैंड में मुसकराते हुए फाँसी के फंदे पर लटक गए थे। वीर सावरकर, जिन्होंने अंग्रेजों द्वारा कैद करके ले जाते समय मर्सिलस के निकट भूमध्य सागर में कूदकर फ्रांस भागने की कोशिश की थी और वासुदेव बलवंत फड़के, जो एडेन के एक कारागार में मृत्यु को प्राप्त हो गए थे, जैसे क्रांतिकारियों की याद आई तो मुझे अपने आप में बहुत छोटापन महसूस हुआ।

हमारी पीढ़ी इन क्रांतिकारियों द्वारा प्रदर्शित देशभक्ति और साहस से प्रभावित थी।

जब जहाज नेपल्स में रुका, एक वेटर ने हमें बताया कि दो महीने के अंतराल के बाद अपनी पत्नी से मिलने के लिए वह कितना अधिक व्याकुल था। नेपल्स में एक रात ठहरने के बाद हमारा जहाज अपने अंतिम पड़ाव जिनेवा पहुँचा। यह कहावत याद करके हम खूब हँसे कि एक नाविक की एक पत्नी हर बंदरगाह पर होती है। जिनोआ से हमने पेरिस के लिए ट्रेन ली। मेरा ध्यान तीन चीजों पर गया—

1. मैं किसी भी यूरोपीय भाषा को समझ नहीं पाता था।
2. ट्रेन बहुत तेज थी।
3. बियर पानी से सस्ती थी।

पेरिस में हमने स्टेशन बदले और फिर हम कैले पहुँचे। इंग्लैंड जाने के लिए हमारे लिए एक नौका इंतजार कर रही थी। जब मैंने परिचित अंग्रेजी भाषा और हाव-भाव देखे तो अचानक ही मुझे घर जैसा अहसास हुआ। जल्दी ही हमने डोवर की सफेद चट्टान देखी। हालाँकि मौसम में धुँधलापन और निराशा थी, जिससे मेरी बढ़ती हुई घबराहट में और भी वृद्धि हुई। अंततः मैं अंग्रेजी मिट्टी पर पहुँच गया था। यह 23 सितंबर, 1957 की शाम थी और जिस क्षण का मैं स्वप्न देख रहा था, वह अब सच बन चुका था।

लंदन : पहला प्रभाव

"क्या आप डॉक्टर हैं?" इमिग्रेशन पर मुझसे पूछा गया।

''हाँ।''

''स्वागत है, सर।''

जिन श्वेतों ने पहले हम पर शासन किया था, उन्हीं के मुँह से अपने लिए 'सर' का संबोधन सुनना विश्वास से परे अनुभव था। इंग्लैंड में मेरे प्रवास की यह एक अच्छी शुरुआत थी। यह वह समय था, जब डॉक्टरों को इंग्लैंड में प्रवेश के लिए प्रोत्साहित किया जाता था। हालाँकि सन् 1971 में डॉक्टर होने के नाते इमिग्रेशन पर मेरी बहुत कष्टकारी तलाशी ली गई थी।

''क्या आप यहाँ बसने आए हैं ?''

''नहीं।''

''आपको कैसे पता कि आप वापस जाएँगे ?''

''दस वर्ष पहले जब मेरे पास इंग्लैंड में अच्छी नौकरी थी और अस्पताल चाहता था कि मैं यहीं बस जाऊँ, उस समय मैंने भारत वापस जाने का खतरा उठाया, जहाँ मैं जानता था कि एक सर्जन के रूप में अपना कैरियर शुरू करने में मेरे सामने कठिनाई आएगी। आज मेरा काम अच्छा चल रहा है और यदि आप चाहेंगे तो भी मैं यहाँ नहीं बसूँगा।''

पहले कड़क दिखनेवाला अधिकारी मुसकराया और मेरा स्वागत करते हुए बोला, ''कुछ गैर-कानूनी प्रवासियों के साथ दु:खद अनुभवों के कारण हमें इस तरह के प्रश्न पूछने पड़ते हैं।''

सन् 1957 में उस पहले दिन मैंने डोवर से किंग क्रॉस के लिए एक ट्रेन ली। यात्री उन अंग्रेजों की तरह नहीं लगते थे, जिन्होंने हम पर शासन किया था। वे ऐसी अंग्रेजी बोलते थे, जो मुझे अंग्रेजी फिल्मों में सुनाई देनेवाली अंग्रेजी से अलग लगी।

मैं शेरलॉक होम्स का अति उत्साही प्रशंसक था और अगली सुबह जो काम मैंने सबसे पहले किया, वह था—221, बेकर स्ट्रीट जाना। लंबे समय से मैंने एक झुकी हुई पीठवाले लंबे आदमी से मिलने की कल्पना की थी, जिसके मुँह में पाइप होगा, हाथ रसायनों और स्याही में सने होंगे, गहन एकाग्रता के साथ तेज नजरें होंगी—एक ऐसा व्यक्ति, जो अपने आसपास के जीवन के प्रति उदासीन होगा। और उसके साथ डॉ. वॉटसन होंगे, जो एडिनबर्ग में अपने शिक्षक के द्वारा निरीक्षण की कला में प्रशिक्षित होंगे, जिस शहर का भ्रमण करने मैं जल्दी ही जा रहा था। इसमें आश्चर्य की बात नहीं कि यूरोप में एक गहरी घाटी में उनके खो जाने के बाद सर आर्थर कोनन डोयल को उन्हें वापस लाना पड़ा था।

स्वच्छता, शिष्टाचार, अनुशासन, हॉकर्स से विहीन फुटपाथ, बिना हॉर्न बजाते दौड़ती हुई कारें, सुंदर पार्क, बुजुर्गों के लिए सम्मान और बच्चों एवं विकलांगों के लिए चिंता के माहौल का अनुभव करके मुझे बहुत आश्चर्य हुआ था। हर कदम पर मुझे भारत की

बिलकुल विपरीत परिस्थितियाँ याद आती रहीं। पचास वर्ष बाद भी सार्वजनिक जीवन में भारतीयों का आचरण अकसर अत्यधिक निराशाजनक होता है।

एडिनबर्ग

मैंने लंदन से एडिनबर्ग के लिए ट्रेन ली। पूरे दृश्य के अंतर ने मुझे आश्चर्यचकित कर दिया—खाली सीटें, शोर-रहित रेलवे प्लेटफॉर्म, यात्रियों के लिए स्पष्ट निर्देश और संपूर्ण स्वच्छता। मित्रों और रिश्तेदारों को विदा करने आए लोगों की कोई भीड़ नहीं थी, जानेवाले यात्रियों के लिए कोई मालाएँ नहीं थीं और अपनों को विदा करने के लिए चलती हुई ट्रेन के साथ दौड़ते लोग नहीं थे। अपनी पूरी यात्रा के दौरान मैंने सभी प्रकार से स्वस्थ छोटे कस्बे और गाँव, हरे-भरे खेतों में चरती तंदुरुस्त गायें, सामान्यत: हर ओर फैली शांति और हरियाली देखी।

हालाँकि मुझे हमारे घर में ट्रेन की यात्रा के दौरान मिलनेवाले बटाटा वडा (आलू का स्वादिष्ट नाश्ता, जो भारत में अत्यधिक लोकप्रिय है) और गरम चाय व कॉफी की बड़ी याद आई। मैं रविवार 29 सितंबर, 1957 की शाम को एडिनबर्ग पहुँचा।

मेरे कॉलेज के मित्र, जिन्होंने मेरे रहने का प्रबंध किया था, मुझे लेने वेवरली स्टेशन पर आए। जो एकमात्र परिचित चीज मुझे दिखाई दी, वह थी विशिष्ट प्रकार की अंग्रेजी टैक्सी, जो फिल्मों के माध्यम से परिचित-सी बन गई थी। मैंने निर्जन सी सड़कों, पुराने भवनों और आसमान में घने बादलों की उदासी से भरा एक शहर देखा।

एडिनबर्ग के विषय में मेरी धारणा ग्रीटिंग काड्‌र्स पर बनी प्रसिद्ध प्रिंसेस स्ट्रीट की तसवीरों पर आधारित था। घर एक पथरीली गली में 6 लॉरिस्टन गार्डन रोड पर स्थित था। (मुझे शेरलॉक होम्स की एक कहानी से लॉरिस्टन गार्डन याद था।) प्रवेश पर हमने एक आवाज करते हुए दरवाजे को खोला और एक सँकरी व घुमावदार सीढ़ी से ऊपर पहुँचे। मेरा दोस्त मेरे सूटकेस को खींचता हुआ लाया। मैं असमंजस और कौतूहल की अद्‌भुत अनुभूति से घिरा हुआ था और मुझे अल्फ्रेड हिचकॉक की साइको याद आ रही थी, जो मैंने बंबई से निकलने से पहले देखी थी।

एक वृद्ध महिला ने दरवाजा खोला। जिस कमरे में मैं अपने अगले कुछ दिन बिताने जा रहा था, वह इतना छोटा था कि पतले से बिस्तर ने उसे लगभग भर ही लिया था। आधे घंटे बाद मेरा मित्र मुझे यह निर्देश देकर चला गया कि अगले दिन मुझे उससे कहाँ मिलना है। मकान मालकिन ने मुझसे पूछा कि क्या मैं कुछ खाना चाहूँगा? उस समय शाम के केवल 6:30 बजे थे और मुझे लगा कि वह मुझसे चाय के लिए पूछ रही थी। भारत में मेहमान चाहे किसी भी समय आए, उनसे चाय पूछना एक रिवाज है। चूँकि मैंने ट्रेन पर ही चाय ले ली थी, इसलिए मैंने मना कर दिया। डिनर की उम्मीद मैं बाद

में कर रहा था। मैंने अपना सूटकेस खोला और कमरे में व्यवस्थित हो गया।

बाद में जब मैं डाइनिंग रूम में पहुँचा तो वह सुनसान और खाली था। मकान मालकिन सोने जा चुकी थी। मैं हतप्रभ रह गया। भारत में मेहमानों को बिना खाना खिलाए सोने नहीं दिया जाता। मैं समझ नहीं पा रहा था कि क्या करूँ।

मेरे चारों ओर व्यथित कर देनेवाला सन्नाटा था। घर के अंदर किसी भी प्रकार की गतिविधि नहीं, बंद खिड़कियों से भी कोई आवाज नहीं आ रही थी और एक पत्ता भी नहीं हिल रहा था; लेकिन मेरे अंदर तूफान उठा हुआ था। कार के हॉर्न की सांत्वना देनेवाली आवाजें, भवनों के आसपास से आती बातचीत की आवाजें और गली के कुत्तों के भौंकने की आवाजें सभी नदारद थीं। मैं सोच में पड़ गया कि क्या यह सारी यात्रा केवल मुसीबत ही है।

पुनर्विचार के लिए अब समय नहीं रह गया था। मैंने निर्णय लिया कि मैं निराशा की भावनाओं को अपने भीतर आने नहीं दूँगा। इसका एकमात्र इलाज था—काम, काम और काम। मैं जानता था कि मेरा परिवार सर्जन का प्रशिक्षण पूरा करके मेरे जल्दी घर लौटने की प्रतीक्षा कर रहा था। मुझे याद आया कि जब स्टीमर चलना शुरू हुआ था तो डॉक से मेरे एक मित्र ने चिल्लाकर कहा था, 'अपनी एफ.आर.सी.एस. के बिना वापस मत आना।' मैंने उसे हाथ हिलाकर संकेत दिया था कि मैंने उसकी चुनौती को स्वीकार किया है। मैंने अपनी किताबें व्यवस्थित कीं और पढ़ाई शुरू कर दी।

मैं अकेला था। जिनको मैं जानता था, उन सभी से बहुत दूर था। उस निर्जीव-से कमरे में सोने जाने से पहले मैंने अपनी किताबें खोलीं। प्राचीन संस्कृत साहित्य में एक कहावत है कि जब तक आप समुद्र नहीं पार करते, आपकी शिक्षा अधूरी है। जीवन में पहली बार मैं खाली पेट ही सो गया। हालाँकि एडिनबर्ग में रात बेकार नहीं गई। मैं टूटा नहीं। कठिन परिश्रम करने का मेरा निश्चय और भी अधिक दृढ़ हो गया और मैं सो सका। मैंने अच्छी शुरुआत की थी।

एडिनबर्ग में पहला दिन

अगले दिन जैसे ही मैंने 'सर्जन्स हॉल' के नाम से प्रसिद्ध कॉलेज के भवन में प्रवेश किया, सफेद बालोंवाले ऊँचे कद के एक बुजुर्ग अंग्रेज ने भी भवन में प्रवेश किया और सफाई करनेवाली महिला के लिए प्रवेश द्वार को खोलकर खड़े हो गए। इसके बाद मैंने प्रवेश किया। उन्होंने मेरे धन्यवाद को एक मुसकान और शालीन ढंग से सिर हिलाकर स्वीकार किया।

मुझे बाद में पता चला कि वह संस्था के डीन थे और अंतरराष्ट्रीय रूप से प्रसिद्ध पैथोलॉजिस्ट थे, जिन्हें महारानी के द्वारा 'नाइट' की उपाधि मिली थी। स्पष्ट था कि

अंग्रेजों में विनम्रता गहरे से समाई हुई थी। किसी संस्था का प्रमुख एक सफाई करनेवाली महिला के प्रति इतना विनम्र हो सकता है, यह मेरे अनुमान से बाहर की बात थी। मैं जानता था कि ऐसी चीज भारत में दुर्लभ ही थी।

सर्जन्स हॉल छात्रों से भरा हुआ था। उनमें से अधिकांश इंग्लैंड से बाहर के थे। बातचीत के सामान्य विषय थे—कठिन परीक्षाएँ, असफल प्रयासों के अंक, स्वाद-रहित भोजन, दिन के समय में निराशा भरा अँधेरा, ठिठुराती ठंड और घर की यादें।

मैंने बंबई के अपने दो मित्रों से मुलाकात की। उनकी पहली टिप्पणी थी, "तो तुम इस अव्यवस्था में हम लोगों का साथ देने आए हो। हम तीन बार असफल हो चुके हैं और भारत में अपने मित्रों को लिखने वाले हैं कि उन्हें यहाँ नहीं आना चाहिए।"

यह उस धुँधली सुबह का ठंडा स्वागत था। मैंने तुरंत ही उत्तर दिया, "मैं यहाँ इसलिए आया हूँ कि किसी को तो एक ही प्रयास में उत्तीर्ण होना चाहिए।" इस हतोत्साहित करनेवाले वातावरण में मैं लगातार अपने सफल प्रदर्शन पर विश्वास कर रहा था।

हम लेक्चर हॉल में बैठकर प्रोफेसर का इंतजार कर रहे थे। एक व्यक्ति आया और हमें लगा कि वही हमारे प्रोफेसर हैं। मेरे साथ ही सारे भारतीय छात्र खड़े हो गए। लेकिन फिर पता चला कि वह एक सहायक था, जो बोर्ड को साफ करने आया था। हमारे लिए कोई भी श्वेत व्यक्ति हमसे उच्च था। भारतीय विज्ञापनों में महिलाओं और पुरुषों को गोरी त्वचा के साथ प्रदर्शित किया जाता है। जब किसी बच्चे का जन्म होता है तो दो प्रश्न जरूर पूछे जाते हैं—लड़का या लड़की? गोरा या काला?

शाम को जब मैं सर्जन्स हॉल से निकला तो बस स्टॉप पर मैंने देखा कि एक लड़का और लड़की अपने आसपास की दुनिया से बेखबर भाव-प्रवणता के साथ एक-दूसरे को चूम रहे थे। उनमें इतनी अधिक स्वाभाविकता थी कि मुझे उनसे ईर्ष्या हुई। मेरे लिए यह एक सांस्कृतिक आघात नहीं था। परेशान तो मुझे उस दृश्य ने किया था, जब कुछ महीने बीत जाने के बाद अस्पताल की एक पार्टी में नशे में चूर एक लड़की जमीन पर पड़ी हुई थी। मेरा मानना है कि इस तरह के दृश्य अब भारत में भी सामान्य हैं।

कुछ दिनों बाद मैं दूसरी जगह शिफ्ट हो गया। बंबई में मेरे मेडिकल कॉलेज से आए एक छात्र के साथ एक बड़ा कमरा साझा करके मैं खुश था। अकेलेपन की अवसादपूर्ण अनुभूति लुप्त हो गई थी।

सर्जन्स हॉल पहुँचने के लिए मैं ठंडी हवा में दो मील चलकर जाना पसंद करता था, जो एक अरुचिकर लेकिन स्फूर्तिदायक अनुभव होता था। मुझे कपड़ों की इतनी अधिक परत पहननी पड़ती थी कि शायद मैं एस्किमो जैसा दिखाई देता था।

पुणे में अपने हॉस्टल के दिनों में मैं तेज ठंड के मौसम में कई बार ठंडे पानी से नहाया था। कुछ असाधारण करने के दृढ़ निश्चय और आत्मविश्वास में वृद्धि होती है।

मैं बस के किराए का 3 शिलिंग बचा लेता और रात में पढ़ाई करते समय अपने कमरे में गैस हीटर जलाने के लिए उस बचाए हुए धन का उपयोग करता। सेंट्रल हीटिंग उपलब्ध नहीं थी। बिस्तरों को हॉट वाटर बैग से गरम किया जाता था। गरमाहट बनाए रखने के लिए मैं सिकुड़कर सोता था। जरा सा भी हिलने-डुलने से और बर्फ के ठंडे बिस्तर के छू जाने से कष्टकारी अनुभव होता था। कुछ दिनों के बाद मुझे अहसास हुआ कि सर्दियों में रहने के लिए बड़ा कमरा चुनकर क्या मैंने गलती की थी।

अपने विवाहित सहकर्मियों से हमें ईर्ष्या होती; लेकिन बाद में मुझे पता चला कि अधिकांश महिलाएँ, जो केवल गृहिणियाँ थीं, तनाव में और दुःखी थीं। उन्हें भारत के गरम मौसम और नौकरों का आराम याद आता था। अविवाहित रहते हुए ही इंग्लैंड आने का मेरा निर्णय सही था।

एडिनबर्ग-ग्लासगो क्षेत्र में होनेवाली हत्याओं से मेरा नया जीवन हिल गया था। सोलह साल की एक लड़की एक नृत्य के लिए गई थी, लेकिन कभी वापस नहीं आई। उसका मृत शरीर एक बाग में पड़ा मिला। कुछ ही दिनों के भीतर ग्लासगो के निकट एक घर में एक पुरुष, उसकी पत्नी और बेटे की हत्या हो गई।

हमारे घर के पास एक पार्क में दिन-दहाड़े एक लड़की को मार डाला गया। प्रेस में आए सनसनीखेज समाचार के कारण मुझे निर्जन सड़कों पर टहलने में संकोच होने लगा, विशेषकर अँधेरे में (सर्दियों में दोपहर तक अँधेरा बना रहता है)। प्रसिद्ध प्रिंसेस स्ट्रीट/ गार्डन की तसवीरों से मैंने जिस खूबसूरत एडिनबर्ग की कल्पना की थी, वह धुँधली पड़ गई थी। ऐसी घटनाएँ पूरे विश्व में होती रहती हैं, लेकिन इन छिटपुट घटनाओं के कारण इंग्लैंड में एक सुरक्षित जीवन की मेरी उम्मीद टूटने लगी थी।

पहला क्रिसमस

कुछ महीने बाद मकान मालकिन ने मुझे मेरी पहली क्रिसमस पार्टी के लिए आमंत्रित किया। लगभग दस अन्य मेहमानों की भीड़ में मैं और पूर्वी अफ्रीका की एक भारतीय लड़की ही दो विदेशी थे। उसने कहा, "जब आप हम पर शासन कर रहे थे तो हम बहुत खुश थे। हमारे नेताओं ने सबकुछ बिगाड़ दिया है। इंग्लैंड में बहुत से लोगों का विश्वास था कि ब्रिटिश भारत में एक पिछड़ी जाति को सुसंस्कृत करने गए थे।" मुझे बहुत बुरा लगा, लेकिन चुप रहा। लेकिन जब मेरी मकान मालकिन ने मेरी राय पूछी तो मैंने कहा, "ईश्वर की सत्ता में कोई देश दूसरे पर शासन कैसे कर सकता है?"

मैं जानता था कि मेरी मकान मालकिन और अन्य मेहमान चर्च जानेवाले समुदाय से थे और यहाँ मेरे लिए एक असहज परिस्थिति खड़ी हो सकती थी। उसने आगे आकार मुझे गले से लगा लिया और अपने मेहमानों से कहा कि वह पहले से ही जानती थी कि

यह भारतीय डॉक्टर अत्यधिक बुद्धिमान और बहुत पढ़ा-लिखा पुरुष है। मैंने उससे नहीं बताया कि इनसान के द्वारा बनाए गए ईश्वर पर मुझे विश्वास नहीं था। उन दिनों एक आम धारणा थी कि भारत चल नहीं पाएगा, लोकतंत्र अपनी जड़ें नहीं बना पाएगा। यहाँ गृह-युद्ध हो जाएगा, भोजन की कमी होगी और देश विभाजित हो जाएगा। ब्रिटिश शासन भारत में बहुत सी अच्छी चीजें लाया। भारतीय संस्कृति का अपना शानदार अध्याय है, लेकिन हम सामंतवादी बन गए थे और हमारी प्रवृत्तियों में संवेदनशीलता की कमी आ गई थी। निश्चय ही, पाश्चात्य संस्कृति ने हमारे सामने स्वतंत्रता, समानता और कानून की अवधारणाएँ प्रस्तुत कीं; लेकिन उन्होंने हमारे धन को लूटकर हमारा शोषण किया। वे शासक हमारा सुधार करने के लिए भारत नहीं आए थे।

दिसंबर के अंतिम सप्ताह में फेलोशिप का कोर्स पूरा हो गया। ठंड जबरदस्त थी। मेरे पास कोई काम नहीं था और केवल 10 पाउंड बचे थे। मुझे एक मित्र की याद आई, जिसने बताया था कि वह अपने अस्पताल में मेरे लिए एक नौकरी की व्यवस्था कर सकता था, क्योंकि बहुत से डॉक्टर छुट्टी पर गए थे। एडिनबर्ग की जबरदस्त ठंड में तीन महीने बिताने के बाद एक सेंट्रली-हीटेड स्थान में प्रवेश करने से अत्यधिक राहत मिली। खाना निःशुल्क था और मैं कपड़ों की कम परतों के साथ घूम सकता था तथा मेरा खर्च केवल महीने में एक बार बाल कटवाने और भारत पत्र भेजने के लिए एयरमेल की पोस्टेज पर ही होता था।

इस समय तक क्रिसमस का माहौल अपने चरम पर था। मैंने किसी भी प्रकार के मनोरंजन और उत्सव में भाग नहीं लिया, क्योंकि मैं कुछ शरमीला था। मुझे नाचना नहीं आता था। मुझे वाइन का स्वाद नहीं पता था और मैं किसी को जानता भी नहीं था। लेकिन मैंने पूरा एक उपयोगी महीना बच्चों के अस्पताल में बिताया, जहाँ मैंने एक महत्त्वपूर्ण पाठ सीखा कि बच्चों का उपचार छोटे वयस्कों की तरह नहीं करना चाहिए। यहाँ गलतियों के लिए बहुत ही महीन रेखा होती है। बच्चों में थोड़ा सा रक्तस्राव भी जानलेवा हो सकता है और बच्चों को नाजुक फूलों की तरह सँभालना चाहिए।

मेरे प्रमुख एंड्रयू लैर्ड अत्यंत मितभाषी व्यक्ति थे। जब अंतिम दिन मैं उन्हें अलविदा कहने गया तो उन्होंने मेरे सामने लंच का प्रस्ताव रखकर मुझे अचंभित कर दिया। इंग्लैंड में अपने प्रवास के दौरान मैं इससे पहले कभी भी इतने विशिष्ट रेस्टोरेंट में नहीं गया था। जैसे ही मैंने उपकक्ष में प्रवेश किया, किसी ने तत्परता के साथ मेरा ओवरकोट उतारने में मेरी मदद की। मेरे परिधान की तुलना में वेटर्स के परिधान अधिक अच्छे थे। जब प्रमुख ने मुझसे मेरी पसंद की वाइन के विषय में पूछा तो मैंने उन्हें यह बताने में जरा भी संकोच नहीं किया कि मैंने इससे पहले कभी भी वाइन नहीं चखी थी और वे ही मेरे लिए वाइन चुनें। वेटर एक मोमबत्ती जलाकर लाया, एक गिलास में थोड़ी सी वाइन

डाली। मेरे प्रमुख उसे चखने से पहले अपनी नाक तक ले गए। उन्होंने सिर हिलाकर अपनी सहमति दी और फिर गिलासों में वाइन भरी गई। मुझे हॉलीवुड की फिल्मों के दृश्य याद आ गए और मैं पूरी तरह से अपनी गहनता से बाहर महसूस कर रहा था। मैंने चुपके से बिल का मूल्यांकन किया, जो मेरे दो सप्ताह के खर्च से अधिक था। इसके बाद वह मुझे अपने घर ले गए। वे एक पहाड़ी पर रहते थे और उनकी पत्नी दरवाजे पर हमारी प्रतीक्षा कर रही थीं।

"आप ही बंबई से आए डॉक्टर हैं? मेरे पति आपकी इतनी प्रशंसा करते हैं कि मेरी आपसे मिलने की बहुत इच्छा थी।"

दंपती ने मुझे दो घंटे तक अपने सुंदर ग्रामीण क्षेत्र में घुमाया। शाम को उन्होंने अपने बच्चों से मेरा परिचय कराया और बाद में रात को उन्होंने अपनी पत्नी के साथ मुझे वापस अस्पताल में छोड़ा। अपने गंभीर व्यक्तित्व के लिए प्रसिद्ध एक कंसल्टेंट की ओर से यह असामान्य रूप से प्रेमपूर्ण व्यवहार था और यह याद करके मुझे अत्यधिक प्रसन्नता होती है कि हमारा संपर्क मेरे जीवन में एक बड़ा परिवर्तन लेकर आया। मेरी परीक्षा के बाद उन्होंने मुझे वरिष्ठ रजिस्ट्रार के पद का प्रस्ताव दिया और मैं उनके संपर्क में बना रहा। उनके अनुमोदन से छह माह बाद मुझे एक वरिष्ठ पद पाने में सहायता मिली, जिसने मुझे आत्मविश्वास से भरपूर एक ऐसे सर्जन में परिणत कर दिया, जो स्वतंत्रतापूर्वक बड़े ऑपरेशन कर सकने में सक्षम था।

इस कहानी से एक छोटा सा रोचक किस्सा भी जुड़ा हुआ है। बीस वर्ष बाद मेरे एक रोगी को अपने कार्यालय के काम के लिए प्रतिनियुक्ति पर ग्लासगो जाना था। मुझे अचानक एंड्रयू लैर्ड की याद आई और मैंने उनके लिए एक पत्र और एक छोटा सा उपहार भेज दिया। लैर्ड कई वर्ष पूर्व ही रिटायर हो चुके थे और यद्यपि मेरा रोगी उनसे मिल नहीं सका, वह उनके पास एक पार्सल भेजने में सफल हो गया। वह पत्र कुछ सप्ताह बाद प्राप्त हुआ।

31 जुलाई, 1980

प्रिय श्री पेडणेकर,

अविस्मरणीय डॉ. वि.ना. श्रीखंडे के विषय में लिखा आपका पत्र सुखद आश्चर्य के रूप में प्राप्त हुआ और यह सोचकर मुझे अत्यधिक प्रसन्नता हुई कि वह मुझे इस प्रकार से याद करते हैं। सर्जरी के अन्य सहकर्मियों के साथ अपने पुराने सहयोगियों के विषय में चर्चा करते समय मैं अकसर उन्हें याद करता हूँ। ग्लासगो स्थित 'रॉयल हॉस्पिटल फॉर सिक चिल्ड्रेन' में मेरी यूनिट में आनेवाले सर्वाधिक कुशल रेसिडेंट और रजिस्ट्रार के रूप में मैं उनका उदाहरण देता हूँ।

मुझे केवल एक माह के लिए उनकी सहायता मिली थी, जो मेरे लिए बेहद

अफसोस की बात है; लेकिन उतने ही समय में मैंने उन्हें ऑपरेटिव सर्जरी की जो भी बारीकियाँ समझाने की कोशिश की वे सभी उन्होंने सीख ली थीं। ऑपरेशन में उनकी दक्षता विलक्षण थी और इससे यह बात प्रमाणित होती है, जो मैंने अभी-अभी लिखी कि उन्होंने मेरे द्वारा प्रदर्शित किसी भी बारीकी को नहीं छोड़ा था।

डॉ. श्रीखंडे की दयालुता से मैं अत्यधिक भाव-विभोर हूँ कि उन्होंने मेरे लिए यह उपहार भेजा और आपके प्रति आभारी हूँ कि आपने मुझसे संपर्क करने के लिए इतने प्रयास किए। मैं ग्लासगो से सौ मील दूर रहता हूँ और अब वहाँ बहुत कम आता-जाता हूँ।

संभवतः आप मुझे उनका पता देने की कृपा करेंगे। आप उनके पास मेरा यह पत्र भेज सकते हैं, जिससे उन्हें पता चले कि न ही मैं उन्हें अभी तक भूल सका हूँ और न ही मेरी पत्नी। इस बीच आप उन्हें सूचित कर सकते हैं कि मैं स्वस्थ व सुखी हूँ और अपने जीवन का पूरा आनंद ले रहा हूँ।

अनेक धन्यवाद और सम्मान सहित

एंड्रयू लैर्ड

तीन वर्ष बाद जब मैं इंग्लैंड गया, मैंने श्री एवं श्रीमती लैर्ड के खूबसूरत से घर में एक सप्ताहांत बिताया। उस शाम मैं उनके साथ एक ग्रामीण पब में गया और उनके मित्रों से मुलाकात की। उन्होंने यह बताते हुए उनसे मेरा परिचय कराया कि कैसे मेरे विषय में उनका मूल्यांकन कि मैं एक उत्कृष्ट सर्जन बनूँगा, सही साबित हुआ। उन्हें मुझ पर अभिमान था और मैं शब्दातीत रूप से सम्मानित व भावुक महसूस कर रहा था।

पब के प्रवेश द्वार पर एक सुंदर अवतरण लिखा था—'यह बार उन उच्च कोटि के सज्जनों को समर्पित है, जो आनंद लेने के लिए पीते हैं, जो अपनी क्षमता से पहले ही संतुष्ट हो जाते हैं तथा जो कुछ भी पीते हैं, उसे सहन कर सकते हैं और इसके बाद भी सज्जन ही बने रहते हैं। हमारे ग्राहकों को हमारा सुझाव है कि जब वे लड़खड़ाने लगें तो बार के निकट न खड़े रहें।'

उस मुलाकात के बाद मेरे उल्लास का वर्णन शब्दों में कर पाना मेरे लिए संभव नहीं। अधिक अल्कोहल के बिना ही मैं इस लड़खड़ाने का अनुभव कर रहा था। एक बार फिर मैं अपने भाग्य के प्रति आभारी था। लैर्ड से मेरी मुलाकात संयोगवश हुई थी, क्योंकि दिसंबर 1958 में मेरे पास पैसे नहीं बचे थे।

कुछ वर्ष बाद जब मैंने भारत में अपना काम शुरू किया, बच्चों के एक डॉक्टर मुझसे मिले। उनके पास एक शिशु का केस था, जिसका जन्म पाइलोरिक स्टेनोसिस के साथ हुआ था।

(सामान्यतः जठर से भोजन पाइलोरस नामक एक वॉल्व से होता हुआ छोटी आँत

(डुआडेनम) के पहले भाग में जाता है। पाइलोरिक स्टेनोसिस में मांसपेशियाँ इतनी अधिक मोटी होती हैं कि इससे जठर की सामग्री छोटी आँत में पहुँच नहीं पाती। प्रत्येक बार दूध पीने के बाद शिशु उलटियाँ कर देता है और वह इतना भूखा रहता है कि बार-बार दूध पीना चाहता है। हर दिन उसका वजन कम होता जाता है। ऑपरेशन के दौरान ल्यूमेन को खोले बिना ही मोटी मांसपेशी को विभाजित किया जाता है। रोगी तेजी से स्वस्थ हो जाता है और ऑपरेशन के कुछ ही घंटों के बाद शिशु दूध पी सकता है।)

रुग्ण शिशु को जनरल एनेस्थीसिया देना अत्यधिक खतरनाक होता है। कई शिशुओं की मृत्यु एनेस्थीसिया से संबंधित जटिलताओं के कारण, न कि ऑपरेशन के कारण हो गई। ग्लासगो में अपनी एक महीने की अवधि के दौरान मैंने सीखा कि लोकल एनेस्थीसिया देकर और छोटी सी जगह पर काटकर इन शिशुओं का ऑपरेशन आसानी से किया जा सकता है। भारत में यह नई चीज थी। मैंने लोकल एनेस्थीसिया देकर ऑपरेशन किया और तीन घंटे के बाद ही शिशु को सफलतापूर्वक माँ का दूध पिलाया जा सका। बाल चिकित्सक उस अभूतपूर्व ऑपरेशन को देखने के लिए ऑपरेशन में साथ रहे। एक शिशु की जान बच गई, क्योंकि केवल एक माह के लिए ही सही, मुझे विदेश में बच्चों के एक अस्पताल में काम करने का अवसर मिला था। वह शिशु आज अपना पचासवाँ जन्मदिन मना रहा होगा।

'कभी-कभी जब मैं सोचता हूँ,
छोटी-छोटी बातों से
कितने बड़े परिणाम निकल आते हैं,
तो मैं विचारने पर विवश हो जाता हूँ
कि कोई भी चीज छोटी है ही नहीं।'

—ब्रूस बार्टन

एक जीवन की रक्षा करना एक बड़ा महान् कार्य है

मैंने एक ही प्रयास में अपना एफ.आर.सी.एस. उत्तीर्ण कर लिया। अब मैं किसी भी समय भारत वापस आ सकता था। मैं बहुत खुश था, लेकिन उससे भी अधिक मुझे आश्चर्य था कि कुछ शिक्षकों ने हमें विश्वास दिलाया था कि बिना कम-से-कम एक बार अनुत्तीर्ण हुए एफ.आर.सी.एस. उत्तीर्ण करना केवल कुछ अत्यंत मेधावी छात्रों के लिए ही संभव था। मेरे परीक्षक सर जॉन ब्रूस थे, जो गुदा के कैंसर के विषय में मेरे चर्चा करने के तरीके से अत्यंत प्रसन्न थे। मुझे पता चला कि उस दिन नौ छात्रों में से केवल दो ही उत्तीर्ण हुए थे। किसी ने मुझ पर प्रतिभावान् होने का आरोप नहीं लगाया था। बाद में कई बार मुझे सपना आता कि मेरे परिणाम गलत थे और वास्तव में मैं अनुत्तीर्ण हुआ था।

एडिनबर्ग में वर्ष 1959 की फरवरी की उस शाम जब मैं अपने कमरे में आया तो मैं बिल्कुल अकेला था और मेरी खुशी में साथ देने के लिए या उस अवसर को मनाने के लिए मेरे साथ कोई भी नहीं था। सड़कें निर्जन और अँधेरी थी। एडिनबर्ग उदास था, लेकिन मैं खुश था। जिस लिफाफे में परिणाम रखा था, वह मेरे लिए सर्वाधिक अनमोल संपत्ति थी। ठंडी हवा मेरे कपड़ों को चीर रही थी; लेकिन मैं जानता था कि इंग्लैंड में अपने शेष प्रवास को मैं किसी सेंट्रली हीटेड अस्पताल में बिताऊँगा। अब मेरे जीवन में न ही परीक्षाओं का डर रह गया था और न ही ठंडे कमरों में रहने की जरूरत रह गई थी। मुझे जीवन के एक और महत्त्वपूर्ण सत्य का अहसास हुआ। सफलता की खुशी बहुत कम देर बनी रहती है, लेकिन असफलता की पीड़ा सफल होने तक बनी रहती है। मेरे तीन सहकर्मी भाग्यशाली नहीं थे और जब अगले दिन मेरी उनसे मुलाकात हुई तो मुझे उनके उदास चेहरे नजर आए।

मैंने एक अस्पताल में सर्जिकल रजिस्ट्रार के रूप में नौकरी ले ली और लंदन में एफ.आर.सी.एस. के लिए प्रयास करने का निर्णय लिया। असफलता का भय व्यर्थ था और मैंने पहली बार कोई परीक्षा बिना किसी अतिरिक्त तैयारी या व्यग्रता के दी। तीन महीने बाद मैं उतीर्ण हो गया। यह एक ऐसी घटना थी, जो मेरे लिए किसी चमत्कार से कम नहीं थी। मुझे पता चला कि रॉयल कॉलेज से जुड़े एक प्रसिद्ध सर्जन का पुत्र तीसरी बार अनुत्तीर्ण रहा था। ऐसा भारत में हुआ होता तो यह घटना ब्रेकिंग न्यूज बन जाती। इंग्लैंड में मैं दैनिक जीवन में निष्पक्षता की पराकाष्ठा का आनंद ले रहा था।

शाम को सफल उम्मीदवारों को परीक्षकों से मिलने के लिए आमंत्रित किया गया। मैंने उन प्रतिष्ठित सर्जनों के साथ हाथ मिलाया, जिन्हें मैं अपने कॉलेज के दिनों से जानता था। वह अनुभव मेरे स्मृति-पटल पर अंकित है। मेरे प्रमुख परीक्षक प्रो. चार्ल्स रॉब थे, जो लंदन में सेंट मेरीज अस्पताल के सुप्रसिद्ध नाड़ी संबंधी सर्जन थे और ऑपरेटिव सर्जरी पर रॉब एवं स्मिथ की पुस्तक के सह-लेखक थे। उनका व्यक्तित्व अत्यधिक प्रभावशाली था।

उन्होंने मुझसे पूछा, ''आपने कहाँ से शिक्षा ली?''

''ग्रांट मेडिकल कॉलेज, बंबई।'' मैंने उत्तर दिया।

''बंबई विश्वविद्यालय का स्तर जरूर ही बहुत अच्छा होगा। आपने बहुत अच्छा प्रदर्शन किया।''

वह मुझसे इतने अधिक प्रभावित थे कि उन्होंने मुझसे कहा कि यदि मैं आगे प्रशिक्षण लेना चाहूँ तो उनसे मिलूँ। मैं नहीं जानता कि यदि मैं प्रस्ताव स्वीकार कर लेता तो क्या होता। जब रात में मैं अपनी सफलता का आनंद ले रहा था तो भारत में अपने मेडिकल कॉलेज के उन शिक्षक को याद किए बिना नहीं रह सका, जिन्होंने मुझसे कहा

था कि मेडिकल कैरियर मेरे लिए उपयुक्त नहीं होगा।

अगले दिन मैं मैनचेस्टर स्थित अपने अस्पताल में वापस आने के लिए ट्रेन पर सवार हुआ। जब ट्रेन स्टेशन से निकली तो मैं अपनी पुरानी आदत के अनुसार खुले हुए दरवाजे के पास खड़ा हो गया।

आज भी मैं रेलवे प्लेटफॉर्म के दृश्यों का आनंद लेता हूँ—विदा के लिए हाथ हिलाते, एक-दूसरे को गले लगाते, अपने आँसू पोंछते और रूमाल हिलाते लोग। मैंने सीटी की आवाज सुनी और जैसे ही ट्रेन चलने वाली थी, एक भारतीय युवक दौड़ता हुआ आया और ट्रेन पर चढ़ा गया। ट्रेन में चढ़ने के लिए मैंने उसका सामान चढ़ाने में उसकी मदद की। हम दोनों ही आश्चर्यचकित थे। हम बेलगाम में एक ही स्कूल के मित्र थे और सोलह साल के लंबे अंतराल के बाद इतनी दूर बिलकुल अप्रत्याशित तरीके से मिले थे। तीन घंटे की उस यात्रा में हमारे पास बात करने के लिए इतना कुछ था कि मुझे अहसास ही नहीं हुआ कि ट्रेन मैनचेस्टर पहुँच चुकी थी। लंदन की एक ट्रेन में इस तरह से अनायास दो मित्रों के मिलने के अवसर को अविस्मरणीय बनाने के लिए उसने मुझे बहुत से उपहार दिए।

मेरा मित्र दामू (दामोदर) एक छोटे से गाँव के गरीब परिवार का लड़का था। उन दिनों गरीब बच्चों के लिए एक चलन था कि वे लोगों के घरों में जाकर कुछ श्लोक गाते और बदले में भोजन पाते थे। यह कोई दान नहीं माना जाता था, बल्कि अपनी शिक्षा पूरी करने के लिए किए जा रहे उनके संघर्ष की प्रशंसा के रूप में माना जाता था।

दामू भी ऐसा ही एक लड़का था। और फिर एक दिन वह गायब हो गया। हमारी अगली मुलाकात लंदन में प्लेटफॉर्म पर एक चलती हुई ट्रेन में हुई। उसकी कहानी संघर्ष और सफलता से भरी थी। नौकरी की तलाश में उसने कुली का काम किया, फुटपाथ और रेलवे प्लेटफॉर्म पर सोया, डॉक पर मजदूर के रूप में काम किया और एक दिन मर्चेंट नेवी में नियुक्ति पाई। अत्यधिक बुद्धिमान व मेहनती व्यक्ति होने के कारण उसने तरक्की की और अधिकारी बन गया। जहाज से वह पूरे विश्व (चीन के अतिरिक्त) में घूम चुका था। मैं बहुत खुश था कि किस तरह से हमारे भाग्य ने हमें अप्रत्याशित उपलब्धियों तक पहुँचाया था, लेकिन इतने वर्षों बाद हमें यहाँ मिला दिया था। भविष्य में संपर्क में बने रहने के संकल्प के साथ हम अलग हुए और हमने अपना संकल्प पूरा किया।

बंबई में हम दो बार मिले। उसे एक लड़की से प्यार हो गया और उसने उससे शादी कर ली और कनाडा में एक अच्छी नौकरी में लग गया। मैं उसकी शादी में शामिल न हो सका। उसने कनाडा में एक घर बनवाया, मुझे उसकी तसवीरें भेजीं और अपने घर में छुट्टियाँ मनाने आने के लिए आमंत्रित किया। लेकिन जीवन अत्यधिक अप्रत्याशित

है। कुछ वर्ष बाद क्रिसमस के दिन वह कुछ खरीदारी करके घर लौट रहा था, जब एक ट्रक से लकड़ी का बड़ा सा लट्ठा लुढ़ककर उसके सामने आ गया और मेरे मित्र को तुरंत ही मार दिया। कैसा भाग्य था!

संघर्ष पर निर्मित उसके पूरे जीवन का अंत हो गया। जब अंततः उसके पास आराम करने के क्षण थे तो पलक झपकते ही सबकुछ समाप्त हो गया था। संघर्ष एवं सफलता की कहानी का अंत त्रासदी के साथ हुआ।

एक बार शनिवार की शाम एक भारतीय डॉक्टर, जिन्हें मैं जानता था, 120 मील का सफर करके मेरे यहाँ रात्रिभोज के लिए आए। भारत में उनके पारिवारिक मित्र अपनी पुत्री के लिए विवाह योग्य एक लड़का खोज रहे थे। लड़की सुशिक्षित थी, जिसने भारत के एक प्रसिद्ध विश्वविद्यालय से एम.ए. किया था। वे सज्जन लड़की की तसवीर लेकर आए थे। वह अच्छी लग रही थी। अधिकांश तसवीरों में होनेवाला दूल्हा रूपवान् और होनेवाली दुलहन रूपमती दिखाई देती है। यदि मैं राजी हो जाता हूँ तो एक बँगला, कार, अस्पताल और दो लाख रुपए (जिसका मोल-भाव किया जा सकता था) का दहेज मेरे लिए उपलब्ध रहता। यदि मैं चाहता तो विवाह के बाद मैं इंग्लैंड या अमेरिका में बस सकता था। ऐसा प्रतीत हो रहा था जैसे वे एक दामाद खरीदना चाहते थे। मैंने उन्हें बताया कि मेरे पिताजी ने सन् 1926 में अपनी शादी में कुछ दहेज लिया था, लेकिन उन्होंने कुछ वर्ष बाद उसे वापस चुका दिया था। अपनी गलती को स्वीकार करना और सुधार करना मेरे पिताजी के चरित्र की विशिष्टता थी। मेरे मित्र मेरा उत्तर समझ गए, लेकिन फिर भी हम दोस्त बने रहे। दहेज प्रथा खत्म नहीं हुई है। भारत में शिक्षा अत्यधिक महँगी हो चुकी है। कुछ परिवारों में इस धन की भरपाई लड़की के घरवालों से की जाती है।

अब मैं ऑपरेशन में अनुभव पाने के लिए सर्जिकल पोस्ट ढूँढ़ रहा था। मेरे पास साक्षात्कार के बहुत से मौके आए और मुझे इस बात पर कोई संदेह नहीं था कि अपनी योग्यता के आधार पर मैं जहाँ भी चाहता, मेरा चुनाव होने की संभावनाएँ अत्यंत प्रबल थीं। मैंने ग्रांट मेडिकल कॉलेज के अपने एक मित्र डॉ. पी.एम. मधोक से संपर्क किया, जो उस समय इंग्लैंड में थे। उन्होंने मुझे कुछ अच्छे सुझाव दिए।

उन्होंने कहा, ''यदि आप इंग्लैंड में बसना चाहते हैं तो किसी शिक्षण संबंधी अस्पताल में जाएँ। यदि आप भारत वापस जाना चाहते हैं तो किसी जिला अस्पताल में जाएँ, जहाँ काम का बहुत बोझ हो और यदि आप नृत्य व पार्टी आदि में मनो-विनोद करना चाहते हैं तो आपको समुद्र किनारे रिसोर्ट के क्षेत्र में एक अस्पताल चुनना चाहिए।''

मेरा विकल्प स्पष्ट था। एक नौकरी के लिए 24 आवेदक थे।

साक्षात्कार में मुझसे पूछा गया, ''ऑपरेशन में आपका अनुभव क्या है?''

''मैंने अपेंडिक्स, अवरोधित हर्निया, आँतों के सुराख जैसे साधारण ऑपरेशन किए हैं।''

'लेकिन क्या आपने जठर, पित्ताशय, किडनी की पथरी, थायरॉइड आदि जैसे कोई बड़े ऑपरेशन किए हैं?''

''नहीं।''

''ऐसा कैसे है कि आपने एफ.आर.सी.एस. की परीक्षा उत्तीर्ण की है, फिर भी अभी तक कोई बड़ा ऑपरेशन नहीं किया?''

''एफ.आर.सी.एस. की परीक्षा उत्तीर्ण करने के लिए ऑपरेशन में अनुभव जैसी कोई शर्त नहीं है।''

''हमारे अस्पताल में बहुत से बड़े ऑपरेशन होते हैं। क्या आप काम कर सकेंगे?''

''यदि मौका मिला तो मैं आपको निराश नहीं करूँगा।''

साक्षात्कार पूरा हो गया। मैं जानता था कि मुझे यह नौकरी नहीं मिलेगी। मैं बाहर आकर ऑफिस की उस खिड़की के पास खड़ा हो गया, जहाँ साक्षात्कार के लिए आए उम्मीदवारों को रेलवे का किराया और वापसी की यात्रा के लिए अन्य भत्ते दिए जा रहे थे। सामान्यत: चुने हुए उम्मीदवारों को आमंत्रित किया जाता था और अन्य से कहा जाता था कि आप सभी हमारे पद के लिए योग्य हैं, लेकिन दुर्भाग्यवश केवल एक ही पद रिक्त है।

एक नाम की घोषणा हुई। वह मेरा नाम था। यह स्वप्न जैसा था।

मुझसे दोबारा पूछा गया, ''क्या आपको विश्वास है कि आप इस काम को सँभाल सकेंगे?''

''हाँ।''

''डॉक्टर, हमारे अस्पताल में सोलह रेसिडेंट हैं। आपको उनका प्रबंधन करना है।''

''मुझे नहीं लगता कि लोगों का प्रबंधन मेरे लिए कोई चुनौतीपूर्ण काम होगा।''

''कोई अन्य प्रश्न?''

''क्या मुझे बड़े ऑपरेशन करने को मिलेंगे? मुझे ऑपरेशन में अनुभव पाने की तीव्र इच्छा है।''

सर्जन ने मुझे आँख मारी, ''कृपया हमारे साथ नियुक्ति लें। हमें पूरी उम्मीद है कि आप उन भारी दायित्वों के लिए शिकायत नहीं करेंगे जो जल्दी ही आपकी जिम्मेदारी होगी।''

जितने महीने मैंने वहाँ काम किया, मैं इसी बात पर हैरान होता रहा कि मेरा चयन क्यों हुआ था। कई महीने बाद एक बार जब सचिव अस्पताल के भवन में प्रवेश कर रहे थे तो उनसे मेरी मुलाकात हुई। मैंने साहस बटोरकर उनसे पूछा कि मेरा चयन किस तरह से हुआ?

उन्होंने मुझे अपने साथ अपने कार्यालय में बुलाया और मुझे ग्लासगो के मेरे प्रमुख के द्वारा दिया गया अनुमोदन-पत्र दिखाया। उसमें लिखा था—'यद्यपि इन्होंने मेरे साथ बहुत कम समय काम किया है, लेकिन पिछले बीस वर्षों की अवधि में यह सबसे बेहतरीन थे। मुझे आशा है कि जब यह अपने पद को समाप्त कर लेंगे तो मेरे साथ वरिष्ठ सर्जिकल रजिस्ट्रार के रूप में मेरी इकाई में नियुक्ति लेंगे।'

मेरे चयन पर निर्णय लेने में समिति को जिस एक अन्य चीज ने मदद की, वह थी मेरी ईमानदारी। आप एकमात्र ऐसे उम्मीदवार थे, जिसने इस बात को स्वीकार करने में संकोच नहीं किया कि आपको बड़े ऑपरेशन करने का कोई अनुभव नहीं था और यह कि आप अपना अनुभव बढ़ाने के लिए यह पद पाना चाहते थे। हमने महसूस किया कि आप में पारदर्शिता और ईमानदारी है।

मैंने 12 जून, 1959 को अस्पताल में नियुक्ति ली। यह शुक्रवार का दिन था। मैंने टैक्सी से अपना सामान निकाला, प्रवेश के निकट उपकक्ष में अपना सामान रखा और आउटपैशेंट विभाग में अपने कंसल्टेंट से मिलने गया। हमने चाय पी। फिर उन्होंने मुझसे जो कहा, वह मेरे लिए एक तरह का आघात जैसा ही था।

''एक महिला अपने पित्ताशय की पथरी निकलवाने के लिए इंतजार कर रही है, जिसका ऑपरेशन कल किया जाना है। कल मैं लंदन जा रहा हूँ और प्रमुख (हमारे सर्जरी विभाग के अध्यक्ष) ग्रीस में छुट्टियाँ मना रहे हैं। अस्पताल में आपके अतिरिक्त कोई अन्य सर्जन नहीं रहेगा।''

उन्होंने मेरी ओर देखकर आँख मारी और मुसकराए, ''आप ऑपरेशन का काम चाहते थे और अपने काम का स्वागत करने के लिए यह आपके सामने सबसे अच्छा अवसर है।''

मैंने इससे पहले पित्ताशय का ऑपरेशन कभी नहीं किया था, लेकिन फिर भी किसी तरह की व्यग्रता नहीं दिखाई और उत्तर दिया, ''जी, बिल्कुल।''

जाने से पहले वह मुझे एक किनारे ले गए और बोले, ''आप जो चाहते हैं, करें, लेकिन पित्त-वाहिनी को न काटें और न ही लीवर से जुड़ी धमनियों को जकड़ें। आप जानते ही हैं कि सर एंथनी के साथ क्या हुआ था। सर एंथनी ईडन विंस्टन चर्चिल के दामाद थे और ब्रिटिश विदेश सचिव एवं बाद में प्रधानमंत्री बने थे। पित्ताशय की सर्जरी में हुई जटिलताओं के कारण उनकी मृत्यु हो गई थी, जो सर्जरी लंदन में स्थित एक प्रतिष्ठित सर्जन ने की थी।''

(पित्त-वाहिनी एक ऐसी नली होती है, जो लीवर से आनेवाले पित्त को एकत्र करती है और भोजन को पचाने की प्रक्रिया में सहायता करने के लिए उसे छोटी आँत में भेजती है। इस ऑपरेशन के दौरान इस नली के क्षतिग्रस्त होने की संभावना होती है,

जो सर्वाधिक खतरनाक दुर्घटना होती है, जिससे प्रत्येक सर्जन डरता है और जिसका सामना उसे अपने जीवनकाल में कम-से-कम एक बार जरूर करना पड़ता है।)

मैं वार्ड में गया और उस रोगी से मिला, जिसका अगली सुबह मुझे ऑपरेशन करना था। वह बोली, ''मैं बहुत भाग्यशाली हूँ कि कल आप मेरा ऑपरेशन करेंगे। मुझे बताया गया है कि आप अत्यधिक कुशल सर्जन हैं और पहली ही बार में आपने दोहरी फेलोशिप प्राप्त की है। आपके हाथों में मैं सुरक्षित हूँ।''

मैंने अपनी व्यग्रता व्यक्त नहीं की। उस रात मैंने 'ऑपरेटिव सर्जिकल' पुस्तक पढ़ी और अगली सुबह जो भी कार्य करने वाला था, उसके प्रत्येक चरण की कल्पना की। यह उस अभिनेता की तरह था, जो मंच पर उतरने से पहले कई बार अभ्यास करता है। मैं सो नहीं सका। एक नया अस्पताल, एक भी परिचित चेहरा नहीं, नया ऑपरेशन थिएटर और एक ऐसा सर्जन, जिसने पहले कभी पित्ताशय का एक भी ऑपरेशन नहीं किया था। लेकिन रोगी को मुझ पर विश्वास था और मुझे वह बनाए रखना था।

सुबह 8 बजे मैं ऑपरेशन थिएटर में पहुँचा और स्टाफ को अपना परिचय दिया। मुझे आत्मविश्वास से भरपूर एक सर्जन की भूमिका अदा करनी थी। ऑपरेशन पूरा हो जाने के बाद मुझे कैसा अनुभव हुआ, उसका शब्दों में वर्णन करना संभव नहीं। थिएटर का स्टाफ उस समय आश्चर्यचकित रह गया, जब मैंने उसे बताया कि इससे पहले मैंने कभी भी पित्ताशय की सर्जरी नहीं की थी। मैं अत्यधिक तनाव में था, लेकिन इस तनाव ने मुझे अपना सर्वश्रेष्ठ प्रदर्शन करने के लिए प्रोत्साहित किया। मैं जानता था कि मैं बिना किसी जटिलता के ऑपरेशन कर लूँगा। प्रत्येक गतिविधि में कुछ खतरा तो जुड़ा ही हुआ है, लेकिन व्यक्ति को खुद ही निर्णय कर लेना चाहिए कि खतरे के स्थान पर पहुँचने से पहले कहाँ एक सुरक्षा रेखा खींच लेनी चाहिए। व्यक्तिगत स्तर पर मुझे लगता है कि यदि हम जीवन में खतरे नहीं उठाते हैं तो खोए हुए अवसरों के रूप में हमें बड़ी कीमत चुकानी पड़ती है। प्रत्येक अवसर की एक निश्चित अवधि होती है। आजकल सर्जिकल प्रशिक्षण अधिक बेहतर तरीके से व्यवस्थित है और शुक्र है कि ऐसी स्थिति नहीं उत्पन्न होती, जिसमें किसी नौसिखिए को कोई बड़ा ऑपरेशन करने के लिए बुलाना पड़े।

यह घटना पचास वर्ष पुरानी है। यह सीखने का सर्वश्रेष्ठ तरीका नहीं था, लेकिन मेरे लिए यही उपलब्ध था। यदि मैं अपने प्रमुख से कहता कि मैं किसी वरिष्ठ की उपस्थिति में ही ऑपरेशन करना चाहूँगा तो मैंने बहुत गलत शुरुआत की होती। मैं जानता था कि मुझे सफलता मिलेगी।

मेरी दिनचर्या इस प्रकार थी—प्रति सप्ताह पाँच ऑपरेशन के सत्र, प्रतिदिन आपातकालीन ड्यूटी और हर दूसरे सप्ताहांत पर छुट्टी। मेरा सौभाग्य था कि 1950 के

दशक में 48 घंटे के सप्ताह नहीं शुरू हुए थे। इस अनुभव ने मेरे सर्जिकल कैरियर में बहुत बेहतर परिवर्तन किए। विदेशों में रेसिडेंट सर्जन के लिए काम के घंटों के विषय में कानून बना दिए गए हैं, क्योंकि थके हुए डॉक्टर गलतियाँ कर सकते हैं और रोगी को नुकसान पहुँचा सकते हैं। सिक्के का दूसरा पहलू यह है कि प्रशिक्षण पा रहे डॉक्टर के सामने बार-बार अवरोध आने से उसके लिए रोग के प्रत्येक चरण को समझने के लिए अच्छा नहीं होता।

जो रेसिडेंट रोगी को देखता है, ऑपरेशन में शामिल होता है और ऑपरेशन का खयाल रखता है, उसके लिए उस रोग के संबंध में हर प्रकार से बेहतर समझ रखना संभव होता है। मेरा प्रशिक्षण उस युग में हुआ था।

हमें बताया गया था कि किसी युवा सर्जन को स्वतंत्र रूप से सर्जरी करने से पहले कार्य में दस हजार घंटे व्यतीत करने पड़ते हैं। प्रतीक्षा की अवधि लंबी होती है और काम के लिए प्रतिबंधित घंटे इस अवधि को और भी लंबी बना देते हैं।

इस प्रकार से 13 जून, 1959 का दिन मेरे जीवन में एक महत्त्वपूर्ण परिवर्तन लेकर आया। अट्ठाईस वर्ष की आयु में मैंने विदेश में पित्ताशय का पहला ऑपरेशन किया, जब पूरे अस्पताल में कोई भी दूसरा सर्जन उपस्थित नहीं था। 1950 के दशक में भारत में अपनी रेजिडेंसी के दौरान मैंने पित्ताशय के बस दो ऑपरेशन होते हुए देखे थे। एक रोगी संक्रमण से मर गया था। पित्ताशय की पथरी का रोग सामान्य नहीं था और इन ऑपरेशन को बड़ा माना जाता था। मेरे व्यावसायिक जीवन के प्रत्येक बड़े परिवर्तन के समय मुझे उस रोगी की याद आती थी। मैं उन रोगियों के प्रति आभारी हूँ, जिन्होंने मेरे हाथों में अपना जीवन सौंपा और सर्जन के रूप में मेरे अस्तित्व को सार्थकता प्रदान की।

(जब पित्त-वाहिनी क्षतिग्रस्त होती है तो पित्त बाहर बहने लगता है और पेट में एकत्र हो जाता है। अत्यधिक विषम जटिलताओं के साथ संक्रमण हो जाता है। संक्रमण से बचाने के लिए पित्त को नलिकाओं के माध्यम से बाहर बहाना पड़ता है। विभाजित नलिका की मरम्मत बहुत ही जटिल काम होता है। इस नलिका का व्यास मुश्किल से 10 मि.मी. होता है और इसे आँत की गाँठ में जोड़ना पड़ता है, जिससे पित्त आँतों में प्रवेश कर सके। इस ऑपरेशन को करने के लिए बहुत कम सर्जनों को प्रशिक्षण प्राप्त है।)

पित्त-वाहिनियों की चोट का इलाज करने में विश्व-विख्यात लेही क्लीनिक के डॉ. रिचर्ड कैटेल को विशेष योग्यता प्राप्त माना जाता था। विंस्टन चर्चिल ने उन्हें लंदन में ऑपरेशन करने के लिए आमंत्रित किया; लेकिन कैटेल ने अपनी व्यवस्था में ही रहते हुए ऑपरेशन करना पसंद किया। सर एंथनी को ऑपरेशन के लिए विमान द्वारा लेही क्लीनिक, बॉस्टन ले जाया गया। चिर स्थायी इलाज संभव नहीं था, आगे और भी ऑपरेशन करने पड़े थे और अंततः जटिलताएँ बढ़ जाने से उनकी मृत्यु हो गई।

डॉ. रिचर्ड कैटेल ने बहुत ही विद्वत्तापूर्ण वक्तव्य दिया था, ''सर्जनों में दो समूह हैं। एक वे, जिन्होंने पित्त-वाहिनी को विभाजित किया है और दूसरे वे, जो भविष्य में इसे विभाजित करेंगे।''

मैंने पित्ताशय के 3,500 से भी अधिक ऑपरेशन किए हैं और पित्त-वाहिनी को दो बार विभाजित किया है। पहली बार सन् 1959 में किए गए अपने पहले ऑपरेशन के चौंतीस वर्ष बाद किया था। दोनों ही केस बहुत कठिन थे। मैं बहुत सतर्क था, लेकिन परिस्थितियाँ गलत हो गईं। सर्वाधिक अनुभवी पायलट भी जानलेवा दुर्घटना के शिकार हो सकते हैं। इसलिए नहीं कि वे खतरा मोल लेते हैं या लापरवाह होते हैं। उन्हें कठिन परिस्थितियों का सामना करने का और उनसे सफलतापूर्वक बाहर निकल आने का अनुभव होता है; लेकिन कभी-कभार वे असफल हो जाते हैं। मेरे दो मामलों में मैंने ऑपरेशन टेबल पर दुर्घटना को पहचान लिया और सफलतापूर्वक सुधार कर सका। रोगियों को सर्जरी के बाद ही दुर्घटना के बारे में सूचित किया गया और ऑपरेशन के बाद उनके निर्विघ्न रूप से स्वस्थ होने की प्रक्रिया मेरे लिए बड़ी राहत की बात थी।

मैंने अपने रेसिडेंट को अनुभवी सर्जनों की विद्वत्ता के विषय में सिखाया है। जटिलताएँ उस समय अधिक होती हैं, जब सर्जन अत्यधिक आत्मविश्वास से भरा होता है और सर्जरी आसान नजर आती है। कार दुर्घटनाएँ तब होती हैं, जब ड्राइवर आत्मविश्वास से भरा होता है, कार मजबूत होती है और सड़कें बेहतरीन होती हैं। सावधानी छोड़ना आसान होता है और हमें इससे बचना चाहिए। संक्षेप में, पित्त-वाहिनी की क्षति अनुभवी और गैर-अनुभवी दोनों प्रकार के सर्जन से हो सकती है; लेकिन अलग-अलग परिस्थितियों में कोई भी ऑपरेशन के खतरे से परे नहीं होता।

इंग्लैंड में पहले दिन ऑपरेशन के बाद मैं पुरुषों के वार्ड में गया। वार्ड की सिस्टर-इन-चार्ज रोगियों का रजिस्टर लिखने में व्यस्त थी। मैंने उसे अपना परिचय दिया। मुझ पर बस, कुछ क्षण नजर डालने के बाद उन्होंने मुझे प्रतीक्षा करने के लिए कहा। भारत में जब कोई सर्जन किसी वार्ड में प्रवेश करता है तो सिस्टर तुरंत अपनी कुरसी से उठकर खड़ी हो जाती है। मेरे लिए यह एक नया अनुभव था।

कुछ समय बाद वह खड़ी हुई और मेरे साथ हाथ मिलाया तथा एक नर्स को बुलाकर वार्ड में उपस्थित प्रत्येक रोगी के विषय में विस्तृत सूचना दी। 20 रोगियों के उस वार्ड में चक्कर लगाते समय मुझे एक भी प्रश्न नहीं पूछना पड़ा। मैंने उनकी कार्य-कुशलता और प्रभाव की प्रशंसा की और वार्ड का चक्कर लेने के बाद जब हमने चाय पी तो मैंने उन्हें इस विषय में बताया।

''सिस्टर, मैंने आपसे बहुत कुछ सीखा है। हमने एक अच्छी शुरुआत की है और मुझे विश्वास है कि हम आगे भी साथ में अच्छा काम करेंगे।''

यद्यपि पहली नजर में वह एक गंभीर व्यक्ति प्रतीत हो रही थीं, लेकिन मैंने पाया कि वे अत्यधिक संवेदनशील और दयालु इनसान थीं और कुशाग्र बुद्धिवाली विनोदप्रिय महिला थीं, जो अंग्रेजों की विशिष्टता होती है। हमारा साथ बहुत अच्छा रहा। काम के अत्यधिक बोझ के बावजूद मैं भाग्यशाली था कि अंदरूनी रोगियों का प्रबंधन बहुत ही निपुणता के साथ हो रहा था।

मैं उस दिखावा-पसंद सर्जन की कहानी नहीं भूल सकता, जो उन्होंने मुझे सुनाई, जिसके साथ उन्होंने ऑपरेशन थिएटर सिस्टर के रूप में काम किया था। उसकी चिल्लाने और आपा खो देने की आदत थी। एक बार उसने एक औजार जमीन पर फेंक दिया। सिस्टर ने अपने दस्ताने उतार दिए, ऑपरेशन टेबल से दूर जाकर खड़ी हो गई और सीधे सर्जन की आँखों में देखने लगी। थिएटर में पूरी तरह से सन्नाटा छाया था और तनाव बढ़ता ही जा रहा था।

अंततः सर्जन ने अहसास किया कि उसने गलत किया था। उसने सिस्टर से माफी माँगी। लेकिन अपने दस्ताने पहनते हुए सिस्टर ने स्पष्ट शब्दों में कहा, "यह अंतिम बार है, जब आपने इस तरह से व्यवहार किया है। यदि आप इस तरह के नखरे दोहराएँगे तो मैं थिएटर छोड़कर चली जाऊँगी और इसके बाद सारे परिणामों की जवाबदेही आपकी होगी।" इसके बाद उसने कभी भी क्रोध नहीं किया।

एक रात मेरे पास सिस्टर का फोन आया कि इमरजेंसी वार्ड में एक रोगी को भरती किया गया है, जिसे पेट में तेज दर्द की शिकायत है। मेरे रेसिडेंट ने उसे निरीक्षण में रखने के निर्देश दिए थे। लेकिन सिस्टर के अनुसार, रोगी में घाव के छिद्र थे। उसने मुझसे अनुरोध किया कि मैं यह न बताऊँ कि उसने मुझे फोन किया था।

मैं वार्ड में गया, सिस्टर के निदान की पुष्टि की और आपातकालीन ऑपरेशन करके रोगी का जीवन बचाया। यह कोई अकेला उदाहरण नहीं है। अनुभवी गैर-मेडिकल स्टाफ का मूल्यांकन और यहाँ तक कि मार्गदर्शन अत्यधिक विश्वसनीय हो सकता है। मैंने ऑर्थपेडिक वार्ड में वार्ड बॉय से प्लास्टर करना सीखा है।

नर्स किसी डॉक्टर का जीवन दयनीय बना सकती है। हाल ही में भरती हुए एक कैजुअल्टी मेडिकल अधिकारी ने ड्यूटी पर तैनात रात की शिफ्ट की नर्स को हर किसी की मौजूदगी में उस समय डाँट दिया, जब उसने डॉक्टर को बताया कि सिर पर एक छोटे से कट के बाद रोगी को तीन टाँके लगाकर घर भेज दिया गया और बाद में रिपोर्ट करने के लिए कहा गया।

"क्या आप एक डॉक्टर हैं ? क्या आप जानती हैं कि सिर की चोट गंभीर हो सकती है और रोगी को निकटता से निरीक्षण की आवश्यकता होती है ?"

वह नहीं जानते थे कि अनुभवी सिस्टर को ही रात की ड्यूटी पर लगाया जाता

था और उनके निर्णय पर भरोसा किया जा सकता था। उसे अपमान का अनुभव हुआ। कैजुअल्टी विभाग के स्टाफ को पता होता है कि किसी अहंकारी नए डॉक्टर को कैसे सबक सिखाया जाता है। कैजुअल्टी में छोटी-छोटी समस्याओं के साथ अनगिनत रोगियों का ताँता लगा हुआ था और अब हर नए केस के लिए उस नए डॉक्टर को रात में कॉल किया जाता रहा। उसने जल्दी ही अपनी गलती महसूस की और माफी माँगी। व्यावहारिक समझ बताती है कि नए व्यक्ति को नियुक्ति लेते ही पहले से स्थापित सिस्टम को बदलने की कोशिश नहीं करनी चाहिए।

एक दुर्बल वृद्ध महिला खरीदारी करते समय गिर गई। उसके कूल्हे में दर्द था, लेकिन बिना अधिक कठिनाई के वह एंबुलेंस तक चलकर जाने में समर्थ थी। एक्स-रे से उसकी जाँघ की हड्डी में एक क्रैक दिखाई दिया। उसे बस, कुछ सप्ताह तक बिस्तर पर आराम करने की ही आवश्यकता थी। मैंने उसे बताया कि वह खुशकिस्मत थी कि उसे ऐसा फ्रैक्चर हुआ था, जिसमें ऑपरेशन की जरूरत नहीं थी और न ही अस्पताल में ठहरने की आवश्यकता थी। वह व्यथित नजर आई और बोली, "मैं अकेली रहती हूँ।"

मैंने पूछा, "शहर में आपके कोई रिश्तेदार हैं?"

"मेरा एक भाई है, जो 'रोल्स रोयिसं' में वरिष्ठ पद पर नियुक्त है।"

"मैं उन्हें फोन करूँगा।"

"डॉक्टर, कृपया न करें।"

"मुझे कोशिश करने दें।"

उसका भाई आया और उसे गले लगाते हुए बोला, "हैल्लो डियर!"

उसने मुझसे पूछा, "मैं आपके लिए क्या कर सकता हूँ?"

"क्या आप कृपया अपनी बहन को घर पर रख सकते हैं? यह काफी आत्म-निर्भर हैं, सिवाय इसके कि टॉयलेट जाने में इन्हें कुछ सहायता की आवश्यकता होगी।"

"डॉक्टर, काश कि मैं ऐसा कर पाता! लेकिन कल मैं अपनी पत्नी के साथ दस दिनों के लिए छुट्टियाँ मनाने के लिए फ्रांस जा रहा हूँ।"

मैंने उसे ड्राइवर द्वारा चलाई जा रही 'रॉल्स रॉयस' कार से अस्पताल के बाहर जाते देखा। रोगी अपने आँसू रोक न सकी। मैंने सोचा कि भाई अपनी छुट्टियाँ स्थगित कर सकता था, लेकिन आश्चर्य कि उसने ऐसा नहीं किया। बिना पारिवारिक सहयोग के वृद्धावस्था अपने आप में एक त्रासदी है।

अस्पताल में नियुक्ति लेने के कुछ ही दिनों बाद मैंने एक बड़ी विचित्र परंपरा देखी। सप्ताह में एक दिन बच्चों पर परिच्छेदन (खतना) के लिए नियत था। दो युवा रेसिडेंट इस काम के लिए नियुक्त थे; एक एनेस्थीसिया देता और दूसरा ऑपरेशन करता।

परिच्छेदन एक सामान्य सा ऑपरेशन है, लेकिन छोटे बच्चों को एनेस्थीसिया दिया

जाना खतरनाक होता है। जब मैंने अपना संदेह प्रमुख के सामने जताया तो उन्होंने कहा, ''लेकिन यहाँ इसी तरह से काम किया जा रहा है और कभी कुछ गलत नहीं हुआ।'' उन्होंने आगे कहा, ''जब तक कि हम युवा रेसिडेंट पर जिम्मेदारी नहीं सौपेंगे, वे सीखेंगे कैसे?'' हमारी व्यवस्था में एक एनेस्थिस्ट देना संभव नहीं है।

कुछ सप्ताह बाद मेरे पास कैजुअल्टी विभाग से एक अत्यावश्यक फोन आया, जिसमें सूचित किया गया कि परिच्छेदन के दौरान एक बच्चे की हृदय गति रुक गई है। मैं उसे हृदय में मालिश देने के लिए भागा, लेकिन बहुत देर हो चुकी थी। दिल की धड़कन तो वापस आ गई, लेकिन मस्तिष्क स्थायी रूप से क्षतिग्रस्त हो गया था। दस घंटे बाद बच्चे की मृत्यु हो गई।

मुझे आज भी वह शोक-संतप्त पिता याद है, जो स्तब्ध माँ को सँभाले हुए था। वह उनकी एकमात्र संतान था, जो उनके विवाह के कई वर्ष बाद पैदा हुआ था। मैंने यही प्रार्थना की कि उस दंपती को एक और संतान की प्राप्ति हो जाए; हालाँकि मैं जानता था कि उनकी बढ़ती उम्र को देखते हुए इसकी संभावना बहुत कम ही थी। इस त्रासदी का असर उनके जीवन में आजीवन बना रहेगा।

परिच्छेदन इसलिए नहीं किया जाता था कि यह अत्यंत आवश्यक था, बल्कि इसलिए कि स्कूल जाना शुरू करने से पहले लड़कों का खतना कराए जाने की परंपरा थी। इस घटना के तुरंत बाद एक एनेस्थिस्ट की आधिकारिक नियुक्ति की गई। प्रत्येक ऑपरेशन में कुछ खतरा होता है और छोटे ऑपरेशन जैसा कुछ भी नहीं होता।

स्यान डियागो के एक डे-केयर सेंटर में मेरे अमेरिकी मित्र की पोती के चेहरे पर एक छोटा सा ऑपरेशन करने के दौरान बच्ची की मृत्यु हो गई। अच्छे पायलट के लिए कोई भी फ्लाइट छोटी नहीं होती और एक अच्छे सर्जन के लिए कोई भी ऑपरेशन छोटा नहीं होता।

बेवन की मृत्यु

उस समय मैं एक पार्टी में था, जब टी.वी. पर एन्यूरिन बेवन की मृत्यु की घोषणा की गई। मेरी आँखों से आँसू बह निकले, जिसने अंग्रेज मित्रों को आश्चर्य में डाल दिया। इसके पीछे मेरा एक कारण था, जो केवल मैं ही जानता था। जब 1950 के दशक के आरंभ में मैं ग्रांट मेडिकल कॉलेज, बंबई में एक छात्र था, मैंने उनकी वार्त्ता सुनी थी।

उनके परिचय के दौरान डीन ने हमें बताया कि बेवन वेल्स एक खनिक के पुत्र थे, जिन्होंने गरीबों और उपेक्षित जनता की सेवा के लिए इंग्लैंड में एन.एच.एस. (नेशनल हेल्थ सर्विस) की स्थापना की थी। समाज में उन्नयन के इस तरह के उदाहरण मुझे हमेशा ही अत्यधिक प्रेरणादायक लगते हैं।

बेवन में वाणी संबंधी कमी थी, लेकिन यह कमी उन्हें एक प्रभावशाली वक्ता बनने से नहीं रोक सकी। इस बात से मुझमें भी रुचि उत्पन्न हुई, क्योंकि मुझमें भी एक कुशल वक्ता बनने की तीव्र उत्कंठा थी। मैंने उन्हें समरसेट मॉम का साक्षात्कार लेते हुए सुना, जिन्हें बोलते समय बहुत अधिक हकलाहट होती थी। तो हकलाहट के बावजूद लोग सफलता प्राप्त कर सकते हैं, एक ऐसा विचार, जो मैं खुद को कभी भुलाने नहीं देता था। साक्षात्कार सुनने के बाद मेरी इच्छा हुई कि उन्हें एक पत्र लिखूँ; लेकिन मुझमें ऐसा करने का साहस नहीं था। लेकिन उसी समय से वह पत्र मैं मन-ही-मन हमेशा लिखता रहा।

प्रिय एन्यूरिन बेवन

मैंने पहली बार आपको 1950 के दशक के आरंभ में अपने मेडिकल कॉलेज में देखा था। आपने क्रीम रंग का एक सूट पहना था और बंबई की गरमी के कारण आपका चेहरा लाल था। एनेटॉमी हॉल पूरा भरा हुआ था और मैं आपके उत्साह एवं बुद्धिमत्ता से अत्यधिक प्रभावित था। आपने गांधीजी के विषय में बहुत अच्छी बातें कहीं। वार्त्ता के बाद मैंने आपको तेजी से चलते हुए देखा। मैं भी आपके साथ ही चल रहा था, हालाँकि मैं कुछ दूरी पर था।

पाँच वर्ष बाद मैं इंग्लैंड आया और एन.एच.एस. में आपके योगदान के विषय में सुना। मैंने आपको समरसेट मॉम का साक्षात्कार लेते हुए सुना और महसूस किया कि हम तीनों में ही एक सर्वनिष्ठ विशेषता मौजूद है। हम सभी हकलाते हैं। मॉम एक योग्यता प्राप्त डॉक्टर थे; लेकिन उन्होंने कभी भी चिकित्सा का व्यवसाय नहीं किया। मैंने अपने कैरियर के लिए सर्जरी को चुना। मुझे राजनीति में कोई रुचि नहीं है, लिखने में कोई रुचि नहीं है।

आपने अपने पेट के कैंसर का इलाज करने के लिए एन.एच.एस. अस्पताल को चुना। भारत में मंत्री और संभ्रांत परिवार के लोग इलाज के लिए या तो विदेश जाते हैं या फिर बहुत महँगे निजी अस्पतालों को चुनते हैं, जिसका सारा खर्च करदाता वहन करते हैं। वे सरकारी अस्पतालों में नहीं जाते। आशा है, किसी दिन वे आपके उदाहरण का अनुसरण करेंगे।

सम्मान सहित,
डॉ. विनायक एन. श्रीखंडे

सामान्य दिनों की तरह ही मेरे दिन की शुरुआत सुबह 7 बजे हुई। एपेंडिक्स में सुराख के लिए 8 साल की एक बच्ची का ऑपरेशन पूरा करने तक आधी रात बीच चुकी थी। मैंने ऑपरेशन थिएटर में सबका आभार व्यक्त किया, व्याकुल परिवार से मिला,

उनको पीड़ादायक, सूजकर फटा हुआ वह एपेंडिक्स दिखाया, जिसे मैंने निकाल दिया था और उन्हें आश्वासन दिया कि उनकी बच्ची खतरे से बाहर है।

अपने कमरे में लौटने के बाद मैंने अपना एप्रन कुरसी पर फेंका। शारीरिक रूप से मैं इतना थक चुका था कि अस्पताल के अपने कपड़ों में ही सो गया। टेलीफोन की घंटी से मेरी नींद खुली और उधर से ऑपरेशन थिएटर की सिस्टर की व्यग्र आवाज सुनाई दी, जिसने सूचित किया कि तौलिए की एक क्लिप गायब है। प्रत्येक सर्जन को ऐसे कॉल का डर रहता है। मैं जल्दी से वहाँ पहुँचा और पाया कि वहाँ पूरा वातावरण अत्यधिक तनावपूर्ण था, क्योंकि अच्छी तरह से ढूँढ़ने के बाद भी क्लिप नहीं मिली थी।

उस रात एक असामान्य घटना यह हुई थी कि ऑपरेशन के दौरान बिजली चली गई थी। मैंने घाव को एक स्पंज से ढँक दिया था। जल्दी ही बिजली आ गई थी। मुझे संदेह हुआ कि कहीं क्लिप उसी स्पंज के ऊपर पड़ी रही हो और पेट के अंदर सरक गई हो। ऑपरेशन थिएटर के स्टाफ ने कभी एक बार भी बिजली जाने का अनुभव नहीं किया था। असामान्य घटनाओं के परिणाम भी असामान्य हो सकते हैं और पेट का एक्स-रे करने से क्लिप का पता चल जाता; लेकिन सफल ऑपरेशन के बाद आधी रात में एक्स-रे की जरूरत क्यों पड़ी, इस विषय में मैं रोगी के परिवार को क्या बताता? और यदि एक्स-रे के बाद भी क्लिप नहीं मिलती है तो?

क्या बिजली जाने के अलावा भी कोई असामान्य बात हुई थी? मैंने सिस्टर से पूछा कि क्या स्टाफ में कोई नया सदस्य भी शामिल था? जब मुझे पता चला कि उसी दिन एक नई प्रशिक्षार्थी (ट्रेनी) ने नियुक्ति ली थी तो मुझे आशा की एक किरण नजर आई। उसे नर्सों के क्वार्टर से ऑपरेशन थिएटर में बुलाया गया।

हमने उससे पूछा कि क्या उसने कहीं तौलिए की क्लिप देखी है? उसने शांति से जवाब दिया कि क्लिप जमीन पर गिर गई थी, जिसे उसने साफ करके वापस अलमारी में रख दिया था। उसने इस विषय में सिस्टर को सूचित करने की कोई आवश्यकता नहीं समझी, क्योंकि उसने वही किया, जो वह अपने घर में करती है, जब उसे कोई चम्मच या काँटा जमीन पर गिरा दिखाई देता है। ओ.टी. में एकत्र एक दर्जन से भी अधिक लोगों ने राहत की साँस ली।

मुझसे पूछा गया कि यदि क्लिप न मिलती तो मैं क्या करता? मेरा उत्तर स्पष्ट था कि मैं एक्स-रे लेता और यदि क्लिप पेट में मिलती तो रोगी के परिवार के साथ साफ बात करके मैं उसे बाहर निकालता और परिणामों का सामना करता। स्पंज या कोई औजार खो देना हमारे व्यावसायिक खतरों का एक हिस्सा है। शरीर के अंदर छूट गई विभिन्न चीजें रोगी को डरा देती हैं और सर्जन को हैरान कर देती हैं। मैंने एक ऐसी एक्स-रे देखी है, जिसमें न्यूयॉर्क के एक अपस्ताल में सर्जरी के बाद पेट में छूट गई

काँच की एक बोतल नजर आ रही थी।

यदि कोई असामान्य परिस्थिति प्रकट होती है तो सामान्य परिदृश्य में नए तथ्य के बारे में विचार करें; जैसे इस स्थिति में ऑपरेशन थिएटर में एक नई नर्स थी।

स्तन कैंसर

वार्ड का चक्कर लगाते हुए मैंने स्तन कैंसर से पीड़ित एक युवा महिला को देखा, जिसे अगले दिन ऑपरेशन के लिए भरती किया गया था।

उसने पूछा, ''सर, क्या आप मिस्टर विल्सन हैं?'' एफ.आर.सी.एस. के बाद डॉक्टरों को 'मिस्टर' से संबोधित किया जाता है।

''मैं मिस्टर श्रीखंडे हूँ।''

मैं जानता था कि वह चाहती थी कि मिस्टर विल्सन उसका ऑपरेशन करें।

मैंने कहा, ''मिस्टर विल्सन अभी शहर में नहीं हैं, लेकिन जब वे दो दिन बाद वापस लौटेंगे तो आपका ऑपरेशन करेंगे।''

मेरे साथ जो स्टाफ नर्स चक्कर लगा रही थी, उसने उसे बताया कि यद्यपि मैं जूनियर डॉक्टर था, लेकिन जब दोनों सीनियर डॉक्टर छुट्टी पर होते हैं तो मैं ही अस्पताल में सारे ऑपरेशन करता था। उसने वार्ड में उपस्थित मेरे बहुत से रोगियों की ओर संकेत किया, जिनका मैंने बड़ा ऑपरेशन किया था। मैंने नर्स से शांत रहने के लिए संकेत किया, क्योंकि मैंने देखा कि वह महिला उलझन में पड़ रही थी।

''डॉक्टर, कृपया मुझे गलत न समझें। मेरे पारिवारिक फिजीशियन ने मुझसे कहा था कि मेरा रोग गंभीर है और मिस्टर विल्सन ही मेरा ऑपरेशन करेंगे।''

मैंने उसकी व्यग्रता और डर को समझा। मैं आहत नहीं हुआ। अपनी छोटी कद-काठी और कम उम्र के साथ मैं वरिष्ठ सर्जन की उस तसवीर में फिट नहीं बैठता था, जिसके हाथों में वह अपना जीवन सौंपना चाहती थी। वार्ड का चक्कर लगाने के बाद मैंने स्टाफ नर्स से कहा कि रोगी को फैला हुआ स्तर का कैंसर है। बीमारी खराब है। जब रोग दोबारा उभरेगा तो उसे यही लगेगा कि यदि उसका ऑपरेशन किसी वरिष्ठ सर्जन ने किया होता तो वह ठीक हो गई होती।

जब मेरे प्रमुख लंदन से वापस लौटे तो मैंने इस घटना के विषय में उन्हें बताया। वह महिला से मिले। रोगी फिर से उलझन में पड़ गई।

''युवा डॉक्टर को आहत करने का मेरा कोई भी उद्‌देश्य नहीं था, लेकिन मुझे बताया गया था कि मेरा ऑपरेशन आप करेंगे।''

''आपने उन्हें आहत नहीं किया है, आपने मुझे आहत किया है। मैं कैसे इतने सारे रोगियों का जीवन ऐसे व्यक्ति के हाथों में सौंप सकता हूँ, जिसमें काबिलियत नहीं

है ? यदि मुझे अपना ऑपरेशन करवाना होगा तो मैं उसे ही चुनूँगा। आप चिंता न करें, आपका ऑपरेशन हम दोनों करेंगे।''

मैं अपनी प्रगति का आनंद ले रहा था। ऐसे अनुभव बार-बार छोटी-छोटी जीत के रूप में होते थे, जो कभी-कभार बड़े ऑपरेशन करने से कहीं अधिक महत्त्वपूर्ण थे। यह जीवन-पर्यंत मेरा अनुभव रहा है।

एक बार एक वृद्ध व बीमार रोगी की बड़ी आँतों के कैंसर का इमरजेंसी ऑपरेशन करते समय मेरी सहायता कर रही स्टाफ नर्स अत्यधिक अयोग्य साबित हुई। हर चरण में देरी हो रही थी। मुझे क्रोध आ रहा था, लेकिन मैंने अपना संतुलन नहीं खोया, क्योंकि अपने कैरियर के आरंभ में ही मैंने यह निश्चय कर लिया था कि सर्जरी के दौरान मैं हमेशा शांत बना रहूँगा। ऑपरेशन के बाद मैं कॉफी के लिए सर्जन्स के कमरे में गया।

मैं इतना परेशान था कि मैंने मेट्रन को फोन किया।

''मेट्रन, सामान्यतः मैं कभी स्टाफ के विषय में कोई शिकायत नहीं करता; लेकिन आज के खराब सहयोग के अनुभव के कारण एक रोगी का जीवन खतरे में पड़ सकता था। क्या यह संभव है कि इस तरह की परिस्थितियों से भविष्य में बचा जा सके ?''

उसने ठंडे स्वर में जवाब दिया, ''डॉक्टर, कई बार हमें अप्रशिक्षित सर्जन के साथ काम करना पड़ता है, लेकिन क्या हमने कभी भी शिकायत की ?''

अस्पताल में मेट्रन को लोग अधिक पसंद नहीं करते थे। उसे कभी किसी ने मुसकराते नहीं देखा था और वह हमेशा तेज नजर रखती कि कौन सी नर्स किसके साथ बाहर गई। हालाँकि अपने उत्तर में उसने अत्यधिक अनुभव-क्षेत्र का परिचय दे दिया था। यह मेरे जीवन का एक और बड़ा परिवर्तन था। मैं अपनी टीम नहीं चुन सकता। मुझे जो कुछ भी दिया गया है, उसी के साथ मुझे प्रबंधन करना चाहिए।

एक विशेष रोगी, जिसने मेरे मस्तिष्क में गहरा असर छोड़ा है, वह मूत्राशय के कैंसर से पीड़ित एक युवा रोगी था। हर तरह से कोशिश की जा चुकी थी, लेकिन रोग नियंत्रित नहीं हो पा रहा था। उसके दर्द को नियंत्रित करने के लिए उसे गहरी सीडेटरी दवाओं पर रखा जा रहा था। एक शाम जब मैं वार्ड के चक्कर लगाने के लिए गया, उसने मुसकराकर मेरा अभिवादन किया, ''कैसे हैं, डॉक्टर ?''

चार घंटे बाद मुझे उसका मृत्यु प्रमाण-पत्र लिखने के लिए बुलाया गया। मुझे विश्वास ही नहीं हो रहा था कि यह उसी युवक का मृत, लेकिन अभी भी गरम शरीर था, जिसने मुसकराकर मेरा अभिवादन किया था। वह केवल चालीस वर्ष का था और उसके साथ इस त्रासदी के पीछे उसकी कोई भी गलती नहीं थी, सिवाय भाग्य के अदृश्य और अनजाने हाथ के।

सामान्य लोगों के असामान्य व्यवहार ने मेरे मस्तिष्क पर अमिट छाप छोड़ी है।

सर्जन के जीवन में इस प्रकार की घटनाएँ किसी भी व्यक्ति को दार्शनिक और एक बेहतर इनसान बना दें।

किसी संग्राम में भूकंप और बाढ़ जैसी प्राकृतिक आपदा के दौरान या जलती इमारत में फँसे लोगों को बचाकर लानेवाले हिम्मती लोगों के साहस प्रदर्शन की कहानी सुनने की हमें आदत है। हमें उन देशभक्तों की याद है, जिन्होंने आजादी की लड़ाई लड़ी, जो फाँसी के फंदों पर लटक गए या भारत की स्वतंत्रता के लिए अपने जीवन का बलिदान देते रहे। हालाँकि वे किसी उद्‌देश्य के लिए अपना जीवन न्योछावर कर रहे थे। मूत्राशय के कैंसर से पीड़ित किसी युवक के द्वारा शांतिपूर्वक मृत्यु को स्वीकार कर लेने को हम किस तरह से समझा सकते हैं ? एक सर्जन के माध्यम से ऐसी वास्तविक जीवन की कहानियाँ पढ़कर संभव है, ऐसे व्यक्तियों पर कुछ सकारात्मक प्रभाव पड़े, जो अपने दिन की शुरुआत शिकायतों से करते हैं, भ्रमित मन से सोने जाते हैं और नींद की गोलियाँ लेने के बावजूद व्यग्रता में रातें बिताते हैं। मृत्यु के सामने सामान्य व्यक्तियों का साहस है, जो मुझे प्रेरणादायक लगता है।

क्या यह आत्म-संयम ब्रिटिश चरित्र का एक अंग हो सकता है ? मुझे कैजुअल्टी विभाग की एक घटना याद आती है, जब हाथ में चाकू से चोट लग जाने के कारण लगभग दस वर्ष की एक लड़की लाई गई। खून देखकर वह डर गई थी और दर्द के कारण रो रही थी। उसकी माँ यद्यपि उसे सांत्वना दे रही थी, लेकिन बार-बार यही कह रही थी, "मुझे तुम्हारे आँसू बिल्कुल पसंद नहीं, अपनी आँखें पोंछो।" और जब लड़की फिर भी रोती रही तो उसने कहा, "मुझे तुम पर शर्म महसूस हो रही है। मुझे याद नहीं कि ऐसे अनुभव कभी भारत में हुए हों।"

पूर्वी अफ्रीका से सहकर्मी

इंग्लैंड में मेरे एक सहकर्मी डॉ. कीर्ति पूर्वी अफ्रीका से थे। जब हमारे आसपास के जीवन के विषय में विचार की बात आती तो हमारे विचार एक जैसे होते थे। एक दिन हम उनके देश में भारतीय मूल के लोगों के भविष्य के विषय में चर्चा कर रहे थे। उनके पूर्वज दो पीढ़ी से भी पहले से अफ्रीका में बस गए थे; लेकिन यह स्पष्ट था कि वे जल्दी ही उस समय की ओर बढ़ रहे थे, जब उन्हें देश छोड़ना पड़ेगा। यहाँ तक कि श्वेतों को भी छोड़ना पड़ेगा। लेकिन उन्हें निश्चित रूप से विश्वास था कि भारतीयों को पहले निकाला जाएगा। कारण यह था कि स्थानीय जनता के साथ भारतीय और श्वेत लोगों के व्यवहार में भिन्नता थी।

जो लोग यूरोपीय लोगों के साथ काम करते हैं, उन्हें एक यूनिफॉर्म मिलती है। उनके काम के घंटे, वार्षिक छुट्टियाँ निश्चित हैं और उन्हें यात्रा के खर्च मिलते हैं। श्वेतों

ने स्थानीय जनता के लिए स्कूल, अस्पताल और चर्च बनवाए हैं और अनेक अफ्रीकी ईसाई बन गए हैं।

उसने आगे बताया, "हम उनके साथ अलग व्यवहार करते हैं। काम के निश्चित घंटे नहीं होते, नौकरों को कोई भी यूनिफॉर्म नहीं मिलती और उन्हें बदतर इनसानों की दृष्टि से देखा जाता है। इसी समय हम श्वेतों के प्रति अतिरिक्त रूप से विनम्र और शिष्ट होते हैं। हमने पूजा-स्थल बनवाए हैं, लेकिन हमारा पैसा लंदन और स्विट्जरलैंड चला जाता है।"

जो भी लोग सामर्थ्यवान् हैं, उनमें अभी भी सामंतवादी प्रवृत्ति नजर आती है। सर्जनों की एक कॉन्फ्रेंस में एक राज्य के मुख्यमंत्री सम्माननीय अतिथि थे। सामान्यत: जैसा होता है, वह देरी से आए और अधिक देरी न हो, इस स्थिति से बचने के लिए संगठन के अध्यक्ष ने अपनी वार्त्ता शुरू कर दी। दस मिनट बाद मुख्यमंत्री का आगमन हुआ और अध्यक्ष ने अपना भाषण रोक दिया।

उद्घाटन समारोह आरंभ हुआ, दीप प्रज्वलित किया गया, प्रार्थना की गई और मुख्य अतिथि के सम्मान में बहुत से विशेषणों का उपयोग किया गया। उन्होंने एक बार भी देरी के लिए कोई खेद व्यक्त नहीं किया। वह लगातार अपनी घड़ी की ओर देखते रहे और डॉक्टर्स को ग्रामीण निर्धनों की सेवा का सुझाव देते हुए एक सामान्य सा भाषण दे दिया। यह देखकर बहुत दु:ख हुआ कि उनके जाते ही लोग हॉल छोड़कर जाने लगे।

अब स्थितियाँ बदल रही हैं और शैक्षिक समारोहों में राजनीतिज्ञों को बहुत कम ही आमंत्रित किया जाता है।

न्यायालय में शपथ

एक बार कैंसर के एक मरीज के ऑपरेशन के बाद मृत्यु हो जाने के केस में गवाह के रूप में मुझे न्यायालय जाना पड़ा।

मुझसे निम्नलिखित सवाल पूछे गए—

"आपका धर्म क्या है?"

"हिंदू।"

"आपका धर्म-ग्रंथ क्या है?"

"कोई भी नहीं।"

जज परेशान दिखने लगे।

मैंने पूछा, "क्या मैं समझा सकता हूँ?"

"हाँ।"

"हिंदुत्व एक संस्कृति है, धर्म नहीं। हमारे यहाँ कोई भी केंद्रीय धर्मगुरु नहीं है।

हमारे यहाँ कोई एक धर्मग्रंथ नहीं है। हिंदुत्व एक जठर धर्म-संहितावाली जीवन-शैली है। आप ईश्वर पर विश्वास न करके भी एक हिंदू बने रह सकते हैं। आप पूजा करें या न करें। आप शाकाहारी हो सकते हैं या मांसाहारी भी हो सकते हैं। सच बोलने के लिए मुझे संप्रदाय की सहायता लेने की कोई आवश्यकता नहीं है।''

''क्या आपके यहाँ कोई ऐसी पुस्तक है, जो जीने का तरीका सिखाने के लिए आपका मार्गदर्शन करती हो?''

''भगवद्गीता। मेरे देश के भाग्य का मार्गदर्शन करनेवाले अनेक महान् व्यक्तियों ने इस पुस्तक को पढ़कर ही प्रेरणा प्राप्त की।''

न्यायालय को स्थगित कर दिया गया, ताकि उसकी एक प्रति प्राप्त की जा सके। शहर के प्रमुख पुस्तकालय में भगवद्गीता की एक प्रति भी उपलब्ध नहीं थी। जब मैंने उन्हें बताया कि मैं 'बाइबिल' पर भी शपथ लेने के लिए तैयार हूँ, तो जज भ्रमित हो गया। लेकिन उसने मेरा प्रस्ताव स्वीकार कर लिया।

जज ने मुझे अपने चैंबर में बुलाया और कहा कि मैंने जो कुछ भी न्यायालय में कहा, उसे समझने के लिए वह उत्सुक थे। जब मैंने उन्हें बताया कि हमारे यहाँ लाखों देवता हैं, तो वह हतप्रभ रह गए। मैंने कहा, ''एक पत्थर लेकर, उसे लाल रंग से रँगकर, उसके सामने एक फूल रखकर हम खुद अपना भी भगवान् बना सकते हैं और उसकी पूजा शुरू कर सकते हैं। हमारे यहाँ कोई केंद्रीय अधिकृत व्यक्ति नहीं है, जो यह बताए कि क्या खाना चाहिए और क्या नहीं खाना चाहिए, गर्भ-निरोधक का उपयोग करना चाहिए या उनका निषेध करना चाहिए, पूजा-पाठ करना चाहिए या नहीं। हमें कोई भी मंदिर जाने का आदेश नहीं दे सकता या क्या पहनना चाहिए, पर निर्देश नहीं दे सकता। हम ईश्वर पर विश्वास न करें, फिर भी हम हिंदू बने रहते हैं। हम धर्मांतरण पर विश्वास नहीं करते। हमने कभी जिहाद नहीं की हमने कभी हमारे धर्म को न माननेवालों पर अत्याचार नहीं किया। जब भी हम सूर्योदय देखते हैं या कोई झील, नदी अथवा कोई पूजा-स्थल या जब हम बत्ती जलाते हैं, हमारे हाथ अपने आप ही उस सर्वशक्तिमान के प्रति आभार व्यक्त करने के लिए जुड़ जाते हैं।

''गांधीजी एक धर्मनिष्ठ हिंदू थे, लेकिन उन्होंने सभी धर्मों के ग्रंथों का अध्ययन किया। उनके उत्तराधिकारी जवाहरलाल नेहरू एक अनीश्वरवादी थे। विभिन्न विश्वासों के प्रति स्वीकार्यता और उनके विरोधाभास भारतीय संस्कृति में गहराई से अंतर्निहित हैं। मैं भाग्यशाली हूँ कि मैं अपनी अंतरात्मा के प्रति जवाबदेह हूँ, न कि किसी अधिकारी के प्रति।''

''हमारे कवियों और दार्शनिकों ने तो शारीरिक सुख का भी समर्थन किया है; लेकिन इसके साथ ही कृतज्ञता, क्षमाशीलता और जीवन के प्रबुद्ध लक्ष्य के सार्वभौमिक

उद्‌देश्य को भी नहीं भूलना चाहिए। उन्होंने कहा है कि ईश्वर मंदिरों में नहीं, बल्कि हमारे चारों ओर हर स्थान पर विद्यमान है। ऐसा कोई स्थान नहीं, जहाँ ईश्वरीय सत्ता की उपस्थिति न हो।

हमारी एकमात्र कमी जाति-प्रथा, गरीबी और निरक्षरता में है। लेकिन सौभाग्यवश हमारे पास धर्मनिरपेक्ष संविधान और लोकतंत्र है।'' अंत में, मैंने उन्हें बताया कि ''मेरे पिताजी इनसान के द्वारा बनाए गए भगवान् पर विश्वास नहीं करते थे; लेकिन मेरी माँ प्रतिदिन दो घंटे तक पूजा करती थीं और उन दोनों का साथ बहुत अच्छा था।'' चाय की चुस्कियों के साथ हमने बहुत ही रोचक चर्चा की।

मोटर बाइक पर मृत्यु

रात में देर हो चुकी थी और कैजुअल्टी की सामान्य भीड़ लगभग खत्म ही होने लगी थी। मैं डॉक्टर्स के कमरे में कॉफी लेने जा ही रहा था, कि एक एंबुलेंस आई और रोगी को तेजी से एक ट्रॉली पर ले जाया गया। वह एक युवक था, जिसकी मोटर बाइक से दुर्घटना हो गई थी। नाड़ी बहुत तेज और कमजोर थी। वह अचेत था। उसके शरीर पर चोट के कोई निशान नहीं थे। हमने तुरंत ही इलाज शुरू कर दिया; लेकिन वह कमजोर होता चला गया और अंततः कुछ ही मिनटों में उसकी मृत्यु हो गई।

वह एक सुदृढ़ कद-काठी का युवक था, जिसके काले व लंबे बाल थे और चेहरे पर दाढ़ी-मूँछ बनी हुई थी। मेरे मस्तिष्क में अनेक विचार घूमने लगे। यह लड़का कहाँ जा रहा था? यह अपने घर से कब निकला होगा? यह विवाहित था या अविवाहित, या किसी लड़की के प्रेम में था? यदि विवाहित था तो बच्चे थे? उसकी युवा विधवा पत्नी का क्या होगा? माता-पिता और परिवार का क्या होगा? मैं नोट्स बना रहा था, लेकिन विचारों को रोक नहीं पा रहा था। वह नहीं जानता था कि यह उसकी जिंदगी का आखिरी दिन साबित होगा—उसका आखिरी लंच, आखिरी नाश्ता, आखिरी स्नान और वह फिर कभी घर वापस नहीं लौटेगा।

जब स्तब्ध-सी दृष्टि के साथ उसके पिता आए तो मैं खड़ा हो गया। उन्होंने अपने बेटे को पहचाना, फिर अपना हैट उतारा और अपने बेटे का चेहरा अपनी बाँहों में भर लिया। मैंने उनके कंधों पर अपना हाथ रखा। जहाँ शब्द दुःखों को हलका करने में असहाय हो जाते हैं, वहाँ मानवीय स्पर्श बहुत कुछ कह सकता है। वह एक स्टूल पर बैठ गए, चेहरा आँसुओं से ढँक गया था। कुछ देर बाद वह उठे, अपने आँसू पोंछे, उसके शरीर पर अपना हाथ रखा और बोले, ''ईश्वर तुम्हारा कल्याण करे।'' उन्होंने मुझे धन्यवाद दिया और किसी टूटे हुए इनसान की तरह कैजुअल्टी से बाहर चले गए। मेरी आँखें नम थीं; लेकिन सर्जन के रूप में हम खुद को प्रशिक्षित करते हैं कि अपनी

भावनाओं को प्रदर्शित न करें। हमें ऑपरेशन थिएटर के बाहर भी चेहरे पर एक नकाब लगाए रखना होता है।

जीवन का उपहार

मैं अपने लंच के लिए बस जाने ही वाला था, जब मैंने कैजुअल्टी के प्रवेश द्वार पर एक आपातकालीन एंबुलेंस के आने से विशिष्ट रूप से बढ़ी हुई गतिविधि की आवाज सुनी। एंबुलेंस और पुलिसवाले एक परेशान रोगी को ट्रॉली पर ला रहे थे। वह चिल्ला रही थी, ''मुझे जाने दो! मैं मरना चाहती हूँ।''

उसके साथ कार दुर्घटना हो गई थी। उसके पूरे चेहरे और शरीर पर चोट लगी थी। कपड़ों पर खून के धब्बे थे और वे कई जगह से फटे हुए थे। वह शांत होना ही नहीं चाहती थी। उसकी नाड़ी स्थिर थी और तुरंत की हुई जाँच में किसी प्रकार की गंभीर चोट के प्रमाण नहीं दिखाई दिए। उसका चिल्लाना जारी रहा, ''डॉक्टर, मुझे जाने दो। मैं मरना चाहती हूँ।''

मैंने उसके कंधे पर हाथ रखा और उसकी आँखों में देखा। मैंने कहा, ''मेरा काम जीवन बचाने का है।'' ऐसा पता चला कि उसने अपनी कार को एक पेड़ से टकराकर आत्महत्या करने की कोशिश की थी। बहुत सारी चोटें, खरोंचें, कटने, खून और फटे हुए कपड़ों के बावजूद असाधारण बात यह थी कि वह विलक्षण रूप से खूबसूरत थी। उसे नियंत्रित करना कठिन था। मैंने कहा, ''मैं यह जानने के लिए बहुत उत्सुक हूँ कि तुम जैसी खूबसूरत लड़की अपनी जान क्यों देना चाहती है।'' और आगे जोड़ा, ''ईश्वर का शुक्रिया कि तुम एक महिला ड्राइवर हो, इसलिए तुमसे लक्ष्य छूट गया।'' सास की तरह महिला ड्राइवर भी मजाक का एक सार्वभौमिक विषय है। उसके चेहरे पर मुसकराहट की लकीर उभर आई और वह शांत हुई।

''डॉक्टर, मैं केवल तभी बोलूँगी, जब पुलिस और एंबुलेंस के स्टाफ चले जाएँगे।''

परीक्षण के कक्ष में मैं अपनी एक नर्स के साथ अकेला रह गया था। उसने जो कहानी सुनाई, उसकी मैंने कभी उम्मीद ही नहीं की थी। उसने बताया, ''आपने मुझे खूबसूरत कहा, लेकिन आप मुझे तब देखते जब पंद्रह वर्ष पहले मैंने एक स्थानीय सौंदर्य प्रतियोगिता जीती थी। मेरा जीवन बदल गया था। मैं चारों ओर से प्रशंसक पुरुषों से घिरी रहती थी। मैं नहीं जानती थी कि कहाँ रुकना है। मुझे सफलता का नशा हो गया था। जल्दी ही उत्साह कम होने लगा। मैं स्वयं को उदास और हारी हुई महसूस करने लगी। उस समय मेरी मुलाकात एक पुरुष से हुई, जिसने मुझे समझा। हम शादी करके साथ रहने लगे। हमारे दो प्यारे बच्चे हैं; लेकिन मैंने उनका जीवन नष्ट कर दिया है।''

वह बोलती रही, ''मेरे दोनों ही बच्चों का स्वास्थ्य अच्छा नहीं है। उन्हें अकसर

खाँसी, बुखार और उलटियाँ होती हैं। एक बेटे का वजन ही नहीं बढ़ता है। और यह सब इसलिए है, क्योंकि मेरे खून में विष है। मेरी पिछली गलतियों की सजा मेरे बच्चे भुगत रहे हैं।''

मैंने उसे समझाया कि ये समस्याएँ बहुत से बच्चों में सामान्य हैं, यहाँ तक कि स्वस्थ माता-पिता के बच्चों में भी। मैंने उसे आश्वासन दिया कि एक आसान सी जाँच से पुष्टि हो जाएगी कि क्या उसे कोई संक्रमण हुआ है और यदि जाँच की रिपोर्ट सकारात्मक भी होती है, तब भी रोग का उपचार करने के लिए बहुत अच्छी दवाएँ उपलब्ध हैं। मैं जानना चाहता था कि क्या उसके पति के साथ उसका कोई मन-मुटाव है, जिसके कारण उसने आत्महत्या करने की कोशिश की।

'बिल्कुल भी नहीं। वह मेरे अतीत के विषय में सबकुछ जानता है और सत्य तो यह है कि यदि वह मुझे शारीरिक रूप से प्रताड़ित करता तो मुझे बहुत खुशी होती। लेकिन वह इतना अच्छा इनसान है और इसी वजह से मुझे और भी अधिक आत्मग्लानि होती है कि उसने मेरे जैसी बिगड़ी लड़की से शादी की। मैं सचमुच अपना जीवन खत्म करना चाहती थी, ताकि वह एक अच्छी लड़की से शादी कर सके और एक नया जीवन शुरू कर सके। वह एक प्रतिष्ठित व्यक्ति है और उसे तुरंत ही अच्छी जीवन-साथी मिल जाएगी।'

मैं जानता था कि वह गंभीर थी। मैंने कहा कि ''उसे तो एक अच्छी पत्नी मिल जाएगी, लेकिन क्या वह तुम्हारे बच्चों के लिए असली माँ भी खोज सकेगा?'' वह बिलख पड़ी। मैंने कहा, ''तुम एक माँ हो। इनसान के जीवन में केवल एक माँ होती है और अपनी आत्मग्लानि से उबरने की कोशिश में तुम्हें इस बात का कोई अधिकार नहीं कि तुम अपने बच्चों का जीवन नष्ट कर दो, जिन्हें तुम खुद इस दुनिया में लाई हो।'' मैंने अपने एप्रन की जेब से एक पार्कर पेन निकाला।

''यह पेन, जिसे मैं कुछ पाउंड खर्च करके आसानी से खरीद सकता हूँ, मेरे लिए अत्यधिक मूल्यवान् है, क्योंकि यह मुझे उन कृतज्ञ माता-पिता ने उपहार-स्वरूप दिया था, जिनके बेटे के फटे हुए अपेंडिक्स का ऑपरेशन मैंने किया था। सबसे अनमोल उपहार है—जीवन का उपहार। उस इनसान को मैं कभी भी नहीं समझ सकता, जो इस उपहार को फेंकना चाहता है।''

मैंने एक आंतरिक तार छेड़ दिया था। 20 मिनट के भीतर ही मैंने एक उल्लेखनीय परिवर्तन देखा—एक चिड़चिड़ी, चिल्लाती हुई, मानसिक रूप से विचलित रोगी के चेहरे पर अब एक शांत मुसकान थी। उसने मुझसे हाथ मिलाया और मुझे आश्वासन दिया कि वह ऐसी बेवकूफी भविष्य में कभी भी नहीं करेगी।

दो महीने के बाद वह परिवार वाइन की एक बोतल और धन्यवाद के कार्ड के

साथ मुझसे मिलने आया।

"यह हमारा सौभाग्य था कि हमारी मुलाकात आप जैसे डॉक्टर से हुई। हम आपको हमेशा याद रखेंगे।" एक सुंदर, नीले परिधान में अपने पति और दो बच्चों के साथ वह बहुत सुंदर लग रही थी। उस रोगी के साथ प्रमुख समस्या उसकी चोट नहीं थी, बल्कि भीतर गहराई में कुछ ऐसा था, जो उसे परेशान कर रहा था। संवेदना और आश्वासन के साथ रुचि लेकर की गई छोटी सी बातचीत से उसके मस्तिष्क में छुपा ज्वालामुखी आश्चर्यजनक रूप से शांत हो गया।

डॉक्टर जहाँ भी जाते हैं, उन्हें अपने साथ मुसकराहट, आशा, उत्साह, व्यावहारिक ज्ञान और मानवीय संवेदना लेकर चलना चाहिए।

स्कॉटलैंड यार्ड

स्कॉटलैंड यार्ड के एक अवकाश-प्राप्त अधिकारी को अस्पताल में भरती किया गया। मैं रोगियों और उनके परिजनों से बातचीत करने का मौका कभी भी नहीं छोड़ता, जिससे उनके अनुभवों के साथ मेरा अनुभव बढ़ता है।

मैं यह जानने के लिए उत्सुक था कि कैसे स्कॉटलैंड यार्ड ने पूरे विश्व में इतनी उच्च स्तर की प्रतिष्ठा स्थापित की थी। उन्होंने मुझे बताया कि सत्यनिष्ठ और निष्पक्षता दो महत्त्वपूर्ण बातें हैं, जिनके विषय में हर स्तर पर प्रतिदिन चर्चा की जाती है।

मैंने उनसे पूछा, "क्या कभी मासूम लोगों का नुकसान किए जाने के कोई उदाहरण हैं ?"

"बहुत ही असामान्य, क्योंकि ब्रिटिश न्यायपालिका निष्पक्ष है और इसके अंतर्गत किसी को अपराधी सिद्ध करने के लिए यह स्पष्ट प्रमाणों को माँगती है। लेकिन हमसे भी गलतियाँ हो जाती हैं और जज भी ईश्वर नहीं होता।"

उन्होंने मुझे सुझाव दिया कि मुझे '10 रीलिंगटन प्लेस' पुस्तक पढ़नी चाहिए, जिसमें गलत अवधारणाओं की एक शृंखला के कारण एक मासूम इनसान को फाँसी पर लटका दिए जाने की एक सच्ची कहानी है। जब वास्तविक प्रमाण सामने आता है तो गृहमंत्री, जिनके समय में वह सजा दी गई थी, ने शरीर को खोदकर पुनः निकलवाने के बाद उसे ईसाई कब्रिस्तान को सौंपने के काम में प्रमुख भूमिका निभाई।

फाँसी पर लटक जानेवाले व्यक्ति के लिए इससे कोई अंतर नहीं पड़ा; लेकिन अधिकारियों ने अपनी गलती स्वीकारने की शालीनता का प्रदर्शन किया। यदि हम निर्णय कर लेते हैं कि कोई व्यक्ति गलत है तो हम हमेशा ही उस अवधारणा को सही साबित करने के लिए प्रमाण ढूँढ़ ही लेते हैं।

स्कॉटलैंड यार्ड भी कोई अपवाद नहीं; लेकिन यह उन सर्वाधिकारवादी कुछ

सत्ताओं के पूर्ण रूप से विपरीत है, जहाँ असुविधा को पहले सजा दी जाती है और प्रमाण बाद में एकत्रित किए जाते हैं। आधी रात में दरवाजा खटखटाने के बाद अनेक लोग गायब हो चुके हैं।

मैं अकसर ही यह वक्तव्य सुनता हूँ—चाहे सौ अपराधी छूट जाएँ लेकिन एक भी निरपराधी को सजा नहीं होनी चाहिए।

दुर्भाग्यवश बहुत सी जेल ऐसे लोगों से भरी पड़ी हैं, जिन्होंने बहुत ही मामूली अपराध किए हैं; जबकि बड़ी मछलियाँ कानून के फंदे से बच निकलने में माहिर होती हैं। एशिया की सबसे बड़ी जेल तिहाड़ में किरण बेदी के द्वारा किए गए काम ने बहुत से लोगों की आँखें खोल दीं।

गायब गॉज और डेंचर का रहस्य

रविवार की सुबह अपेक्षाकृत आराम का दिन होता है। मैं चाय पीते हुए 'द टाइम्स' पढ़ रहा था। टेलीफोन की घंटी बजी और मुझे ऑपरेशन थिएटर की सिस्टर की व्याकुल आवाज सुनाई दी, जिसने मुझे सूचना दी कि पिछले दिन प्रोस्टेट के ऑपरेशन के समय गॉज के दो टुकड़े रोगी के पेट में ही रह गए थे।

"तुम्हें कैसे पता?" मैंने पूछा।

"कल शाम जब मैं काम के बाद घर पहुँची तो मैं सो नहीं सकी। यह असामान्य बात थी, क्योंकि सामान्यत: जैसे ही मैं बिस्तर पर जाती हूँ, मुझे तुरंत नींद आ जाती है। मेरे पति ने सुझाव दिया कि मैंने सारे दिन सुबह से लेकर शाम तक घर पहुँचने तक जो कुछ भी किया था, उन सब बातों को मैं याद करूँ। मैंने बहुत बारीकी से मानसिक रूप से खोजबीन की। घर में कुछ भी गलत नहीं हुआ था।

मैं अस्पताल आई और उस दिन किए गए सभी ऑपरेशन के प्रत्येक चरण को याद किया। शनिवार होने के कारण ऑपरेशन की सूची छोटी थी और अचानक मुझे याद आया कि जिन दो रिबन गॉज टेप, जिनका उपयोग प्रोस्टेट के बगल के स्थान को बंद करने के लिए किया गया था, उन्हें निकाला नहीं गया था। मैं उठी और मेरे पति आधी रात को मुझे अस्पताल में छोड़ने आए। मैंने डिस्पोजल बैग की तलाशी ली और पाया कि दो गॉज टेप सचमुच में गायब थे।"

आगे कोई भी प्रश्न आवश्यक नहीं था।

मैंने प्रमुख को फोन किया। तीन घंटे बाद घाव की जाँच करने के लिए रोगी को ट्रॉली पर ऑपरेशन थिएटर में ले जाया गया और उन टुकड़ों को निकाला गया।

सिस्टर ने इस्तीफा देने का प्रस्ताव रखा, जिसे उसके बीस वर्ष से भी अधिक समय के अच्छे रिकॉर्ड को देखते हुए मंजूर नहीं किया गया। इस तरह की छोटी-छोटी

घटनाओं ने ही मुझे महत्त्वपूर्ण बातें सिखाई हैं। अवचेतन मन में सबकुछ दर्ज होता रहता है। यदि कुछ गलत होता है तो वह दर्ज हो जाता है। अवचेतन मन से आनेवाले संदेश के कारण व्याकुलता होती है और कर्तव्यनिष्ठ व्यक्ति इसका कारण खोज लेगा। वह बुद्धिमान थी कि उसने अपने पति का सुझाव माना, अन्यथा वह आसानी से कॉकटेल या नींद की गोली लेकर सो सकती थी, जो एक सामान्य उपचार होता है।

मुझे एक सर्जन के विषय में एक घटना याद आती है। एक जज के क्षतिग्रस्त अपेंडिक्स का इमरजेंसी ऑपरेशन होना था। सबकुछ अच्छा हुआ और सर्जन अपने निदान और समय पर किए गए हस्तक्षेप से बहुत खुश थे। जब वह अपने ग्लव्स उतार रहे थे, उन्होंने एनेस्थेटिस्ट को कहते सुना कि रोगी अपने डेंचर के साथ आए थे या नहीं?

सर्जन सतर्क हो गए। एनेस्थेटिस्ट ने ध्यान दिया था कि ऊपर के दो दाँत गायब थे और स्पष्ट ही है कि रोगी को डेंचर लगा था। जब उसने मुँह से श्वास नली में एनेस्थीसिया डालने के लिए ट्यूब लगाया तो दाँतों को नहीं जाँचा था।

दो संभावनाएँ थीं—या तो रोगी को थिएटर में बिना डेंचर के लाया गया था या फिर एनेस्थीसिया के दौरान डेंचर खाने की नली में या फेफड़ों में चला गया था। ऑपरेशन थिएटर की जमीन को तलाशा गया और सभी दराजों को अच्छी तरह से जाँचा गया, लेकिन कोई भी डेंचर नहीं मिला। किसी में यह हिम्मत नहीं थी कि बाहर प्रतीक्षा कर रहे परिवार के सदस्यों से पूछ सके कि क्या जज ने डेंचर घर में छोड़ दिया था। इससे अत्यधिक संदेह की स्थिति उत्पन्न हो जाती।

एनेस्थेटिस्ट फेफड़ों को ऑक्सीजन देनेवाली ट्राकियल ट्यूब को नहीं निकाल सकता था; लेकिन यदि डेंचर फेफड़ों में पहुँच गया था तो रोगी की मृत्यु हो सकती थी। तनाव बढ़ता ही जा रहा था। एक्स-रे में डेंचर दिखाई नहीं दिया और इससे लोगों को राहत मिली। बाद में की गई पूछताछ से पता चला कि जज ने खुद ही अपने डेंचर घर में छोड़ दिए थे। विभिन्न ऑपरेशन के बीच में कॉफी लेते समय इस तरह की कहानियाँ सर्जन और एनेस्थेटिस्ट आपस में साझा करते हैं। रोगी को ऑपरेशन थिएटर में ले जाने से पहले एक नियमबद्ध चेक लिस्ट बना लेने से इस तरह के तनाव से बचा जा सकता है।

मृत्यु का सामना करना सीखना

मैंने फैले हुए कैंसर से पीड़ित एक रोगी के फेफड़े बस हटाए ही थे। ऑपरेशन के दौरान पता चला कि कैंसर दूसरे फेफड़े तक भी फैल रहा था। यह 50 वर्ष पहले की घटना है, जब परीक्षण के लिए उपकरण भी सीमित थे और ऑपरेशन टेबल पर अचानक कुछ जानकारी मिलना सामान्य बात थी। इस रोगी का रोग खतरनाक था। प्रमुख ने महसूस किया कि रोगी घर नहीं जा सकेगा।

ऑपरेशन के बाद जब हम बगल के सर्जनों के कमरे में कॉफी पी रहे थे, सिस्टर दौड़कर आई और बताया कि छाती के छिद्र में हमने जो ट्यूब लगाया था, उसमें से रोगी का रक्तस्राव होने लगा है। छाती खुली हुई थी। एक बड़ी रक्त-वाहिनी पर लगी हुई पट्टी ढीली हो गई थी और उसका बहुत सारा रक्त बह गया था। हालाँकि रक्तस्राव को उँगलियों से रोक लिया गया, लेकिन हम रोगी को नहीं बचा सके।

मेरे लिए यह हृदय-विदारक था। जिस रोगी को हमने केवल दो घंटे पहले ही सांत्वना दी थी, वह अब केवल एक शरीर मात्र रह गया था, जिसे शवदाह गृह में भेजना था। थिएटर सिस्टर, जो अत्यधिक कठोर और गंभीर थी, अब प्रतीत हो रही थी। उसका गंभीर आवरण केवल एक नकाब था, जिससे अनुशासन बना रहे और अपने काम की गंभीरता के साथ न्याय कर सके। उसने मुझे बताया कि ऐसी चीजें कभी-कभी होती ही हैं, यहाँ तक कि वरिष्ठों के हाथ से भी।

मेरे प्रमुख, जो इंग्लैंड में सुप्रसिद्ध सर्जन थे, ने मुझे बताया कि अपने पूरे जीवन काल में एक सर्जन हजारों पट्टियाँ बाँधता है और ऐसा बहुत ही कम स्थिति में होता है कि कोई पट्टी ढीली हो जाए। वह स्पष्टीकरण यद्यपि तर्कशील था, लेकिन उस समय मेरे मन से आत्मग्लानि और अक्षमता की भावना को निकाल नहीं सका।

मुझे बाहर जाकर रोगी की पत्नी को इस दुर्घटना के विषय में बताना था। मेरे दिमाग पर इसका बहुत अधिक बोझ था। लेकिन उसकी पत्नी ने मेरा हाथ पकड़ा और कहा, ''मैं जानती हूँ कि खबर अच्छी नहीं होगी। लेकिन अब उन्हें अपनी सारी पीड़ा से मुक्ति मिल गई। मैं इसके लिए तैयार थी।''

मुझे निर्देश दिए गए कि शाम को मैं छुट्टी ले लूँ और किसी महिला मित्र के साथ समय बिताऊँ या मित्रों के साथ पब में जाऊँ। मैंने ऐसा कुछ भी नहीं किया। किसी के सुखद साथ में मैं अपनी दुःखद अनुभूतियों को भुला नहीं सकता था। मुझे इस त्रासदी का सामना करना था और अवसाद एवं निराशा के एकाकीपन में पीड़ा को सहन करना था। किसी दवा या अल्कोहल के साथ किसी तरह का बैंड-एड उपचार संभव नहीं था। मुझे अकेले ही पीड़ा सहनी थी। यह एक सर्जन का जीवन है। पूरी शाम मैं व्यग्र था। मैं चिंतन करता रहा कि मैंने सही कैरियर चुना है या नहीं? क्या इस तरह के तनाव को पूरे जीवन अपने साथ लेकर चलना सही था? उस रात मैं सो नहीं सका। मुझे हताशा और आत्मग्लानि हो रही थी। एनेस्थीसिया देने से पहले रोगी का मुसकराता हुआ चेहरा मुझे याद आ रहा था। उसने मेरा हाथ पकड़ लिया था और इसे अपनी छाती के निकट ले लिया था। उसका मृत शरीर और उसकी पत्नी के आँसू मेरी रात को असहनीय बना रहे थे।

अगला दिन भी ऑपरेशन का दिन था। हमारे पास फेफड़े के कैंसर का एक और केस था और मेरे प्रमुख ने खुद मुझे ही ऑपरेशन करने के लिए नियुक्त किया। यह

अच्छे से हुआ और इसके बाद अपने पचास वर्ष से भी अधिक लंबे कैरियर में मैंने फिर कभी ऐसी जटिलताओं का अनुभव नहीं किया। मेरे मन में अपने प्रमुख और थिएटर के स्टाफ के लिए सचमुच प्रशंसा के भाव थे, जिन्होंने मेरी आलोचना करने के बजाय मुझसे प्रोत्साहन भरे शब्दों में बात की। मैं कल्पना नहीं कर पा रहा था कि यदि उन्होंने सर्जरी के मामले में मेरी कुशलता पर संदेह व्यक्त किया होता तो मेरी मन:स्थिति क्या होती।

एक सप्ताह बाद जिस रोगी की मृत्यु ऑपरेशन थिएटर में हुई थी, उसकी पैथोलॉजी रिपोर्ट से पता चला कि सामनेवाले फेफड़े और अन्य जुड़े हुए अंगों में पहले ही अत्यधिक घातक वृद्धि फैल चुकी थी। यह बात सी.टी. स्कैन और एम.आर.आई. से दशकों पूर्व की है और सर्जरी के दौरान रोग के विस्तार को समझ पाना असंभव था। इस स्थिति में यदि ऑपरेशन सफलतापूर्वक पूरा हो भी जाता तो भी वह कुछ महीनों से अधिक जीवित नहीं रह पाता और वह भी अत्यधिक दयनीय स्थिति में जीता, क्योंकि उसे श्वास लेने में कठिनाई होती। मेरी उस गलती ने उस रोगी की पीड़ा के कुछ सप्ताह कम कर दिए और यही बात मेरे लिए कुछ सांत्वना का विषय थी।

इस एक ही घटना ने मुझे पट्टी बाँधने के मामले में अत्यधिक सतर्क बना दिया था। इंजीनियरिंग के छात्रों को सिखाया जाता है कि इंजीनियरिंग की किसी भी संरचना की मजबूती उसके सबसे कमजोर जोड़ की ताकत पर निर्भर करती है। सर्जरी में एक भी गलत गाँठ या सिलाई रोगी की जान ले सकती है। मैंने सर्जरी के रेसिडेंट और निरीक्षकों की अनेक पीढ़ियों के साथ अपना अनुभव साझा किया है। सतर्क रहकर दुर्घटना से बचना अधिक अच्छा है, न कि तड़क-भड़क के साथ अपनी कुशलता का दिखावा करना। हम जानते हैं कि—

'यदि हम सीखना चाहते हैं तो हमें काम करना चाहिए।
यदि हम काम करते हैं तो गलतियाँ होंगी ही।
अपनी गलतियों और दूसरों की गलतियों से सीखें।
उनसे बचें और फिर आप प्रभुत्व प्राप्त करते हैं।'

जिन अस्पतालों में मैं काम करता था, उनमें से एक में किचन की प्रमुख मारग्रेट थीं। वह खुलकर कहती थीं, "डॉ. श्रीखंडे अकेले ऐसे डॉक्टर हैं, जो कभी भी खाने के विषय में शिकायत नहीं करते।" अपना आभार व्यक्त करने के लिए वह मेरे लिए भारतीय पकवान बनाती थीं। मैंने उन्हें बताया कि यह मैंने अपने घर के संस्कारों सें सीखा है।

जब मैं बच्चा था तो मुझे कुछ खास सब्जियाँ पसंद नहीं थीं; लेकिन मेरे दादाजी घर में जो कुछ भी बना होता था, उसे ही बिना आलोचना किए मुझे खिलाते थे। 'खाने का पदार्थ कभी फेंक नहीं देना', इस प्रवृत्ति से मुझे बहुत लाभ हुआ— इंग्लैंड में भी, जहाँ मुझे भोजन पसंद नहीं आता था।

इंग्लैंड में अपने अंतिम महीनों के प्रवास के दौरान मैं अपने मित्रों के साथ दस दिन की छुट्टियों पर यूरोप घूमने गया। भाषा का ज्ञान न होना एक बड़ी समस्या थी। मुझे वास्तव में विदेशी होने की अनुभूति होती। मेनू कार्ड से पकवान चुनने में भी बहुत समस्या होती थी, जिसे हम समझ ही न पाते। हम किसी पकवान की कीमत पढ़कर पकवान को चुनते थे। सड़क के किनारे बने कैफे में सैंडविच और बियर का अनुभव बहुत आनंददायक था।

हम पेरिस भ्रमण पर गए, जहाँ हर व्यक्ति पर्यटक की तरह लग रहा था। जर्मनी में बहुत से स्थानों पर द्वितीय विश्व युद्ध के विध्वंस के भग्नावशेष पड़े थे और मैं उन नाजी सैनिकों के जूतों की आवाज की गूँज आज भी महसूस कर सकता था जो अनेक लोगों के घरों में जबरन घुस गए थे, जिनका एकमात्र अपराध केवल यह था कि वे यहूदी थे। मैं पुराने नजरबंदी शिविरों के स्थानों पर जाने का साहस नहीं जुटा सका। जिस समय ईश्वर की संतानों को काटा जा रहा था, उस समय धर्मगुरु भी शांत बैठे थे। मैं वापस आ गया और अंग्रेजी की चिर-परिचित आवाज से मुझे घर लौटने जैसी अनुभूति हुई।

एल्फ्रेड ग्रेगरी

इंग्लैंड में मेरे प्रवास के दौरान मुझे एल्फ्रेड ग्रेगरी से मिलने का अवसर मिला, जो विश्व-प्रसिद्ध पर्वतारोही, व्यावसायिक फोटोग्राफर और एक अन्वेषक थे। वह माउंट एवरेस्ट के पहले सफल अभियान के सदस्य थे। 28 मई, 1953 को उन्होंने 28,000 फीट ऊपर पहुँचकर उन उपकरणों को रखा, जिन्हें अगले दिन हिलेरी और तेनजिंग को अपनी सफल चढ़ाई के लिए उपयोग करना था। उनकी पुत्री हमारे ऑपरेशन थिएटर में एक नर्स थीं। मुझे पर्वतारोहण का कोई भी अनुभव नहीं था; लेकिन उनसे मिलने से पहले मैं पर्वतारोहण पर दो किताबें पढ़ चुका था, इसलिए जब हम मिले तो उस महान् हस्ती के साथ मैं कुछ बातचीत शुरू कर सका।

पर्वतारोहण की पुस्तकें पाठक को एक स्पष्ट संदेश देती हैं कि अच्छा पर्वतारोही वही है, जो कभी भी वापस नहीं आ सकता—वह बिंदू के आगे नहीं जाता। वह कोई लापरवाह व्यक्ति नहीं होता, जो भावावेश में साहसिक काम करने के लिए दौड़ पड़ता है। वह प्रत्येक कदम ध्यान में रखकर योजना बनाता है कि कब और कैसे वापस आना है। मैंने पाया कि पर्वतारोहण के सिद्धांत सर्जरी पर भी लागू होते हैं।

एक शाम ब्लैकपूल में समुद्री तट पर स्थित एक रेस्टोरेंट में मैं डिनर के लिए उनसे और उनकी पत्नी से मिला। वाइन पीते हुए मैंने उनसे पूछा, "शिखर पर पहुँचने पर आपके क्या विचार थे?" वह मृदुता से मुसकराए और बोले, "घर कैसे वापस आऊँ और अपनी पत्नी के पास पहुँचूँ?"

उन्होंने उनकी कमर को अपने हाथ से घेर लिया और उनकी खूबसूरत फ्रेंच पत्नी शरमा गईं। उन्होंने आगे कहा, ''अखबारों में चाहे कुछ भी लिखा हो, लेकिन पर्वत कभी भी जीते नहीं जाते। हम बस, शिखर तक पहुँचते हैं और वापसी की योजना बनाने लगते हैं, जो चढ़ाई करने से अधिक खतरनाक होती है।''

''अनेक विशेषज्ञों ने शीर्ष पर पहुँचते समय नहीं, बल्कि शिखर से उतरते समय अपनी जान गँवाई है। जब तक पर्वतारोही अपने बेस कैंप में वापस नहीं आ जाता, कोई भी पर्वतारोहण सफल नहीं होता।''

एक शाम डिनर के दौरान बातचीत करते हुए मैंने जो कुछ भी इस पर्वतारोही, फोटोग्राफर और दार्शनिक से सीखा, वह अनेक पुस्तकों का अध्ययन करके भी संभव न हो पाता। विभिन्न क्षेत्रों के लोगों से मिलने की मेरी रुचि ने मेरे जीवन को अत्यधिक समृद्ध बनाया और मैं अपने व्यवसाय के प्रति आभारी हूँ, जिसके कारण यह संभव हो सका। मुझे कभी भी अपना आई.क्यू. जानने की कोई इच्छा नहीं थी, लेकिन मेरा सी.आई. (क्यूरीऑसिटी इंडेक्स, उत्सुकता का सूचकांक) हमेशा बहुत ऊँचा रहा है।

सर्जरी की नई तकनीकें

'वापसी के चरम बिंदु के आगे कभी न जाएँ।' पर्वतारोहियों के लिए सतर्कता के इस संदेश ने पित्ताशय के ऑपरेशन में मेरी तकनीकों को बदल दिया।

लगभग एक शताब्दी से पित्ताशय को निकालना एक स्थापित ऑपरेशन रहा है। अनुभवी हाथों से भी इसमें महत्त्वपूर्ण संरचनाएँ क्षतिग्रस्त हो सकती हैं। हमें एक तकनीक सिखाई गई थी, जिसे कहते थे—हायलम फर्स्ट कॉलेसिस्टेकटमी।

अंग विच्छेदन पेट में काफी गहराई में शुरू किया जाता है, जहाँ क्षति पहुँचने का अधिकतम खतरा होता है। मैंने सोचा कि इसके ठीक विपरीत काम करने से हम सुरक्षित ढंग से काम कर सकते हैं। सतह से गहरे भाग तक जाएँ और कठिनाई होने पर ऑपरेशन रोक दें और बाहर आ जाएँ, ताकि किसी प्रकार की क्षति न हो। इस प्रकार हम वापसी के चरम बिंदु के आगे जाने से बचने लगे।

मैंने नाम की इस तकनीक का उपयोग किया और अपनी प्रत्येक सर्जरी संबंधी सभाओं एवं ऑपरेशन संबंधी प्रदर्शन में इसी की वकालत की। इस तकनीक की सुरक्षा के विषय में अधिक संख्या में सर्जन राजी हो सकें, इस बात में एक दशक से अधिक समय लगा।

ऑपरेशन की यह विधि ज्ञात तो थी, लेकिन अधिकतर लोग इसका उपयोग नहीं करते थे।

इंग्लैंड के विषय में मेरा मंतव्य

इंग्लैंड से लौटने से पहले मैं रक्तचाप मापने की मशीन खरीदना चाहता था। दुकानदार ने मुझे एक मशीन दिखाई और जब मैंने पूछा कि क्या यह सबसे अच्छी है ? तो उसने कहा, "मेरे हिसाब से जो सबसे अच्छी मशीन है, वह दुर्भाग्यवश जर्मनी की बनी हुई है और वह हमारे इंग्लैंड में बनी मशीन से दो पाउंड सस्ती भी है।" साथ ही उसने कहा, "मैं नहीं जानता कि हमारे देश को क्या हो रहा है, लेकिन हम अपनी श्रेष्ठता को खोते जा रहे हैं।"

जब मैंने उसे बताया कि दो दिन में मैं देश छोड़कर जा रहा हूँ, तो उसने मुझसे आग्रह किया कि मैं अपनी दूसरी खरीदारी पूरी कर लूँ और दो घंटे बाद वापस आऊँ। जब मैं वापस आया तो उसने वह मशीन तैयार रखी थी। वह मुझे आराम से वही मशीन बेच सकता था, जो उसके पास उपलब्ध थी और यह जानते हुए कि मैं जल्दी में हूँ, मुझसे अधिक पैसे भी ले सकता था और यदि कोई शिकायत भी होती तो भी मेरे वापस आने की कोई संभावना नहीं थी। उस दौरान दैनिक जीवन में इस प्रकार की सत्यनिष्ठा मुझे भारत में कभी अनुभव नहीं हुई थी।

हालाँकि अब परिस्थितियाँ बेहतर हो रही हैं। मेरी वापसी के बाद मेरे जो सहकर्मी और छात्र सर्जरी संबंधी उपकरण खरीदना चाहते हैं, उन्हें मैं उसी दुकान का अनुमोदन करता हूँ।

इंग्लैंड जाने से पहले मुझे यह सोचकर हमेशा आश्चर्य होता कि कैसे इस छोटे से राष्ट्र ने विश्व स्तर पर साम्राज्य स्थापित किया होगा। अंग्रेजों के लिए भारत, अफ्रीकी देशों और बर्मा जैसे देशों में शासन करने और रहना कैसे संभव हो पाया होगा, जहाँ का मौसम उनके देश से काफी अधिक अलग है। कुछ वर्ष वहाँ रहने के बाद मुझे कुछ उत्तर मिले।

प्रत्येक व्यक्ति अपना काम पूरी ईमानदारी के साथ करता है। दैनिक जीवन में संपर्कों, जाति या रंग के आधार पर किसी प्रकार का पक्षपात नहीं होता था। निष्पक्षता का माहौल था। वहाँ अपनी गाड़ियों में लाल-नीली बत्ती लगानेवाले कोई वी.आई.पी. नहीं होते, जिन्हें आवागमन में किसी तरह का विशेषाधिकार मिले। वातावरण में सहिष्णुता थी। वे सभी अच्छे श्रोता थे। बहुत से लोगों की रोचक रुचियाँ होती थीं और साहसिक कारनामों की प्रवृत्ति थी। वे उस समय पूरे विश्व में घूमे; माउंट एवरेस्ट, दक्षिणी ध्रुव, अमेजॉन, अफ्रीका, जब संचार माध्यम बहुत ही प्राथमिक स्तर के थे। वे स्पोर्ट्स और साहसिक कारनामों का आनंद लेते। शिक्षा और शोध कार्यों में उनकी उत्कृष्ट परंपरा थी। केवल एक संस्था कैवेंडिश लैबोरेटरी, कैंब्रिज के पास एक दर्जन से अधिक नोबेल पुरस्कार विजेता थे।

यहाँ लोकतांत्रिक वातावरण भी था। सर्जन मुझसे कहते, "आप वही करें, जो आपके अनुसार सर्वश्रेष्ठ है।" लेकिन मैं ऑपरेशन इस प्रकार करूँगा। मैंने देखा कि ओ.आर. (ऑपरेटिंग रूम), वार्ड और यहाँ तक कि कैजुअल्टी में भी नर्सें प्रभावशाली थीं। भारत में जिन महिलाओं को नौकरी नहीं मिलती, वे नर्सिंग का काम शुरू कर देती हैं। हमारे यहाँ कोई फ्लोरेंस नाइटिंगल नहीं थी और नर्सों को निम्न स्तर का व्यक्ति समझा जाता है। हालाँकि आज भारत में महिलाओं की शिक्षा के प्रति नकारात्मक प्रवृत्ति और काम के क्षेत्र में उनकी महत्त्वपूर्ण भूमिका के विषय में परिवर्तन आया है।

अंग्रेजों में मनो-विनोद की प्रवृत्ति होती है। वे अधिक तर्क नहीं करते। राजनीति की बातें यदा-कदा ही होतीं। क्रिकेट की अपेक्षा फुटबॉल अधिक लोकप्रिय था। रियली ? वेरी इंटरेस्टिंग की अभिव्यक्ति का सामान्यत: मतलब होता है, मैं सहमत नहीं हूँ। आप जो कुछ कह रहे हैं, उसमें मुझे रुचि नहीं है। आइए, हम अपनी बात का विषय बदल दें।

धर्म एक व्यक्तिगत मामला था। अस्पतालों में चर्च होते थे। इंग्लैंड में अनेक चर्च वीरान होते थे और चर्च के प्रांगण प्रेमियों के मिलने तथा बुजुर्गों के बैठने के स्थान होते थे।

तेज स्वर में बोलना, व्यक्तिगत प्रश्न पूछना और किसी व्यक्ति को अपना वाक्य पूरा न करने देना खराब आचरण माना जाता था। उनका—आप कैसे हैं ? जिंदगी कैसी चल रही है ? हमारे 'नमस्ते' की तरह होता है। आपकी सारी शिकायतें सुनने के लिए वे खुले नहीं हैं। भारतीय रेस्टोरेंट में केवल भारतीय ही आते हैं। (आज स्थितियों में विश्वास से परे परिवर्तन आ चुका है। अंग्रेजों में भारतीय खाने के प्रति रुचि उत्पन्न हो गई है।)

जोड़ियाँ बनाकर घूमते अंग्रेजी, भारतीय और अफ्रीकी लड़के-लड़कियों के दृश्य सामान्य थे। यह सोचकर मुझे हैरानी होती कि उन दिनों यदि भारत में किसी श्वेत महिला के साथ भारतीय युवक या श्वेत पुरुष के साथ भारतीय युवती घूमती दिख जाती तो क्या होता।

जब मेरे एक भारतीय सहकर्मी ने एक ब्रिटिश लड़की से शादी की तो मैं बेस्ट-मैन था। विवाह समारोह साधारण व संक्षिप्त था और लंच के लिए केवल तीस मेहमानों को आमंत्रित किया गया था। सुबह 9 बजे विवाह संपन्न हुआ और शाम 4 बजे नवदंपती हनीमून के लिए रवाना हो गए। भारतीय विवाह समारोहों में होनेवाले पैसे और खाने की बरबादी तथा अपनी संपन्नता का प्रदर्शन मुझे व्यथित करता है।

मुझे भी एक बार बोलने संबंधी मेरी कमी का अहसास कराया गया। सभी डॉक्टर अपने काम लिखने के लिए एक डायरी रखते थे और सामान्यत: वे अपनी जुबान रखते थे। बिना पेन और कागज के साथ तैयार हुए कोई भी फोन नहीं उठाता था। मेरे रंग, नागरिकता या धर्म के विषय में कभी भी कोई सवाल नहीं उठा।

आशा है कि किसी दिन भारत में स्कूली बच्चों को स्कूल में दाखिला लेते समय

अपने एडमिशन फॉर्म में अपनी जाति/संप्रदाय के विषय में नहीं बताना पड़ेगा। जाति के आधार पर इनसान की पहचान करना भारत में एक तरह का अभिशाप है।

उनमें समय का और दूसरों की गोपनीयता के लिए सम्मान था। काम के क्षेत्र में श्रेणी से संबंधित कोई भी भेदभाव नहीं था। एक वार्ड बॉय भी किसी डॉक्टर की अशिष्ट भाषा को सहन नहीं करता था। सिस्टर्स को डॉक्टर उनके नाम से बुलाते थे।

शैक्षिक सभाओं में चर्चाएँ स्वतंत्र रूप से होती थीं। एक युवा डॉक्टर स्वतंत्रतापूर्वक एक वरिष्ठ कंसल्टेंट से सवाल पूछ सकता था। किसी भी दुकान या पब में प्रवेश करते समय आपका स्वागत एक मुसकान के साथ होता था। किसी विशेष स्थान को खोजने के लिए निर्देश देने में पुलिस और आम जनता बहुत अच्छी थी। जब दो लोग एक साथ किसी दुकान में आते तो वे एक लाइन बना लेते। बोलते समय आँख मिलाकर बात करना सामान्य आदत में शामिल था।

एक ब्रिटिश अस्पताल में अपनी पहली नौकरी के दौरान मैंने कहा कि भारत में पुरुष पैंट्स और बुश शर्ट पहनते हैं। सभी लोग जोर से हँस पड़े। उस दिन मुझे पता चला कि इंग्लैंड में पैंट्स का अर्थ ट्राउजर्स नहीं होता। मुझे उस समय तक यह गलतफहमी बनी हुई थी कि गोल्फ संभ्रांत वर्ग का खेल होता है, जब तक कि एक सप्ताहांत हमारे अस्पताल के एंबुलेंस ड्राइवर ने मुझे गोल्फ खेलने के लिए आमंत्रित नहीं किया।

विवाह से लेकर अंतिम यात्रा तक सभी चीजों की एक पद्धति, एक क्रम है। क्रिसमस एकमात्र ऐसा समय होता है, जब यहाँ त्योहार का माहौल होता है। वार्ड में भी एल्कोहल-युक्त पेय दिए जाते थे और हाथ में अमर बेल की टहनी लेकर एक लड़का किसी लड़की का चुंबन ले सकता था। कुछ सहकर्मियों का मानना था कि पूरे वर्ष अमर बेल हाथों में रहनी चाहिए।

मैंने इंग्लैंड में चार वर्ष बिताए, जहाँ मैंने सुरक्षित और सम्मानित महसूस किया। मैंने अपने प्रवास और काम दोनों का आनंद लिया। भारत लौटने में मैंने किसी तरह का बलिदान नहीं दिया। मैं वापस आया, क्योंकि मैं वहाँ का नहीं था। मुझे मेरा घर और लोग याद आते थे। उसके बाद से मैं बार-बार इंग्लैंड आता-जाता रहा हूँ। सूट के लिए बर्टन शॉप, सस्ते नाश्ते के लिए ए.बी.सी. रेस्टोरेंट, विद्वत्तापूर्ण मनोविनोद और पुराने पब की मुझे बहुत याद आती है। इस बात का मुझे बहुत दुःख होता है कि बहुत से पब बंद हो गए हैं। वे सर्वोत्कृष्ट रूप से ब्रिटिश थे।

वापसी की यात्रा

23 सितंबर, 1957 को मैं लंदन पहुँचा था और अब 23 सितंबर, 1961 को मैं हीथ्रो से निकल रहा था। इंग्लैंड में मेरे अनुभव की यादें मेरे मन में भरी हुई हैं। हवाई

अड्डे पर विमान के लिए प्रतीक्षा करते समय मैंने कागज के एक टुकड़े पर कुछ नोट्स बनाए। 50 साल पहले हीथ्रो कितना छोटा था।

भारत में मैंने चार वर्ष तक कार चलाई थी, लेकिन इंग्लैंड में मैं अपने ड्राइविंग टेस्ट में अनुत्तीर्ण हो गया। संयोगवश टेस्ट से कुछ महीने पहले ही मैंने इंस्पेक्टर (जिस व्यक्ति ने मेरा ड्राइविंग टेस्ट लिया था) के एक रिश्तेदार का ऑपरेशन किया था। उसने मुझे बताया कि मैं अनुत्तीर्ण क्यों हुआ। कार शुरू करने से पहले मैंने अपने साइड मिरर नहीं जाँचे थे। भारत में मुझे बिना टेस्ट के भी लाइसेंस मिल जाता। भारत में किसी ड्राइविंग इंस्पेक्टर के लिए ऐसे सर्जन को अनुत्तीर्ण करना अकल्पनीय होता। जिसने उसके रिश्तेदार की जान बचाई हो। हमारे यहाँ दैनिक जीवन में व्यक्तिगत संबंध नियम-कानून के प्रतिबंधों को तोड़ सकते हैं। मुझे बिना कोई टेस्ट दिए हुए घर बैठे ही लाइसेंस मिल सकता था।

बंबई के लिए एयर इंडिया के विमान की बोर्डिंग की घोषणा सुनाई दी। मैं लाइन में खड़ा हुआ और विमान में प्रविष्ट हुआ। मैं बहुत उत्साहित था, क्योंकि यह मेरी पहली हवाई यात्रा थी और वह भी लंबी दूरी की विमान यात्रा। मुसकराहट के साथ मेरा स्वागत करती हुई हवाई सुंदरी, उसका मेरे बोर्डिंग पास को देखना और फिर जिस शिष्टता के साथ उसने मुझे मेरी सीट की ओर भेजा, वह सब मेरे लिए नया अनुभव था। मेरे हैंड बैगेज को ऊपर के स्थान में रखने में उसने मेरी सहायता की और मेरे सामने एक सॉफ्ट ड्रिंक प्रस्तुत किया।

सीट बेल्ट बाँधने के निर्देश दिए गए। इंजन शुरू हुआ और विमान टेक-ऑफ के क्षेत्र की ओर बढ़ने लगा। जिस समय विमान ने रफ्तार पकड़ी, उस समय मेरी आँखें जमीन पर गड़ी हुई थीं। जैसे ही उसने टेक-ऑफ किया, मैंने लंदन पर एक अंतिम दृष्टि डाली। मेरी आँखों से आँसू बह निकले, क्योंकि मैं नहीं जानता था कि मैं इसे दोबारा देख पाऊँगा या नहीं। मैं भारत पहुँचने के लिए व्याकुल था, लेकिन साथ ही इंग्लैंड से जुदा होने का मुझे दुःख भी था। हम बादलों से पार निकले और अचानक सूर्य का तेज प्रकाश फैल गया; जबकि नीचे बादलों की घनी चादर में लंदन छुप गया।

मुझे समझ में आया कि मेरी बगल में बैठे यात्री कोई पुराने यात्री थे, क्योंकि वह विमान चालक दल के सभी सदस्यों को जानते थे; यहाँ तक कि कमांडर ने भी आकर उनका अभिवादन किया। मैंने उनसे बातचीत शुरू की—

"आप शायद अकसर यात्रा करते रहते हैं?'

"हाँ।"

"आप कहाँ से हैं?"

"बंबई।"

"आपको किस वजह से बार-बार इंग्लैंड आना पड़ता है?"

"मेरी खेल से संबंधित गतिविधियों के कारण।"

"कौन सा खेल?"

"क्रिकेट।"

"क्या मैं आपका नाम जान सकता हूँ?"

'वीनू मांकड।"

मुझे इतना बुरा लगा कि मैं अपने समय के सर्वाधिक उत्कृष्ट क्रिकेट खिलाड़ियों में से एक को पहचान नहीं पाया था। मैंने उन्हें बताया कि जब मैं छोटा था तो बेलगाम में कॉफी शॉप के बाहर खड़े होकर बॉबी तल्यरखान की रेडियो कॉमेंट्री में उनका नाम सुना था। हालाँकि मैं चार वर्ष से लंदन में था, लेकिन कभी भी क्रिकेट मैच नहीं देखा। मेरी गतिविधियों की दिनचर्या इतनी व्यस्त थी कि या तो मैं अपनी परीक्षाओं की तैयारी में पढ़ने के लिए पुस्तकालय में रहता या फिर अस्पतालों में दिन-रात काम करता रहता।

उन्होंने कहा, "मैं भी तो आपको नहीं जानता, जबकि आप अत्यधिक कुशल सर्जन हैं।"

लेकिन मुझे तो अभी भारत में अपना काम शुरू करना था और मुझे कोई भी नहीं जानता था।

वह एक शालीन व्यक्ति थे और उनकी प्रसिद्धि ने उनके अहं को नहीं भड़काया था। हमें बहुत कम ऐसे प्रसिद्ध लोग मिलते हैं, जो अपनी प्रसिद्धि से अप्रभावित और धरातल पर रहते हैं। हमारा पहला पड़ाव जिनेवा में था, जहाँ उन्होंने मुझे बियर की दावत दी। बंबई में हमारा साथ छूटा और हमने संपर्क में बने रहने का निश्चय किया।

मेरी अनुभूतियाँ मिश्रित थीं। इंग्लैंड छोड़ने से मैं दुःखी था, जिसने आत्मविश्वास से भरपूर एक सर्जन बनने में मेरी सहायता की। मैं खुद को भाग्यशाली मान रहा था कि मैं उस देश में चार वर्ष बिता सका, जहाँ के लोग अनेक विशिष्ट गुणों से भरपूर होते हैं। मुझे अस्पताल के काम, असंख्य बगीचे और उत्कृष्ट पब याद आएँगे।

लेकिन भारत में अपने लोगों के बीच आकर मैं खुश था। चार साल दूर रहने की अवधि में मैंने अपने घर से किसी से भी एक बार भी बात नहीं की थी। कंप्यूटर और सेल फोन का युग दशकों बाद आया। एस.टी.डी. एक नया शब्द था। सब्सक्राइबर ट्रंक डायलिंग सेवा का अर्थ था कि व्यक्ति बिना ऑपरेटर की सहायता के सीधे बात कर सकता था। सन् 1958 में इंग्लैंड की महारानी, जो ब्रिस्टल में थीं, ने 300 मील दूर एडिनबर्ग में मेयर को सीधे फोन किया था। उस समय वह सबसे दूरी के लिए किया गया फोन था।

मैं उस भारत में वापस आया था, जहाँ जो लोग मुझे बंबई डॉक पर विदा देने आए थे, उनमें से कुछ नहीं रहे थे। जब मैं शिप से गया था तो मेरा ट्रंक किताबों और

एनोटॉमी की पढ़ाई के लिए कुछ हड्डियों से भरा हुआ था। सुरक्षा, स्क्रीनिंग, फ्रिस्किंग जैसे शब्द अनजाने थे। जब मैं पहली बार इंग्लैंड से लौटा, मेरा सूटकेस सर्जरी से संबंधित उपकरणों से भरा हुआ था। कस्टम पर इंस्पेक्टर को अपनी आँखों पर विश्वास नहीं हुआ, जब उसे विदेश में इतने साल तक रहने के बाद वापस आनेवाले मुझ जैसे यात्री के सामानों में कोई भी ऐशो–आराम के सामान, जैसे ग्रंडिंग स्पूल, टेप रिकॉर्डर, कैमरा और व्हिस्की की बोतलें नहीं मिलीं।

उसने मुझसे पूछा, "आप इंग्लैंड वापस कब जा रहे हैं?"

"मैं वापस नहीं जा रहा।"

"सचमुच? आप वापस क्यों आए?"

"मैं इंग्लैंड में बसना नहीं चाहता था।"

"मुझे लगता है कि इंग्लैंड का जीवन बहुत अच्छा है। बहुत से लोग स्थायी रूप से बसने के लिए विदेश जाते हैं।"

"लेकिन मेरा देश यह है।"

"इन सर्जिकल उपकरणों की क्या कीमत है?"

"लगभग चार हजार रुपए।"

"इतना अधिक?"

"हाँ।"

"हमें अभिमान और खुशी है कि आप भारत में बीमारों का उपचार करने के लिए वापस आए। आयातित सामानों के लिए बस थोड़ा सा कर जमा कर दीजिए।"

हवाई अड्डे पर कस्टम की ओर से मेरा सहृदयतापूर्ण स्वागत हुआ। जिन यात्रियों के प्रवासी अधिकारियों के साथ कोई व्यक्तिगत संपर्क नहीं थे, उनके लिए यह अनपेक्षित-सी बात थी। भारत आने का मेरा पहला अनुभव सकारात्मक था, जो शायद मेरे भावी कैरियर के लिए शुभ संकेत था। भ्रष्ट समाज में भी कुछ अच्छे लोगों के खंड भी होते हैं। उस दिन मैंने निश्चय किया कि मैं ऐसा खंड बनाऊँगा, अँधेरे में चिराग जलाऊँगा।

सितंबर 2014 में मैं अपने तीन मित्रों के साथ इंग्लैंड की एक यादों की यात्रा पर गया। मैंने वे स्थान देखे, जहाँ एडिनबर्ग में मैं ठहरा था; अपने अस्पतालों में गया, जहाँ मैंने काम किया था। हमने नए मोटरयानों से यात्रा की। M1 का निर्माण 50 वर्ष पहले मेरे समय में हुआ था। मैंने पूरे रास्ते में कोई भी दुर्घटना नहीं देखी, एक भी क्षतिग्रस्त कार नहीं दिखाई दी और घायल लोगों को अस्पताल पहुँचाती एक भी एंबुलेंस दिखाई नहीं दी। पैदल यात्री सुरक्षित हैं और वाहन चालक ट्रैफिक लाइट का सम्मान करते हैं। ट्रैफिक संबंधी अनुशासन के मामले में इंग्लैंड में कोई परिवर्तन नहीं आया था।

मैं अपने अनेक छात्रों से मिला, जो आज पूरे इंग्लैंड के अनेक अस्पतालों में

कंसल्टेंट हैं। उनकी आय बढ़ गई है और उनके काम के घंटे भी निश्चित हैं। मेरे समय में हम सब जनरल सर्जन्स थे और वर्तमान में वे लोग अपने संकीर्ण क्षेत्रों में विशेषज्ञ हैं। वे कम-से-कम बातों के विषय में अधिक-से-अधिक जानते हैं। लेकिन उन्होंने अपनी स्वायत्तता खो दी है। मैनेजर उन पर शासन करते हैं। हमारे डाइनिंग रूम की मेज फलों, बर्ड, चीज और दूध से भरी होती थी। उस अस्पताल में अब लोगों को एक कप कॉफी भी खरीदनी पड़ती है।

मेडिकल कानूनी शिकायत की एक तलवार लटकती रहती है। इंग्लैंड के अस्पतालों में अब अमेरिकी संस्कृति ने घर बना लिया है। मैं सौभाग्यशाली हूँ कि मैंने 50 वर्ष पहले इंग्लैंड में काम किया, जब उस स्वर्णिम युग में रोगियों, डॉक्टर और अस्पताल प्रशासन के बीच आपसी विश्वास होता था।

आज भी लंदन में ईर्ष्या उत्पन्न करनेवाले पार्क हैं, जहाँ लोग टहल सकते हैं, बच्चे खेल सकते हैं, प्रेमी मिल सकते हैं, बुजुर्ग लोग अखबार पढ़ सकते हैं या आराम कर सकते हैं। वे पार्क लंदन के फेफड़े हैं। वहाँ कई पुस्तकालय, स्मारक, संग्रहालय, प्रदर्शनियाँ हैं। इसमें कोई आश्चर्य नहीं कि प्रत्येक वर्ष 1 करोड़ 60 लाख से अधिक पर्यटक लंदन घूमने जाते हैं।

❑

अध्याय 6

प्रतीक्षा का समय

मैं इंग्लैंड में चार साल का अनुभव लेकर भारत लौटा था। बहुतों को आश्चर्य हो रहा था कि मैं टाई नहीं पहनता था, मेरी बोली में विदेशी उच्चारण नहीं आया था और मैं अपनी मातृभाषा धाराप्रवाह बोल सकता था। अंग्रेज शासक हमारा देश छोड़ चुके थे, लेकिन युवाओं के बीच अंग्रेजी भाषा ने अपनी मजबूत पकड़ बना ली थी। मैंने किराए के एक छोटे से कंसल्टेशन रूम से अपना व्यवसाय शुरू किया और बहुत समय तक रोगियों की प्रतीक्षा करने की पीड़ा का अनुभव किया।

मुझे चौबीस घंटे काम करने का, रोगियों की लंबी लाइन, ऑपरेशन की लंबी सूची और दैनिक इमरजेंसी का नशा था। मैं समझ नहीं पा रहा था कि अपने समय और सर्जरी संबंधी अपनी कुशलता का मैं क्या करूँ। पैसा कमाने की कोई बहुत आवश्यकता नहीं थी; क्योंकि हम अपने माता-पिता, मेरे भाई और उनके परिवार के साथ एक संयुक्त परिवार में रह रहे थे। एक छोटे से अपार्टमेंट में हम आठ लोग रहते थे।

मैं जानता था कि मुझे प्रतीक्षा करनी पड़ेगी, क्योंकि मैंने रहने के लिए बंबई का चुनाव किया था, जो 40 लाख से अधिक लोगों वाला शहर था, जहाँ मैं शायद ही किसी को जानता था। मैंने मार्गदर्शन के लिए कुछ वरिष्ठ सर्जन से मुलाकात की और उन सभी ने एक ही सवाल किया, ''आप इंग्लैंड या अमेरिका में बसने के बजाय भारत वापस क्यों आए? रोगी आपसे इलाज क्यों करवाएँगे, जबकि शहर में राष्ट्रीय स्तर के अनेक प्रतिष्ठित सर्जन पहले से मौजूद हैं और आप एक अनजान बाहरी व्यक्ति हैं?''

मैंने जैसी कल्पना की थी और जो कुछ भी अनुभव किया, उनमें अंतर था। जो तसवीर उभरकर आई, वह निराशाजनक थी। बिना किसी मेडिकल या आर्थिक पृष्ठभूमि के और बिना किसी प्रभावशाली सामाजिक व राजनीतिक संपर्क के एक युवा सर्जन को अनेक अवरोधों को पार करना था।

मुझे बताया गया कि यहाँ अत्यधिक प्रतिस्पर्धा है और बिना रिश्वत दिए काम

करवाना लगभग असंभव ही था। मैं इस बात पर विश्वास नहीं करता था कि नैतिक मार्ग का अनुसरण करने से असफलता मिलती थी। मैं हमेशा ही आशावादी था। अब मैं अपनी यात्रा के अंत में पहुँच रहा हूँ और अपने चुने हुए मार्ग से खुश हूँ।

रोगी अच्छी प्रतिष्ठावाले सर्जन का चुनाव करते हैं। यह सवाल कि बिना काम के कोई व्यक्ति कैसे प्रतिष्ठा प्राप्त कर सकता है, निरुत्साहित करनेवाला था। लेकिन यह समझ कि सुप्रसिद्ध सर्जनों को भी अपने कैरियर के आरंभ में सफलता के लिए प्रतीक्षा करनी पड़ी थी, सांत्वना देती थी। अंतरराष्ट्रीय ख्याति-प्राप्त स्त्री रोग विशेषज्ञ डॉ. व्ही.एन. शिरोडकर ने मुझे बताया था कि 1930 के दशक में काम शुरू करने के बाद कई महीनों तक उन्होंने एक भी केस नहीं देखा था। मुझे उनकी टिप्पणी याद है—'एक दिन हम वरिष्ठ डॉक्टर मर जाएँगे और यदि आप अच्छा काम करते हैं तो आप हमारा स्थान ले लेंगे।'

(डॉ. शिरोडकर ने उन महिलाओं के उपचार के लिए एक स्वदेशी तकनीक विकसित की थी, जिन्हें गर्भाशय के मुँह के चारों ओर कमजोर मांसपेशियों के कारण बार-बार गर्भपात हो जाता था। उन्हें गर्भ तो होता था, लेकिन गर्भ के आरंभ में ही गर्भपात हो जाता था। उन्होंने एक टाँके का आविष्कार किया, जो गर्भाशय के मुँह के चारों ओर जाता था और समय पूरा होने पर उसे काट दिया जाता था। उनकी एक सीवन ने अनेक महिलाओं को मातृत्व के सुख से संतुष्ट किया। डॉ. शिरोडकर के शोक-संदेश का शीर्षक था—'मातृत्व अनाथ हो गया'। एक वरिष्ठ स्त्री रोग विशेषज्ञ से मैंने सुना था कि उन्हें इटली की प्रसिद्ध अभिनेत्री सोफिया लॉरेन का ऑपरेशन करने के लिए एक निजी विमान से रोम ले जाया गया था। ऑपरेशन सफल हुआ था और उसे मातृत्व का सुख मिला। उसने उनके काम के लिए अमेरिका में एक संस्था की स्थापना करने की पेशकश की। इसमें कोई आश्चर्य की बात नहीं कि एडिनबर्ग के सर्जनों के हॉल में एक प्रोफेसर ने पूछा था, "आप में से कितने बंबई से हैं?" मेरे साथ कुछ और हाथ भी उठे थे। उन्होंने कहा, "बंबई से एक विद्वान् को मैं व्यक्तिगत रूप से जानता हूँ—डॉ. शिरोडकर!" वे पल मेरी यादों में सँजोए हुए हैं।

बीस वर्ष बाद मैंने डॉ. शिरोडकर की पत्नी के पित्ताशय की पथरी का ऑपरेशन किया। उनकी बेटी ने मुझे बताया कि लॉरेन के बच्चे के जन्मदिन की पार्टी में उसे आमंत्रित किया गया था और उस समय उसे अत्यधिक गर्व की अनुभूति हुई जब लॉरेन ने भीड़ में उनका परिचय उस स्त्री रोग विशेषज्ञ की पुत्री के रूप में करवाया, जिन्होंने उन्हें मातृत्व का सुख दिया था।)

संगीतज्ञ, अभिनेता, वकील, राजनेता और खिलाड़ी बहुत कम उम्र में प्रसिद्ध हो सकते हैं, लेकिन अपने कैरियर को देरी से शुरू करनेवाला और ऑपरेशन थिएटर के

एकाकी वातावरण में काम करनेवाला सर्जन नहीं।

सर्जन की प्रतिष्ठा बहुत धीमे-धीमे बनती है। रोगी के साथ प्रत्येक संतोषजनक बातचीत, प्रत्येक अच्छे ऑपरेशन का संचयी प्रभाव पड़ता है।

बंबई में मैंने बस और लोकल ट्रेन से यात्रा की। भीड़ से भरी ट्रेन में यात्रा करना और लंबे समय तक, विशेषकर बारिश के दिनों में और दम घोंटनेवाली उमस भरी गरमियों में बस स्टॉप पर लंबे समय तक प्रतीक्षा करना बहुत कठिन होता था। कीचड़ भरे जूते और शरीर की दुर्गंध की अपेक्षा एक कंसल्टेंट सर्जन से नहीं की जाती है। मैं समय-समय पर खुद को याद दिलाता रहता था कि यह समय बस, गुजर जाएगा।

लेकिन एक सर्जन का ऑपरेशन थिएटर से बाहर होना मछली के पानी से बाहर होने जैसा है।

मेरे पास एक सरकारी अस्पताल में पूर्णकालिक सर्जन बनने का अवसर था। जिले में कुछ ही प्रशिक्षित सर्जन थे और मैं बहुत ही कम समय में अपनी जगह बना सकता था। लेकिन मैंने दृढ़ निश्चय कर लिया था कि मैं पूर्णकालिक सरकारी नौकरी स्वीकार नहीं करूँगा। उनमें लगातार ट्रांसफर होते रहते थे, अत्यधिक प्रशासनिक कार्य होते थे और सरकारी अधिकारियों, राजनीतिक दलों और व्यक्तिगत स्वार्थ का हस्तक्षेप होता था। मैं 58 वर्ष की उम्र में रिटायर हो जाता।

देश में बंबई का विशेष स्थान था। यदि मुझे इंग्लैंड में योग्य माना जाता था तो ऐसा कोई कारण नहीं था कि बंबई में मैं अच्छा न कर पाऊँ। जब मेरे पास कोई काम नहीं था तो मैं बड़े सर्जन के काम देखता था। मैंने देखा कि उनमें निम्नलिखित विशेषताएँ सामान्य रूप से मौजूद थीं—वे सभी अपने काम के प्रति समर्पित थे और उनमें सर्जरी की उत्कृष्ट योग्यता थी। मैं जानता था कि मुझमें ये दोनों ही गुण मौजूद हैं।

मैं एक सरकारी अस्पताल में अपने काम में व्यस्त था, जहाँ मुझे पेट्रोल के खर्च के लिए प्रति माह 150 रुपए भत्ता मिलता था। मेरी निजी प्रैक्टिस कुछ भी नहीं थी। रोगियों का प्रतीक्षा कक्ष खाली पड़ा रहता और कंसल्टिंग कक्ष मेरा प्रतीक्षा कक्ष बना हुआ था। कंसल्टिंग कक्ष के परिसर में मेरे अतिरिक्त वहाँ एक हृदय रोग विशेषज्ञ, एक बाल-चिकित्सक और एक मनोवैज्ञानिक थे। अभी बंबई में शिक्षण संबंधी अस्पताल में जूनियर कंसल्टेंट के रूप में जुड़े हुए थे। चूँकि हममें से किसी के भी पास काम नहीं था, हम अपने कंसल्टिंग कक्ष के बहुत निकट स्थित एक ईरानी रेस्टोरेंट में चाय पीने जाने लगे, साथ ही कंसल्टिंग कक्ष के सहयोगी को निर्देश देकर जाते कि यदि कोई रोगी आए तो हमें फोन करके बुला ले। पर हमें शायद ही कभी बुलाना पड़ा हो।

शनिवार की एक शाम, जब हम रेस्टोरेंट से बाहर आए तो हमारी मुलाकात एक अत्यधिक वरिष्ठ और पारिवारिक चिकित्सक से हुई। स्पष्ट है कि रेस्टोरेंट में हमें अपना

समय व्यर्थ गँवाते देख वे काफी दु:खी थे, जबकि हमें अपने कंसल्टिंग कक्ष में होना चाहिए था। जब हमने उन्हें बताया कि हमारे पास कोई काम नहीं है, तो उन्होंने हमें बहुत ही स्पष्ट सुझाव दिया कि यदि हम चाहते हैं कि समाज हमें एक कंसल्टेंट के रूप में देखे तो हमें अपना आचरण व्यावसायिकों के समान बनाना चाहिए और रेस्टोरेंट में चाय का आनंद लेने के बजाय मेडिकल पत्रिकाएँ पढ़ने में समय लगाएँ। यह उन्होंने हमें अपना अंतिम अच्छा सुझाव दिया था, क्योंकि अगली शाम बंबई विश्वविद्यालय के नए कुलपति डॉ. आर.वी. साठे के सम्मान में एक भाषण देते समय वे मूर्च्छित हो गए और हृदय के आघात के कारण उनकी मृत्यु हो गई। उसी समय से, जिस समय मुझे काम करना चाहिए, उस समय मैं कभी भी रेस्टोरेंट नहीं जाता।

एक शैक्षिक अस्पताल में मेरी नियुक्ति मेरे जीवन में एक अन्य बड़ा परिवर्तन लेकर आई। मेरे रोगियों, मेडिकल के छात्रों, रेसिडेंट और अस्पताल के स्टाफ ने मेरा नाम पूरे राज्य में फैला दिया। अठारह वर्ष बाद मुझे प्रतिष्ठित बॉम्बे हॉस्पिटल में सम्मानित सर्जन के रूप में आमंत्रित किया जाने लगा, जिसके साथ ही मेरा नाम पूरे देश में प्रसिद्ध हो गया।

जब भी मुझे किसी निजी अस्पताल में ऑपरेशन करना होता था, मैं अपने उपकरण ले जाता, उन्हें उबालता और ट्रॉली को खुद ही व्यवस्थित करता। बीस-तीस बेडवाले, न्यूनतम सुविधाओंवाले वे छोटे-छोटे नर्सिंग होम पारिवारिक चिकित्सक चलाते थे। अनेक अवसरों पर मैंने खुद ही रोगी की शेव की और केवल एक अप्रशिक्षित नर्स के साथ ऑपरेशन पूरा किया है। मैं उसे सिखाता कि मास्क कैसे पहनना है, कैप से सिर कैसे ढँकना है, हाथ कैसे धोने हैं और ग्लव्स कैसे पहनने हैं।

एक साधारण से हर्निया के ऑपरेशन में भी पूरी सुबह लग जाती; लेकिन यह मेरे लिए उपयुक्त था, क्योंकि मेरे कैरियर के उस अवधि में समय की कमी मेरी समस्या नहीं थी, बल्कि हाथ में बहुत अधिक समय का होना समस्या थी। मैं खुश होता कि इस महानगर में किसी एक रोगी ने अपना ऑपरेशन करवाने के लिए मुझे चुना। यह मेरे आशावाद को बढ़ावा देता। बाद में जब मैं देश के श्रेष्ठतम अस्पतालों में से किसी एक में पाँच-छह योग्यता-प्राप्त युवा सर्जनों के दल के साथ सुबह 8 बजे से रात 11 बजे तक ऑपरेशन करता तो मुझे अहसास होता कि मैंने कितना रोचक जीवन जिया है।

निजी प्रैक्टिस में स्थापित होने से पहले मुझे कई वर्षों तक प्रतीक्षा करनी पड़ी थी। एक दिन मेरे कंसल्टिंग रूम में एक रोगी आया। मैंने पूछा, ''बताइए, आपकी क्या समस्या है?''

''कुछ नहीं।''

''फिर आप यहाँ क्यों आए हैं?''

''मुझे चिकित्सकीय आधार पर छुट्टी का प्रमाण-पत्र चाहिए।''

"जब आपके स्वास्थ्य में कोई समस्या नहीं है तो आप यहाँ क्यों आए हैं?"

"मैं विदेश में नौकरी करता हूँ, जहाँ एफ.आर.सी.एस. अत्यधिक सम्मानित डिग्री मानी जाती है। यदि मैं आपकी योग्यता के साथ एक प्रमाण-पत्र प्रस्तुत करूँगा तो किसी भी तरह के सवाल पूछे नहीं जाएँगे।"

वह भारत-भ्रमण पर आया था, लेकिन किसी अप्रत्याशित काम के कारण अपनी छुट्टियों की अवधि बढ़ाना चाहता था। अपने प्रमाणों को सिद्ध करने के लिए उसने मुझे अपना पासपोर्ट दिखाया और आश्वासन दिया कि किसी को भी इस विषय में कभी पता नहीं चलेगा। केवल कुछ लाइन लिखकर मैं एक सप्ताह की आमदनी से अधिक कमा सकता था। लेकिन मैंने मना कर दिया। मैंने स्वयं को पहले से अधिक मजबूत महसूस किया, क्योंकि अब मैं जानता था कि मुझे कोई भी खरीद नहीं सकता था।

यह संयोगवश ही हुआ कि मैं भारत में परिवार नियोजन के कार्यक्रम से जुड़ गया।

मेरी मुलाकात एक वरिष्ठ सर्जन डॉ. जी.एम. फड़के से हुई, जो भारत में परिवार नियोजन कार्यक्रम से जुड़े हुए थे। वे नसबंदी करवानेवाले उन पुरुषों की शुक्र-वाहिकाओं को दोबारा जोड़ने के अपने काम के लिए अंतरराष्ट्रीय स्तर पर प्रसिद्ध थे, जो बच्चों या पत्नी की मृत्यु के कारण दोबारा संतानोत्पत्ति करना चाहते थे। उन्होंने सुझाव दिया कि मुझे लोगों की नसबंदी करने के लिए परिवार नियोजन केंद्रों पर आना चाहिए। इससे काम से संबंधित मेरी समस्या का समाधान हुआ, हालाँकि सप्ताह में केवल एक दिन के लिए। दुर्भाग्यवश इससे पहले कि मैं उन्हें अच्छी तरह से जान पाता, उनकी मृत्यु हो गई।

मैंने सर्जरी संबंधी सामान्य ऑपरेशन करने के लिए उनके अस्पताल जाना शुरू कर दिया। डॉ. फड़के की मृत्यु के बाद एक बड़ा शून्य उपस्थित हो गया था। रोगी पुनः जोड़ने की सर्जरी करवाने आते थे; लेकिन किसी भी सर्जन को इस काम में रुचि नहीं थी। डॉ. फड़के के रेसिडेंट डॉ. विनायक शिंदे, जो कि एक आयुर्वेदिक डिप्लोमा धारक थे और थिएटर के असिस्टेंट सखाराम, जो ग्रामीण क्षेत्र के अशिक्षित व्यक्ति थे, ने मिलकर मुझे शुक्र-वाहिकाओं को दोबारा जोड़ने का ऑपरेशन सिखाने में योगदान दिया। ऑपरेशन की तकनीक आसान थी; लेकिन उसमें बहुत अधिक कोमलता की जरूरत थी, जिससे उत्कृष्ट परिणाम मिलते थे। पतली शुक्र-वाहिका में सफाई के साथ टाँका लगाने के लिए मैं आँखों के उपकरण का उपयोग करता। परिणाम बहुत अच्छा मिला।

मैंने सर्जरी संबंधी समारोहों में लेक्चर दिए और एक फिल्म बनाई, जो आज से पचास साल पहले एक कठिन काम था। मैंने देश के अनेक भागों में ऑपरेशन का प्रदर्शन किया। राज्य और केंद्र दोनों ही सरकारों ने मुझे परिवार नियोजन कार्यक्रम में सम्मानित सर्जन और तकनीकी सलाहकार नियुक्त किया।

रोगी गरीब होते थे और ऑपरेशन निःशुल्क था, लेकिन यह अनुभूति कि सर्जरी

संबंधी मेरी कुशलता से उत्कृष्ट परिणाम प्राप्त हो रहे थे और यह कि मैं समाज में एक महत्त्वपूर्ण सेवा के रूप में योगदान दे रहा था, ने मेरे आत्मविश्वास को बहुत बढ़ाया।

राज्य सरकार के स्वास्थ्य निदेशक ने सभी अस्पतालों में पत्र जारी किए कि मैं ऑपरेशन संबंधी तकनीकों का प्रदर्शन करना और साथ ही अन्य सर्जन को प्रशिक्षित करना चाहूँगा। शुक्र-वाहिका को दोबारा जोड़ने के इस कार्यक्रम का अखबारों ने बहुत प्रचार किया। इस तरह के छोटे, बिना चुनौतीवाले, अलाभकर काम में सर्जनों को कोई रुचि नहीं थी। यह मेरे लिए अच्छा अवसर साबित हुआ।

मेरे अस्पताल के निकट एक हॉल में परिवार नियोजन पर एक अंतरराष्ट्रीय सभा थी। एक सुप्रसिद्ध अर्थशास्त्री ने भाषण दिया और इस निष्कर्ष के साथ अपना भाषण पूरा किया कि जब तक जन्म-दर नीचे नहीं आती, हमारी अर्थव्यवस्था में सुधार नहीं हो सकेगा। जब चर्चा का समय आया तो मैं मंच पर पहुँचा और कहा, "विद्वान् प्रोफेसर का भाषण बहुत अधिक प्रभावशाली था; लेकिन मैं भ्रमित हो गया हूँ, क्योंकि अगली बार हमारे सामने कोई अन्य समान रूप से कुशल विशेषज्ञ इतने ही प्रभावशाली आँकड़े प्रस्तुत करके साबित कर सकते हैं कि जब तक अर्थव्यवस्था में सुधार नहीं होता, जन्म-दर नीचे नहीं आएगी।"

मैंने बहुत देर तक तालियों की गड़गड़ाहट सुनी। कॉफी ब्रेक के दौरान विश्व स्वास्थ्य संगठन (W.H.O.) के एक विशेषज्ञ मुझसे मिले और कुछ ही महीनों के अंदर पूर्व में परिवार नियोजन कार्यक्रम को लागू करने के लिए विशेषज्ञों की एक कॉन्फ्रेंस करवाने के लिए मुझे चुना गया।

दक्षिण-पूर्व एशियाई क्षेत्र के विशेषज्ञों के लिए ढाका में एक कॉन्फ्रेंस करवाने के लिए मुझे डब्ल्यू.एच.ओ. के कंसल्टेंट के रूप में नियुक्त किया गया। जिनेवा में परिवार नियोजन पर एक अंतरराष्ट्रीय कॉन्फ्रेंस में भाषण देने के लिए मुझे आमंत्रित किया गया।

(शुक्र-वाहिका एक नली होती है, जिसमें अंडकोष से अंडाणु जाते हैं। नसबंदी में इस नली को विभाजित किया जाता है और कटे हुए सिरों को बाँध दिया जाता है। इस प्रकार अंडाणु का मार्ग अवरोधित हो जाता है। यह माना जाता था कि नसबंदी के बाद अंडाणु उत्पन्न करने की क्षमता समाप्त हो जाती है। लेकिन प्रकृति विलक्षण है, क्योंकि अंडकोष में अंडाणु बनने जारी रहते हैं और नसबंदी के कई वर्ष बाद भी उन्हें सफलतापूर्वक दोबारा जोड़ना संभव है।)

डॉ. फड़के के काम के द्वारा यह विश्वास बदल गया था कि नसबंदी से वापसी संभव नहीं है। परिवार नियोजन से संबंधित काम, भाषण, ऑपरेशन, प्रदर्शन और पूरे देश की यात्राओं ने मुझे व्यस्त रखा और यह काम मेरे सामजिक दायित्वों के अनुरूप था।

भारत सरकार चाहती थी कि इसी तरह के काम देखने के लिए मैं सर्जनों का

एक प्रतिनिधिमंडल लेकर कोरिया जाऊँ; लेकिन मैंने सुझाव दिया कि हमें कोरिया के सर्जनों को भारत आमंत्रित करना चाहिए। दो दिवसीय एक कार्यशाला का आयोजन किया गया और पूरे राज्य से सर्जन इसमें शामिल हुए। मैं बहुत खुश था कि विदेश की एक यात्रा रद्द हो गई थी।

मेरी यह धारणा है कि हमें बहुमूल्य विदेशी मुद्रा को व्यर्थ नहीं गँवाना चाहिए। भारत को भारतीय समाधान खोजने चाहिए और जब कभी भी संभव हो, अपने खुद के मॉडल बनाने चाहिए। यह सभी जानते हैं कि शैक्षिक यात्रा के नाम पर सरकार एवं नगर निगम के द्वारा भेजे गए अनेक प्रतिनिधिमंडल नागरिकों की कीमत पर पर्यटन करते हैं।

शुक्र-वाहिका को दोबारा जोड़ने के मेरे काम के कारण विश्व के अनेक भाग से लोग आने लगे। अंतरराष्ट्रीय सुनियोजित पितृत्व संघ के अध्यक्ष मैल्कम पॉट्स ने कैंब्रिज में मेरा लेक्चर आयोजित किया। उनकी पत्नी प्रशिक्षण के लिए बंबई आई थीं। मैंने लंदन में भी पुरुष अनुर्वरता के लिए व्हासो एपिडीडीमल एनास्टोमोसिस के ऑपरेशन का प्रदर्शन किया।

आई.पी.पी.एफ. (इंटरनेशनल प्लांड पैरेंटहुड फेडरेशन) मेडिकल बुलेटिन ने सन् 1977 में अपने अगस्त के अंक में उत्क्रमणीय पुरुष नसबंदी पर मेरे लेख को प्रकाशित किया, जिसमें मैंने कहा था, ''यदि नसबंदी सही तरीके से की जाए तो अधिकांश स्थितियों में इस ऑपरेशन को उलटाया जा सकता है।'' यह वह समय था, जब उत्क्रमण को विश्वसनीय नहीं माना जाता था।

मुझे बंगलौर से एक पत्र प्राप्त हुआ—'नसबंदी पर आपकी स्लाइड्स अति उत्कृष्ट थी और इससे हमें शुक्र-वाहिका की नली को पुनः जोड़ने के नए तरीके के विषय में जानकारी मिली। हम सभी के लिए यह अत्यधिक महत्त्वपूर्ण शिक्षा थी। मूल्यांकन फॉर्म इस बात के साक्ष्य हैं कि हमने आपसे क्या सीखा है।'

अभी भी मैं बंबई में एक सर्जन के रूप में प्रतिष्ठित नहीं हुआ था, लेकिन शुक्र-वाहिका को पुनः जोड़ने के अपने काम के लिए पूरे भारत के अनेक भागों में मुझे जाना जाने लगा था। मैं खुश था कि मेरे पास करने के लिए कुछ उपयोगी काम था।

जब मैं इंग्लैंड गया, बी.बी.सी. में मुझे एक साक्षात्कार के लिए आमंत्रित किया गया। मुझे लगभग सात मिनट तक बोलना था, लेकिन वह साक्षात्कार अठारह मिनट तक चला। बी.बी.सी. एंकर ने मुझे बताया कि इस श्रेणी में साक्षात्कारों को दिए गए किसी समय में यह सबसे लंबा समय था। जब हम चाय पी रहे थे, साक्षात्कारकर्ता को महसूस हुआ कि मुझे शुक्र-वाहिकाओं को पुनः जोड़ने के कार्यक्रम का एंबेसडर नियुक्त कर दिया जाना चाहिए।

मुझे ठीक से याद नहीं, लेकिन मुझे लगता है कि मुझे 20 पौंड मिले थे। मैं बाहर

आया और पास की एक दुकान पर मैंने एक सुंदर सा नीले रंग का टाइपराइटर देखा। मैंने 18 पाउंड में उसे खरीद लिया। इलेक्ट्रिक टाइपराइटर एक नई चीज थी और अनेक वर्षों तक मैंने उस पर काम करने का आनंद लिया।

जिस भी पुरुष को शुक्र-वाहिका को डबरा जोड़ने की आवश्यकता होती, उन्हें एन्फ्लुएंजा, मेनिंजॉयटिस, कार दुर्घटना, कुएँ में गिरना, जलना, साँप काटना और यहाँ तक कि संपत्ति के लिए जहर या हत्या जैसे कारणों से होनेवाली मृत्यु का अनुभव जुड़ा होता था। मैं भाग्यशाली था कि इतने सारे घरों में मेरे कारण रोशनी आ सकी।

एक डॉक्टर दंपती के एक बेटा और एक बेटी थी। दुर्भाग्यवश एक संक्षिप्त बीमारी के कारण बेटे की मृत्यु हो गई। लेकिन पति ने नसबंदी करवा ली थी। शुक्र-वाहिका को पुन: जोड़ने का ऑपरेशन सफल हुआ और एक वर्ष बाद उन्होंने मुझे लिखा कि उनकी पत्नी ने एक बेटे को जन्म दिया था, जो उनके पहले बेटे की ही प्रतिकृति था, जिसे उन्होंने खो दिया था।

छह वर्ष बाद एक लेक्चर देने के लिए मैं दक्षिण भारत की यात्रा कर रहा था। जब हमारी कार शहर में जा रही थी, मुझे अचानक याद आया कि वह डॉक्टर इसी शहर के रहनेवाले थे। मेरे पास उनका पता नहीं था और न ही मुझे उनका नाम याद था। मैं एक केमिस्ट की दुकान पर गया और देखने की कोशिश की कि क्या वह मेरी कोई सहायता कर सकता है।

जब मैंने डॉक्टर का वर्णन किया तो उसने कहा, ''सर, कृपया प्रतीक्षा करें। मैं जानता हूँ, आप किसे चाहते हैं।'' उसने उन्हें फोन किया और दस मिनट के अंदर ही डॉक्टर अपने बेटे को लेकर आँखों में आँसू लिये वहाँ पहुँच गए थे। वह इतने अधिक भावुक हो रहे थे कि बोल ही नहीं सके।

वह हमें अपने घर ले गए और वहाँ हमने वह दिन काफी धूमधाम से मनाया। उनके पूजा घर में मेरी तसवीर लगी हुई थी। यह है भारत।

अब उनका बेटा मेडिसिन का एसोशिएट प्रोफेसर है और बाद में जनमी एक और बेटी आज कैलिफोर्निया में इंटेंसिव केयर यूनिट की प्रमुख है।

मेरे 75वें जन्मदिन पर एक सार्वजनिक समारोह में मुझे बधाई देने के लिए बहुत सारे लोग आए थे। वह डॉक्टर विशेष रूप से आए थे और अपना भाषण देने के बाद उन्होंने दक्षिण भारत के पारंपरिक पोशाक और साफे से मुझे सुशोभित किया।

बाद में उन्होंने मुझे लिखा—'यह देखकर मैं अत्यधिक भावुक हो रहा था कि अपनी मान्यताओं के द्वारा कितनी बड़ी संख्या में आपने लोगों का सम्मान अर्जित किया है। हमारी वर्तमान पीढ़ी को यह देखने की आवश्यकता है कि किस तरह से हमारे महान् व्यवसाय में अपेक्षित मार्ग का अनुसरण करके एक व्यक्ति समाज से प्यार और स्नेह

प्राप्त कर सकता है। यह देखकर मुझे और भी खुशी हुई कि आपके बच्चे भी इसी राह पर चल रहे हैं। मैं ईश्वर से यही कामना करता हूँ कि वे आप सभी को अच्छे स्वास्थ्य, धन-संपदा और बुद्धि से परिपूर्ण रखें।'

एक बार बंबई में हमारी एक कॉन्फ्रेंस थी, जहाँ मैंने शुक्र-वाहिकाओं को पुनः जोड़ने पर एक भाषण दिया था। भारत में प्रत्येक व्यक्ति पर यही गोला दागा जा रहा था कि भारत में जनसंख्या विस्फोट होने वाला है और जन्म-नियंत्रण ही वर्तमान समय की आवश्यकता है। चूँकि लोगों को 'जन्म-नियंत्रण' शब्द पसंद नहीं आया, अतः इसे बदलकर 'परिवार कल्याण नियोजन कार्यक्रम' कर दिया गया था। बंबई में विश्व के अनेक भागों से विशेषज्ञ एकत्र हुए थे।

मैंने इस विधि का प्रदर्शन किया कि किस तरह से विभाजित शुक्र-वाहिका को पुनः जोड़ा जा सकता है। ऑपरेशन देखने के बाद एक विदेशी सर्जन, जिनका प्रशिक्षण इंग्लैंड में हुआ था, मुझसे मिले। उन्होंने कहा, "पुनः जोड़ने की तकनीक इतनी उत्कृष्ट है कि मैं चाहता हूँ कि मेरी नसबंदी का ऑपरेशन आप करें।" ऐसा ही हुआ।

ऑपरेशन के बाद 27 जनवरी, 1975 को उन्होंने मुझे लिखा कि उन्होंने 11 बजे रात तक काम किया। अगले दिन भी वह एक कॉन्फ्रेंस में व्यस्त थे और तीसरे दिन जठर की एक बड़ी शल्य क्रिया का प्रदर्शन करने के लिए वह मद्रास गए। एक वार्ड में घूमे, पोस्ट ग्रेजुएट छात्रों के लिए एक लेक्चर दिया और अगले दिन अपने देश के लिए रवाना हो गए।

उन्होंने आगे लिखा—'मेरे विचार से मेरी गतिविधियाँ इस बात का प्रमाण हैं कि आपने कितनी कुशलता और नरमी के साथ मेरा ऑपरेशन किया है और किसी भी तरह की जटिलता का अभाव आपकी तकनीकों की भेंट है। कृपया किसी भी समय जब आप चाहें, मेरा उद्धरण दें।'

एक अफ्रीकी देश के कंसल्टेंट पैथोलॉजिस्ट ने एक कार दुर्घटना में अपने एकमात्र पुत्र को खो दिया और दुर्भाग्यवश उन्हें उसका पोस्टमॉर्टम करना पड़ा। प्रतिदिन जब वे अस्पताल पहुँचते, वह रजिस्टर खोलकर अपने बेटे की पोस्टमॉर्टम रिपोर्ट पढ़ते। परिवार इस त्रासदी को सहन नहीं कर पा रहा था और अंततः उन्होंने देश छोड़ने का निर्णय लिया। उनके बहनोई अमेरिका में एक सर्जन थे, जिन्होंने शुक्र-वाहिकाओं को पुनः जोड़ने के मेरे काम के बारे में सुना था और इस प्रकार से भाग्य के मारे उस दंपती ने अवसादपूर्ण स्थिति में मुझसे मशविरा किया। बाद में मुझे एक पत्र प्राप्त हुआ—

'यह सूचित करते हुए हमें अत्यधिक प्रसन्नता हो रही है कि 16.2.1981 को हमें एक पुत्र की प्राप्ति हुई है। यह हमारा सौभाग्य और ईश्वर की कृपा है। हमारे दिलों को फिर से शांति देने के लिए हम हमेशा आपके आभारी रहेंगे। हम आपके प्रति अत्यधिक

कृतज्ञ हैं।'

वैज्ञानिक पृष्ठभूमि की गतिविधियों में संलग्न एक रोगी से मुझे एक बहुत ही रोचक पत्र प्राप्त हुआ—

'आपने सन् 1967 में शुक्र-वाहिकाओं को जोड़ने का ऑपरेशन किया। यह मेरी गलती थी कि मैंने आपके पास वीर्य (सीमेन) रिपोर्ट नहीं भेजी, क्योंकि मैं चाहता था कि चीजें प्राकृतिक तरीके से हो जाएँ। मैं जानता हूँ कि मकैन तर्कहीन था, लेकिन मैंने यही महसूस किया।

'मुझे आपको यह सूचित करते हुए खुशी हो रही है कि मेरी पत्नी को दो माह का गर्भ है। मैं आपको एक जानकारी देना चाहता हूँ। मुझे लगता है, आपके लिए उपयुक्त होगी। स्त्री-पुरुष संबंध के बारे में एक पुस्तक हमें मिली। समागम की इच्छा काफी उत्तेजित हो गई और उसी समय गर्भ-धारण सफल हो पाया।

'रिपोर्ट न भेजने के लिए क्षमा चाहता हूँ और आपकी अच्छी सेवाओं एवं आपके उत्तम मानवीय गुणों के लिए एक बार फिर से धन्यवाद।

'उसके प्रसव के बाद मैं आपको फिर से लिखूँगा।'

फिर कोई पत्र नहीं आया।

एक बार मैंने धुले के जिला अस्पताल में दोबारा जोड़ने का ऑपरेशन किया, जब सप्ताहांत में 16 ऑपरेशन किए गए थे। 14वें में वीर्य की जाँच सकारात्मक थी—दो ने जवाब नहीं दिया। काफी प्रयास करके और स्वास्थ्य सेवा एवं सामाजिक कार्यकर्ताओं को साथ शामिल करके मैंने सात दंपतियों की उनके नवजात शिशुओं के साथ तसवीरें खिंचवाईं। इनमें से अधिकांश निर्धन ग्रामीण थे। इससे ज्ञात होता है कि कारखाई को पूरा करना भारत में लगभग असंभव है।

सन् 1973 में जिनेवा में एक अंतरराष्ट्रीय कॉन्फ्रेंस में मुझसे एक प्रश्न पूछा गया कि हमें यह कैसे पता चलता है कि बच्चे का जन्म उसी पुरुष से हुआ है, जिस पर शुक्र-वाहिकाओं को पुनः जोड़ने का ऑपरेशन किया गया था। मेरा उत्तर सामान्य था। मैंने कहा, ''एक पुरुष का नसबंदी का ऑपरेशन होता है। वह पुनः जुड़वाना चाहता है, उसके वीर्य में शुक्राणु नहीं हैं। मैं ऑपरेशन करता हूँ, वीर्य में शुक्राणु पुनः आ जाते हैं और व्यक्ति की पत्नी गर्भ-धारण करती है और मेरे एवं समाज के लिए यह विश्वास करने के लिए कि शिशु उसी दंपती का है, इतना ही पर्याप्त है। वैज्ञानिक चिकित्सा इस व्याख्या को स्वीकार नहीं करेगी।

मैंने 200 से अधिक ऑपरेशन किए थे और प्रत्येक सफल रोगी एक चलता-फिरता विज्ञापन था कि नसबंदी को वापस किया जा सकता था। यद्यपि अंतरराष्ट्रीय वैज्ञानिक साहित्य में मेरे काम का बहुत कम उल्लेख किया गया, लेकिन यह जानकारी कि नसबंदी

को वापस जोड़ा जा सकता है, पूरे देश में फैल गई।

मेरा उद्देश्य शैक्षिक स्वीकृति प्राप्त करने का या अपना सीवी बढ़ाने का नहीं था, बल्कि अधिकांश भारतीयों तक यह सूचना प्रसारित करने का था कि नसबंदी को वापस जोड़ा जा सकता है।

परिवार नियोजन में सर्जनों की भूमिका पर एक भाषण देने के लिए मुझे दिल्ली में आमंत्रित किया गया था। उद्घाटन के समय अपने भाषण में स्वास्थ्य एवं परिवार नियोजन के सचिव ने कहा था कि यदि परिवार नियोजन का कार्यक्रम असफल रहता है तो वह इसके लिए डॉक्टरों को उत्तरदायी मानेंगे। अपने भाषण में मैंने कहा, "हम व्यावसायिक लोग हैं, जिन्हें कभी भी रोगियों की तलाश में नहीं निकलना चाहिए। वस्तुत: जो व्यक्ति नसबंदी करवाता है, वह एक स्वस्थ पुरुष होता है, रोगी नहींद्ब"

मैंने आगे कहा कि राजनीतिक दल, सामाजिक कार्यकर्ता और धार्मिक नेता, जो आम जनता को प्रभावित कर सकते हैं, को लोगों को प्रेरित करना चाहिए और हम डॉक्टरों को उनका ऑपरेशन करना चाहिए; लेकिन यह अपेक्षा करना गलत है कि डॉक्टर रोगियों को एकत्र करें। सामान्यत: मेरे भाषण के बाद मुझे सराहना-युक्त प्रतिक्रिया मिलती है। कभी-कभी लोग खड़े होकर भी सम्मान करते हैं। लेकिन उस दिन हॉल में गहरा सन्नाटा छाया हुआ था। सचिव स्पष्ट रूप से क्रोधित थे और लेक्चर हॉल से बाहर निकलने से पहले उन्होंने डॉक्टरों को वहीं अपनी धमकी दोहराई।

अंत में संस्था के अध्यक्ष ने चापलूसी का सामान्य प्रदर्शन करते हुए प्रतिनिधियों का मार्गदर्शन करने के लिए अपना बहुमूल्य समय निकालने के लिए मुख्य अतिथि के प्रति हृदय से आभार प्रकट किया। जब लाल बत्तियों की चमकती हुई कारों के काफिले के साथ वी.आई.पी. चले गए तो सभी संचालनकर्ताओं ने मुझे घेर लिया, जिन्होंने मुझे मेरे स्पष्टवादी भाषण के लिए बधाई दी; लेकिन साथ ही उन्हें ताज्जुब हो रहा था कि इमरजेंसी काल में सरकारी नीतियों के खिलाफ बोलने में मुझे डर कैसे नहीं लगा। वही लोग, जिन्होंने स्वास्थ्य सचिव को धन्यवाद दिया था, अब मुझे मेरे भाषण के लिए बधाई दे रहे थे।

यह भारतीयों की एक विशिष्ट प्रवृत्ति होती है। हम 800 से अधिक वर्ष तक गुलाम रहे थे और मुझे लगता है कि इस लंबी अवधि में हमारे जीन्स कुछ इस तरह से प्रोग्राम कर दिए गए हैं कि हम अपने मालिकों की प्रशंसा ही करते हैं। लेकिन इस बात के संकेत नजर आने लगे हैं कि भारत बदल रहा है। भारत पूरे आत्मविश्वास के साथ जाग रहा है।

'बोलने के लिए साहस की आवश्यकता होती है,
सुनने के लिए धैर्य और साहस की आवश्यकता होती है।
लोकतंत्र की यही आत्मा है।'

शुक्र-वाहिकाओं को पुन: जोड़ने के मेरे काम से पुरुषों में प्रजनन-क्षमता के केस आने लगे और उनके साथ ही पुरुषों में होनेवाली यौन समस्याओं के केस भी आने लगे। मुझे अत्यधिक मात्रा में परामर्श देने पड़ते थे, जो एक ऐसा क्षेत्र था, जिसमें मैं बिल्कुल नया था। एक दिन जब मुझे इस संबोधन के साथ पत्र प्राप्त हुआ—'डॉ. श्रीखंडे, सेक्स सर्जन, बंबई'—तो मैं आश्चर्यचकित रह गया था।

यह भारत में डाक सेवा की कुशलता का प्रमाण था। पचास लाख की आबादी वाले शहर में बिना किसी पते के पत्र मेरे पास पहुँच गया था। मैं चाहता था कि मेरा नाम एक ऐसे सर्जन के रूप में हो सके, जो नसबंदी, पुरुष प्रजनन क्षमता और यौन संबंधी समस्याओं के सीमित क्षेत्र से दूर हो।

सलाह के लिए रोगी कैसे आते थे

एक प्रसिद्ध कैमिस्ट शॉप के मालिक ने प्यारौटीड की गाँठ के लिए मुझसे परामर्श माँगा। कारण क्या था? मैं बहुत कम एंटी-बायोटिक देता था। उसका निष्कर्ष था कि जो सर्जन कम-से-कम एंटी-बायोटिक का उपयोग करता है, वह अवश्य ही बहुत योग्य सर्जन होगा। केवल रोगियों को खुश करने की नीयत से मैं टॉनिक, विटामिन्स और एंजाइम देने से इनकार करता था। मेरी दवा की परचियाँ छोटी होती थीं, लेकिन मैं रोगियों से बात करने में लंबा समय बिताता था।

(प्यारौटीड ग्रंथि कान के निचले हिस्से के नीचे, निचले जबड़े के ऊपर स्थित एक बड़ी लार-ग्रंथि होती है और इससे लार का स्राव होता है, जो भोजन को चबाने और निगलने के लिए नम बनाती है। प्यारौटीड में होनेवाली अधिकांश गाँठें घातक नहीं होती हैं, लेकिन इन्हें सर्जरी के द्वारा निकालना पड़ता है। ग्रंथि में विस्तृत चेहरे की शिराएँ चेहरे की मांसपेशियों को आपूर्ति करती हैं और इनमें से एक भी शाखा के क्षतिग्रस्त होने से चेहरे पर लकवा पड़ सकता है, जो कि रोगी के लिए त्रासदी और सर्जन के लिए बदनामी का कारण हो सकता है। इन दिनों इस तरह के रोगी कान, नाक और गले के डॉक्टर (ई.एन.टी.) विशेषज्ञ और प्लास्टिक सर्जन के पास जाते हैं; लेकिन मैं जनरल सर्जन के युग में था।)

मैंने पहले कभी यह ऑपरेशन नहीं किया था। एक सर्जन को मैंने इसे करते देखा था। सर्जरी के लिए आवश्यक प्रत्येक शिरा के तंतु के नाजुक विच्छेदन को देख मैं अत्यधिक आकर्षित हो गया था। मैंने सोचा कि मैं यह ऑपरेशन कर सकूँगा। मैं ग्रांट मेडिकल कॉलेज के एनेटॉमी संग्रहालय में गया और प्रत्येक बारीकी को समझने में काफी अधिक समय व्यतीत किया। एक सप्ताह के बाद मैंने ऑपरेशन किया और प्रत्येक शिरा-तंतु का विच्छेदन किया। रोगी खुश था कि गाल की गाँठ गायब हो गई थी और मुझे यह देखकर खुशी हो रही थी कि बिना चेहरे में किसी भी तरह की विकृति आए,

रोगी मुसकरा रहा था। धीरे-धीरे प्यारौटीड ट्यूमर के केस बढ़ने लगे और मुझे खुशी हुई कि मेरे एक ई.एन.टी. सर्जरी के सहकर्मी ने अपनी कम उम्र की भतीजी के प्यारौटीड ट्यूमर का ऑपरेशन मुझसे करवाया। अपने कैरियर में होनेवाली अच्छी चीजों से मैं खुश था। एक बार एक मुलाकात में मुझसे पूछा गया कि क्या मुझे डर नहीं लगता कि यदि मुझसे चेहरे की शिरा क्षतिग्रस्त हो जाए तो कहीं मेरा रोगी मुझ पर मुकदमा न कर दे। मैं कोई जुआ नहीं खेल रहा था। मैं जानता था कि मैं सुरक्षित तरीके से ऑपरेशन कर सकता हूँ। मैं सहज रूप से यह जानता था कि मुझे कितनी दूर तक जाना है।

मेरे कैरियर के आरंभ में घटी एक अन्य रोचक घटना की मुझे याद आती है। मेरे पास सोलह साल की एक युवती को अति-सक्रिय थायरॉइड ग्रंथि के ऑपरेशन के लिए लाया गया था, जिससे दवाओं का असर होना बंद हो चुका था। कैजुअल्टी के मेडिकल अधिकारी ने मुझे थायरॉइड का ऑपरेशन करते देखा था और मेरी तकनीक से वह अत्यधिक प्रभावित हुए थे। मुझे यह देखकर आश्चर्य हो रहा था कि इस कम उम्र में लड़की पर थायरॉइड-रोधी दवाएँ असर क्यों नहीं कर रही थीं। क्या निदान में कोई गलती हुई थी ?

मैंने निश्चय किया कि मुझे रोगी की जाँच सावधानीपूर्वक करनी चाहिए। उसने छाती की जाँच के लिए मना कर दिया, क्योंकि उसे अत्यधिक शर्म आ रही थी। विदेश में प्रवास के दौरान मैंने कभी भी ऐसी परिस्थिति का सामना नहीं किया था। भारत में पुरुषों को भी डॉक्टर के सामने अपने कपड़े उतारने में संकोच होता है।

उसके साथ आए डॉक्टर ने बताया कि लड़की का परिवार संकीर्ण मानसिकता के लोग थे तथा दो डॉक्टर पहले ही उसका परीक्षण कर चुके थे और उन्होंने थायरॉइड के ऑपरेशन के लिए सुझाव दिया था। क्या मेरे लिए सचमुच अनिवार्य था कि मैं उसकी छाती का परीक्षण करूँ ? मैंने तब तक उसका उपचार करने से इनकार कर दिया, जब तक मुझे अपने तरीके से उसकी जाँच करने की अनुमति नहीं मिल जाती। अंततः वह तैयार हो गई। मेरे साथ ही सभी के लिए यह अचरज की बात थी कि उसके हृदय का वॉल्ब खराब था। ऐसा 50 वर्ष पहले हुआ था। भाग्यवश मैंने थोरासिक सर्जरी में एक पोस्ट की थी और इसीलिए निदान करना कठिन नहीं था। मैंने ऑपरेशन थिएटर में एक दुर्घटना होने से बचा ली थी।

मेरा प्रशिक्षण क्लीनिकल तरीकों के उस युग में हुआ था, जो अब तेज गति से खत्म हो रहा है। क्लीनिकल पद्धति में अनेक कमियाँ थीं, लेकिन तकनीकी दवाओं में भी अनेक सीमाएँ हैं। डॉक्टर अपने रोगियों से संपर्क खो रहे हैं। चिंतनशील डॉक्टरों के स्थान पर वे डॉक्टर आ गए हैं, जो रिपोर्ट के आधार पर उपचार करते हैं। तकनीकी ने कुछ सर्जन को तकनीशियन बना दिया है।

प्रत्येक पुराना सोने का बना नहीं है और नया सबकुछ वरदान नहीं है। मैं मेडिकल

के छात्रों को पढ़ाता था कि उन्हें प्रश्न पूछना सीखना चाहिए। मैं कॉनन डॉयल की प्रसिद्ध शेरलॉक होम्स की कहानी 'सिल्व्हर ब्लेझ' का उदाहरण देता था। डर्बी दौड़ से पहले जब घोड़ा चोरी हुआ तो कुत्ता क्यों नहीं भौंका? मैंने पूछा, ''उस युवती पर थायरॉइड-रोधी दवाएँ असर क्यों नहीं कर रही थीं?'

एक पारिवारिक चिकित्सक, जो हमारे क्षेत्र में अत्यधिक प्रसिद्ध थे, इतने अधिक प्रभावित हुए कि उन्होंने अगले 30 वर्ष तक सैकड़ों रोगियों को मेरा संदर्भ दिया। ऐसे अवसर बिना पूर्व सूचना के आते हैं। किसी व्यक्ति के कैरियर के आरंभ में एक बुरा केस भी उसका कैरियर बरबाद कर सकता है।

कई वर्ष पहले एक डॉक्टर ने मुझे अपने नर्सिंग होम में अपने एक रिश्तेदार का ऑपरेशन करने के लिए बुलाया। मैं अत्यधिक उत्साहित था, क्योंकि इस विशाल शहर में सैकड़ों सर्जनों के बीच में से उन्होंने मेरा चुनाव किया था। मैं उनके कार्यालय गया, जहाँ मेरे सामने चाय प्रस्तुत की गई।

मैं ऑपरेशन थिएटर देखना चाहता था और मुझे बताया गया कि मैं वहीं बैठा हूँ। जिस मेज को मैंने डॉक्टर की जाँच की मेज समझा था, वह ऑपरेशन टेबल थी और डॉक्टर का कमरा वास्तव में उसका ऑपरेशन थिएटर ही था। मुझमें मना करने का साहस नहीं था, क्योंकि यह स्थान काफी प्रसिद्ध था। एंटी-बायोटिक का काफी अधिक उपयोग किया गया था और उससे उस अल्पकालिक ऑपरेशन थिएटर में उपस्थित घातक जीवाणु मर गए थे। मैंने निश्चय किया कि ऐसा आगे से कभी नहीं होगा।

जब मैंने शैक्षिक अस्पताल में काम करना शुरू किया तो कुछ ही दिनों बाद अन्य यूनिट के रेसिडेंटस मेरी सर्जरी देखने के लिए आने लगे। मुझसे 30 साल वरिष्ठ मेरे प्रमुख को प्रत्येक नई चीज से एलर्जी थी और उन्होंने समस्याएँ उत्पन्न करना शुरू कर दिया। वह डरने लगे थे। मेरे ऑपरेशन की सूची कम कर दी गई और मुझे केवल बचे-खुचे ऑपरेशन मिलने लगे, जो रेजिडेंट्स के लिए होते थे।

मैंने एक अत्यधिक महत्त्वपूर्ण सबक सीखा कि यदि मुझे अपना स्थान बनाए रखना है तो मुझे देखना होगा कि मेरे वरिष्ठों की वरिष्ठता को धक्का नहीं लगाना।

मुझे निचले स्तर पर बने रहना था। मैंने रेसिडेंट एवं छात्रों को पढ़ाने में समय का सदुपयोग किया।

इसे कोई भी नहीं रोक सका। मैं एक अच्छे शिक्षक के रूप में अपना नाम स्थापित कर सका था। मेरे पास इमरजेंसी केस में ऑपरेशन करने के अवसर थे। वह आधी रात की इमरजेंसी में कभी नहीं आते, क्योंकि वह अस्पताल से बहुत दूर रहते थे। जब अन्य दरवाजे बंद हों तो हमें सदैव अवसरों की खिड़कियाँ तलाशते रहना चाहिए। वे लोग सौभाग्यशाली होते हैं, जिन्हें ऐसे वरिष्ठ मिलते हैं, जो अपने जूनियर के अच्छे काम

की सराहना करते हैं।

सप्ताह में एक बार मैं बंबई से 60 कि.मी. दूर एक चेरिटेबल अस्पताल में एक लोकल ट्रेन से यात्रा करता था। मैं बाहरी रोगियों का परीक्षण करता और ऐसे सामान्य ऑपरेशन करता, जिनमें ऑपरेशन के बाद अधिक सावधानी की आवश्यकता नहीं होती थी। मुझे प्रतिमाह 150 रुपए की मामूली राशि मिलती थी। यह काम मैंने सात वर्ष तक किया और अनेक संपर्क स्थापित किए। जिन रोगियों को बड़े ऑपरेशन की आवश्यकता होती, वे मेरे पास बंबई में आ जाते।

एक वर्ष तक मैं महीने में तीन सप्ताहांत बंबई से 200 कि.मी. दूर स्थित एक कस्बे में भी गया। ट्रेन शनिवार की शाम बंबई से चलती थी और देर रात नाशिक सिटी पहुँचती। मैं पूरे रविवार काम करता और शाम को घर लौट आता। महीने में एक सप्ताहांत में मैं बंबई में इमरजेंसी कॉल देखता था।

नाशिक में मेरी डिग्री की तुलना में कोई भी कुशल सर्जन नहीं था। शेष पूरा महीना बंबई में रहकर मैं जितना कमा पाता था, उसकी तुलना में इस शहर में महीने में तीन बार आकर मैं अधिक कमा लेता था। अब नाशिक में एक मेडिकल कॉलेज और अनेक सुपर स्पेशियेलिटी अस्पताल मौजूद हैं।

एक दिन जब मैं वार्ड का चक्कर लगाने के लिए गया था, मैंने अपने रेसिडेंट और वार्ड की सिस्टर को आवेश में देखा, क्योंकि पेट के कैंसर से मर रहे एक रोगी के रिश्तेदार ने उन्हें बताया था कि उसे वार्ड में दाखिला दिलवाने के लिए मैंने पैसे लिये थे। उन्होंने रिश्तेदारों को आश्वासन दिया कि यह असंभव था, क्योंकि मैं ऐसी हरकत कर ही नहीं सकता था।

दुर्भाग्यवश कुछ डॉक्टर ऐसे थे, जो उस अस्पताल में दाखिले और ऑपरेशन के लिए पैसे लेते थे, जहाँ गरीबों का निःशुल्क इलाज होता था।

मैं उस रोगी के रिश्तेदार के पास गया और पूछा कि उसके अनुसार मुझे किसने पैसे दिए थे। उसने मुझे बताया कि जिस व्यक्ति ने उसे दाखिला दिया था, उसने मेरी ओर से पैसे लिये थे। मैं उसे लेकर पूरे वार्ड में घूमा और उसे यह विश्वास हो गया कि किसी भी रोगी ने दाखिले के लिए पैसे नहीं दिए थे।

भ्रष्टाचार की जड़ें गहरी व व्यापक हैं और लालच से दूर रहते हुए नैतिक मार्ग को चुनना सुरक्षित और बुद्धिमत्तापूर्ण होता है। व्यक्ति को समाधान का अंग बनने का संकल्प लेना चाहिए, न कि समस्या का।

अनेक क्षेत्रों में रिश्वत देना और लेना एक आदत में स्वीकार कर लिया गया है और मेडिकल क्षेत्र भी कोई अपवाद नहीं है। लेकिन डॉक्टरों पर नैतिकता का उदाहरण प्रस्तुत करने का उत्तरदायित्व होता है। संभव है कि एक अच्छा सर्जन धन-संपदा न

इकट्ठी कर सके, लेकिन अपने कैरियर के उत्थान के दौरान एक आरामदायक जीवन व्यतीत कर सकता है।

'भाग्यशाली माहौल में फूलों के बीच,
यदि आप गलत करते हैं और झूठा व्यवहार करते हैं
तो सर्दियों के दिनों में
बारिश के बीच
आपको समझौता करना पड़ेगा
और कीमत चुकानी पड़ेगी।'

विख्यात अंग्रेजी कवि लॉन्गफेलो की कविता पूर्णत: सत्य है, जिसे कुछ लोग जीवन में बहुत देर से समझ पाते हैं। नीतिपरक व्यक्तियों को जीवन में सफलता प्राप्त करनी चाहिए और सफल व्यक्तियों को जीवन में नैतिकता का व्यवहार करना चाहिए, अन्यथा भावी पीढ़ियों को यही संदेश मिलेगा कि ईमानदारी का अच्छा परिणाम नहीं मिलता।

यद्यपि सत्ता, प्रतिष्ठा और सामाजिक दायरे में किसी भी नेटवर्क के साथ मेरा किसी भी तरह का संपर्क नहीं था, मैं सर्जनों की दो पीढ़ियों के लिए एक रोल मॉडल बन सकता था। इस बात पर मुझे बहुत संतुष्टि का अनुभव होता है कि मेरे द्वारा प्रशिक्षित किए गए अनेक रेसिडेंट की प्रतिष्ठा अच्छे सर्जन के रूप में स्थापित है, जो नैतिकतापूर्ण आचरण करते हैं। मैं जानता हूँ कि कुछ ने गलत रास्ते अपनाए हैं। फिर भी, यदि केवल कुछ ही लोग सही मार्ग चुनते हैं तो हमारा काम पूरा हो जाता है। किसी भी मानवीय गतिविधि में व्यर्थ प्रयास का सिद्धांत चलता है।

अकसर डॉक्टरों पर स्वार्थ, धोखेबाजी और शोषण करने का आरोप लगाया जाता है; लेकिन मैंने लगातार सिक्के का दूसरा पहलू देखा है—धनाढ्य रोगी डॉक्टरों का शोषण करते हैं। वे जनरल वार्ड में दाखिला लेते हैं और उस बेड पर कब्जा कर लेते हैं, जो ऐसे लोगों के लिए होता है, जिनका महँगे बेड लेने का सामर्थ्य नहीं होता। ये अस्पताल और डॉक्टर दोनों से धोखा करते हैं।

मेडिकल के पाठ्यक्रम में मानवीय मूल्य और सहानुभूति की शिक्षा को शामिल किया जाना चाहिए, जिससे कम-से-कम कुछ तो भारत के गरीबों का ध्यान रखेंगे। जब तक हम बीज नहीं बोते, हमें फल नहीं मिल सकते। मैं आशावादी हूँ, क्योंकि इस निराशाजनक तसवीर के बावजूद ऐसे डॉक्टर, नर्स और अस्पताल भी मौजूद हैं, जो सारी विपरीत परिस्थितियों में भी उत्कृष्ट कार्य कर रहे हैं, जो कुछ ऐसा है, जिसे मैंने अपने पूरे कार्यकाल में व्यक्तिगत रूप से अनुभव किया है।

❑

अध्याय 7

जिलों का भ्रमण

बंबई में मैं एक ऐसे अस्पताल में काम कर रहा था, जहाँ सुविधाएँ अपर्याप्त थीं और जहाँ ग्रामीण इलाकों से रोगी आते थे। मैंने प्रशासन को सुझाव दिया कि शैक्षिक अस्पतालों को जिला अस्पतालों के साथ जोड़ना चाहिए, ताकि वे आपस में अपने अनुभवों का आदान-प्रदान कर सकें, जिसमें बंबई के सर्जनों को जिलों का भ्रमण करना चाहिए और जिले के सर्जनों को बंबई आना चाहिए।

जब मैंने इस विषय पर अपने सहकर्मियों के साथ चर्चा शुरू की तो सामान्य प्रतिक्रिया कुछ इस प्रकार से थी—अपर्याप्त सुविधाओंवाले अस्पतालों में जाकर हम क्या उद्देश्य पूरे कर सकेंगे? वे मेरे इस विचार से सहमत नहीं हो सके कि जब तक हम जिले के सर्जनों की समस्याओं का सामना नहीं करेंगे, हम ग्रामीण भारत में सेवाओं के स्तर को सुधारने में अपना योगदान नहीं दे सकेंगे। उनका सुझाव था कि जिले के डॉक्टरों को बंबई आकर हमारा काम देखने देना चाहिए।

मुझे एक उदहारण याद है, जब तकनीकी ट्रांसफर योजना के अंतर्गत अमेरिका से एक सुप्रसिद्ध सर्जन बंबई आए थे। उनकी कॉन्फ्रेंस में अनेक प्रतिनिधि शामिल हुए थे। टाँके से संबंधित सामग्री सुबह के ही सत्र में पूरी हो गई थी। विदेश से आए सर्जन को भारत की जानकारी नहीं थी और यहाँ शहर के सर्जनों को यह जानकारी नहीं थी कि कस्बों और ग्रामीण क्षेत्रों में सर्जन कैसे काम करते हैं। यह तसवीर चालीस वर्ष पहले की थी।

मैं एक छोटे से कस्बे का निवासी था और इसलिए मुझे स्थानीय अस्पतालों में दी जानेवाली सेवाओं की गुणवत्ता के स्तर की जानकारी थी। जब तक कि अनुभवी सर्जन जिलों में जाकर स्थानीय डॉक्टरों के साथ वहाँ के माहौल में काम नहीं करते, परिस्थितियों में सुधार नहीं हो सकता। संरचना में कमी रचनात्मकता के लिए प्रोत्साहक का काम कर सकती है। मैंने जिला अस्पतालों में बड़े ऑपरेशन किए हैं और यह देखकर मुझे अत्यधिक प्रसन्नता हुई कि इससे कुछ सर्जन अपनी खराब सुविधाओं की शिकायत

करने के स्थान पर उनके अपने ही माहौल में बेहतर काम करने के लिए प्रोत्साहित हुए।

सन् 1971 में इंग्लैंड में अपनी दूसरी यात्रा के दौरान घटी एक घटना मुझे याद आती है, जब मैंने कुछ प्रतिष्ठित सर्जनों की ऑपरेशन संबंधी तकनीकों को देखने के लिए इंग्लैंड में कुछ केंद्रों का भ्रमण किया।

लंदन के डॉ. नॉर्मन टेनर जठर के अल्सर के सुप्रसिद्ध सर्जन थे। सौभाग्य से जिस दिन मैं उनके अस्पताल में गया, उनके लिए कोई भी सहयोगी उपलब्ध नहीं था और उन्होंने दो ऑपरेशन के लिए मुझे सहयोग करने के लिए कहा। मास्टर को काम करते हुए देखने का यह सुनहरा अवसर था। बाद में उन्होंने मुझे अपनी महँगी, ड्राइवर द्वारा चलाई जानेवाली कार में लिफ्ट दी। कार से उतरते समय मैंने कहा, ''सर, गैस्ट्रिक सर्जरी के क्षेत्र में आपके योगदान के विषय में मैंने उस समय से सुना है, जब सन् 1951 में मैं मेडिकल कॉलेज का एक छात्र ही था और आज मेरा सौभाग्य था कि मुझे आपका सहयोग करने का अवसर मिला। जब भी जठर में होनेवाले छाले की चर्चा होगी तो आपका नाम सुनहरे अक्षरों में अंकित होगा।''

आँखों में चमक के साथ उन्होंने अपना हाथ मेरे कंधे पर रखा और बोले, ''लंदन में कोई भी व्यक्ति अच्छी सर्जरी कर सकता है; लेकिन मेरे विचार से, भारत के किसी छोटे से कस्बे में जलन-युक्त अपेंडिक्स को निकालना कहीं अधिक कठिन काम होगा और अधिक संतोष देनेवाला ऑपरेशन होगा।''

जब भी मेरे सहकर्मी, जिनका प्रशिक्षण विदेशों में हुआ है, भारत में उपलब्ध अपर्याप्त सुविधाओं की शिकायत करते हैं तो मैं उन्हें यही कहानी सुनाता हूँ। मैं उनसे कहता हूँ कि पिछड़े इलाकों में जाएँ, देखें कि वहाँ कैसे काम होता है और उन्हें दिखाएँ कि कैसे वे अपनी सर्जरी की गुणवत्ता में सुधार कर सकते हैं।

हमें सर्जनों को इस प्रकार प्रशिक्षित करना चाहिए कि उनके पास जो भी उपलब्ध सुविधाएँ हों, वे उसी में अपना सर्वश्रेष्ठ प्रदर्शन कर सकें। और यही प्रगति है।

सन् 1974 में मैं एक सरकारी अस्पताल में कुछ सामान्य ऑपरेशन का प्रदर्शन करने के लिए धुले गया, जो बंबई से 400 कि.मी. दूर स्थित एक जिले का कस्बा है। स्थानीय सर्जनों ने आठ केस चुने थे और ऑपरेशन संबंधी हर्निया ऑपरेशन कभी असफल होता है, फिर अच्छी तरह से कैसे करना, उन्हीं उपकरणों से किया गया, जो अस्पताल में उपलब्ध थे।

थायरॉइड और नाड़ीगाँठ (नासूर) आदि के ऑपरेशन मैंने दिखा दिया। मुझे एक रोगी के विषय में विशेष रूप से बताना होगा, जिसे कई महीनों से पेट में तेज दर्द था, जिसका निदान नहीं हो सका था। एक तकनीशियन ने बेरियम भोजन के साथ एक पुरानी एक्स-रे मशीन पर केवल एक एक्स-रे लिया था। एंडोस्कोप की जानकारी नहीं थी। मैंने

निर्णय लिया कि रोगी के लिए एक जाँच, मेडिकल शब्दों में लैपारोटॉमी की आवश्यकता थी। इसका अर्थ था—पेट को खोलकर रोग का पता लगाना। प्राथमिक आंकलन के आधार पर किसी भी रोग को पहचाना नहीं जा सकता। किसी को भी लैपारोटॉमी की उम्मीद नहीं थी और ऐसी स्थिति में सामान्यत: अपेंडिक्स को निकाल दिया जाता था और रोग के लक्षणों से आराम की उम्मीद की जाती थी।

अनुभवी सर्जन जठर के पिछले भाग की जाँच करते हैं, जिसका अहसास करना कठिन होता है। इसके लिए अतिरिक्त विच्छेदन की आवश्यकता होती है। जब मैंने जठर को उठाया तो छुपे हुए दोषी ने प्रकट होकर सभी को आश्चर्यचकित कर दिया और मुझे राहत दी—जठर की पिछली दीवार पर एक गहरा अल्सर था, जो पैंक्रियाज तक फैल गया था, जो कि पेट का सर्वाधिक नाजुक स्थान होता है।

मैंने जठर का बड़ा भाग निकाल दिया और अगले दिन जब हम वार्ड का चक्कर लगाने के लिए गए तो तो रोगी ने स्वयं ही हमें बताया कि अब उसे किसी भी तरह का दर्द नहीं हो रहा था, जिसने उसका जीवन कष्टकारी बना रखा था। यह पहली बार था कि उस अस्पताल में इस तरह का कोई ऑपरेशन किया गया था। यह यात्रा अत्यधिक सफल रही। सर्जनों में इस अनुभूति का संचार हुआ कि उनके पास उपलब्ध सुविधाओं के साथ ही और अधिक कार्य करना संभव था। देश के विभिन्न भागों में मेरे प्रदर्शनों में भी इसी प्रकार की प्रतिक्रियाएँ प्राप्त हुईं।

धुले के कैंप में शामिल एक सर्जन थे—डॉ. रवींद्रनाथ टोणगावकर। तीन वर्ष बाद उन्होंने मुझे सूचित किया कि उन्हें कुछ महीनों के प्रशिक्षण के लिए ऑक्सफोर्ड में जाने का अवसर मिल रहा था और उन्हें मेरा अनुमोदन चाहिए था। मैंने उन्हें बताया कि यदि उनका चयन न हो सके तो उन्हें अपनी एनेस्थेटिस्ट पत्नी के साथ कुछ समय के लिए बंबई आना चाहिए और हम उन्हें पर्याप्त मात्रा में ऑपरेशन संबंधी कार्य दिखाएँगे, जिससे उनके प्रदर्शन में बड़ा परिवर्तन आएगा। एक दिन दंपती आए और मेरा काम देखने के लिए दो सप्ताह तक रुके। धुले लौटने के बाद उन्होंने लिखा, जो वह अत्यधिक रोचक था—

'रविवार, 17 अगस्त, 1975

मैंने आपकी शिक्षाओं पर काम करना शुरू कर दिया है; जैसे—प्रत्येक रक्तस्राव पर चिंतित न होना, कम-से-कम उपकरणों का उपयोग करना, पैने विच्छेदन करना आदि। मेरे आने का सबसे महत्त्वपूर्ण परिणाम यह हुआ कि अब मैं ड्यूओडेनल अल्सर के केस में एक वेगोटॉमी गैस्ट्रो जेजुनोस्टॉमी कर सकता था। यह मेरा पहला वेगोटॉमी था, लेकिन मैं पूरे आत्मविश्वास के साथ इसे कर सका, क्योंकि बंबई के बाहरी इलाके में एक बहुत ही छोटे से अस्पताल में मैंने आपका सहयोग किया था, जब आपने हमारे सामने खूबसूरती से इसका प्रदर्शन किया था। मेरे लिए यह पहली बार था कि मैंने पेट

को खोलने के लिए एक भी आर्टरी फॉर्सिप का उपयोग नहीं किया।

त्रिकोणीय अस्थिबंध को मैं बिना आर्टरी फॉर्सिप से पकड़े हुए काट सका, जो मैं रक्तस्राव के डर से जरूर पकड़ता। मैं अन्न नलिका को अच्छी गति दे सका, दोनों वेगल शिराओं को पहचान सका और दोनों के भागों को पैथोलॉजिस्ट के पास भेज सका।

मुझे निश्चय ही स्वीकार करना होगा कि मैं फिनीज गैस्ट्रो डुओडेनोस्टॉमी करने का साहस नहीं कर पाया, जैसा कि आपने सुझाव दिया था। विशेष रूप से इसलिए कि गाँठ नसों के जाल के स्थान पर ही स्थित थी। अत: मैंने सामान्य गैस्ट्रो जेजुनोस्टॉमी की, जिसमें मैं कुशल था।

मुझे विश्वास है कि यदि मैंने आपको इतनी सुव्यवस्थित सफाई और सबसे सरल तरीके से बिना रक्त का उपयोग किए हुए, जो मेरे छात्र जीवन में चलन में था, वेगोटॉमी का ऑपरेशन करते हुए नहीं देखा होता तो मैं इसे लेने का साहस नहीं कर पाता।

मैं इंग्लैंड जाना चाहता था, लेकिन आपने मेरा सही मार्गदर्शन करके मुझे बंबई आने के लिए प्रेरित किया, जहाँ मैत्रीपूर्ण माहौल में अच्छा काम देखने को मिलेगा।

अब वह स्थिति आ गई है, जब मैं सर्जरी में नई तकनीकों का उपयोग केवल उन्हें देखकर ही कर सकता हूँ। मेरी पत्नी का परिचय अनेक अच्छे और योग्य एनेस्थेटिस्ट से करवाने के लिए भी मैं आपका आभारी हूँ, जिससे हम अपने अस्पताल में पहली बार दीर्घकालिक प्रभाववाली मांसपेशियों को शिथिल करनेवाले प्रभावों का उपयोग कर सके।

शिथिल करनेवाली एनेस्थीसिया की मेरी सर्जरी दुनिया में एक नया अध्याय खोलेगी। मैं जानता हूँ कि आप कितनी ही बार कहते हैं कि एक अच्छी सर्जरी एक अच्छे एनेस्थेटिस्ट के साथ ही हो सकती है। मैं ऐसे बहुत कम लोगों को जानता हूँ, जिनका आपके समान मददगार स्वभाव हो।

आपके उपकरणों के विषय में एक शब्द, मैंने आपके फॉर्सिप्स का उपयोग शुरू कर दिया है। यह उत्कृष्ट तरीके से काम कर रही है। मैंने इसका उपयोग आँतों के लिए भी किया और त्वचा के लिए भी। मैंने महसूस किया कि छोटी-छोटी बारीकियों पर ध्यान देकर किस तरह से ऑपरेशन के बाद के दर्द को न्यूनतम किया जा सकता है।

मुझे आपके इस व्यवहार ने अत्यधिक प्रभावित किया कि आप कैसे सर्जरी में सहयोग के लिए दूसरों के प्रति अपना आभार प्रकट करते हैं।

मेरे लिए बुकर टी. वाशिंगटन की पुस्तक 'अप फ्रॉम स्लेवरी' भेजने के लिए आपका धन्यवाद।

मैंने कभी भी हाथ के काम को छोटा नहीं समझा, चाहे वह काम कितना ही तुच्छ क्यों न हो। स्कूल व कॉलेज में और जब तक मैंने अपनी एम.एस. की परीक्षा उत्तीर्ण नहीं कर ली, त्योहारों के दिनों में मैं अपने चाचा के रेस्टोरेंट में मेजें साफ करता था।

मैंने कभी भी अपने कपड़े धुलवाने के लिए लॉण्ड्री में नहीं भेजे। अस्पताल में अपने आरंभिक दिनों में मैं और मेरी पत्नी खुद ही फर्श और टॉयलेट साफ करते थे। आज भी जब घरेलू और सामाजिक (जैसे रोटरी क्लब के कार्यक्रम) आयोजनों में कुरसियों या चटाइयों की सफाई या इकट्ठा करने का काम आता है, मैं आगे बढ़कर हाथ बँटाता हूँ और अन्य लोग सामान्यतः इस बात का अनुसरण करते हैं। मैंने पाया कि वाशिंगटन की पुस्तक में इन्हीं मूल्यों पर जोर दिया गया है।

डॉ. टोणगावकर ने मेडिकल की अपनी शिक्षा पुणे विश्वविद्यालय से पूरी की, जहाँ वे प्रत्येक परीक्षा में प्रथम स्थान पर रहते। वह पुणे में बसकर अधिक पैसे कमा सकते थे; लेकिन उनके पिताजी एक गांधीवादी थे, जिससे प्रभावित होकर उन्होंने सुदूर स्थित एक ग्रामीण इलाके में एक छोटा सा अस्पताल खोला। आज यह हमारे राज्य में सर्जरी का एक प्रतिष्ठित केंद्र बन चुका है।

यह रोचक है कि गांधीजी का प्रभाव उनकी मृत्यु के इतने वर्ष बाद भी काम करता रहा। डॉ. टोणगावकर भारतीय ग्रामीण सर्जन संगठन के अध्यक्ष बने और पिछले वर्ष (2014 में) वह 'इंटरनेशनल फेडरेशन ऑफ रूरल सर्जन्स' के अध्यक्ष चुने गए। मेरे लिए यह अत्यधिक प्रसन्नता का विषय है कि मेरे द्वारा प्रशिक्षित छात्र युवा पीढ़ियों के लिए अनुकरणीय बन रहे हैं।

27 दिसंबर, 1984 को 'एसोसिएशन सर्जन्स ऑफ इंडिया' के कर्नाटक खंड के अध्यक्ष डॉ. एन.एम. प्रभु ने हुबली से मुझे लिखा, 'गैस्ट्रोस्कोपी और बिलीयरी सर्जरी की मूल अवधारणाओं को प्रदर्शित करने के लिए आपने जो कष्ट उठाया, वह वास्तव में प्रशंसनीय है। इसके लिए मैं अपना आभार प्रकट करने के लिए सही शब्दों का चयन ही नहीं कर पा रहा हूँ। अब मैं महसूस कर रहा हूँ कि आप एक सम्मानित सर्जन के रूप में इतने प्रतिष्ठित स्थान पर कैसे पहुँचे। आपके अंतर्मन की सज्जनता के साथ आपकी सर्जरी संबंधी दक्षता ने आपको आपकी क्षमता के अनुरूप उस प्रतिष्ठित स्थान पर पहुँचाया है।

कानून और चिकित्सा क्षेत्र के अनेक व्यावसायिक अधिक काम पाने की तलाश में छोटे शहरों में जाते हैं; लेकिन मेरा उद्देश्य था रोगी के घर के पास ही अच्छी सेवाएँ स्थापित कराना।

❑

अध्याय 8

वार्ड के चक्कर

मैं सौभाग्यशाली था कि मैंने एक वैद्यकीय शिक्षा देनेवाले अस्पताल में काम किया, जहाँ बहिरंग रोगी विभाग, वार्ड के चक्कर और ऑपरेशन थिएटर वास्तविक कक्षाएँ होती थीं, जहाँ मेडिकल के छात्र और सर्जरी के रेसिडेंट व्यक्तिगत उदाहरणों के माध्यम से शिक्षा प्राप्त करते थे।

शैक्षिक होने के अतिरिक्त वार्ड के चक्कर रोगियों के लिए आरामदायक, उत्साहवर्द्धक और आशान्वित करनेवाले होने चाहिए। मेरे लिए रोगी के हाथ पकडना, उसके कंधे थपथपाना और उससे गैर-मेडिकल मामलों पर बातचीत करना एक स्वाभाविक प्रकृति थी। उद्विग्न मन को आराम देने के लिए मानवीय स्पर्श का अत्यधिक महत्त्व होता है और रोगी के स्वास्थ्य-लाभ में इससे बहुत लाभ होता है। श्रद्धा एक अत्यधिक शक्तिशाली बल है, जिसे किसी प्रयोगशाला में मापा नहीं जा सकता।

मुझे इंग्लैंड के एक अस्पताल की घटना याद आती है। कंसल्टेंट एक सुव्यवस्थित व निष्ठावान् व्यक्ति थे, जो अपनी तकनीकों में अति उत्कृष्ट थे; लेकिन दुर्भाग्यवश रोगियों की मानसिक अवस्था की उनमें बहुत कम समझ थी।

उनकी मुखाकृति में अत्यधिक गंभीरता थी और कभी किसी ने उन्हें मुसकराते हुए नहीं देखा था। एक रोगी का ऑपरेशन 2 बजे होना था। सुबह 10 बजे की बातचीत इस प्रकार थी—

''उनके हाथों में केस के कागजात थे। आप श्री अमुक-अमुक हैं, है न?''

''जी डॉक्टर।''

''आप कितने समय से अस्वस्थ हैं?''

''दवाओं से आपने कितना सुधार महसूस किया?'

''क्या तकलीफ सचमुच इतनी अधिक है कि आपने सर्जरी का विकल्प चुना?''

''आप जानते हैं, सर्जरी लाभकारी तो होगी, लेकिन इसके कुछ दुष्प्रभाव भी होते

हैं, जिनके विषय में मुझे विश्वास है कि आपको पता होगा?''

मैं देख सकता था कि रोगी व्यथित हो रहा था। जैसे ही हम वार्ड से निकले, मुझे वार्ड की सिस्टर का संदेश मिला कि समय मिलते ही मैं वार्ड में पहुँचूँ। मैंने देखा कि रोगी अपने कपड़े बदल चुका था और छुट्टी पाने के लिए प्रतीक्षा कर रहा था। उसने कहा, ''मैं डॉक्टर से चार बार मिला था और हर विषय पर चर्चा हो चुकी थी। उन्हें इस तरह के प्रश्न फिर से पूछने की क्या आवश्यकता थी, जबकि मैंने पूरी तैयारी कर ली थी और ऑपरेशन के विषय में मैं तनावग्रस्त था? मैं उनसे अपना ऑपरेशन नहीं करवाना चाहता। मैं दोबारा आऊँगा, लेकिन तभी, जब वह छुट्टियों पर होंगे।''

कुछ डॉक्टर वार्ड के चक्कर लगाते समय आशा का संचार करते हैं, जबकि अन्य अपने पीछे व्यथित मन छोड़ जाते हैं।

प्रतिष्ठा के प्रति सचेत भारतीय समाज में नर्सों को निम्न स्तर का माना जाता है। मैं इस बात को कैसे समझाता कि यह प्रवृत्ति गलत है? वार्ड में प्रवेश करते ही मैं सबसे पहले वार्ड की सिस्टर का अभिवादन करता, ''आप कैसी हैं? क्या हम चक्कर लेना शुरू करें?''

एक दिन वार्ड की सिस्टर ने शिकायत की कि क्लीनिक के दौरान रोगी के बिस्तर के निकट रखी चौकी को छात्र ले गए और उसे वापस अपने स्थान पर नहीं रखा। (वार्ड रोगियों की भीड़ से भरे रहते थे; शैक्षिक छात्रों के लिए आसपास कोई कमरा नहीं था। रोगी के बिस्तर के बगल में चौकी रहती थी, जिस पर उसके रिश्तेदार बैठते थे।)

जब उसने उन लोगों से चौकी वापस रखने के लिए कहा तो उन्होंने रुखाई से जवाब दिया कि वह उन्हें आदेश नहीं दे सकती।

मैंने छात्रों को समझाया कि जैसे घर में अनुशासन बनाए रखने का दायित्व माँ का होता है, वैसे ही अधिकार वार्ड में सिस्टर का होता है। इंग्लैंड में हमें वार्ड में प्रवेश करने से पहले सिस्टर से अनुमति तक लेनी पड़ती थी। इसके बाद फिर से समस्या नहीं उठी। रोगियों को उनके नाम से संबोधित किया जाता था। रोगियों की मर्यादा का ध्यान रखते हुए परीक्षण के दौरान परदों (स्क्रीन) का उपयोग किया जाता था। मेरे वार्ड में गाँव से आनेवाले या झुग्गियों अथवा फुटपाथ पर रहनेवाले गरीब रोगियों का उपचार सम्मान और तदनुभूति के साथ किया जाता था। उनके आभार की अभिव्यक्ति मेरे पूरे कार्यकाल में मेरे लिए अनंत प्रसन्नता का स्रोत बनी रही।

दक्षिण भारत के एक शहर में पोस्ट ग्रेजुएट परीक्षा के दौरान एक परीक्षक के रूप में जाने पर मुझे यह देखकर गहरा धक्का लगा कि वार्ड में स्त्रियों के वक्ष का परीक्षण और गुप्तांगों का निरीक्षण बिना परदों के उपयोग किए किया जाता था। इस संबंध में जब मैंने अपनी नाराजगी व्यक्त की तो मुझे बताया गया कि रोगियों को बुरा नहीं लगता।

वे यह नहीं जानते थे कि गरीब और उपेक्षित लोगों के लिए चुप रह जाना ही एकमात्र अभिव्यक्ति होती है। जब मैंने उनसे पूछा कि क्या ऐसे अस्त-व्यस्त तरीके से वे अपना उपचार करवाना पसंद करेंगे, तो उनकी चुप्पी ने उनकी शर्मिंदगी को व्यक्त कर दिया।

जब उसी शाम मैंने मेडिकल के छात्रों को भाषण दिया तो मैंने इस घटना का उल्लेख किया। मैंने उन्हें बताया कि यदि हम गरीब और अशिक्षित लोगों के साथ मानवतापूर्ण व्यवहार करते हैं तो वे हमें भगवान् मानते हैं।

एक बार जब अंडरग्रेजुएट छात्रों का एक नया बैच वार्ड में आया तो उनमें से किसी ने भी एप्रन नहीं पहनी थी। कुछ लड़कों ने शेव नहीं किया था और कुछ लड़कियाँ ऐसे कपड़े पहनकर आई थीं, जैसे काम के बाद वे किसी पार्टी में जाने वाली थीं। किसी के भी पास स्टेथेस्कोप नहीं था, क्योंकि उन्हें लगता था कि सर्जनों को इसकी आवश्यकता नहीं होती।

मैंने इस विषय पर विचार किया कि उन्हें किस तरह से समझाया जाए कि वे वार्ड में उपयुक्त आचरण अपनाएँ। हमारे समय में वार्ड सिस्टर जाँचती थीं कि गले और आँखों की जाँच करने के लिए हमारे पास टॉर्च है या नहीं, साथ ही स्टेथेस्कोप और एप्रन है या नहीं। शिक्षकों से सवाल करने की छात्रों में हिम्मत नहीं होती थी। लेकिन अब समय बदल गया है।

कुछ महीनों पहले मेरी तरह 1950 के दशक में प्रशिक्षित एक कंसल्टेंट सर्जन यह देखकर क्रोधित हो उठे थे कि एक छात्र ने अस्पताल के प्रांगण में भगवा वस्त्रों के साथ चप्पलें पहन रखी थीं।

उन्होंने पूछा, "आपने ये कपड़े क्यों पहने हैं?"

"ये मेरे कपड़े हैं।"

"मेडिकल कॉलेज के प्रांगण में आपसे ऐसे कपड़े पहनने की अपेक्षा नहीं की जाती।"

"ऐसा किसने कहा है? आप मुझे सुझाव देनेवाले कौन होते हैं?"

"तुरंत मेरे साथ डीन के ऑफिस में चलो।"

"क्यों आऊँ? उन्होंने मुझे नहीं बुलाया है। यदि आपको कोई समस्या है तो आप जाएँ। मुझे कोई शिकायत नहीं है।"

केवल दो दशक पहले ही जब हम छात्र थे तो हमने कभी भी अपने वरिष्ठों के साथ इस तरह से बात नहीं की थी। उस दिन मुझे यह घटना याद आई। इस स्थिति को मैं कैसे सँभालूँ?

अंततः मैंने कहा, "फिल्मों में हम नर्सों को कैसे पहचानते हैं?"

"उनकी यूनीफॉर्म से।"

"आप किसी डॉक्टर को कैसे पहचानते हैं?"

"वे सफेद एप्रन पहनते हैं।"

"क्या वे स्टेथेस्कोप रखते हैं?"

"हाँ।"

"क्या कभी कोई सर्जन बिना शेव किए हुए नजर आता है?"

"नहीं।"

"क्या रोगी ऐसे सर्जन पर भरोसा करेगा, जिसकी प्रस्तुति उपयुक्त न हो?"

"नहीं।"

मैंने उनसे कहा कि जीवन के नाटक में हमें अपनी भूमिकाएँ अदा करनी हैं। काम के क्षेत्र में पहचान के लिए लोग अपने बैज ले जाते हैं। रोगियों के बीच आपकी पहचान भावी डॉक्टर के रूप में होनी चाहिए।

अगले दिन प्रत्येक छात्र एप्रेन और स्टेथेस्कोप के साथ आया।

एक दिन मैंने देखा कि छात्र वार्ड के अंदर चुटकुले सुनाकर हँस रहे हैं। अधिकतर रोगी अंग्रेजी नहीं समझते और उन्हें लग सकता है कि उनकी कीमत पर हँसा जा रहा है। उनकी पीड़ा के प्रति उपेक्षा महसूस करके वे आहत हो सकते हैं। कोर्ट, मंदिर और चर्च में लोगों को एक शिष्टाचार बरतना चाहिए और यही बात अस्पतालों के लिए भी सच है।

जब भी मैं अपने पुराने छात्रों से मिलता हूँ, मेरे पढ़ाने के तरीकों पर उन्हें कुछ-न-कुछ कहना होता है। मेरी मुलाकात कुछ ऐसे डॉक्टरों से हुई, जिन्हें मेरी एक टिप्पणी ने अत्यधिक प्रभावित किया था, 'जब भी मैं वार्ड में प्रवेश करता हूँ, 60 आशान्वित दृष्टियाँ मेरी ओर देखती हैं और इसलिए मुझे उत्साह, मुसकान, तदनुभूति और आश्वासनपूर्ण स्पर्श के साथ आचरण करना चाहिए।'

मैं प्रत्येक रोगी के पास जाता और उनसे सामान्य सवाल पूछता।

1. आप कैसे हैं? पहले जैसे ही, बेहतर या कल की अपेक्षा अधिक अच्छे नहीं?
2. आपने कितना सुधार अनुभव किया है? रुपए में कितने पैसे?

बिल्कुल अनपढ़ व्यक्ति भी इस प्रश्न का जवाब दे सकता था। इंग्लैंड में प्रश्न था—एक पाउंड में कितने शिलिंग? (प्रश्न की यह शैली अत्यधिक असामान्य थी; लेकिन इंग्लैंड में भी इसे सराहा जाता था।)

3. क्या आप सो सके?
4. क्या आपको पेशाब आया?
5. क्या आपने गैस निकाली, मल हुआ?
6. आपने क्या खाया?
7. क्या आप पैरों को चला रहे हैं, चल रहे हैं···कितना?

मैं हमेशा उनकी आँखों में देखकर बात करता, उन्हें थपथपाता और उनके कृतज्ञ भाव मेरे लिए टॉनिक का काम करते। आजकल रोगी के हालत की चर्चा उनके दैनिक चार्ट, सीटी स्कैन और रक्त परीक्षण की रिपोर्ट पर नजरें टिकाए रखकर धीमी आवाज में की जाती है। मानवीय स्पर्श गायब है और रोगी असंतुष्ट रह जाते हैं। मनुष्य से मनुष्य की दूरी का यह एक और उदाहरण है।

सैन डिएगो से मेरे अमेरिकन सर्जन मित्र डॉ. ओल्गार्ड डैबर्ट, एम.डी. ने मुझे लिखा—'हमारे किए खुद को आईने में देखकर केवल एक पीढ़ी में हुए परिवर्तन पर विचार करना अधिक कठिन है।'

जहाँ मेडिकल साइंस ने उन्नति की है, वहीं सुनने, करुणा, उपलब्धता और डॉक्टर एवं रोगियों के बीच का बंधन एक असहज से किनारे पर चला गया है और पुनः खोजे जाने की प्रतीक्षा कर रहा है।

दो ऐसे रोग हैं, जो रोगियों को अछूत बना देते हैं। एक है सफेद दाग, जो रोगी को विकृत कर देता है, लेकिन संक्रामक नहीं होता। दूसरा कुष्ठ रोग, जो मानव जाति के लिए एक श्राप था। रोगियों के हाथों और चेहरे पर विकृतियाँ उत्पन्न होती हैं और पीपदार घाव हो जाते हैं। वे अछूत और बहिष्कृत हो जाते हैं।

एक अंग्रेज हड्डियों के सर्जन पॉल ब्रांड की कहानी का वर्णन आवश्यक है, जिन्होंने दक्षिण भारत में वेल्लोर में क्रिश्चियन मेडिकल कॉलेज में महत्त्वपूर्ण काम किया। मार्च 1959 में अमेरिकन मेडिकल एसोसिएशन की पत्रिका में यह इस प्रकार प्रस्तुत किया गया—उनके भीड़ भरे क्लीनिक में एक युवा कुष्ठ रोगी ने प्रवेश किया और अपने अपंग हाथ दिखाए। हाथ और उँगली का सावधानीपूर्वक परीक्षण कर लिया गया तो उससे बताया गया कि उसे फिर से सशक्त बनाने के लिए और उसकी व्यर्थ एवं विकृत उँगलियों को उपयोगी बनाने के लिए कुछ किया जा सकता है और फिर उसे ऑपरेशन के लिए भरती करने के लिए स्टाफ के पास भेज दिया गया।

रास्ते में वह अचानक रुक गया और आँसुओं में डूब गया। जो नर्स उसे ढाढ़स बँधाने का प्रयास कर रही थी, उससे उसने बताया कि यह भावनात्मक उद्वेग प्रसन्नता के भावावेश से उत्पन्न हुआ था। इसलिए नहीं कि सर्जन ने उसे बताया था कि उसका इलाज संभव है, बल्कि इसलिए कि उसकी उम्मीद के विपरीत सर्जन ने उसके संपर्क में आने से बचने के बजाय बहुत ही नरमी के साथ उसके दो विकृत हाथों को अपने हाथों में लिया था, जबकि उसके अपने परिवारवाले उसके साथ ऐसा व्यवहार करने में हमेशा डरते थे और जब अंत में सर्जन ने उसका कंधा थपथपाया और एक मित्रवत् मुसकराहट के साथ उसकी आँखों में देखा तो उसके अंदर भारी हताशा की कड़वाहट, जो कई वर्षों से उसके दिल का बोझ बढ़ा रही थी, अचानक गायब हो गई। जब से उसे कुष्ठ रोग

हुआ था तब से पहली बार उसने कोई करुणामय शब्द सुना था।

मानवीय स्पर्श उतनी ही मूल आवश्यकता है, जितनी कि भोजन/कपड़ा/घर। मेरे चाचा, जिनकी मृत्यु मेरी गोद में हुई थी, उनके प्रति मेरी अंतिम विदा थी कि जब वह अंतिम साँस ले रहे थे, मैंने उनका हाथ अपने हाथों में ले लिया, जो एक अत्यधिक घनिष्ठ और शक्तिशाली संवाद है। अंतिम समय में वह शांति में थे।

मैं फेसबुक का प्रशंसक नहीं हूँ; लेकिन एक दिन मुझे अनेक फोन आए, जिसके कारण मैंने इंटरनेट देखा और मुझे यह पढ़ने को मिला—लगभग 31 वर्ष पहले क्रॉफर्ड मार्केट, वीटी, बंबई के निकट स्थित जी.टी. अस्पताल में बुधवार के दिन सुबह के 7:30 बज रहे थे। युवा हाउस सर्जन उस दिन बहुत खुश था। उसकी खुशी का कारण यह था कि उसे अपने वरिष्ठों और शिक्षकों से सर्जरी में पुरस्कार मिला था। सर्जरी की शिक्षा के खेल में एक अनोखा नियम था। आपकी सफलता का मानदंड ऑपरेट किए गए अपेंडिक्स, हर्निया व हाइड्रोसील की संख्या और पेट खोलने तथा बंद करने की संख्या होते थे। रोगियों को उनके नाम के बजाय उनके बेड की संख्या और रोग के नाम से जाना जाता था तथा उनको क्षतिग्रस्त अंगोंवाले शरीर के रूप में देखा जाता था। युवा डॉक्टर अपने वरिष्ठों की कुशलताओं को सीख रहा था और गरीब एवं जरूरतमंद रोगियों के लिए अवतार के रूप में अभिनय कर रहा था।

जैसा कि मैंने कहा, उस दिन मैं बहुत खुश था। यद्यपि मैं सबसे जूनियर था, लेकिन फिर भी मैं जे.जे. ग्रुप ऑफ हॉस्पिटल में सुप्रसिद्ध सर्जन डॉ. वि.ना. श्रीखंडे के नेतृत्व में प्रतिष्ठित सर्जिकल इकाई का एक भाग था। उस दिन मैं श्रीखंडे सर को एक हेमीकोलेक्टमी, अर्थात् दाईं ओर मलाशय के बगल में स्थित बड़ी आँत के ट्यूमर को निकालने के काम में सहयोग करने जा रहा था। प्रमुख ऑपरेशन कक्ष में श्रीखंडे सर को निश्चित रूप से 8 बजे सुबह पहुँचना था। ओ.टी. की सिस्टर ट्रॉली में उपकरण व्यवस्थित कर रही थी। उस समय एनेस्थेटिस्ट ने एक ताजा I, लाइन लगाना शुरू ही किया था, जब ओ.टी. में एम.बी.बी.एस. के तीसरे वर्ष के सात-आठ छात्रों के समूह ने प्रवेश किया। एक आकर्षक-सी दिखनेवाली युवती आगे आई और मुझसे केस के विषय में पूछने लगी। मैंने उन्हें पेट के दाईं ओर स्थित बड़े सुस्पष्ट आंत्रीय पिंड के विषय में बताया और साथ ही बताया कि यह केस कितना अधिक रोचक था। जब छात्र मेज के चारों ओर एकत्र हुए और एक-एक करके पेट को छूने लगे, उसी समय डॉ. श्रीखंडे ने ऑपरेशन थिएटर में प्रवेश किया। सर ने वह दृश्य देखा और मुझसे पूछा, 'उपाध्याय, यह क्या है?'

मैंने कहा, 'गुड मॉर्निंग, सर! यह 45 वर्षीय पुरुष रोगी है, जो भायरवका का एक श्रमिक है। उसकी प्रमुख शिकायतें हैं—पेट में दर्द, उलटियाँ और भूख की कमी...'

'उपाध्याय, यह मैं जानता हूँ। मुझे यह बताओ कि ये छात्र हमारी यूनिट में कब शामिल हुए?'

'एक महीने पहले, सर।'

'रोगी को कब भरती किया गया था?'

'दस दिन पहले, सर…'

'तो इनके पास वार्ड में रोगी की जाँच करने का समय था।'

'हमने उसकी जाँच की थी।'

सर ने मुझे बीच में टोका और अगला प्रश्न पूछा, 'उपाध्याय, वह क्या करता है?'

मैंने कहा, 'सर, वह एक मजदूर है। वह वीटी से क्रॉफर्ड मार्केट तक एक ठेला ढोता है।'

'तो, वह गरीब है।'

'जी सर, बहुत गरीब।'

'उपाध्याय, मुझे बताओ…'

उन्होंने मुझसे जो अगले दो प्रश्न पूछे, उन्होंने मेरा जीवन बदल दिया। इसने मेरा नजरिया ही बदल दिया। इसने मुझे एक पूरी तरह से अलग सोच दी।

सर ने मुझसे मराठी में पूछा, 'उपाध्याय, त्याला टेंशन येत नाही का? उपाध्याय, त्याला मन नाही का?' (उपाध्याय, क्या वह व्यग्र और तनावग्रस्त नहीं है? क्या उसके पास मन और भावनाएँ नहीं हैं?)

मुझे समय लगा, लेकिन मैं समझ गया कि वह क्या कहने का प्रयास कर रहे थे। मैंने शर्म से अपना सिर झुका लिया। मैं मूक बन गया था। इन दो प्रश्नों ने मेरी आँखें खोल दी थीं। इसने मेरे रोबोटिक दिमाग को मानवीय मस्तिष्क में बदलना शुरू कर दिया। सर जे.जे. ग्रुप ऑफ हॉस्पिटल में मेरे समय के दौरान मुझे अनेक शिक्षकों, वरिष्ठों और मित्रों ने सर्जरी सिखाई थी। अनेक कॉन्फ्रेंस और वर्कशॉप में भी मैंने अनेक विशेषज्ञों से सर्जरी की बारीकियाँ सीखी थीं।

डॉ. वि.ना. श्रीखंडे ने मुझे सर्जरी सिखाई। उनके जैसा गुरु पाकर मैं खुद को अत्यधिक भाग्यशाली समझता हूँ, जिनके पास सोने जैसा दिल, सर्जरी से संबंधित तीक्ष्ण बुद्धि और एक कलाकार की कुशलताएँ थीं। मेरे लिए यह सम्मान का विषय है कि मैं एक प्रतिष्ठित सर्जन का और एक सुलभ्य मानव का शिष्य था।

जब मैं पीछे देखता हूँ तो अपने जीवन से संतुष्टि महसूस करता हूँ। मैं कोई महान् सर्जन नहीं बन सका। मुझमें सर्जरी की विलक्षण प्रतिभा नहीं थी। मैंने कॉन्फ्रेंस सभाओं में भाषण नहीं दिए या किसी वर्कशॉप में अपनी सर्जरी की कुशलताओं का प्रदर्शन नहीं किया, न ही मैंने कभी उत्कृष्ट पेपर प्रस्तुत किए। मैं संतुष्ट हूँ कि मैं अपने रोगियों के

मानसिक आघात को समझ पाता था और यह चीज मुझे डॉ. श्रीखंडे ने सिखाई थी। मैंने हमेशा एक अच्छा इनसान बनने की कोशिश की, जो एक ऐसी दुर्लभ विशेषता है, जो डॉ. विनायक श्रीखंडे में प्रचुरता में मौजूद थी।

एक छात्र से प्राप्त इस प्रकार की प्रतिपुष्टि इस उम्र में भी मुझमें ऊर्जा का संचार करती है।

एक किस्सा सुनाता हूँ। बॉम्बे हॉस्पिटल में मैं राउंड पर था, जब एक महिला ने मुझे रोका और कहा, ''सर, क्या आपको याद है, मैं 30 वर्ष पहले आपकी छात्र थी?''

''नहीं, मुझे आप याद नहीं। आजकल आप कहाँ हैं?''

''मैं अब अमेरिका में सर्जन हूँ और इसके लिए मैं आपकी अत्यधिक आभारी हूँ।''

''कैसे?''

''मैं अमेरिका गई, लेकिन किसी भी प्रोग्राम में मुझे दाखिला नहीं मिला। मुझे केवल स्थानापन्न काम मिल रहे थे और मैं काफी निराश हो रही थी। एक रात एक रोगी को पेशाब में अवरोध के कारण भरती किया गया। दो उपलब्ध डॉक्टर कैथेटर नहीं लगा सके। मैंने उनसे एक अवसर माँगा, क्योंकि मैंने देखा कि उनकी तकनीक गलत थी। मुझे आपका क्लीनिक याद आया, जब आपने इस बात पर जोर दिया था—रोगी को सहूलियत दो, उसे आश्वासन दो कि इसमें दर्द नहीं होगा। युरेथ्रा सात इंच लंबा होता है, केवल कैथेटर के सिरे को चिकना कर देना पर्याप्त नहीं होता। युरेथ्रा को चिकना करो, न कि कैथेटर को। मैंने ऐसा ही किया और कैथेटर आसानी से अंदर चला गया। मुझे याद था कि आपने मजाक में कहा था कि हमें कैथेटर का उपयोग उस तरह से नहीं करना चाहिए जैसे कंजूस व्यक्ति बड़े से चम्मच का उपयोग करके जार में से केवल कुछ बूँद घी लेता है।''

रोगी का संबंध अस्पताल की प्रबंध समिति के एक ट्रस्टी से था। एक पक्ष के अंदर ही मुझे एक स्थायी नौकरी मिल गई थी और उस समय से मैंने कभी भी पीछे मुड़कर नहीं देखा।

(पुरुषों की यूरेथ्रा लगभग 7 इंच लंबी एक नली होती है और इसमें विभिन्न खंड होते हैं, जिनके नाम हैं—शिश्न, पेरीनियम और प्रोस्ट्रेट। जब किसी रोगी को दर्द और तनाव हो तो कैथेटर डालने में समस्या का सामना करना पड़ सकता है। एक समय था, जब कैथेटर के सिरे को चिकना किया जाता था और उसे यूरेथ्रा में डालकर मूत्राशय तक पहुँचाया जाता था। अब यह तरीका बदल गया है। अब डिस्पोजेबल कैथेटर आ गई है और चिकनाई के लिए जेली को यूरेथ्रा में डाला जाता है, जिससे पूरी लंबाई में चिकनाई पहुँच सके। यह बहुत आसान प्रतीत होता है; लेकिन 40 साल पहले इस तरीके को अपनाया नहीं गया था।)

एक क्लीनिक से एक युवा डॉक्टर का भविष्य बदल गया था। मैं छात्रों पर आँकड़ों और सांख्यिकी का बोझ नहीं डालता था। मैं उन्हें कुछ सामान्य तरीके समझाता था, जिनकी जानकारी प्रत्येक डॉक्टर को भलीभाँति होनी चाहिए, जैसे—आंत्रीय अवरोध की स्थिति में नाक से जठर नली को डालना और पेशाब करने में असमर्थ रोगियों में कैथेटर डालना।

मैंने अपने रेसिडेंट के संदर्भ के फिजिशियन को पत्र लिखना और डिस्चार्ज नोट्स लिखना सिखाया, जो कि भारतीय अस्पतालों में एक उपेक्षित गतिविधि है। एक या दो रेसिडेंट हमेशा ही मेरे साथ लेक्चर के लिए आते थे। मैंने उन्हें सिखाया कि किस तरह से फोटो खिंचना चाहिए और लेक्चर के लिए प्रेजेंटेशन तैयार करने चाहिए। पावरपाइंट प्रेजेंटेशन, कट और पेस्ट का युग अभी नहीं आया था।

ऑपरेशन थिएटर एक ऐसा स्थान होता है, जहाँ पूजा-स्थल की शालीनता बनाए रखने की आवश्यकता होती है और प्रत्येक व्यक्ति के साथ शिष्ट व्यवहार किया जाता था। सन् 1950 में एक छात्र के रूप में मुझे अपना एक अनुभव याद है। अब मेरे साथ उन चीजों का व्यवहार करने का अवसर था, जिनके लिए मैंने योजना बनाई थी।

हमारे ध्यान का केंद्र रोगी होता था। अज्ञात का डर भयावह होता था। रोगियों को एक व्याकुल अवस्था में ट्रॉली पर ऑपरेशन थिएटर के अंदर ले जाया जाता था। वह वहाँ सबको मास्क पहने देखता है। वहाँ वह किसी को भी नहीं जानता। वह केवल उस सर्जन को ही जानता है, जिसने ऑपरेशन के लिए परामर्श दिया था। अपने पूरे कार्यकाल के दौरान मैंने कभी भी रोगी से बातचीत किए बिना उसका ऑपरेशन नहीं किया है और अनस्थेसिया देने से पहले हमेशा उन्हें अपना चेहरा दिखाया है; क्योंकि मेरी उपस्थिति, मेरा स्पर्श उनमें आत्मविश्वास जगाता था। कभी-कभी अस्पताल का स्टाफ व्यग्र हो जाता; लेकिन मेरे मस्तिष्क में रोगी का लाभ सर्वोपरि होता था। एनेथीसिया से पहले कभी भी रोगी के कपड़े नहीं निकाले जाते थे। जैसे किसी उपहार से रैपिंग पेपर को निकालते हैं, उसी तरह से रोगी के कपड़ों को उतारना एक सामान्य दृश्य होता था।

सामान्यतः पूरी टीम को सूचना दी जाती है, जिससे समय व्यर्थ न जाए। ऑपरेशन थिएटर का शुल्क प्रति घंटे के आधार पर लिया जाता है। अनेक बार मैं ऐसे रोगियों से भी मिला हूँ, जिन्होंने उस सर्जन को देखा ही नहीं, जिन्होंने उनका ऑपरेशन किया था; क्योंकि ऑपरेशन के बाद रोगी को आई.सी.यू. में भेज दिया जाता है और जब उसमें सुधार होता है तो उसे छुट्टी मिलने तक जूनियर डॉक्टर उसकी देखभाल करते हैं। कुशल कार्य के लिए यह तकनीक अच्छी तरह से काम करती है; लेकिन इसमें किसी प्रकार का मानवीय संबंध नहीं होता।

मैंने यह एक नियम बना लिया था कि ऑपरेशन शुरू करने से पहले रोगी के

व्याकुल रिश्तेदारों से बात करता। कभी-कभी जब ऑपरेशन लंबा होता, मैं नर्स के माध्यम से रोगी के रिश्तेदारों के पास यह कहलवाता कि रोगी ठीक है और वे चिंता न करें। रेसिडेंट उन्हें वह रुग्ण अंग दिखाते, जिसे सर्जरी के दौरान निकाला गया था।

मैंने रेसिडेंट और यहाँ तक कि नर्सों को भी कैप व मास्क पहनना और हाथ धोना सिखाया। सर्जरी से पहले हाथ धोते समय पानी की बरबादी मुझे आहत करती। अधिक लोगों को यह बात नहीं पता थी कि बंबई में आधुनिक अस्पतालों में भी टैंकर से पानी खरीदना पड़ता है। मैं उनको याद दिलाना चाहूँगा कि पानी भरने के लिए अनेक पुरुषों, स्त्रियों और बच्चों को मीलों चलना पड़ता है, जो भारत में एक सामान्य दु:खदायी दृश्य है।

सहयोगियों और सिस्टर्स को ऑपरेशन के महत्त्वपूर्ण चरण दिखाए जाते। एक या दो मेडिकल छात्रों को ऑपरेशन में सहयोग करने के लिए प्रोत्साहित किया जाता। मुझे एक सर्जन की बात याद थी, जिसने कहा था—पहले ऑपरेशन के दिन मैंने पित्ताशय की सर्जरी में सहयोग किया और एक सर्जन बनने का निर्णय लिया।

एक पुराने रेसिडेंट ने मेरे पास ऑपरेशन के बाद उत्पन्न जटिलताओं से पीड़ित एक रोगी को भेजा। रोगी को उपेक्षा का संदेह था और यद्यपि समस्या गंभीर नहीं थी, फिर भी उसे सर्जन के प्रति दुर्भावना थी। मैंने पस निकाल दिया और फिर उसे समझाया कि कैसे आज के आधुनिक प्रतिष्ठित अस्पतालों में भी संक्रमण हो जाते हैं।

मैंने आगे के इलाज के लिए उसी सर्जन के पास वापस भेजा। मामूली बातों के आधार पर डॉक्टर-रोगी के बीच के संबंध को नहीं बिगाड़ना चाहिए और सर्जन की ओर से किसी भी प्रकार की लापरवाही नहीं हुई थी। मुझे अपने रेसिडेंट का पत्र प्राप्त हुआ—'मैं आज भी आपसे सीख रहा हूँ कि कैसे अपने जूनियर की सहायता करनी चाहिए और रोगियों का मार्गदर्शन करना चाहिए।'

पुस्तकें प्रेरक हो सकती हैं, शिक्षा दे सकती हैं और यहाँ तक कि किसी व्यक्ति को बदल भी सकती हैं। इसीलिए मैं अपने छात्रों को उपहार में पुस्तकें देता हूँ। बुकर टी. वाशिंगटन की 'अप फ्रॉम स्लेवरी' पुस्तक को मुझे मेरे एक मित्र ने सन् 1956 में दिया था, जिसे उसने चर्चगेट स्टेशन, बंबई के निकट स्थित एक फुटपाथ के दुकानदार से एक रुपए में खरीदी थी। वह पुस्तक उस सारी बातों को पुष्ट करती थी जो मैंने अपने रोगियों से सीखी थी कि कड़ी मेहनत, लगातार सुधार, समर्पण भाव, सत्यनिष्ठा, कृतज्ञता और सादगी जीवन की सबसे बड़ी संपदा हैं।

वाशिंगटन दक्षिणी अमेरिका में एक खेत में जनमे एक गुलाम थे। उन्होंने अपमान और कठिन जीवन का अनुभव किया। उन्होंने एक कमरे के स्कूल में पढ़ाई की, घरों में मामूली काम किए और गरीबी से छुटकारा पाने के लिए अत्यधिक संघर्ष किया।

वह सफल हुए और उन्होंने 'तस्कगी' नामक संस्था की स्थापना की। उनका विचार

था कि एक अश्वेत व्यक्ति की मुक्ति कड़ी मेहनत, शिक्षा, सादे जीवन और आत्म-निर्भरता पर टिकी है। उनकी कहानी समाज के ऊँचे स्तर पर जाने की असफलता की कहानी थी, जिसमें सभी युगों के लिए सार्वभौमिक संदेश निहित है। अमेरिका में अश्वेतों के स्तर को सुधारने के लिए किए जा रहे संघर्ष का उन्होंने नेतृत्व किया।

उनकी पुस्तक का यह संदेश मेरे मस्तिष्क में छपा हुआ है—

'यह याद रखने के लिए मेरा आपसे निवेदन है कि जब भी हमारा जीवन आपके जीवन का स्पर्श करे, हम सहायता करें या अवरोध उत्पन्न करें। जब भी आपका जीवन हमारे जीवन को स्पर्श करे, आप हमें शक्तिशाली बनाएँ अथवा कमजोर करें। इनसे बचाव नहीं है। मनुष्य या तो दूसरे मनुष्य को नीचे की ओर खींचता है अथवा ऊपर की ओर उठाता है।''

—बुकर टी. वाशिंगटन

यह पुस्तक भारत में उपलब्ध नहीं थी। जब मैं लंदन गया तो मुझे पता चला कि फौइल्स बुकशॉप पर यह पुस्तक उपलब्ध थी। दुकानदार उस समय अचरज में पड़ गया, जब मैंने उसे बताया कि मैं पचास प्रतियाँ खरीदना चाहता हूँ। उसने मैनेजर को बुलवाया, जिसने मुझसे पूछा, ''आप इतनी सारी प्रतियाँ क्यों खरीदना चाहते हैं ?''

मैंने वह पुस्तक उस समय पढ़ी थी, जब मैं बंबई में स्नातक का एक छात्र था और इसका मेरे मस्तिष्क पर गहरा प्रभाव पड़ा था। अच्छा साहित्य हमारी प्रवृत्तियों को बदल या गढ़ सकता है। जब तक हम बीज नहीं रोपते, हम अंकुरित भी नहीं कर सकते।

''आप बंबई में क्या करते हैं ?''

''मैं सर्जरी का प्रोफेसर हूँ और अपने रेजीडेंट को प्रेरक पुस्तकें देना मेरी आदत है।''

''आप जैसे सर्जन और पुस्तक-प्रेमी से मिलकर मुझे अत्यधिक प्रसन्नता हुई और आपको रियायती कीमत पर पुस्तक देना मेरे लिए सौभाग्य की बात है।''

साठ वर्ष पहले मिली पुस्तक की प्रति को मैंने अभी कुछ अन्य उपहारों के साथ सँभालकर रखा है, जिन्हें मैं अपनी अनमोल संपदा समझता हूँ।

19 अक्तूबर, 1961 को जब मैंने बंबई में अपना काम शुरू किया था, उस समय एक पारसी सज्जन के द्वारा मुझे दिए गए 11 रुपए के लिफाफे को मैंने सँभालकर रखा है। उन्होंने कहा था, ''कृपया इसे रखें, यह आपके लिए सौभाग्य लाएगा।'' मुझे आज भी उनका प्रेमपूर्ण व मुसकराता चेहरा याद है। ये वास्तविक स्मृतियाँ हैं। कृतज्ञ मन खुश रहते हैं।

एक छात्र ने लिखा था—'सर, मुझे आपको यह सूचित करते हुए अत्यधिक प्रसन्नता हो रही है कि हाल ही में मैंने शादी की है और दहेज में कुछ भी नहीं लिया है। मेरा परिवार अत्यधिक रूढ़िवादी है और हमारे समुदाय में शादियों में दहेज की उम्मीद करना

और माँगना सामान्य बात है। मेरे परिवार में बहुत अधिक विरोध हुआ, यहाँ तक कि मेरे ससुराल पक्ष के लोग भी कुछ आहत हुए कि मैं वह दहेज नहीं ले रहा था, जो वे आसानी से दे सकते थे। लेकिन सर, स्नातक के एक छात्र के रूप में आपके साथ छह सप्ताह काम करने के बाद मेरे विचार पूरी तरह से बदल गए हैं। मैं सौभाग्यशाली था। मेरे दो अन्य मित्रों ने भी दहेज न लेने का निर्णय लिया है।'

प्रत्येक ऐसे व्यवहार, जो महिलाओं के लिए अपमानजनक हो, का विरोध करना चाहिए। महिलाओं के सम्मान की आदत स्कूलों और कॉलेजों में छोटे बच्चों में पोषित करनी चाहिए और अपने व्यवहार के द्वारा व्यक्ति को अच्छे उदाहरण प्रस्तुत करने चाहिए।

'मैं केवल सर्जरी नहीं पढ़ाता था,
मैंने उन्हें बेहतर इनसान बनना सिखाया।'

❑

अध्याय 9

श्रीखंडे क्लीनिक

सन् 1977 में मैंने श्रीखंडे क्लीनिक की शुरुआत की। केंद्रीय बंबई के एक शांत आवासीय मोहल्ले, हिंदू कॉलोनी में मेरी एक छोटी सी स्थापना थी। उत्कृष्टता के एक केंद्र की स्थापना करना मेरा एक सपना था। उस समय तक इसे यथार्थ में परिणत करने के लिए मैंने पर्याप्त अनुभव और आत्मविश्वास अर्जित कर लिया था।

श्रीखंडे क्लीनिक एक ऐसे विचार का प्रतिनिधित्व करती है, जिसके लिए मेरी आकांक्षा है कि वह मेरे कार्यकाल के बाद भी लंबे समय तक चलता रहे। अनेक वर्षों से सार्वजनिक अस्पतालों में गरीब रोगियों की सेवा होती रही है, जबकि कम संख्या में उपलब्ध निजी अस्पताल समाज के केवल एक छोटे भाग की आवश्यकताओं को पूरी करते हैं। नर्सिंग होम (जिस नाम से उन्हें सामान्यतः भारत में पुकारा जाता है) उस बड़ी जनसंख्या की आवश्यकताएँ पूरी करते हैं, जो सार्वजनिक अस्पतालों में नहीं जाना चाहते हैं और न ही निजी अस्पतालों का खर्च वहन कर सकते हैं।

मैंने अपने यहाँ संरचना तैयार करने से पहले अनेक अस्पतालों के थिएटर का बारीकी से निरीक्षण किया था। मैं कोई आर्किटेक्ट नहीं था, लेकिन मेरे सामने यह स्पष्ट था कि मैं अपने क्लीनिक को किस तरह से बनवाना चाहता था। मेरे स्वप्न को साकार किया मेरे इंजीनियर भाई और आर्किटेक्ट मित्र ने। मैंने गैर-पारंपरिक विकल्प चुने—चाहे स्थान के उपयोग का मामला हो, ऑपरेटिंग कमरों में रंगों का उपयोग हो या सर्जरी के दौरान शांतिदायक संगीत की मौजूदगी हो। यह रास्ता आसान नहीं था। मुझे एक विशेष रूप से कठिन समय याद है, जब निर्माण कार्य दो सप्ताह से भी अधिक समय के लिए रुक गया था, क्योंकि मेरे पास ठेकेदार को देने के लिए 10,000 रुपए नहीं थे। कोई भी बैंक मुझे ऋण नहीं दे रहा था। मेरे अनेक मित्रों ने मुझे उधार दिए और उन्हें चुकाने तक मैं ब्याज देता रहा। अब, जब मेरे पास लोन लेने के लिए बार-बार बैंकों से फोन आते हैं तो मुझे लगता है कि उन्हें बताऊँ कि आप 40 साल पीछे हैं।

मेरे दो घनिष्ठ मित्र—डॉ. विनायक शिंदे, जिन्होंने दो दशक से भी अधिक समय तक मेरा सहयोग किया; श्री रवि देसाई, मेरे स्कूल के मित्र और मेरी पत्नी डॉ. सुहास आरंभ से ही मेरे संबल थे। श्रीमती भारती जोशी गोरे ने पहले ही दिन से अत्यधिक कुशलता के साथ ऑपरेशन थिएटर का प्रबंधन किया है। आरंभ करने से तीन दिन पहले उन्होंने नियुक्ति पाई और वस्तुतः हमारे साथ, परिवार के साथ हमारे घर में ही रहीं। उनके साथ मेरे परिचय का श्रेय श्री ग्रांट मेडिकल कॉलेज के मेरे एक छात्र डॉ. सुनील वझे को जाता है। उनसे मिलने के पहले ही केवल फोन पर उनके मेरे साथ बात करने के तरीके के आधार पर मैंने उन्हें नियुक्त कर लिया था।

मुझे अपने 16 लोगों के स्टाफ को भी पूरी कृतज्ञता के साथ याद करना चाहिए, जिनमें से अधिकांश आरंभ से ही क्लीनिक के साथ हैं और मेरा ड्राइवर शेट्टी, जो मेरे साथ वर्ष 1977 से है। इन सभी लोगों ने इस शालीन और प्रतिष्ठित अस्पताल को स्थापित करने में मेरी सहायता की है।

मेरी पत्नी सुहास ने न केवल इस कार्य को आरंभ करने में मेरा पूरा सहयोग किया, बल्कि आरंभिक वर्षों में सर्जरी में भी मुझे तब तक सहयोग देती रहीं जब तक कि कुछ अप्रत्याशित घरेलू जिम्मेदारियों ने उनका सारा समय नहीं ले लिया। मेरे दामाद डॉ. आनंद सन् 1982 से लगातार सहयोगी बने रहे हैं। ऐसे लोगों से संपर्क होना अत्यधिक दुर्लभ होता है, जो आपके विचारों व मान्यताओं को साझा करें और उनमें आसानी से ढल जाएँ। उन्होंने जनरल और पचन संस्था के कामों में चिकित्सकीय एंडोस्कॉपी एवं लैपरोस्कॉपिक सर्जरी भी जोड़ा है और हमारे प्रतिष्ठित व्यवसाय कि परंपरा को कायम रखा है। सन् 1993 में डॉ. शिंदे की असामयिक मृत्यु के बाद से मेरी पुत्री डॉ. अंजना अत्यधिक परिपक्वता और कुशलता के साथ श्रीखंडे क्लीनिक के प्रशासनिक व वित्तीय प्रबंधन को सँभालती रही है और साथ ही स्टाफ का खयाल भी रखती है। मेरी छोटी बेटी वासंती ने कई वर्षों से जब भी आवश्यकता पड़ी है, हमेशा विभिन्न प्रकार से अपना योगदान दिया है। टाटा मेमोरियल अस्पताल में नियुक्ति पाने से पहले मेरे बेटे डॉ. शैलेश ने क्लीनिक में सक्रिय भाग लिया। डॉ. रसिका सांडू क्लीनिक के साथ सन् 1995 से संबद्ध हैं। इतने वर्षों में क्लीनिक एवं सर्जरी में सहयोगी के रूप में उनकी सहायता बहुमूल्य रही है। मैं गर्व के साथ कह सकता हूँ कि मेरे पूरे परिवार ने मेरे सपने को साकार किया है।

38 वर्ष पहले इसके आरंभ होने से अब तक यहाँ 8,000 से अधिक प्रक्रियाएँ हो चुकी हैं, जिनमें बड़ी संख्या में जठरांत्र-तंत्र (गैस्ट्रो इंटेस्टाइनल) से संबंधित बड़े ऑपरेशन शामिल हैं। 40 से अधिक ऐसे रेसिडेंट, जिन्होंने अपनी एम.एस. (मास्टर ऑफ सर्जरी) पूरी कर ली थी, ने श्रीखंडे क्लीनिक में प्रशिक्षण प्राप्त किया है। भारत के

350 से अधिक सर्जन और कुछ विदेशों के सर्जन भी निरीक्षक के रूप में यहाँ सर्जरी में शामिल हुए हैं। एक छोटा सा अस्पताल एक अच्छा प्रशिक्षण केंद्र सिद्ध हुआ है।

हम कभी भी पेशगी जमा करने के लिए नहीं कहते हैं। व्यावसायिकों की फीस में संयोजन कर लिया जाता है और कुछ नि:शुल्क होते हैं। अकसर मुझसे पूछा जाता है कि रोगियों से पेशगी लिये बिना हम अपना अस्तित्व कैसे बचा पा रहे हैं। अगर रोगी कभी भुगतान करे ही नहीं तो? मेरा उत्तर सामान्य है, 'कृतज्ञ व ईमानदार रोगियों की संख्या अकृतज्ञ और बेईमानों की संख्या की अपेक्षा से कहीं अधिक है। मुझे लोगों की सहज अच्छाइयों पर विश्वास है और जिस रोगी ने अपना जीवन ही हमारे भरोसे छोड़ दिया है, उससे पेशगी लेना मेरे स्वभाव के अनुकूल नहीं है। समय तेजी से बदल रहा है। पहले के समय में बीमा उतना सामान्य नहीं थे, जितने कि आज हैं। लेकिन मुझे पूरा विश्वास है कि श्रीखंडे क्लीनिक जैसे छोटे नर्सिंग होम अपनी नैतिक सेवाओं, उचित शुल्क और रोगियों का व्यक्तिगत रूप से ध्यान रखने के कारण हमेशा उपयुक्त बने रहेंगे।

❑

अध्याय 10

हकलाहट पर विजय

मेरा जन्म वाणी संबंधी एक कमी के साथ हुआ था। हकलाहट मुझे लगातार याद आती रहती है। यह एक परछाईं की तरह है, जो मुझे सोने के समय के अतिरिक्त कभी भी अकेला नहीं छोड़ती। अनेक कमियों को छुपाया जा सकता है, लेकिन कोई व्यक्ति बोलने की कमी को गुप्त कैसे रख सकता है।

मेरे स्कूल में संभवत: मैं ही अकेला ऐसा छात्र था, जो हकलाता था। परिहास के पात्रों की हिट लिस्ट में हकले व्यक्ति का स्थान हमेशा सबसे ऊपर होता है। मौखिक परीक्षाएँ भयावह लगती थीं, टेलीफोन आतंकित करते थे और अपना परिचय देने में मुझे अत्यधिक घबराहट होती थी। हकलाहट किसी ऐसी कार को चलाने के समान है, जो भीड़ भरे ट्रैफिक में बार-बार बंद हो जाती है। अन्य ड्राइवर हॉर्न बजाकर शोर करते हैं और आपको उनकी विचित्र अभिव्यक्तियों का पात्र बनना पड़ता है। पुणे या बेलगाम में मुझे बस से यात्रा नहीं करनी पड़ती थी। अत: समस्या उस समय अधिक बढ़ी, जब मैं बंबई आया। बस या रेलवे स्टेशन में टिकट खरीदते समय मेरी व्यग्रता बढ़ जाती थी। कई बार मैं एक कागज पर अपने गंतव्य को लिख लेता, जैसे डोंबिवली रिटर्न, क्योंकि 'रिटर्न' शब्द पर मैं हकला जाता। टिकट जारी करनेवाला यह सोचकर कि मैं गूँगा हूँ, मेरी ओर दया की दृष्टि से देखता।

फोन पर बात करने में मुझे आज भी परेशानी होती है। प्रतिक्रिया न मिलने पर दूसरी ओर का व्यक्ति अधीर हो जाता है। कई बार मैंने चार गुना अधिक पैसे भुगतान करके कल्याण तक का टिकट लिया है, जबकि मुझे केवल भायरवहा तक ही जाना होता था। वाणी की कमी से पीड़ित व्यक्ति की तकलीफ कोई नहीं समझ सकता। मुझे साक्षात्कारों से और यहाँ तक कि छोटे से समूह में भी अपना परिचय देने से डर लगता था। दुर्भाग्यवश वैद्यकीय शास्त्र इस अवरोध के लिए कोई भी उपचार नहीं खोज सका है। अज्ञात कारणों से यह कमी महिलाओं में बहुत कम होती है।

जब आप कुछ निश्चित शब्दों पर अटक जाते हैं तो किसी और के द्वारा आपका वाक्य पूरा करना अत्यधिक अपमानजनक लगता है। जब दूसरे लोग अधीरता प्रदर्शित करते हैं या अपने हाथों से संकेत देते हैं कि आपको शांत रहना चाहिए तो बहुत बुरा लगता है। भारी शरीरवाले लोगों को हमेशा ही अपने अधिक वजन का अहसास होता है। मैं अपनी भारी वाणी के प्रति अत्यधिक सचेत हूँ, जिस पर अधिकांश समय मेरा कोई नियंत्रण नहीं रहता है। वास्तव में, जब मैं इस पर नियंत्रण करने का प्रयास करता हूँ तो यह और भी बुरी स्थिति में आ जाती है।

किसी व्यक्ति की शारीरिक कमी के आधार पर किए गए किसी भी प्रकार के मजाक मुझे उदास करते हैं। मुझे पुणे में घटी तीस साल पुरानी एक घटना याद आती है। हम लंच करने गए थे और जब हम रेस्टोरेंट से बाहर निकल रहे थे, मर्सिडीज बेंज कार (उस युग की प्रतिष्ठा का एक प्रतीक, जब भारत में कार के केवल दो मॉडल का उत्पादन होता था) से एक परिवार बाहर आया। लड़का मेरे बेटे पर हँसा, जिसे उस समय किडनी की तकलीफ थी और उसकी ऐसी दवाएँ चल रही थीं जिनके कारण वह बहुत अधिक मोटा हो गया था। उसका चेहरा सूजकर फुटबॉल की तरह हो गया था। मेरी इच्छा हुई कि उस लड़के को एक थप्पड़ रसीद कर दूँ। यही एकमात्र ऐसा अवसर था, जब मेरे मन में किसी को शारीरिक रूप से आहत करने की इच्छा हुई थी। उसके माता-पिता ने उसे डाँटने के बजाय उसका साथ ही दिया।

संस्कार और समृद्धि साथ-साथ नहीं चलते बचपन में मेरी हकलाहट के लिए बहुत से उपचारों के सुझाव मिलते थे—धीमे बोलो, जल्दबाजी मत करो, प्रत्येक शब्द को सावधानीपूर्वक बोलो, संस्कृत के श्लोकों का उच्चारण करने का अभ्यास करो, अपने मुँह में कंचे रखकर चिल्लाओ। ये सारे सुझाव इतने अधिक सामान्य थे जैसे किसी व्यथित व्यक्ति को निश्चिंत रहते हुए उसके दिमाग से सारे विचारों को निकाल देने के लिए कहा जाए। यह भी तो अपने आप में एक विचार है। दूसरों को सुझाव देना बहुत आसान होता है।

अपने बोलने की कमी के प्रति हमेशा सचेत रहते हुए उन व्यक्तियों से प्रेरणा प्राप्त करना मेरी आदत में आ गया, जिन्होंने अपनी विकलांगता पर विजय प्राप्त की और जीवन में सफलता अर्जित की।

मैं जानता था कि समरसेट मॉम, जिनकी पुस्तकें मैंने कॉलेज के दिनों में बहुत रुचि लेकर पढ़ीं थीं, भी वाणी की तीक्ष्ण कमी से पीड़ित थे। जब मैं 'ऑफ ह्यूमन बॉण्डेज' पढ़ रहा था, मैं फिलिप के क्लबफुट से जुड़े दर्द को अनुभव कर पा रहा था। मेरी हकलाहट भी क्लबफुट के समान ही थी, जिसे व्यक्ति छुपा नहीं सकता और जिसके कारण व्यक्ति की स्थिति दयनीय हो जाती है।

समरसेट मॉम ने अपने निबंध की पुस्तक 'द वैग्रेंट मूड' में अपने सह-लेखक आर्नल्ड बेनेट के विषय में लिखा, जो स्वयं भी हकलाते थे। बहुत कम लोग ही जानते थे कि दूसरे व्यक्तियों के साथ पूरी तरह से संपर्क के अवरोध से कितनी निराशा की अनुभूति उत्पन्न होती है। संभव है कि यदि उन्हें हकलाने की समस्या का सामना न करना पड़ता, जिसके कारण वे आत्म-विवेचना के लिए बाध्य हुए, तो वे कभी भी एक लेखक न बनते।

मैं एक ऐसे व्यक्ति की तलाश में था, जो हकलाने के बावजूद एक सशक्त वक्ता हो।

और यह अवसर मुझे सन् 1951 में मिला, जब मैंने ब्रिटिश स्वास्थ्य मंत्री एन्यूरिन बेवन को बंबई में ग्रांट मेडिकल कॉलेज के भीड़ भरे एनेटॉमी हॉल में अपनी वाणी संबंधी कमी के बावजूद एक सशक्त भाषण देते हुए सुना। मुझे आज भी जाने से पहले छात्रों से बात करते क्रीम रंग के सूट में श्री बेवन याद हैं, जिनका चेहरा गरमी के कारण लाल हो रहा था। मैं अत्यधिक मंत्रमुग्ध हो गया था।

एक विकलांग व्यक्ति अन्य शक्तियों का उपयोग करने के तरीके और साधन खोज लेता है। मैं एक अच्छा श्रोता बन गया। मैं अपने रोगियों की बातें पूरी रुचि, धैर्य और एकाग्रता के साथ सुनता। मेरे हाथों का नरम स्पर्श, आश्वासनपूर्ण अभिव्यक्ति और मुसकराता हुआ चेहरा चमत्कार कर देता। रेसिडेंट डॉक्टर के रूप में मेरी कार्यावधि के लिए परिवर्तन का एक महत्त्वपूर्ण समय था। मेरे रोगी मेरे बोलने की कमी पर ध्यान नहीं देते और मुझ पर विश्वास करते। भारत और इंग्लैंड दोनों स्थानों पर मेरा उत्साह, मेरी दिलचस्पी, मेरा स्पर्श और मेरी मुसकराहट मेरी संपदा थीं। मेरे वार्ड के चक्कर आशा एवं उत्साह से भरपूर होते थे। व्यक्ति एक प्रकार की ऊर्जा के माध्यम से अपनी तदनुभूति एवं दिलचस्पी को व्यक्त कर सकते हैं, जिसे दूसरे लोग अनुभव कर सकते हैं, लेकिन उसका वर्णन नहीं कर सकते।

मैंने नियमित रूप से यह अनुभव किया है कि यदि आप कुछ प्राप्त करने के लिए जबरदस्त इच्छुक हैं तो सबकुछ तदनुसार ही होता है। सन् 1963 में मैंने एक संगोष्ठी में भाग लिया, जिसमें कुछ होनहार युवा मेडिकल कंसल्टेंट शीर्ष पर पहुँचने के अपने अनुभव के विषय में बता रहे थे। अध्यक्ष स्वर्गीय डॉ. ए.वी. बालिगा थे, जो देश के शीर्षस्थ सर्जन थे, जिन्हें मेडिकल कॉलेज में उनके लोकप्रिय क्लीनिक के कारण क्लीनिक संबंधी उनकी विलक्षण कुशाग्रता और कुशल सर्जरी के लिए जाना जाता था। सभी भाषणों के बाद डॉ. बालिगा अपनी समापन टिप्पणी देने के लिए खड़े हुए। वह मुश्किल से दस मिनट बोले, लेकिन उनका भाषण इतना अधिक उच्च कोटि का था कि उनकी तुलना में बाकी सबके भाषण फीके पड़ गए। उस दिन मैंने महसूस किया कि किसी सर्जन को सफलता प्राप्त करने के लिए मंच से बोलने की उसकी क्षमता एक

महत्त्वपूर्ण संपत्ति होती है। मैंने निश्चय किया कि अपनी वाणी संबंधी कमी को दूर करने के लिए मुझे कुछ करना होगा और कुछ ही सप्ताह के भीतर परिस्थितियाँ सुधरने लगीं।

इसके बाद अधिक दिन नहीं हुए थे, जब एक शनिवार की सुबह मैंने अपने एक सहकर्मी को हमारे अस्पताल में एक साप्ताहिक क्लीनिकल मीटिंग में पूरे आत्मविश्वास के साथ बोलते सुना। मीटिंग के बाद उन्होंने मुझे अपनी कार में लिफ्ट दी। जब मैंने उनकी बोलने की दक्षता की प्रशंसा की तो उन्होंने कहा, "इसमें बड़ी बात क्या है? कोई भी बोल सकता है।"

"लेकिन मुझमें वाणी संबंधी कमी है।"

"उससे क्या, कोई भी बोल सकता है।"

"क्या आप मेरा मार्गदर्शन कर सकते हैं?"

उसी समय हमारी कार एक संस्था की ओर से गुजर रही थी, जहाँ उन्होंने पब्लिक स्पीकिंग के पाठ लिये थे। वह मुझे वहाँ ले गए। संस्था के डीन प्रोफेसर कावसजी ने मेरे साथ बातचीत करने के बाद महसूस किया कि मैं काफी पढ़ा-लिखा व्यक्ति हूँ और इसके पीछे कोई कारण नहीं था कि मैं क्यों न एक अच्छा वक्ता बनूँ। मैंने सोचा कि वह मुझे बस, उसी तरह प्रोत्साहित कर रहे थे जैसे डॉक्टर उन रोगियों को आशान्वित करते हैं, जो अपने जीवन के संघर्ष से हारने लगते हैं।

मैं अधीर था। मैं पब्लिक स्पीकिंग सीखना चाहता था और इसलिए कक्षा में दाखिला ले लिया। लेकिन मैंने इसे बीच में ही छोड़ दिया, क्योंकि मैं इस कला का सत्त्व समझ गया था। मैंने महसूस किया कि बिना पानी में उतरे तैरना नहीं सीखा जा सकता। मैं माइक्रोफोन के पीछे खड़े होकर श्रोताओं का सामना करना चाहता था। मैंने अपने जीवन का पहला भाषण चौंतीस वर्ष की उम्र में दिया, जहाँ मेरे श्रोता पंद्रह डॉक्टर थे। मैं पसीने से तर-बतर हो गया था, लेकिन मैं बोल सका।

सार्वजनिक भाषण का मेरा पहला आघात मेरे लिए बहुत बड़े आश्चर्य की बात थी। अगले दस भाषणों के बाद मैं समझ गया था कि मैं श्रोताओं की रुचि बनाए रख सकता हूँ। मैं तेजी से प्रगति कर रहा था। मैंने कभी पीछे मुड़कर नहीं देखा।

मैं पैर और मुँह के कलाकारों की एक प्रदर्शनी देखने गया, जहाँ मैंने यह पोस्टर देखा—

'उन्होंने कहा कि मैं चित्रकारी नहीं कर सकता, क्योंकि मेरे पास हाथ नहीं हैं। मैंने उन्हें गलत साबित कर दिया। क्या आपने कभी सोचा है कि क्या होगा, यदि बिना अपने हाथों का उपयोग करे आपको अपना शेष जीवन व्यतीत करना पड़े तो? दुर्भाग्यवश हमें करना पड़ता है। चूँकि हम अपने हाथों का उपयोग नहीं कर सकते, इसलिए हम अपने मुँह में या फिर पैरों की उँगलियों से ब्रश को पकड़कर चित्रकारी करते हैं।'

एक विकलांग व्यक्ति कुछ लोगों को उत्कृष्ट काम करने के लिए और असामान्य ऊँचाइयों तक पहुँचने के लिए प्रेरित कर सकता है। मैंने राष्ट्रीय एवं राजकीय स्तर की मेडिकल सभाओं के साथ ही अनेक सामाजिक समारोहों में सैकड़ों भाषण दिए हैं। हालाँकि आज भी बोलना शुरू करने से पहले मैं कुछ तनाव महसूस करता हूँ और साथ ही जब मुझे अच्छी प्रतिक्रिया मिलती है तो उपलब्धि का अहसास होता है। प्रत्येक बातचीत, प्रत्येक भाषण आज भी एक बाधा दौड़ जैसी प्रतीत होती है।

सन् 1943 में टायफाइड होने के बाद मेरी हकलाहट दूर हो गई थी। दुर्भाग्यवश कुछ सप्ताह में यह फिर से शुरू हो गई और तब से लगातार मेरे साथ ही बनी हुई है। मैं इस बात को भी नहीं समझा सकता कि एक बार मंच पर खड़े रहने के बाद कैसे मेरे भाषण में अचानक सुधार आ जाता है। सामान्यत: इसके ठीक विपरीत होता है। मैं भाग्यशाली रहा हूँ कि मुझे विभिन्न समारोहों में भाषण देने के लिए आमंत्रित किया जाता रहा है। 1970 के दशक में बंबई के एक प्रतिष्ठित स्कूल में एक पुरस्कार वितरण समारोह के लिए मैं मुख्य अतिथि था। दो दिन बाद मेरे पास एक महिला का फोन आया, जिसने बताया कि उनकी दस वर्षीया पुत्री ने मेरे भाषण से बनाए गए अपने नोट्स के आधार पर सभी बिंदुओं को कवर करते हुए भाषण देकर परिवार के सभी सदस्यों को आश्चर्य में डाल दिया था। मैंने बच्ची के माता-पिता को उसे लेकर मेरे कंसल्टिंग रूम में आने के लिए आमंत्रित किया। चमकदार आँखोंवाली उस छोटी सी लड़की को देखकर मुझे अत्यधिक प्रसन्नता हुई, जो मुझे अपनी नोटबुक दिखा रही थी, जिसमें उसने मेरे भाषण का सारांश लिखा था। बिना किसी बिंदु को भूले हुए महत्त्वपूर्ण बिंदुओं के नोट्स बनाना अत्यधिक कठिन काम है और यह केवल तभी संभव है, जब श्रोता भाषण से बँध जाता है। अपने रोगियों की प्रशंसा प्राप्त करना एक सामान्य सा अनुभव है; लेकिन इस बात ने मुझे शब्दातीत रूप से रोमांचित कर दिया था कि मैं अपने भाषण से एक बच्चे को प्रभावित कर सकता था।

वर्ष 2012 में उन्नत जठरांत्रीय सर्जरी में अपनी भूमिका के लिए एक चिकित्सा विश्वविद्यालय ने मुझे सम्मानित किया। वहाँ डॉक्टरों और उनके परिजनों के बीच मैंने एक स्वीकृति का भाषण दिया। एक सर्जन मेरे पास एक निवेदन लेकर आए। उनकी बारह वर्ष की बेटी मेरे भाषण से इतना अधिक प्रभावित थी कि वह मेरे साथ फोटो खिंचवाना चाहती थी।

मैंने उससे पूछा, ''तुम्हें मेरे भाषण में कौन सी बात विशेष रूप से अच्छी लगी?''

उसने मेरे भाषण से बनाए गए नोट्स को पढ़ा, 'प्रत्येक व्यक्ति में कुछ योग्यता होती है। खुद को उन पर एकाग्र करें, न कि अपने जीवन की कुछ कमियों पर अफसोस करें।'

मैं इस बात का अत्यधिक आनंद लेता हूँ, जब लोग—चाहे छोटे बच्चे हों या

वरिष्ठ नागरिक—मुझसे सहज रूप से संपर्क स्थापित कर लेते हैं।

मैं खुश हूँ कि मैं एक प्रभावशाली वक्ता बन गया। आज मैं अपनी उम्र के आठवें दशक में हूँ और मैंने ऑपरेशन करना बंद कर दिया है; लेकिन इस बात का मुझे बिल्कुल भी दु:ख नहीं है कि सर्जन के आसपास के रोमांचक जीवन से मैं दूर हो गया हूँ। विभिन्न विषयों पर भाषण देने के निमंत्रण मुझे व्यस्त बनाए रखते हैं।

मेरा लक्ष्य है—स्वास्थ्य के मामले में समाज को शिक्षित बनाना, विशेषकर वर्तमान युग में; जबकि चिकित्सा एक उद्योग बन गई है। अतीत में डॉक्टर आशा देते थे, लेकिन आज वे व्यग्रता के दूत जैसे प्रतीत होते हैं। हर एक व्यक्ति रोगी है या उसमें रोग की संभावना है। खतरा टालना उचित है, पूरी तलाश करवा लो! कानून के क्षेत्र में स्थिति इसके ठीक विपरीत है, जहाँ जब तक प्रमाण के साथ अपराधी न सिद्ध हो जाए, प्रत्येक व्यक्ति बेकसूर है।

अंत में वाणी की कमी से जुड़ी एक सच्ची कहानी।

औरंगाबाद के निकट एक गाँव में रहनेवाले एक लड़के में वाणी संबंधी गंभीर कमी थी, जिसके कारण वह क्रोध, मजाक और यहाँ तक कि अपने पिता से पिटाई का भागी बनता था। माँ को बच्चे से हमदर्दी थी; लेकिन वह अपने पति के विरुद्ध एक भी शब्द नहीं बोल सकती थी। लड़का अपने स्कूल की परीक्षा में अनुत्तीर्ण हो गया और उसके पिता ने उसकी बहुत पिटाई की। वह अपने जीवन का अंत करने के लिए घर से भाग गया। अगले गाँव में कुछ अजनबियों ने उसे एक पेड़ के नीचे पड़े हुए देखा। वह भूखा और बीमार था।

गाँववालों ने उसकी देखभाल की और अंततः अगले दिन व्याकुल माता-पिता ने उसे वहाँ खोज लिया। उसके शरीर पर चोट के निशान थे। रोने के कारण उसका चेहरा सूजा हुआ था। उसकी माँ ने उसे नहलाया। उसके पिता अभी भी क्रोधित थे और उन्हें इस बात का कोई दु:ख नहीं था कि उन्होंने अपने अशक्त बेटे के साथ कितना निर्दयतापूर्ण व्यवहार किया था। शरीर में तेज दर्द के साथ वह सोने चला गया। उसके कमरे में एक रेडियो था। उसने रेडियो चलाया और ऑल इंडिया रेडियो पर मेरा एक साक्षात्कार सुना। एक प्रसिद्ध सर्जन के रूप में उसने मेरा नाम सुना था, लेकिन वह यह नहीं जानता था कि मैं हकलाता था।

उसने निर्णय लिया कि वह यह सिद्ध कर देगा कि वाणी की कमी उसके विकास में कोई बाधा नहीं है। उसने अपनी सारी परीक्षाएँ प्रथम श्रेणी में उत्तीर्ण कीं, मेरिट के आधार पर एक मेडिकल कॉलेज में दाखिला पा लिया, जनरल सर्जरी में पोस्ट ग्रेजुएशन किया और एक डॉक्टर से शादी की। जब वे उस छोटे से कस्बे में गए जहाँ पति रहता था, वहाँ उन्होंने देखा कि एक अत्यधिक बीमार रोगी को उसके गरीब रिश्तेदार नंगे पाँव

एक हाथ-गाड़ी पर लिटाकर डिस्पेंसरी ले जा रहे थे। इस दृश्य ने दंपती को व्यथित कर दिया और उन्होंने तुरंत ही उस कस्बे में एक छोटा सा अस्पताल बनाने का निर्णय लिया। उस छोटे से कस्बे के मंदिर में जाकर उन्होंने शपथ ली कि वे वहाँ के गरीब रोगियों की सेवा करेंगे।

हुआ यह कि उसके ससुर ने पुणे के निकट एक बड़े कस्बे में एक अस्पताल बनवाया था। दंपती ने महसूस किया कि अब तक उन्होंने जो कुछ भी सीखा था, उसका उपयोग गरीब व जरूरतमंद रोगियों के लिए किया जाना चाहिए। यह उनकी अंतरात्मा की आवाज थी। पत्नी ने अपने सरकारी पद से इस्तीफा दे दिया और दंपती इस कठिन यात्रा के लिए चल पड़ा। कुछ वर्ष बाद आई.सी.यू., वेंटिलेटर और लैपरोस्कॉपी के लिए सुविधाओं से युक्त एक आधुनिक अस्पताल तैयार हो गया था। कृतज्ञ रोगी बातों-बातों में प्रचार करते और शीघ्र ही उनके पास बड़े कस्बों से भी लोग इलाज के लिए आने लगे।

यह बात भाव-विह्वल करती है कि संयोगवश मैंने उसके जीवन को सुधार की दिशा में प्रभावित किया था। यह बात जानकर मैं द्रवित हो गया कि उसने अपने अस्पताल में एक खाली पट्टी लगवा रखी थी, जिससे जब कभी भी मैं अस्पताल में आऊँ, उस पर मेरा नाम अंकित करवा सके।

सन् 1976 में बंबई अस्पताल में ट्रॉपिकल रोगों पर एक अंतरराष्ट्रीय कॉन्फ्रेंस आयोजित की गई थी। उस समय मैं बंबई अस्पताल से जुड़ा हुआ नहीं था। प्लास्टिक सर्जरी के सुप्रसिद्ध डॉक्टर आर.जे. मानेकशॉ ने केवल दो घंटे पहले ही मुझसे एक संक्षिप्त भाषण देने के लिए कहा, क्योंकि उन्हें मेरे बोलने का तरीका पसंद था। सन् 1957 तक—लगभग दो वर्ष—मैं उनका रजिस्ट्रार था और 19 वर्षों तक मुझे इस बात का जरा भी अंदाजा नहीं था कि वह मेरे विचार प्रस्तुत करने के तरीके से प्रभावित थे। मैंने उस अवसर के अनुरूप सही ढंग से कपड़े भी नहीं पहने थे। लेकिन मैंने प्रस्ताव मान लिया। मैंने कहा, ''पिछले चार दिन बंबई के इतिहास में यादगार बने रहेंगे, जिसे 'गेटवे ऑफ इंडिया' कहा जाता है। इसे भारत में सम्मेलन के रूप में भी जाना जाएगा। यहाँ पूर्व और पश्चिम के डॉक्टर यह देखने के लिए एकत्र हुए हैं कि किस तरह से वे बीमार व्यक्ति का उपचार कर सकते हैं।

''विश्व सिकुड़ रहा है। पश्चिम का विज्ञान और पूर्व का दर्शन मिलेंगे और पीड़ित मानवता के आँसू पोछेंगे। कहा जाता है कि डॉ. क्रिश्चियन बर्नार्ड ने प्रेस को बताया, भारतीय पकवान स्वादिष्ट होते हैं। हम सभी ये बात जानते हैं। भारतीय महिलाएँ आकर्षक होती हैं, यह बात सभी के सामने स्पष्ट है। भारतीय टेलीफोन सेवा कुशल है।''

मैं कुछ देर रुका और फिर बोला, ''आशा है, एक दिन वह ठीक हो जाएगा।''

तालियाँ बजने लगीं, क्योंकि उस समय हमारी टेलीफोन सेवा बहुत खराब थी। मेरा

भाषण प्रेस में छपा। रोचक बात यह है कि मैंने उसी हॉल में भाषण दिया था, जहाँ बारह वर्ष पहले डॉ. ए.वी. बालिगा ने बोला था और जिसने मुझे सार्वजनिक वक्ता बनने के लिए प्रेरित किया था। (मुझे यह बताना होगा कि आज हमारी टेलीफोन सेवाएँ सचमुच उच्च कोटि की हैं। हम प्रगति कर रहे हैं। मैं अभी आशावादी हूँ।)

संयोग किसी व्यक्ति के भाग्य में एक अप्रत्याशित भूमिका अदा करता है।

❑

अध्याय 11

परिवर्तन का बिंदु

तेजी से बदलते दौर में अपने व्यावसायिक कैरियर में सुधार करते रहना काफी तनावपूर्ण होता है। मैं अपने कैरियर में आए परिवर्तन के एक बिंदु का चित्रण करूँगा।

सन् 1972 की बात है। मैंने एक मध्यम वय की महिला की पित्त की नली में फँसे पित्ताशय की पथरी के जटिल केस का ऑपरेशन किया था। मैंने जिस तरह शस्त्रक्रिया किया उस तरीके से रोगी के संबंधी एक वरिष्ठ डॉक्टर प्रभावित हो गए थे। रोगी प्रति माह जाँच करने के लिए आती थी। एक दिन मैंने अपनी रोगी के माता-पिता को अस्पताल में देखा और एक क्षण के लिए मैं चिंतित हो गया था कि मेरी मरीज के साथ कुछ गलत तो नहीं हो गया। मुझे पता चला कि उनके बेटे को किडनी की पथरी के कारण पेट में दर्द रहता था और उसे यूरोलॉजिस्ट की निगरानी में भरती किया गया था। मैंने महसूस किया कि विशेषज्ञों का युग आ गया है। पहले जब भी किसी रोगी का किसी सर्जन के साथ अच्छा अनुभव रहता था तो वे सर्जरी से संबंधित सभी समस्याओं के लिए उसी सर्जन से परामर्श करते थे। मैंने बस, अपना चालीसवाँ वर्ष पूरा ही किया था और मुझे स्पेशलाइजेशन के विषय में विचार करना था। हमारे पास यूरोलॉजी, कान-नाक-गले, बाल रोग चिकित्सा, अस्थि-रोग चिकित्सा सर्जरी, प्लास्टिक सर्जरी में विशेषज्ञ उपलब्ध थे; लेकिन गैस्ट्रोइंटेस्टाइनल (जठरांत्र संबंधी) विशेषज्ञ कोई भी उपलब्ध नहीं थे और मैंने इसी क्षेत्र में रुचि लेने का निर्णय लिया।

मैं एक एंडोस्कोप लाया और दस दिन के अंदर ही 42 वर्ष के एक युवक में जठर के कैंसर का निदान किया, जिसका पेट के अल्सर का उपचार चल रहा था। वह 26 वर्ष तक बचा रह सका था, क्योंकि रोग जठर से बाहर नहीं फैल सका था। मुझे ग्रांट मेडिकल कॉलेज से संबद्ध तीन सरकारी अस्पतालों से रोगियों के संदर्भ मिलने लगे। अधिक कीमत के कारण किसी के भी पास लचीली गैस्ट्रोस्कोप नहीं थी। हृदय की सर्जरी के उपकरणों पर इंपोर्ट ड्यूटी नहीं लगती थी, लेकिन गैस्ट्रोस्कोप पर 110 प्रतिशत चार्ज

लगता था, क्योंकि उसे जीवन-रक्षक उपकरण नहीं माना जाता था!

(डॉक्टर जठर को अंदर से देखने के लिए अत्यधिक इच्छुक रहते थे। आरंभ में स्कोप सख्त होते थे और जठर जैसे वक्रीय अंग के दृश्य को सीमित कर देते थे। अच्छे प्रकाश के साथ लचीली एंडोस्कोप चिकित्सकीय पेशे के लिए एक वरदान था। सामान्यतः एंडोस्कोपी फिजिशियन के द्वारा की जाती थी।)

मैंने एक और निर्णय लिया। अपने कुछ वरिष्ठों के सुझाव के विपरीत मैंने यूरोलॉजी (गुदा, प्रोस्टेट ग्रंथि) से संबंधित काम लेना बंद कर दिया। इंग्लैंड में रहने के दौरान मैंने मिलिन्स प्रोस्टेकटमी का ऑपरेशन सीखा था और बंबई में इस पद्धति में बहुत कम लोग प्रशिक्षित थे। विशेषज्ञ होने का तात्पर्य है—चुने हुए क्षेत्र के प्रति निष्ठावान रहना। एक लड़का दो लड़कियों के प्रति निष्ठावान् नहीं रह सकता। मेरा निर्णय सही सिद्ध हुआ, क्योंकि अन्य विशेषज्ञ सर्जन पाचन-तंत्र से संबंधित समस्याएँ मेरे पास भेजने लगे। मैंने उन सर्जनों में से एक बन गया, जिन्हें बंबई में गैस्ट्रोइंटेस्टाइनल (जठरांत्र) सर्जरी को स्थापित करने के लिए जाना जाता है। बाद में मुझे 'इंटरनेशनल हेपाटो पैंक्रियाटो बिलीयरी एसोसिएशन' के भारतीय खंड का प्रथम अध्यक्ष चुना गया।

मेरी मुलाकात जर्मनी के एक जठरांत्र विशेषज्ञ से हुई और हांमबर्ग में प्रो. निब सोहेंद्र के द्वारा की जा रही उत्कृष्ट चिकित्सकीय एंडोस्कोपी के विषय में मुझे जानकारी मिली। मैंने उनसे मुलाकात की और महसूस किया कि चिकित्सकीय एंडोस्कोपी के क्षेत्र में काफी अधिक काम की संभावनाएँ हैं। मैंने उनके साथ एक महीना बिताया। पेरिस में मैंने उनके मेहमान के रूप में एंडोस्कोपी के अंतरराष्ट्रीय समारोह में भाग लिया। उस शाम प्रोफेसर इंडोनेशिया में बीते अपने बचपन के दिन याद कर रहे थे—कैसे आर्थिक तंगी के चलते उन्हें देश छोडना पड़ा और कैसे यद्यपि उन्होंने अंतरराष्ट्रीय स्तर पर अपनी पहचान बना ली थी, फिर भी अपने देश के लोगों के लिए कुछ कर पाने की उनकी प्रबल इच्छा थी। उन्होंने कहा, ''प्रोफेसर श्रीखंडे, आप सौभाग्यशाली हैं कि आप अपने देश में अपने लोगों की सहायता कर पा रहे हैं।''

मैंने तुरंत ही उनके सामने एक प्रस्ताव रखा। मैंने कहा, ''प्रो. सोहेंद्र, मैं आपके पास अपने सर्वश्रेष्ठ रेसिडेंट भेजूँगा। कृपया उन्हें प्रशिक्षित करें और मैं आपको आश्वासन दे सकता हूँ कि यह आपकी ओर से हमारे लिए सर्वोत्तम उपहार होगा।''

हमारे वाइन के गिलास के टकराने के साथ ही यह समझौता पूरा हुआ था। मैं ऑपरेशन से संबंधित सर्जरी के काम में इतना अधिक व्यस्त था कि मेरे पास एंडोस्कोपी के काम के लिए बिल्कुल भी समय नहीं था और इसलिए मैंने अपने सर्वश्रेष्ठ छात्र और दामाद डॉ. आनंद नांदे को उनके पास प्रशिक्षण के लिए भेज दिया। वह संभवतः पहले ऐसे सर्जन थे, जिन्होंने बंबई में चिकित्सकीय एंडोस्कोपी के काम में अत्यधिक

योगदान दिया था। उन्होंने अन्य रेसिडेंट डॉ. अमित मायदेव और डॉ. विपुल राठौड़ को प्रशिक्षित किया, जिन्हें बाद में प्रो. सोहेंद्र के पास भेजा गया।

एक अन्य सर्जन, जिनसे मेरी मुलाकात संयोगवश हो गई, प्रो. मार्क्स ब्युकलर थे, जिन्होंने यूरोप में अति गंभीर पैंक्रियाटायटिस पर एक सम्मेलन का आयोजन किया था। मैं उनका काम देखने बर्न गया और एक शाम मैंने उन्हें डिनर के लिए आमंत्रित किया। बातचीत के दौरान मैंने उन्हें बताया कि मैंने 250 से भी अधिक छात्रों को प्रशिक्षित किया है, लेकिन मैं अपने बेटे को प्रशिक्षण नहीं दे सकूँगा।

''क्यों?'' उन्होंने पूछा।

''मेरी उम्र अब छियासठ साल हो गई है।''

उन्हें मेरी उम्र पर विश्वास नहीं हुआ। फिर भी वह बोले, ''प्रोफेसर श्रीखंडे, चिंता न करें। मैं उसे प्रशिक्षण दूँगा।'' उसके बाद उन्होंने इस काम में व्यक्तिगत रुचि ली।

उन्होंने मेरे पुत्र डॉ. शैलेश को शोध एवं शैक्षिक क्षेत्र में प्रशिक्षित किया। यह अत्यधिक रोचक है। मैंने पुस्तकें पढ़कर और सर्जरी के निरीक्षण करके सर्जरी सीखी। मेरे दामाद डॉ. आनंद ने मुझसे और प्रो. सोहेंद्र से सर्जरी सीखी। मेरे बेटे ने मुझसे सर्जरी सीखी, डॉ. आनंद से लैपरोस्कोपिक सर्जरी और फिर प्रो. मार्क्स ब्युकलर से पैंक्रियाटिक सर्जरी सीखी। अब वह भारत में कैंसर की सर्वप्रमुख संस्था टाटा मेमोरियल अस्पताल में पाचन संस्था के प्रमुख हैं। इस प्रकार प्रत्येक पीढ़ी पिछली पीढ़ी के कंधों पर खड़ी होती है।

मुझे प्रसन्नता है कि मैंने प्रो. निब सोहेंद्र और प्रो. मार्क्स ब्युकलर को भारत से परिचित कराया। अनेक बड़े संपर्क वाइन के गिलास के साथ शुरू होते हैं। संयोगवश जब मैं अमेरिका में था, मुझे बताया गया था कि संयुक्त राष्ट्र महासभा के अनेक महत्त्वपूर्ण निर्णय न्यूयॉर्क के बहुत से कैफेटेरिया और रेस्टोरेंट में लिये जाते हैं।

मेरे अनेक रेसिडेंट भारत और विदेशों में अच्छे प्रोफेशनल बन गए हैं और अब वे नई पीढ़ी के सर्जनों को प्रशिक्षण दे रहे हैं। यात्राओं के दौरान और विभिन्न सम्मेलनों में मेरे रेसिडेंट के द्वारा प्रशिक्षित सर्जनों से मिलकर अत्यधिक सुखद अनुभव होता है। ❑

अध्याय 12

यादगार प्रकरण

इंग्लैंड के एक अस्पताल में काम शुरू करने के पहले सप्ताह के दौरान घटी एक घटना मुझे याद आती है। आंत्रीय अवरोध के लिए एक रोगी का ऑपरेशन किया गया था। उसमें अच्छा सुधार आ चुका था, घाव भर चुका था, टाँके निकाल दिए गए थे। वह डिस्चार्ज किए जाने की प्रतीक्षा कर रहा था। उसे आगे की काररवाई के लिए संपर्क में रहने के निर्देश दिए जा चुके थे। वह कपड़े बदलने के कमरे में अपने व्यक्तिगत कपड़े पहनने के लिए गया और अचानक गिर पड़ा। सहायक ने तुरंत सहायता बुलाई; लेकिन जब तक हम पहुँचते, कुछ ही मिनटों के अंदर उसकी मृत्यु हो गई। पोस्टमॉर्टम में पता चला कि एक बड़े पिंड ने फेफड़ों में रक्त की आपूर्ति करनेवाली प्रमुख धमनी को अवरुद्ध कर रखा था। यह स्थिति भारत की अपेक्षा पश्चिमी देशों में सामान्य है।

(रक्त-संचरण के लिए पैरों की गतिशीलता महत्त्वपूर्ण होती है। इसीलिए विमान से लंबी यात्रा करनेवाले यात्रियों को बीच-बीच में उठकर विमान के अंदर टहलने का सुझाव दिया जाता है। बिस्तर पर पड़े रहनेवाले बुजुर्ग एवं मोटे रोगियों की पिंडलियों की शिराओं में रक्त का पिंड विकसित हो जाता है, क्योंकि बिस्तर से दबाव पड़ता रहता है और इससे रक्त-संचरण धीमा हो जाता है।

एक लंबा पिंड, जो शिरा की दीवार से अच्छी तरह से जुड़ा हुआ नहीं होता, अकसर अलग हो जाता है, रक्त-प्रवाह के साथ बहने लगता है, हृदय के दाईं ओर निकल जाता है और फेफड़ों को रक्त की आपूर्ति करनेवाली रक्त-वाहिकाओं को अवरुद्ध कर देता है और फलस्वरूप अचानक मृत्यु हो जाती है। इसे 'पल्मोनरी एंबोलीझम' कहते हैं। ऑपरेशन के बाद जल्दी ही पिंडलियों का व्यायाम करना शुरू करके ही इस त्रासदी से बचा जा सकता है।

लंबे चलनेवाले ऑपरेशन के बाद और गंभीर बीमारी के कारण बिस्तर पर पड़े रोगियों के साथ ये घटनाएँ अधिक घटती हैं।

मेरे पिताजी नागेशराव व माताजी कमलाबाई श्रीखंडे

श्रीखंडे-नांदे खोत परिवार

एच.पी.बी. एसोसिएशन, कोयंबटूर द्वारा लाइफटाइम अचीवमेंट अवार्ड (15 फरवरी, 2013)

मेरे पचहत्तरवें जन्मदिवस पर डॉ. नारायणस्वामी (मंड्या, कर्नाटक) मेरा सम्मान करते हुए (2006)

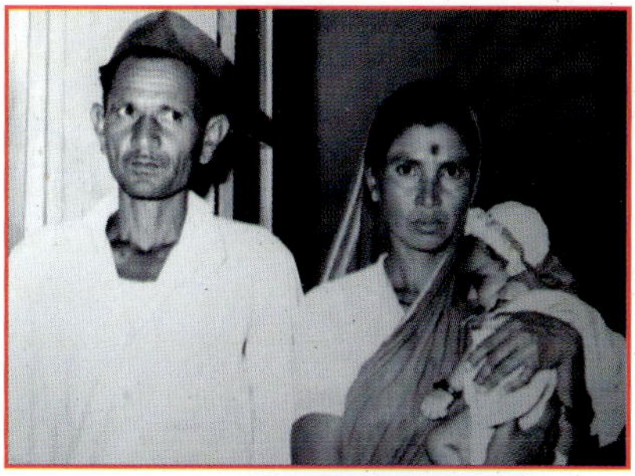
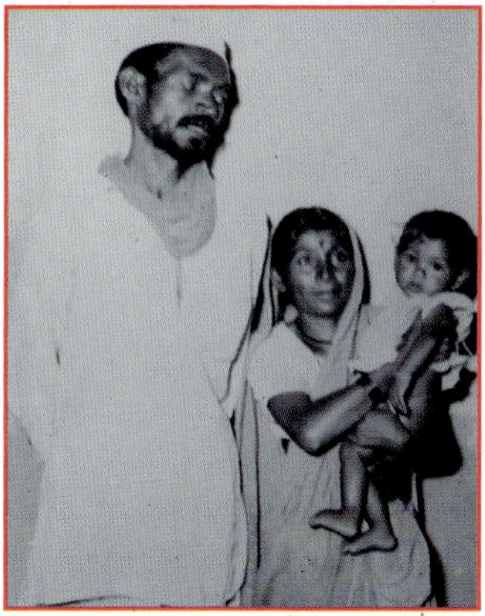

अकोला जिला अस्पताल में सफल........ऑपरेशन (1973)

भारत के राष्ट्रपति स्व. डॉ. शंकर दयाल शर्मा व उनकी धर्मपत्नी श्रीमती विमला शर्मा के साथ सपरिवार (अप्रैल 1994)

प्रसिद्ध मराठी साहित्यकार स्व. कुसुमाग्रज के साथ, मेरी बहन व बहनोई कोल्हटकर

जाल पारडीवाला के साथ मैं सपत्नीक

श्रीखंडे क्लीनिक

बाएँ से दाएँ : भाई नीलकंठ, पुत्र शैलेश और भतीजे राजीव एवं रवींद्र

जस्टिस एम.एस. मेनन के साथ मुन्नार, केरल में

श्रीखंडे क्लीनिक में पांडुरंग शास्त्री आठवले के साथ

प्रो. वाई.जी. भोजराज के साथ

इंग्लैंड में प्रो. एनड्रऊ लेर्ड के साथ

बाएँ से दाएँ : डॉ. भोपटकर, एलेक्स डॉ. अंकोला व डॉ. सिंह (एडिनबर्ग, 1958)

77 वर्षीय डॉ. श्रीखंडे वी.पी. सिंह के साथ विश्व के सबसे ऊँचे मोटोरेबल रोड खार्दुंग ला पादर्श (18380 फीट) पर (2007)

बेलगाम में देशपांडे गली में स्थित मेरा आवास (1931–1939)

ग्रांट मेडिकल कॉलेज, मुंबई स्थित पुराना हॉस्टल

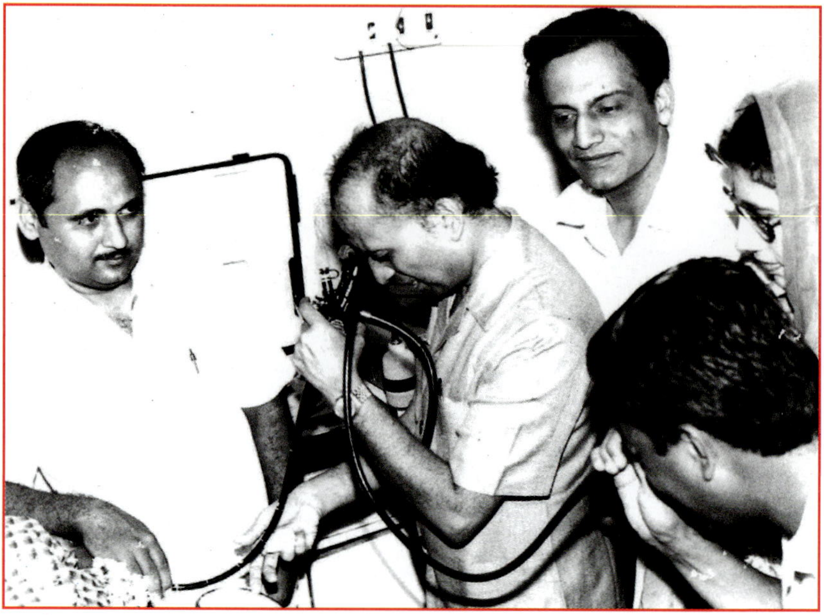

जिलों में एंडोस्कोपी की शिक्षा देते हुए (1979)

घड़ी जो कभी रुकी नहीं!

घड़ी जो कभी चली नहीं!

(बाएँ) दामाद डॉ. आनंद नांदे व (दाएँ) पुत्र डॉ. शैलेश श्रीखंडे

बाएँ से दाएँ : मुंबई स्थित बॉम्बे हॉस्पीटल इंस्टीट्यूट ऑफ मेडिकल साइंसेज की हमारी टीम। डॉ. किशोर, रसिका, ज्योत्स्ना तथा आनंद

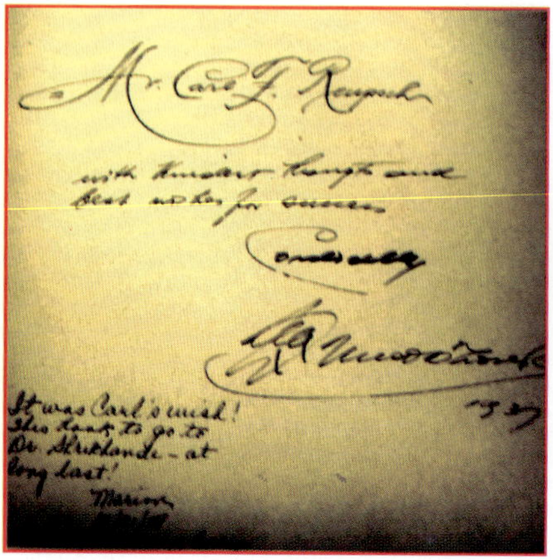

मैक्स थोरेक की पत्नी मेरीअन रॉईश्श
द्वारा मुझे भेट
(संदर्भ पृष्ठ 212) (1998)

रियुष्च को मैक्स थॉरेक्स द्वारा भेंट
की गई पुस्तक
'क्रिएटिव कैमरा आर्ट' (1937)

शोलापुर में भैरु रतन दमानी साहित्यिक पुरस्कार (2009)

सुप्रसिद्ध नाटककार शं.ना. नवरे द्वारा यु.आर.एल. फाउंडेशन साहित्यिक पुरस्कार
(जून 2009)

डॉ. कृष्णा व कल्पना पाटिल के पुत्र के विवाह का क्षण

डॉ. अजय वैद्य के साथ

लेह में पूर्ण चंद्रमा

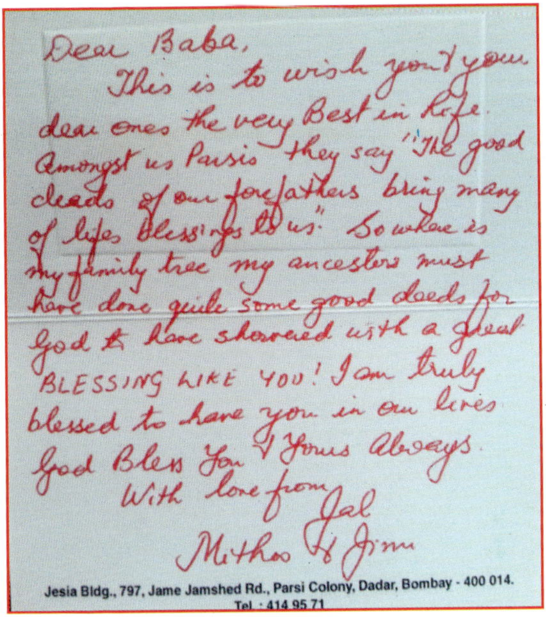
Dear Baba,

This is to wish you & your dear ones the very Best in Life. Amongst us Parsis they say "The good deeds of our forefathers bring many of lifes blessings to us." So where is my family tree my ancesters must have done quite some good deeds for God to have showered with a great BLESSING LIKE YOU! I am truly blessed to have you in our lives God Bless You & Yours Always.

With love from

Jal

Mithoo & Jimmy

Jesia Bldg., 797, Jame Jamshed Rd., Parsi Colony, Dadar, Bombay - 400 014.

Tel.: 414 95 71

मिथु जेसिया का पत्र

मेरे पुत्र शैलेश को एफ.आर.सी.एस. की उपाधि मिलने के अवसर पर इंग्लैंड में मेरी पत्नी डॉ. सुहास एवं पुत्री डॉ. नीना नांदे

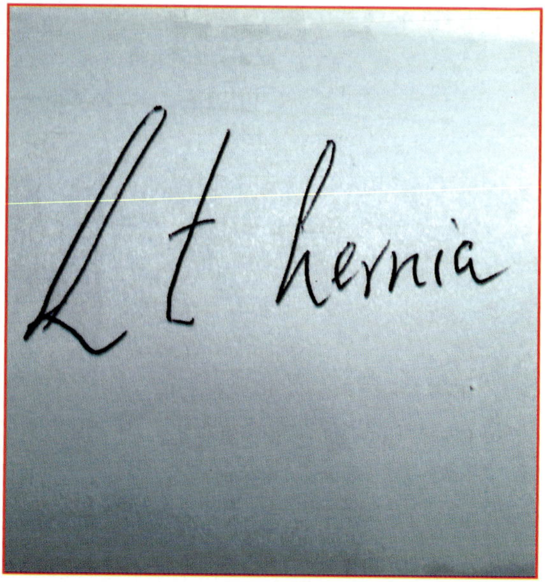

यह लेफ्ट हर्निया लिखा है या राइट हर्निया?

मराठी में मेरी पहली पुस्तक '... आणि दोन हात'

मैं बंबई में गंभीर पैंक्रियाटायटिस से पीड़ित एक बुजुर्ग रोगी का इलाज कर रहा था। ऑपरेशन के बाद जब परिस्थितियाँ सामान्य होने लगीं, अचानक उन्हें पल्मोनरी एंबोलिस्म की समस्या हो गई और हमने उन्हें खो दिया। परिवारवाले बहुत समझदार थे। उनके बेटे की टिप्पणी थी—'डॉक्टर, मृत्यु तो जीवन की एक घटना है। आपने अपनी ओर से सर्वोत्तम किया।'

दो वर्ष बाद मुझे उसका एक पत्र मिला।

'आदरणीय अंकल,

आपको सूचित करते हुए मुझे अत्यधिक प्रसन्नता हो रही है कि इस वर्ष के अंत में मेरा विवाह हो रहा है। मुझे लगता है कि मैं आपको उसके विषय में अधिक बता सकता हूँ। वह एक युवा विधवा है। उसके पहले विवाह के कुछ महीने बाद एक कार दुर्घटना में उसके पति की मृत्यु हो गई। अंकल, जब मैं आपके अस्पताल में अपने पिताजी के साथ था तो आई.सी.यू. के बाहर मेरी मुलाकात एक महिला से हुई। उसने स्वेच्छा से एक नेत्रहीन व्यक्ति से विवाह किया था। यह करुणावश नहीं किया गया था। उनके विवाह को काफी समय बीत चुका था और मैंने देखा कि कितने समर्पण और प्रसन्नता के साथ वह अपने पति की देखभाल कर रही थीं। उसने मुझे प्रभावित किया। यदि एक महिला एक नेत्रहीन पुरुष से विवाह कर सकती है तो मैं युवा विधवा से विवाह क्यों नहीं कर सकता? मुझे विश्वास है कि मैं अपनी पत्नी को बहुत खुश रख सकूँगा।

प्रेम एवं सम्मान सहित'

अब उस घटना को पच्चीस वर्ष से भी अधिक समय बीत चुका है और दंपती के दो बच्चे हैं और वे सुखी जीवन व्यतीत कर रहे हैं। अब मैं उनके परिवार का एक सदस्य हूँ। भारत में डॉक्टर और रोगियों के बीच का संबंध अन्य व्यवसायों के लिए ईर्ष्या का विषय होता है। मैं एक डॉक्टर से अंकल बन गया। मुझे नहीं लगता कि यदि मैं विदेश में बस जाता तो मुझे ऐसे ही अनुभव होते। उसके जीवन में उस समय एक बड़ा परिवर्तन आया, जब वह उस अस्पताल में था, जहाँ उसके पिता आई.सी.यू. (अति दक्षता विभाग) में जीवन के लिए संघर्ष कर रहे थे।

क्या हमारे साहित्य, फिल्म उद्योग, थिएटर हमारे आसपास ऐसे प्रेरक प्रसंगों पर प्रकाश डालते हैं?

'अ थौझंड सन्स' के लेखक डोमिनिक लपियर ने अपने उल्लेखनीय अनुभव के विषय में लिखा है। उन्होंने बंगाल में एक गाँव के पास एक भूखे कुत्ते के साथ एक छोटी सी दुर्बल लड़की को देखा। उसने लड़की को एक पावरोटी दी और जो देखा, उस पर उसे विश्वास नहीं हुआ।

लड़की ने पावरोटी को दो भागों में विभाजित किया और आधा भाग कुत्ते को दे

दिया। उसके जीवन में परिवर्तन का समय तब आया, जब उसने देखा कि एक लड़की के लिए उसकी भूख की अपेक्षा कुत्ते के लिए चिंता अधिक महत्त्वपूर्ण थी।

मेरे व्यवसाय ने मुझे मानवीय व्यवहार के अनेक प्रेरक प्रसंगों का अनुभव कराया है।

दो घड़ियों की कहानी

भारत में रोगियों के बीच ऑपरेशन के बाद उपहार देने का चलन है। अपनी उम्र के चौथे दशक के उत्तरार्द्ध में एक व्यक्ति ने बिना किसी समस्या के पित्ताशय का ऑपरेशन करवाने की योजना बनाई। ऑपरेशन के अगले दिन उसने मुझे एक दीवार घड़ी दी। जब उसमें सुधार हो रहा था तो उसकी छाती में संक्रमण हो गया और उसकी मृत्यु हो गई। मैंने उसे आश्वासन दिया था कि उसका स्वास्थ्य बहुत अच्छा रहेगा, जिससे वह एक महीने बाद अपने बेटे की शादी का आनंद उठा सकेगा।

एक अन्य मामले में उत्तर भारत से मेरे पास एक रोगी को भेजा गया। उसे बहुत बढ़ा हुआ पीलिया हो गया था और वह प्राणघातक था। यह बात आधुनिक परीक्षणों के युग से बहुत पहले की है। अंतिम उम्मीद के साथ वह बंबई आया। यह एक असामान्य सी स्थिति थी, जहाँ पित्ताशय में एक बड़ी सी पथरी ने पित्त की नली, (बाइल डक्ट), जो लीवर से आँतों में पित्त को ले जाती है, को पूरी तरह से संकीर्ण और अवरोधित कर दिया था। अवरोधित पित्त वापस होकर रक्त-प्रवाह में मिल रहा था, जिससे पीलिया हो गया था। उसे किसी प्रकार का दर्द नहीं था, जो लगभग हमेशा ही पित्ताशय की पथरी का प्रमुख लक्षण होता है। दर्द का अभाव कैंसर के कारण होनेवाले अवरोध का लक्षण होता है। ऑपरेशन तकनीकी रूप से चुनौतीपूर्ण था, लेकिन वह आराम से ठीक हो गया। दस दिन के बाद उसे अस्पताल से छुट्टी दे दी गई। पहले केस में रोगी एक सप्ताह के भीतर अपने गृह नगर वापस जाने के विचार के साथ आया था, लेकिन वह बच नहीं सका; जबकि दूसरा रोगी, जिसने आशा ही छोड़ दी थी, स्वस्थ होकर वापस चला गया। बीस वर्ष बाद वही व्यक्ति, जो एक बड़ी ट्रांसपोर्ट कंपनी का स्वामी था, एक ऑटो दुर्घटना में चल बसा। उस रोगी ने भी मुझे एक दीवार घड़ी दी थी।

मैंने उन दोनों ही घड़ियों को अपने कार्यालय में एक-दूसरे के अगल-बगल लगाकर रखा। रोचक बात है कि जिस व्यक्ति की मृत्यु हो गई थी उसके द्वारा दी गई घड़ी में बार-बार मरम्मत करवानी पड़ती है, जबकि दूसरे व्यक्ति द्वारा दी गई घड़ी तीस वर्ष से बिल्कुल ठीक चल रही है। ये घड़ियाँ मुझे एक बड़ा सत्य याद दिलाती हैं कि साधारण समस्यावाले रोगियों की मृत्यु हो सकती है, जबकि कुछ अन्य अत्यधिक गंभीर समस्याओंवाले रोगी बच सकते हैं।

ऑपरेशन के लिए मुहूर्त

मैंने रात के 9 बजे तक अपने कंसल्टेशन पूरे किए और घर जाने की तैयारी कर रहा था, तभी मुझे एक छोटे लड़के को देखने के लिए बुलाया गया, जिसे पेट में तेज दर्द था। उसका घर शहर के भीड़ भरे निचले मध्यम वर्गीय इलाके में था। परिवार लगभग 350 वर्ग फीट क्षेत्र में बने एक कमरे के घर में रहता था। एक दरवाजे के साथ उसमें निचला हिस्सा बनाया गया था। बिस्तर इतना छोटा था कि रोगी उस पर सीधा भी नहीं लेट पा रहा था। उसे गंभीर एपेंडिसायटिस हुआ था, जिसमें टूटने के आरंभिक संकेत शामिल थे और उसका जीवन बचाने के लिए तुरंत ऑपरेशन करना आवश्यक था।

अनेक भारतीयों की तरह माता-पिता को ज्योतिषी पर विश्वास था और उन्होंने मुझसे कहा कि वह दिन सर्जरी के लिए अशुभ है, लेकिन अगली सुबह ऑपरेशन किया जा सकता है। मैं उस दिन ऑपरेशन न करने के लिए उनकी बात मान गया। उसे भरती करने के बाद मैंने उन्हें यह विश्वास दिलाया कि आधी रात से नया दिन शुरू हो जाता है। मैंने उसे देखने के तीन घंटे के भीतर उसकी फटी हुई अपेंडिक्स निकाल दी और तीन दिनों के भीतर बच्चे को अस्पताल से छुट्टी मिल गई। उस समय उन्हें यह समझाने के लिए तर्क करने का समय नहीं था कि उनका विश्वास गलत है। चतुराई और बुद्धिमत्ता के साथ समस्या का समाधान हो गया।

मैंने सरकारी और निजी दोनों तरह के अस्पतालों में काम किया है। मैंने एक रोचक बात पर ध्यान दिया कि सरकारी अस्पतालों में उपचार के लिए आनेवाले निर्धन रोगी कभी भी अपने उपचार के लिए किसी शुभ दिन का चुनाव नहीं करते, जबकि धनी रोगी अपनी जन्म-पत्री के आधार पर शुभ दिन का अनुसरण करने का अनुरोध करते। इनसान चाँद तक पहुँच गया है, लेकिन पढ़े-लिखे लोग भी हमसे सुबह 10 बजे से पहले एनेस्थीसिया देना शुरू करने का अनुरोध करते हैं। सौभाग्य से अंतिम टाँके के लिए कोई समय सीमा निर्धारित नहीं की गई।

मैंने एक युवक के गंभीर पैंक्रियाटायटिस का ऑपरेशन किया था।

(गंभीर पैंक्रियाटायटिस एक ऐसा रोग है, जिसमें पाचक द्रव का स्राव करने वाले पैंक्रियाज में सूजन आ जाती है और अकसर यह फट जाता है और रोगी के शरीर को अंदर से पचाना शुरू कर देता है। इसका वर्णन आंतरिक जलन के रूप में किया जाता है। यह सामान्यत: उन लोगों को होता है, जो अधिक मात्रा में एल्कोहल लेते हैं या जिनके पित्ताशय में पथरी होती है। जब बड़ी मात्रा में पैंक्रियाज क्षतिग्रस्त हो जाता है, आँतों में स्थित बैक्टीरिया शरीर पर आक्रमण कर देते हैं और प्राणघातक स्थिति उत्पन्न हो जाती है।)

उसका ऑपरेशन तीन बार करना पड़ा और फिर भी स्थिति में सुधार नहीं हो रहा था।

उसकी बहन, जो यूयॉर्क में इंटेंसिव केयर विशेषज्ञ थी, बंबई आई। यह '80 के दशक के आरंभ की बात है। उसने पूछा कि क्या वह अस्पताल आकर रोगी को देख सकती है ? मुझे खुशी हुई कि मुझे किसी ऐसे व्यक्ति के साथ परामर्श करने का अवसर मिलेगा, जिसे उस तरह की समस्या का सामना करने का अनुभव था, जिसका सामना हम कर रहे थे। भारत में उस केस के प्रबंधन से वह प्रभावित हुई, जो ऐसा देश था, जिसे वह दो दशक पहले छोड़ चुकी थी। उन्होंने महसूस किया कि इससे अधिक कुछ भी नहीं किया जा सकता था और संभावनाएँ बहुत बुरी थीं। वह अमेरिका वापस चली गई। उसकी हालत और भी बिगड़ती गई।

इसके बाद जो हुआ, वह बहुत रोचक था। मैं आई.सी.यू. में पहुँचा ,जहाँ मैंने देखा कि उसकी पत्नी कुछ प्रार्थना कर रही थी, जबकि रोगी का भाई अत्यधिक शांतचित्त और धैर्यवान् प्रतीत हो रहा था।

जैसी कि मेरी आदत थी, मैं उसे यह बताने किनारे ले गया कि हम हारे तो नहीं हैं, लेकिन हारी हुई लड़ाई लड़ रहे हैं। उसने अत्यधिक शांत स्वर में कहा, ''डॉक्टर, आप चिंता न करें। उसके ग्रह बदलने ही वाले हैं। उसमें सुधार होगा और ठीक होकर वह घर जाएगा।''

मैंने कहा, ''मैं भी ईश्वर से यही प्रार्थना करता हूँ कि आप सही हों और मैं गलत।''

जब मैं वार्ड से निकल रहा था तो इंटेंसिव केयर के रेसिडेंट इंचार्ज ने मुझसे पूछा, ''हम मृत्यु का क्या कारण बताएँगे, जिससे आपको रात में तंग न करना पड़े ?''

जब तक रोगी जीवित रहता था, मैं कभी भी मृत्यु का कारण नहीं बताता था; लेकिन उस दिन मैंने एक अपवाद किया। मैं गलत साबित हुआ। रोगी स्वस्थ हो गया और दो सप्ताह बाद उसे अस्पताल से छुट्टी मिल गई। हमारे पास इसके लिए कोई भी स्पष्टीकरण नहीं था। अमेरिका में उसकी बहन को भी सुखद आश्चर्य हुआ।

कुछ ऐसे सुप्रसिद्ध सर्जन हैं, जो कुछ अशुभ दिनों में—जैसे अमावस्या के दिन—ऑपरेशन नहीं करते। उनकी प्रवृत्ति के कारण समाज तर्कसंगत नहीं हो पाता। मैंने अपने बहनोई का ऑपरेशन शुक्रवार की अमावस्या को किया था, जिसे बहुत ही बुरा संयोजन माना जाता है। लेकिन भारत के कुछ भागों में शुक्रवार को एक शुभ दिन माना जाता है। लोगों को व्यक्तिगत उदाहरण के आधार पर समाज को समझाना चाहिए।

आशा कभी न छोड़ें

एक रोगी, जिसे गंभीर पैंक्रियाटायटिस था, को विमान द्वारा पश्चिमी अफ्रीका से भारत लाया गया। उसके पास विकल्प था कि या तो उसका उपचार इंग्लैंड में हो या फिर उसके गृह देश में। उसकी हालत नाजुक थी, जिसके लिए कई सप्ताह तक गहन

देख-रेख, पाँच ऑपरेशन और साठ से भी अधिक यूनिट खून की आवश्यकता थी। जब उसे अस्पताल से छुट्टी दी जा रही थी तो डॉक्टरों और नर्सों ने मुख से बताया कि जब हमने सारी उम्मीद खो दी थी, तब प्रत्येक विषम परिस्थिति में आपका आशावाद और धैर्य हमारे लिए एक महत्त्वपूर्ण पाठ था, जिसे हम पूरे जीवन याद रखेंगे।

सर्जरी के क्षेत्र में गंभीर पैंक्रियाटायटिस सबसे महँगे रोगों में से एक है। जब रोगी स्वस्थ होता है तो वह पूरी तरह से ठीक हो जाता है; लेकिन अकसर दिवालिया हो जाता है। मैं ऐसे रोगियों को भी जानता हूँ, जिन्होंने अपनी संपत्ति बेच दी। सर्जन की फीस कुल बिल के 10 प्रतिशत से भी कम होती है और फिर भी उपचार की बढ़ती लागत का आरोप हम पर लगाया जाता है। धनी देशों में भी अच्छा स्वास्थ्य बनाए रखना दिनोंदिन कठिन होता जा रहा है।

'धरती के सबसे धनाढ्य देश अमेरिका में किसी भी व्यक्ति को किसी बीमारी के कारण नष्ट नहीं होना चाहिए।'

—राष्ट्रपति बराक ओबामा

भारत में रोग अभी भी अनेक परिवारों को नष्ट कर रहे हैं।

पश्चिम अफ्रीका का वह रोगी बीस वर्ष तक स्वस्थ रहा। प्रत्येक वर्ष वह मुझे आभार के पत्र भेजता था।

कितना बताएँ

40 वर्ष पहले मेरे कैरियर के आरंभ में पैंक्रियाज में कैंसर के कारण पीलिया का एक केस मुझे याद आता है। परिष्कृत परीक्षण उपलब्ध नहीं थे और पेट खोलने के बाद ही सर्जन निर्णय कर पाते थे कि किस प्रकार का ऑपरेशन करना होगा। सौभाग्य से, मैं ऑपरेशन करके पैंक्रियाज के भाग को निकाल सका, जो कि आज भी एक बड़ी प्रक्रिया होती है। इसे 'व्हिपल ऑपरेशन' के नाम से जानते हैं, जो एक अत्यधिक बड़ा ऑपरेशन है, जिसे अतीत में यदा-कदा ही किया जाता था।

रोगी बिना किन्हीं जटिलताओं के स्वस्थ हो गया। इस तरह का ऑपरेशन किसी पर्वतारोही के लिए माउंट एवरेस्ट पर पहुँचने के समान था। मैंने रोगी के बेटे से बात की और उसे बताया कि रिपोर्ट ने कैंसर की पुष्टि की है, लेकिन उन्हें कई महीनों तक स्वस्थ रहना चाहिए। ऐसे रोगियों का दो वर्ष से अधिक समय तक जीवित रह पाना सामान्यत: नहीं देखा जाता था। मैंने सुझाव दिया कि यह सूचना उसे परिवार के अन्य सदस्यों को नहीं देनी चाहिए। (अनेक लोगों को यह विचित्र लग सकता है, लेकिन उन दिनों मैं इसी रवैए को अपनाता था।)

उसकी एकमात्र बहन विदेश में रहती थी, इसलिए उसे लगा कि बहन को इस

विषय में पता होना चाहिए। उसने उसे चेतावनी दी कि माँ को न बताए, क्योंकि संभव है कि वे यह सदमा सहन न कर सकें। लेकिन माँ को न बताने की बात से बेटी को आत्मग्लानि हुई। उसने भी माँ से कहा कि रोगी को न बताए।

दो सप्ताह बाद बेटी भारत से चली गई। माँ व्याकुल होने लगी, क्योंकि उसने अब तक अपने जीवन में अपने पति से कुछ भी नहीं छुपाया था। अंतत: उसने सोचा कि वह उनसे सत्य नहीं छुपा सकती। रोगी अवसाद से ग्रस्त हो गया और संभवत: नींद की गोलियाँ खाकर उसने अपना जीवन खत्म कर लिया। एक नोट में उसने लिखा था कि 'पैंक्रियाज का कैंसर प्राणघातक होता है और मुझे यह पीड़ा सहने की कोई इच्छा नहीं है।'

'एक रहस्य केवल तभी तक रहस्य बना रहता है,
जब तक उसके विषय में केवल एक व्यक्ति जानता है।'

इस विषय में काफी चर्चाएँ होती हैं कि हमें किसी रोगी को कितनी बातें बतानी चाहिए। मेरी नीति थी—परिवार के किसी एक जिम्मेदार व्यक्ति को सच्चाई बताई जाए। यदि मुझे रोगी को ही सूचित करना होता था तो मैं किस तरह से यह सूचना उसे देता हूँ, वह अत्यधिक महत्त्वपूर्ण होता था। यदि कोई सत्य दु:खदायी हो तो कोई भी उसे जानना नहीं चाहता है। श्रद्धा और भरोसा ऐसी सकारात्मक शक्तियाँ हैं, जो जीवन की गुणवत्ता का सहयोग करती हैं।

हम कितना सत्य जानते हैं ? व्यक्तिगत परिस्थितियों में आँकड़े मदद नहीं करते। जब मैं एडिनबर्ग में था तो हमें एक किस्सा बताया गया था कि एक सर्जन ने एक महिला का ऑपरेशन किया और पाया कि उसे जठर में उन्नत स्तर का कैंसर है। उसने रिश्तेदारों को बताया कि वह अधिक दिनों तक जीवित नहीं रहेगी। उसकी बहन को भी जठर में वैसी ही तकलीफ थी और उसी सर्जन ने उसका ऑपरेशन भी किया और पाया कि उसके पास भी बस, कुछ ही महीनों का जीवन बचा है। अंत में दोनों ही बहनें सर्जन की अंत्येष्टि में शामिल हुईं। मुझे नहीं पता कि यह कहानी सच्ची है या नहीं, लेकिन पूर्वानुमान लगाते समय डॉक्टरों को अत्यधिक सतर्क रहना चाहिए।

मैंने अपने एक मित्र की बड़ी आँत के कैंसर का ऑपरेशन किया था, जो दुर्भाग्यवश 20 महीनों बाद फिर से उभर आया। आँतों में बार-बार अवरोध उत्पन्न होने के लिए ऑपरेशन करना था। उसे बताया गया कि यह अवरोध चिपकाव के कारण हो रहा था, न कि कैंसर के कारण। लेकिन उसकी पत्नी जानती थी कि उसे पुनरावृत्ति हुई है। परिवार की अत्यधिक इच्छा थी कि उसे अमेरिका में किसी प्रसिद्ध चिकित्सा केंद्र में ले जाना चाहिए। मैं उसके साथ अमेरिका गया।

मैं प्रोफेसर को जानता था। उनसे मैंने अनुरोध किया कि हमें जिस बात का डर है, उसके विषय में उसे न बताएँ। उन्होंने रोगी को देखा और उसे आश्वासन दिया कि

चिंता की कोई बात नहीं है और अगले दिन के लिए पर्यवेक्षण की योजना बना ली गई। दोपहर में एक रेसिडेंट मेरे मित्र को देखने आया और मेरे मित्र ने उससे कुछ प्रश्न पूछे—

"आपको क्या लगता है, मेरे अवरोधन का क्या कारण है?"

"अधिक संभावना यह है कि यह कैंसर की पुनरावृत्ति है।"

"क्या किया जाएगा?"

"यह इस बात पर निर्भर करता है कि हमें क्या ज्ञात होता है!"

"स्थिति कैसी है?"

"अच्छी नहीं है; लेकिन जो भी संभव होगा, हम करेंगे।"

"मेरे जीवन की क्या प्रत्याशा है?"

"कहना कठिन है, लेकिन संभवत: कुछ महीने।"

रोगी टूट गया और उसने भारत वापस आने का निर्णय ले लिया। उसी शाम उसे दिल का तेज दौरा पड़ा और आई.सी.यू. के हृदय रोग विशेषज्ञ के पूरे प्रयासों के बावजूद उसकी मृत्यु हो गई। एक दिन पहले की जाँच में प्रदर्शित हुआ था कि उसका हृदय स्वस्थ है। क्या रोगी सचमुच सच जानना चाहते हैं?

'कितना बताना है, क्या बताना है, दु:खद सूचना
कब बतानी है? हमें मिथ्या आशाओं और दु:खद सत्य
के बीच संतुलन स्थापित करना चाहिए।
हम क्या चीज व्यक्त करते हैं, से अधिक महत्त्वपूर्ण है
कि हम कैसे व्यक्त करते हैं।'

छोटे कद की एक मोटी सी महिला के पेट में ऊपरी दाएँ हिस्से में अत्यधिक दर्द हो रहा था। पथरी के कारण पित्ताशय की पीड़ा का निदान सरलता से ज्ञात था। उसका मधुमेह अनियंत्रित था, उच्च रक्तचाप था और स्पष्ट रूप से ऑपरेशन के लिए उसे अत्यधिक खतरा था। लेकिन उसकी स्थिति बिगड़ती ही जा रही थी। रिश्तेदार सर्जरी के लिए तैयार हो गए। उसका पित्ताशय पथरी से भरा हुआ था और फट गया था, साथ ही लीवर के चारों ओर पस (पीब) एकत्र हो गया था। परिगलित पित्ताशय, सभी पथरियों एवं पीब को निकाल दिया गया और पेट को बंद करने से पहले उस क्षेत्र को पूरी तरह से पीब को बहाकर साफ करने के लिए एक नली डाल दी गई। उसके स्वास्थ्य-लाभ के लिए वेंटिलेटर का सपोर्ट और आई.सी.यू. में दस दिनों तक भरती रखने की आवश्यकता थी।

मांसपेशियों को एक साथ लाने के लिए लगाए गए टाँकों को पीब गला देती है और जैसा कि अपेक्षित ही था, उसे ऑपरेशन के स्थान पर हर्निया हो गया। उसे देखने के लिए मुझे उसके घर पर बुलाया गया। मैंने उसे सुझाव दिया कि शारीरिक रूप से सक्रिय रहें और वजन कुछ कम करें। बिस्तर पर पड़े रोगियों पर सर्जरी करने में काफी

अधिक खतरा रहता है।

छह महीने बाद उसने पुनः मुझसे परामर्श लिया। उसने वजन कम नहीं किया था और शिकायत की कि उसका हर्निया उसके लिए बहुत तकलीफदेह साबित हो रहा है। मैंने उसे समझाया कि सबसे बड़ा खतरा यह था कि जब हम आँतों को पेट के अंदर डालेंगे और कमी को दूर करने के लिए हम जाली डालेंगे तो पेट पर पड़नेवाले दबाव के कारण उसके डायफ्रॉम (पेट और छाती के बीच का विभाजन) करनेवालों एक मांस पर ऊपर की ओर दबाव पड़ेगा, जिससे साँस लेने में तकलीफ होगी। उसने निवेदन किया कि एक बार उसे उस तकलीफदेह हर्निया से छुटकारा मिल जाएगा तो वह अपना वजन भी कम कर लेगी। वह एक समृद्ध परिवार से थी और मुझे बताया गया था कि इस सर्जरी के लिए मुझे काफी अधिक फीस मिलेगी।

जब मैंने ऑपरेशन करने से मना कर दिया तो उसकी बेटी अत्यधिक आहत हुई। कुछ दिनों बाद मैंने उसके रिश्तेदारों को आई.सी.यू. के बाहर देखा और उनसे मुझे पता चला कि किसी और सर्जन ने उसका ऑपरेशन कर दिया था। वे मुझसे नजरें नहीं मिला सके। रोगी को बचाया नहीं जा सका था। पश्चात्ताप करने के लिए अब बहुत देर हो चुकी थी।

कुछ लोगों का मानना है कि धन से वे कोई भी सेवाएँ खरीद सकते हैं।

एक इंजीनियर की मृत्यु

बंबई में जब मैंने काम शुरू किया, उसके कुछ ही दिनों बाद एक युवा इंजीनियर फायमोसिस के उपचार के लिए आया।

(फायमोसिस एक ऐसी स्थिति है, जिसमें शिश्न के आगे की त्वचा शिश्न के मुंड में चिपकी रहती है। जन्म के समय शिश्न की अग्र त्वचा हमेशा ही चिपकी रहती है, लेकिन 7-8 वर्ष की उम्र तक यह मुंड से अलग हो जाती है। यह प्राकृतिक प्रक्रिया है। यदि समय से यह अलग नहीं होती तो मुंड के स्राव शिश्न मल के रूप में एकत्र हो जाता है, जिसके फलस्वरूप संक्रमण और कैंसर हो सकता है। भारत में हिंदुओं में जिनके बीच खतना करवाने की परंपरा नहीं है, शिश्न का कैंसर सामान्य है।)

कुछ वर्ष पहले उसके त्वचा विशेषज्ञ ने उसे बताया था कि उसे जब सुविधाजनक लगे, एक ऑपरेशन करवाना होगा। जब मैंने उसे देखा तो उसका कैंसर विकसित हो चुका था और दुर्भाग्यवश रोग अपने उन्नत स्तर पर पहुँच चुका था।

वह बंबई में बस, अपना स्थान बना ही रहा था और उसने एक अपार्टमेंट में निवेश किया था। वह चाहता था कि कलकत्ता से उसके नवजात शिशु के साथ उसकी पत्नी के वापस आने पर उसके घर के गृह-प्रवेश की दावत में मैं भी आऊँ।

मैं जानता था कि वह अधिक दिनों तक जीवित नहीं रहेगा। मैंने उसे भरोसा दिलाया कि उत्कृष्ट सहायता और कलकत्ता में अपने परिवार के सहयोग के कारण वह तेजी से स्वस्थ हो जाएगा। एक युवा पत्नी, दो वर्षीय पुत्र और उजड़े हुए एक परिवार को पीछे छोड़कर उसकी मृत्यु हो गई।

उपचार में देरी क्यों हुई ? त्वचा विशेषज्ञ ने उससे कहा था कि किसी सुविधाजनक समय में ऑपरेशन करवा ले। युवक अत्यधिक योग्य व रचनात्मक इंजीनियर था, जो अपना स्थान बनाने का प्रयास कर रहा था और इसलिए उसके पास अपने उपचार के लिए कोई भी सुविधाजनक समय नहीं था।

जब उसने अपने शिश्न के सिरे को सूजा हुआ पाया और वहाँ से कुछ बदबूदार स्राव होने लगा, तब जाकर उसने मुझसे संपर्क किया। भारत में अनेक रोगी तब तक चिकित्सा में देरी करते रहते हैं, जब तक उन्हें दर्द नहीं होता।

रोगी की युवावस्था में ही मृत्यु हो गई। इस आघात से उसके माता-पिता दोनों की मृत्यु हो गई। परिवार मेरे साथ संपर्क में बना रहा। अपने सातवें जन्मदिन पर उसके बेटे ने मुझे पत्र लिखा—'मैं कैंसर को मारने के लिए एक गन प्राप्त करूँगा।'

16 साल बाद उसके भाई ने मुझे लिखा—'मुझे मार्च 1966 का वह दिन याद है, जब मैं अपने बीमार भाई के साथ बंबई में आपके क्लीनिक पर आया था। आपने कोई भी फीस नहीं ली थी, क्योंकि आपने महसूस कर लिया था कि बसने का प्रयास कर रहे एक युवक का जीवन समाप्त होने वाला था। मेरे भाई की दुःखद मृत्यु के बाद आपने मेरे पास एक शोक-संदेश भी भेजा था। मैं नहीं जानता कि कोई व्यस्त व प्रख्यात डॉक्टर इससे अधिक दयालु भी हो सकता है।

यदि त्वचा विशेषज्ञ ने यहाँ कहा होता कि उसे बिना देरी किए हुए सर्जरी करवा लेनी चाहिए, तो इस त्रासदी से बचा जा सकता था।

डॉक्टर, मैं आराम से निगल सकता हूँ

निगलने में कठिनाई की समस्या के लिए मैंने एक पुरुष का ऑपरेशन किया, जिसकी उम्र साठ के करीब पहुँच रही थी। भोजन नली और जठर के बीच असामान्य रूप से सख्त अवरोधिनी के कारण उनकी ग्रासिका में काफी बड़ा डायवर्टीक्यूलम था। पाँचवें दिन मैंने उनसे पानी पीने के लिए कहा और अभी भी स्पष्ट रूप से उनके आश्चर्य की अभिव्यक्ति याद है, जब उन्होंने कहा था, ''डॉक्टर, यह नीचे चला गया!''

इस टिप्पणी पर मुझे कुछ आश्चर्य हुआ।

उसने कहा, ''पहली बार ऐसा हुआ है कि मैं इतनी आसानी से निगल सका।''

वह अनेक दशकों से पीड़ा झेल रहे थे, लेकिन सर्जरी के बाद ही उन्होंने महसूस

किया कि बिना तकलीफ के निगल पाना कितना बड़ा वरदान है।

'हम तकलीफ के आदी हो जाते हैं और
उन्हें सामान्य समझने लगते हैं। अकसर हमें
अपनी तकलीफ का अहसास तब होता है, जब वे नहीं रहतीं।'

मुझे फरवरी 1959 की वह शाम याद है, जब मैंने अपना एफ.आर.सी.एस. उत्तीर्ण किया था। स्कूली दिनों से ही चली आ रही परीक्षाओं की यंत्रणा आखिरकार हमेशा के लिए समाप्त हो गई थी। मैं स्वतंत्र था। अब मैं अपने जीवन का आनंद ले सकता था।

एक रोगी, जिसके फेफड़े धूम्रपान के कारण नष्ट हो चुके थे, अपने जीवन के अंतिम महीनों को बैठकर सोते हुए गुजार रहा था। एक सुबह उसने मेरा अभिवादन मुसकराकर किया, क्योंकि पिछली रात वह केवल तीन तकिए लगाकर लेटकर सो सका था।

'केवल पीड़ा ही हमें जीवन की छोटी-छोटी खुशियों
का अहसास कराती है।'

एक सुप्रसिद्ध लेखक जी.के. चेस्टरटन गिर गए और उनके एक पैर में प्लास्टर चढ़ गया। उन्होंने कुछ इस प्रकार से लिखा था—'अब मुझे दो पैरों के वरदान तथा उनकी खूबसूरती का अहसास हो रहा है। यदि आप दो आँखों की खूबसूरती को समझना चाहते हैं तो एक आँख से संसार को आँख मारें।'

प्रत्येक वर्ष मुझे एक ऐसे रोगी की डायरी प्राप्त होती है, जिसका सन् 1974 में मैंने मलाशय के कैंसर का ऑपरेशन किया था। डायरी महत्त्वपूर्ण नहीं है, लेकिन चालीस वर्षों तक वह रोगी मुझे याद रखता है, यह बात मुझे खुशी का अहसास देती है।

लगभग 80 वर्ष से अधिक उम्र की एक महिला की आंत्रीय अवरोध से मृत्यु हो गई। अमेरिका से उसके रिश्तेदार अस्पताल और मुझ पर एक मुकदमा दर्ज करना चाहते थे। उन्होंने याद नहीं रखा कि मैंने 90 वर्ष से अधिक उम्र के उनके पिताजी का सफल ऑपरेशन किया था।

मुझे खुशी है कि मैं अमेरिका में नहीं बसा, जहाँ सर्जनों के सिर पर हमेशा लापरवाही के आरोप की तलवार लटकी रहती है।

एक ऐसे रोगी को मेरे पास भेजा गया, जिसके पेट में तेज दर्द के कारण ऑपरेशन हुआ था। उन दिनों पेट के पुराने अल्सर का उपचार करने के लिए जठर में आपूर्ति करनेवाली वेगस तंत्रिकाओं को काट दिया जाता था, जिससे एसिड के उत्पादन में कमी लाई जा सके, जिसे ठीक नहीं हो पा रहे अल्सर का कारण माना जाता था। जठर ऊपरी छोटी आँत के साथ जुड़कर अल्सरवाले क्षेत्र से अलग हो जाते थे। ऑपरेशन के बावजूद उसे दर्द होता रहा और इसीलिए रोगी ने मुझसे परामर्श किया। मैंने अपने छात्रों को सिखाया था कि यदि सही ढंग से किए गए ऑपरेशन से अपेक्षित आराम नहीं मिलता है

तो संभव है कि निदान गलत हुआ हो। साहस करके निदान को बदलें।

मैंने दिसंबर 1972 में उसका ऑपरेशन किया था। वह एक कठिन ऑपरेशन था, क्योंकि पिछले ऑपरेशन के परिणामस्वरूप ऊतक आपस में चिपक गए थे। रोगी का पित्ताशय पथरियों से भर गया था। डुओडेनम फट गया था और बेरियम परीक्षण करने पर यह छिद्र एक अल्सर के रूप में नजर आया। पित्ताशय को निकाल दिया गया, डुओडेनम के छिद्र को बंद कर दिया गया। जिस सर्जन ने पहला ऑपरेशन किया था, वह एक सुप्रसिद्ध सर्जन थे; लेकिन उस समय यह माना जाता था कि पित्ताशय की पथरी 40 वर्ष के आसपास की उम्रवाली मोटी व प्रजननशील महिलाओं में होती है और यह पुरुषों में दुर्लभ होती है। रोगी एक दुबला-पतला पुरुष था।

उसका दर्द गायब हो गया और प्रत्येक वर्ष जिस तारीख को उसका ऑपरेशन हुआ था, वह मुझे एक साधारण सा पोस्ट कार्ड भेजता, जिस पर लिखा होता—'मुझे एक बार भी पेट में दर्द नहीं हुआ है। यह आपका ही आशीर्वाद है कि मैं एक नया जीवन जी रहा हूँ।' वे साधारण से पोस्ट कार्ड एक नव वर्ष अभिनंदन थे जिन्हें मैं तीस वर्ष से भी अधिक समय तक प्राप्त करता रहा।

शिक्षण कार्य लंबे समय तक लोकप्रिय रहा है। यदि किसी उपचार से अपेक्षित परिणाम नहीं प्राप्त होते तो निदान बदल दें।

80 वर्ष से अधिक आयुवाले एक वृद्ध का अवरुद्ध मल के लिए एक आपातकालीन ऑपरेशन करना था। आधी रात के बाद उन्हें ऑपरेशन थिएटर में लाया गया था। परिवार अत्यधिक तनाव में और अस्वस्थ था। सौभाग्यवश सबकुछ अच्छा हुआ और ऑपरेशन के कुछ दिनों बाद उन्हें अस्पताल से छुट्टी मिल गई।

जब वह जाँच के लिए आए थे, उस समय उन्होंने मुझसे जो कहा, वह अत्यधिक रोचक था—'मैं जानता था कि मेरा अंत निकट आ गया है। कमरे से मुझे बाहर लाने से पहले मैंने अपने परिजनों को अलविदा कहा, खिड़की से पेड़ों पर अंतिम निगाह डाली और अपने पोते-पोतियों को गले से लगाया। जैसे ही मैंने ऑपरेशन थिएटर में प्रवेश किया तो वहाँ अनपेक्षित रूप से शांत वातावरण के कारण मेरा डर गायब हो गया। मैंने वहाँ बेहतर अनुभव किया। मैंने इतना कर्णप्रिय भक्तिसंगीत सुना कि मुझे लगा कि संसार से विदा लेने के लिए मैं इससे बेहतर स्थान नहीं चुन सकता था। आपका मुसकराता चेहरा और अपने हाथों के स्पर्श के द्वारा आपने जो आत्मविश्वास मुझमें जगाया, उससे अत्यधिक आश्वासन मिला। मेरे स्वास्थ्य में सुधार सभी के लिए आश्चर्यजनक था।'

मेरे कार्यालय से निकलने के पहले उन्होंने आगे कहा, 'और मैं आपसे एक और बात बताना चाहूँगा। जब मैं सोने जाता हूँ, उस समय मैं उसी संगीत को सुनता हूँ, जो

मैंने एनेस्थीसिया दिए जाते समय सुनी थी।'

'आश्वासन भरे शब्दों को कुशलता और आत्मीयतापूर्वक ढंग से उपयोग करना इनसान को ज्ञात सबसे पुराना उपचार है। सभी चिकित्सकों के पास यह क्षमता होती है।' लेकिन दुर्भाग्यवश वैज्ञानिक चिकित्सा के इस संसार में 'हीलर' (चिकित्सक) शब्द का गलत अर्थ निकाल लिया गया है।'

संगीत अत्यधिक शांतिदायक ओषधि है। मैं हैमबर्ग में दो दिनों के लिए एक जर्मन एंडोस्कॉपिस्ट के साथ रहा था। मैंने उन्हें उनकी पत्नी के लिए भारतीय शास्त्रीय वाद्य संगीत के दो टेप उपहार-स्वरूप दिए थे। उन्होंने मुझे धन्यवाद दिया, लेकिन साथ ही बोलीं कि उन्हें भारतीय संगीत समझ में नहीं आता है। मैंने उनसे बताया कि संगीत की कोई भाषा, प्रजाति या राष्ट्रीयता नहीं होती। वह बस, सुनें और अपने अनुभव का आनंद लें। कुछ महीने बाद जब वह भारत आईं, उन्होंने मुझे बताया कि जब भी उनका मन उदास होता है, वह संगीत जादुई तरीके से उनके मन को प्रफुल्लित कर देता है।

गंभीर अपेंडिसायटिस से पीड़ित मेडिकल का छात्र

एक बार मेरे परामर्श कक्ष में मेडिकल का एक छात्र आया, जिसे गंभीर अपेंडिसायटिस की बीमारी शुरू हुई थी। उसे आपातकालीन ऑपरेशन की आवश्यकता थी, लेकिन वह चाहता था कि केवल मैं ही उसका ऑपरेशन करूँ; जबकि वह जिस अस्पताल में पढ़ाई कर रहा था, वहाँ मेरे पास ऑपरेशन करने की कोई भी सुविधा नहीं थी। उसके माता-पिता ईरान में रहते थे और उनसे संपर्क करना भी असंभव था। मैंने खुद को उसकी स्थिति में रखा—क्या होता, यदि मैं विदेश में कहीं मेडिकल का छात्र होता और मुझे गंभीर अपेंडिसायटिस हो जाता। मेरे पास कोई और विकल्प नहीं था, सिवाय इसके कि देर रात में एक निजी क्लीनिक में मैं उसका ऑपरेशन करता। मैंने कोई फीस नहीं ली और उसकी कुछ व्यक्तिगत समस्याओं के कारण मैंने अस्पताल का खर्च भी खुद ही वहन किया। सौभाग्यवश सबकुछ ठीक रहा और रोगी के परिजनों की अनुपस्थिति में किसी विदेशी के ऑपरेशन के बोझ से मुझे मुक्ति मिली।

कुछ महीने बाद जब मैं अमेरिका गया हुआ था, उसके माता-पिता आए थे और मेरे लिए क्रॉकरी का एक सेट छोड़ गए। उन्होंने उनके बेटे की देखभाल करने के लिए मेरे प्रति अपना आभार व्यक्त किया। जब मैं लौटा तो मैंने सेट को देखा, जो नया नहीं था। छात्र मुझसे मिला और उसने मुझे जो बताया, उसने मेरे दिल को छू लिया। परिवार में यह चर्चा होती रही कि ऐसे सर्जन को उपहार में क्या दिया जाए, जिन्होंने एक जीवन को बचाया था और वह भी कोई शुल्क लिये बिना। अंततः उन्होंने निर्णय लिया कि उन्हें मुझे अपनी सबसे कीमती संपत्ति देनी चाहिए, एक ऐसा क्रॉकरी सेट, जो अस्सी

से भी अधिक वर्ष पुराना था।

स्नातक पूरा करने के बाद मेरा पूर्व छात्र विदेश में बस गया। कुछ वर्ष पहले उसने मुझे एक पत्र लिखा, जिसमें उसने लिखा था—'मुझे अकसर याद आता है कि आपने मेरी देखभाल करके कितनी दयालुता का प्रदर्शन किया था। जब कभी भी मैं किसी गरीब रोगी को देखता हूँ, मैं उसका रियायत या निःशुल्क इलाज करता हूँ। मुझे महसूस होता है कि बिना किसी अपेक्षा के निर्धन व अनजान रोगियों की सहायता करने की मेरी चेष्टा अत्यधिक संतोष और प्रसन्नता का स्रोत बनती है।

आप कितना धूम्रपान करते हैं?

एक युवा दंपती अपने चार वर्ष के पुत्र को हर्निया के ऑपरेशन के लिए लाया। उनके पास मुझसे पूछने के लिए अनेक प्रश्न थे, जिनमें यह भी शामिल था कि क्या मैं दूसरी ओर भी ऑपरेट करूँगा, जिधर हर्निया नहीं हुआ था। अंततः वे संतुष्ट हुए और तारीख निश्चित हो गई। जब वे जाने ही वाले थे, मैंने पिता की शर्ट की जेब में सिगरेट का एक पैकेट देखा। मैंने सहजता से उनसे पूछ लिया कि वह कितना धूम्रपान करते हैं?

प्रश्न इतना अधिक अनपेक्षित था कि वह अचानक गंभीर हो गया और मैंने देखा कि उसकी पत्नी बहुत अधिक परेशान-सी हो गई।

मैंने कहा, "आप मुझसे कह सकते हैं कि मुझे यह प्रश्न पूछने का कोई हक नहीं है, क्योंकि आप अपने स्वास्थ्य के विषय में परामर्श करने नहीं आए हैं। लेकिन आपका बेटा अब मेरा रोगी है, जिसका अर्थ है कि मुझे उसके स्वास्थ्य की चिंता है। आपका धूम्रपान भविष्य में उसे नुकसान पहुँचाएगा और एक बेटे पर धूम्रपान करनेवाले पिता के प्रभाव को कम नहीं आँका जा सकता।"

जब दंपती कमरे से गया तो वे कुछ नाराज से दिखे और मुझे विश्वास था कि वे सर्जरी के लिए कहीं और जाएँगे। लेकिन आश्चर्यजनक रूप से वे वापस आ गए, सर्जरी हुई और लड़का उसी दिन घर लौट गया।

कुछ महीनों बाद मेरी सेक्रेटरी ने मुझे बताया कि एक महिला बिना अपॉइंटमेंट के आई है और मुझसे दो मिनट के लिए मिलना चाहती है। जब वह अंदर आई, मैंने पहचान लिया कि वह उस लड़के की माँ थी। उसने मुझे फूलों का एक गुच्छा दिया और आँखों में आँसू के साथ बोली, 'मेरा बेटा तो ठीक है, लेकिन मैं आपको एक और अच्छा समाचार देना चाहती हूँ। जब उस दिन हम आपके कमरे से निकले तो मेरे पति बहुत नाराज थे; लेकिन घर पहुँचने के बाद उन्होंने सिगरेट को कचरे के डिब्बे में फेंक दिया और तब से उन्होंने धूम्रपान बंद कर दिया है। जब भी कोई उनसे सिगरेट छोड़ने का अनुरोध करता, वह क्रोधित हो जाते थे। आपने मेरे परिवार को धन्य कर दिया है।"

वह दंपती धनी था। यह विचार कि मेरे हाथ से एक धनी रोगी छूट सकता है, के कारण मैं अच्छे लेकिन अवांछित सुझाव देने से खुद को नहीं रोक सका। मैंने वही किया, जो किसी डॉक्टर को करना चाहिए।

डॉक्टर, आप कमजोर लगते हैं

मैंने एक ऐसे रोगी का ऑपरेशन किया, जो कई वर्षों से गाँठ-युक्त कोलायटिस से पीड़ित था। मुझे उसकी 90 प्रतिशत से अधिक बड़ी आँत निकालनी थी। कुछ समय बाद जब उसे पता चला कि टी.वी. पर मेरा साक्षात्कार आने वाला है, उसने एक बड़ी स्क्रीन की व्यवस्था करके गाँववासियों के लिए कार्यक्रम देखने की व्यवस्था की। उन्होंने मुझे लिखा—'गाँववासियों के लिए यह बहुत बड़ा पल था, जब वे उस व्यक्ति को देख सकते, जिसने मुझे नया जीवन दिया। आप कमजोर रहे हैं, इसलिए मैं आपके लिए एक जार गाय का घी (गाय के दूध से बना शुद्ध घी) भेज रहा हूँ, जिससे आपको ऊर्जा मिलेगी। जब यह खत्म हो जाएगा तो मैं आपको फिर से भेज दूँगा।'

एक अशिक्षित ग्रामीण अपने सर्जन को स्वास्थ्य संबंधी निर्देश दे रहा था। मेरा जीवन ऐसी शुभकामनाओं से धन्य है।

(गाँठ-युक्त कोलायटिस बड़ी आँत की एक बीमारी है, जहाँ छाला विकसित हो जाता है और रोगी को रक्त के साथ एक दुःसाध्य अतिसार हो जाता है। दवाओं से बीमारी को नियंत्रित किया जा सकता है, लेकिन रोग-मुक्ति संभव नहीं है। कुछ स्थितियों में सर्जरी के द्वारा बड़ी आँत को निकाला जाता है और छोटी आँत को पेट की दीवार की ओर लाकर और मल को एक बैग में एकत्रित करके पेट की दीवार पर रखा जाता है।)

मैंने अपना अपेंडिक्स नहीं खोया

मैं पुस्तकों की एक दुकान पर था। एक महिला ने मुझे रोका और पूछा, "क्या आप डॉ. श्रीखंडे हैं?"

"हाँ।"

"क्या आपने मुझे पहचाना?"

"नहीं।"

"तीस साल पहले मैं आपके पास अपने अपेंडिक्स के ऑपरेशन के लिए आई थी। आपने मुझसे बहुत से प्रश्न पूछे थे और मुझसे कहा था कि मेरे पेट के दर्द का कोई भी संबंध अपेंडिक्स के साथ नहीं था।"

उसके हाथ में एक पुस्तक थी और उस पर उसने लिखा—'प्रिय डॉक्टर, हम पिछली बार सन् 1977 में मिले थे, जब मैंने अपना अपेंडिक्स नहीं खोया था। अपना

आभार प्रकट करने के लिए मेरे पास कोई शब्द नहीं हैं।'

असूचित ऑपरेशन से कैसे बचें

अनेक वर्ष पहले आम लोगों को समझाने के लिए मैंने एक नोट तैयार किया था। सामान्य रूप से यही माना जाता था कि धन कमाने के लिए अनावश्यक ऑपरेशन किए जाते हैं। अपने नोट्स के द्वारा मैंने रोगियों को उन प्रश्नों के विषय में निर्देश दिया था, जो उन्हें उस समय पूछना चाहिए, जब उन्हें ऑपरेशन के लिए परामर्श दिया जाता है—

—डॉक्टर, मेरे साथ क्या समस्या है?

—यदि ऑपरेशन नहीं किया जाता तो क्या होगा?

—यदि ऑपरेशन से मेरे लक्षणों में आराम नहीं मिलता तो मैं क्या करूँ?

—क्या आप नमूने को परीक्षण के लिए पैथोलॉजी में भेजेंगे?

—क्या आप प्रासंगिक विवरणों के साथ एक लिखित रिपोर्ट देंगे?

अनेक डॉक्टर विस्तृत विवरण रोगियों को नहीं देते और रोगी भी अपने मेडिकल रिकॉर्ड सँभालकर नहीं रखते। अनेक रिपोर्ट में केवल ऑपरेशन का नाम लिखा होता है और वह भी ऐसी लिखावट के साथ, जिसे आसानी से पढ़ा न जा सके।

चिकित्सा संबंधी व्यवसायी और आम व्यक्ति—दोनों को ही समझना चाहिए कि मेडिसिन कोई सटीक विज्ञान नहीं है। एक अपूर्ण विज्ञान से ऊँची अपेक्षा रखने के लिए रोगी और कानून के निर्माता भी उत्तरदायी हैं।

गायब चूड़ियों का किस्सा

अपने काम के आरंभिक दिनों में मुझे एक अत्यधिक असाधारण अनुभव हुआ। मैंने पिछली रात बड़ी आँत का एक ऑपरेशन किया था और रात के फोन से मुझे सूचना दी गई कि रोगी स्वस्थ था।

जब अगली सुबह मैं चक्कर लगाने गया, मैंने रोगी के रिश्तेदारों के मुँह से जो पहली बात सुनी, वह थी कि सोने की चूड़ियाँ, जो रोगी ने ऑपरेशन थिएटर में जाते समय पहनी हुई थीं, वे गायब थीं। मैंने कहा, "पहले मुझे रोगी को देखने दें और फिर हम चूड़ियों के विषय में बात करेंगे।" रोगी स्वस्थ दिख रही थी।

मैंने पूछताछ की और सभी ने मुझे बताया कि रोगी ने कोई चूड़ियाँ नहीं पहनी थीं। इस बात की पुष्टि एनेस्थेटिस्ट ने भी की जो एनेथीसिया देने से पहले हमेशा रोगी की जाँच करता है। मैं जानता था कि सत्यनिष्ठा और अच्छी सेवाओं में अस्पताल की एक प्रतिष्ठा थी।

मैंने रिश्तेदारों को समझाने का प्रयास किया कि दस वर्ष से भी अधिक समय में

यह पहली बार है कि मुझे इस प्रकार की शिकायत मिली है, लेकिन वे संतुष्ट नहीं थे। मेरे सामने दो विकल्प थे—या तो इस मामले को पुलिस में दे दिया जाए, जिस स्थिति में अस्पताल की बहुत अधिक बदनामी होती या फिर मैं अपने ऊपर जिम्मेदारी ले लेता। मैंने दूसरा विकल्प चुना। मैंने चूड़ियों की कीमत अपनी फीस से घटा दी और मामला वहीं खत्म हो गया। अस्पताल के स्टाफ को राहत मिली और अपने सहज व्यवहार से मैं खुश था।

एक और जाँच की गई थी। रोगियों को ओ.टी. में ले जाने से पहले यह जाँच करना अनिवार्य था कि कहीं उन्होंने कोई चूड़ियाँ, अँगूठी या नेकलेस तो नहीं पहनी हैं।

अमेरिका के हमारे मित्र हमें लगातार बताते रहते हैं कि भारत में मौजूद लंबी प्रक्रिया के विपरीत वहाँ हवाई अड्डे से बाहर निकलनेवाले यात्रियों की जाँच कितनी कुशलता और तत्परता से पूरी की जाती थी। लेकिन 9/11 जब बोस्टन के लोगन हवाई अड्डे से चार विमानो का अपहरण के कारण अराजकता फैल गई थी।

'जब कुछ गलत हो जाता है तभी
हमें परिपक्व होने और सीखने का अवसर मिलता है।'

इस बात पर डॉक्टरों की अत्यधिक आलोचना होती है कि वे पीड़ित रोगियों से आवश्यकता से अधिक पैसे लेते हैं और उनका शोषण करते हैं। एक लालची समाज को समर्पित डॉक्टरों की अपेक्षा नहीं करनी चाहिए और ईमानदार समाज से कभी भी बेईमान पेशेवर पैदा नहीं होंगे।

बाउंस चेक का मामला

दूर से आनेवाली एक रोगी की सर्जरी के दौरान पता चला कि कैंसर फैला है। मैंने उसके पति को बताया कि उसकी हालत खराब थी और संभवत: वह अधिक लंबे समय तक नहीं जी सके। शिक्षित और अच्छे पदों पर स्थित दिखनेवाले रिश्तेदारों ने अस्पताल से छूटने से पहले हमें हमारी सेवाओं के लिए धन्यवाद दिया। उन्होंने जो चेक दिया था, वह बाउंस हो गया। दिए गए पते पर पत्र भेजने पर पत्र वापस आ गया, क्योंकि वह पता मौजूद नहीं था।

रोगियों को भरती करने से पहले कैश जमा करवाने के लिए अस्पतालों की आलोचना क्यों की जाती है?

एक रोगी ने बॉम्बे हॉस्पिटल में अपना पूरा भुगतान नहीं किया था और इसलिए अस्पताल के नियमों के अनुसार अस्पताल उसे छुट्टी नहीं दे रहा था। इस आश्वासन के साथ कि कुछ ही दिनों में रोगी वित्तीय विभाग में अपनी बकाया राशि जमा कर देगा, रोगी ने मुझसे उसके डिस्चार्ज पर हस्ताक्षर करने का अनुरोध किया। उसने कभी भी

वह भुगतान नहीं किया और अस्पताल ने वह राशि मेरी फीस में से काट ली। क्या ऐसी घटनाओं को कभी भी टी.वी. पर दिखाया जाता है, जहाँ लालची डॉक्टरों की हरकतों पर बहुत चर्चाएँ की जाती हैं? हमारा पेशा उन दुर्लभ पेशों में से एक है, जिसमें उत्कृष्ट सदस्य भी समाज में नि:शुल्क सेवा देते हैं। हमें विरासत में उत्कृष्ट डॉक्टर मिले हैं, जो समाज की अच्छी सेवा करते हैं और हमें प्रशिक्षित करते हैं, ताकि हमारे व्यवसाय की श्रेष्ठ परंपरा बनी रहे।

लीवर प्रत्यारोपण का मामला

स्विट्जरलैंड सुप्रसिद्ध इंसेलिस्पटल, यूनिवर्सिटी हॉस्पिटल बर्न में मैं प्रो. मारकस ब्युकलर के साथ चक्कर लगा रहा था, जहाँ एक रोगी स्पष्ट रूप से परेशान लग रहा था। उसकी भाव-भंगिमा बहुत ही कठोर थी और प्रोफेसर शांत रहने का प्रयास कर रहे थे। मुझे भाषा समझ में नहीं आई, लेकिन रोगी निश्चित रूप से सर्जन के प्रति आभार व्यक्त नहीं कर रहा था।

रोगी की नाराजगी का कारण यह था कि उसे उम्मीद थी कि ऑपरेशन के पंद्रह दिनों बाद वह घर जा सकेगा; लेकिन अब बीस दिन हो चुके थे। अत्यधिक अल्कोहल के कारण उसे लीवर सिरोसिस हो गया था, जिसके कारण उसके लीवर का प्रत्यारोपण किया गया था।

रोगी की आकांक्षाएँ इन आश्वासनों के द्वारा पोषित होती हैं कि आधुनिक चिकित्सा-पद्धति में हर प्रकार के रोग और विकृतियों को नष्ट कर देने का सामर्थ्य है। एक सामान्य अपेक्षा है कि लेजर ट्रीटमेंट (एंडोस्कोपी, लैपरोस्कोपी और मध्यवर्ती रेडियोलॉजी की तकनीकों के लिए आम लोगों के द्वारा उपयोग किया जानेवाला शब्द) का उपयोग करके सर्जरी से बचा जा सकता है।

हालाँकि तीन दशक पहले की अपेक्षा आज चिकित्सा सचमुच बहुत कुछ कर सकती है, लेकिन रोगी-डॉक्टर के बीच के संबंध खराब हुए हैं। आज रोगी दु:खी है, डॉक्टर दु:खी है, बीमा कंपनियाँ रोगियों पर संदेह करती हैं और डॉक्टरों से सवाल करती हैं। दु:खद पहलू यह है कि हमारी क्लीनिकल स्वायत्तता भी खो रही है। सर्वोत्तम छात्र मेडिकल कैरियर को नहीं चुन रहे हैं। स्वास्थ्य सेवा की बढ़ती लागत भारत में गंभीर समस्या उत्पन्न कर रही है, जहाँ जनसंख्या का एक बड़ा हिस्सा अभी भी गरीबी की रेखा से नीचे रहता है।

तलाक के मामलों के समान ही मेडिकल-कानूनी मामले भी अत्यधिक बढ़ रहे हैं। रक्षात्मक चिकित्सा-पद्धति उन्हें बचा नहीं सकेगी।

मेरे पास 70 से अधिक उम्र के एक और व्यक्ति का मामला था, जिसे पेट के

ऊपरी भाग में लगातार दर्द उठ रहा था और तेज बुखार आ रहा था। रोगी को मधुमेह था। वह अत्यधिक धूम्रपान करता था और नियमित रूप से व्हिस्की पीता था। रिश्तेदारों को बता दिया गया कि ऑपरेशन करने में बहुत अधिक खतरा था, लेकिन ऑपरेशन न करने पर भी बहुत अधिक खतरा रहता।

उसके बेटे ने कहा, ''लेकिन अब उन्होंने धूम्रपान छोड़ दिया है। तीन सप्ताह से शराब नहीं पी है और ब्लड शुगर सामान्य है।''

हमें यह समझाने में बहुत अधिक समय लगा कि ऑपरेशन एक बड़ी चोट होगी और उससे स्वस्थ हो पाना आसान नहीं था। तीन सप्ताह से अल्कोहल और धूम्रपान छोड़ देने का यह अर्थ नहीं था कि जटिलताएँ उत्पन्न नहीं होंगी। वर्षों के अनुभव से हमें समस्या पैदा करनेवाले रोगियों और उनके रिश्तेदारों को पहचानने में सहायता मिलती है और इसलिए संभावित सभी जटिलताओं की सूची के साथ एक विस्तृत स्वीकृति ली गई।

ऑपरेशन हो गया। पित्ताशय की दीवार में बहुत सूजन थी और उसमें पीब भरी थी, क्योंकि एक बड़ी पथरी ने बाहर के मार्ग को अवरुद्ध कर लिया था। वह दो दिनों तक ठीक रहा, लेकिन फिर छाती में संक्रमण के लक्षण उभरने लगे, जिसे नियंत्रित नहीं किया जा सका और आठ दिनों के बाद हम संघर्ष में हार गए।

अब एक दूसरा संघर्ष शुरू हुआ। रोगी के रिश्तेदार आक्रामक हो गए और उन्होंने चिल्लाना तथा नर्सों के स्थान को क्षति पहुँचाना शुरू कर दिया। सुरक्षा गार्डों को बुलाया गया और बहुत कठिनाई से उस बिगड़ती हुई परिस्थिति को नियंत्रण में लाया जा सका।

मुझसे लगातार प्रश्न पूछे जा रहे थे, ''जब आप जानते थे कि रोगी मर सकता था तो आपने ऑपरेशन क्यों किया? हम उन्हें घर ले जा सकते थे। आपने इतनी सारी जाँच की, हमने आई.सी.यू. में इतना सारा पैसा खर्च किया और फिर भी वह मर गए। हम आप पर लापरवाही का मुकदमा करेंगे।''

मुझे एक और अत्यधिक खतरेवाला केस याद है, जिसमें एक बार फिर हम छाती में संक्रमण के कारण हार गए थे। उसकी बेटी, जो एक डॉक्टर ही थी, इतनी अधिक नाराज थी कि बोली, ''डॉक्टर, आप मेरे दुःख को तब समझेंगे, जब आप खुद अपने पिता को खोएँगे।''

मैंने मृत्यु का कारण देने से इनकार कर दिया और पोस्टमॉर्टम के लिए कहा। जब उससे लिखित में माफी प्राप्त कर ली, उसके बाद ही मृत्यु का कारण दिया गया। जब डॉक्टर इतने तर्कहीन हो सकते हैं तो हम अशिक्षित रोगियों से क्या अपेक्षा कर सकते हैं?

डॉक्टरों के बीच तनाव की स्थिति बढ़ रही है। पहले के समय में मैंने छोटी व्यवस्था में बड़े ऑपरेशन किए हैं, क्योंकि रोगियों को डॉक्टरों पर विश्वास था और मृत्यु को उपचार के दौरान होनेवाली संभावित घटना माना जाता था, जिसका चिकित्सकीय

लापरवाही से संबंध नहीं होता था। सर्जन एकांत में काम करते हैं और अधूरे आँकड़ों एवं दोषपूर्ण संरचनाओं के साथ अपनी गतिविधियाँ करते हैं।

यह याद रखना महत्त्वपूर्ण है कि कोई व्यक्ति सुरक्षित सर्जरी के रिकॉर्ड के साथ एक उत्कृष्ट कैरियर के अंतिम दिन भी एक आपातकालीन स्थिति का सामना कर सकता है। ❑

अध्याय 13

डॉक्टर, आपको मुझे रोग-मुक्त करना होगा!

बड़ी संख्या में रोगी चिकित्सकीय परामर्श पर या स्वयं ही अपने खराब स्वास्थ्य के इलाज की खोज में अस्पतालों, परामर्श कक्षों, प्रयोगशालाओं, अल्ट्रासाउंड, सी.टी. स्कैन, एम.आर.आई. और एंडोस्कोपी के क्लीनिक में भीड़ लगाए रहते हैं। उनमें एक विशिष्ट शिकायत होती है। वे कई वर्षों से बीमार थे। वे शक्ति की कमी, कमजोर पाचन, अम्लीयता, पीठ दर्द, छाती में दर्द, जठर में गैस, अत्यधिक डकार, कब्ज या दस्त और नींद न आने की शिकायत करते हैं। उन्हें सोने के बाद भी ताजगी का अनुभव नहीं होता और मुँह में स्वाद नहीं होता। वे अत्यधिक कमजोरी तथा जोड़ों में दर्द का अनुभव करते हैं और जीवन के प्रति उनकी रुचि में कमी आ जाती है। वे अपने परीक्षणों और उपचार की मोटी फाइल लेकर चलते हैं। उनके साथ उनके व्याकुल रिश्तेदार होते हैं, जो अपनी चिंता साझा करते हैं; लेकिन अकसर दंपतियों के बीच मौखिक असहमति भी होती है, जैसे—तुम्हारे पास मुझे देखने के लिए समय ही नहीं है। तुम्हें मेरी तकलीफ कैसे पता होगी? कुछ को बचपन से खराब स्वास्थ्य की शिकायत होती है; उन्होंने कभी भी अच्छे स्वास्थ्य का आनंद नहीं लिया।

यदि रोगी के लक्षण इतने वर्ष से मौजूद हैं, लेकिन फिर भी उसके वजन में कमी नहीं आई है, किसी तरह का बुखार नहीं और खून की कमी भी नहीं, तो रोगी को संभवत: मानसिक अशांति व बेचैनी से संबंधित विकार हैं। यह रोग विषयक निदान पद्धति विश्वसनीय होती है। ये रोगी मेडिकल उद्योग, पैथोलॉजी लैब, अल्ट्रासाउंड, सी.टी. स्कैन, एम.आर.आई. और एंडोस्कोपी विभागों को व्यस्त रखते हैं। चुंगी विभागों की तरह मेडिकल उद्योग बहुत खुश है। दुनिया में सब व्यावसायिक उद्योग बन रहा है। यह चिंताजनक बदलाव है। यदि रोग के लक्षण समाप्त नहीं होते तो रोगी दुःखी रहते हैं। फिर वे डॉक्टर को बदल देते हैं, जो उपचार में कुछ परिवर्तन कर देते हैं और कुछ परीक्षणों को दोहराते हैं।

अत्यधिक योग्य डॉक्टर भी गैस, पेट फूलने और अम्लीयता जैसे लक्षणों का विश्लेषण नहीं कर पाते; लेकिन यह सुरक्षित ढंग से माना जा सकता है कि तेज दर्द बहुत लंबे समय तक नहीं बना रहता और जो दर्द लंबे समय तक बना रहता है, वह तेज नहीं हो सकता। इस निष्कर्ष पर आना आसान है कि कोई गंभीर समस्या नहीं है; लेकिन इसके प्रबंधन के लिए तदनुभूति के साथ व्यक्तिगत स्पर्श की आवश्यकता होती है।

कहानी का दूसरा पहलू यह है कि यदि परीक्षण न करवाया जाए तो रोगी दु:खी रहते हैं। जब मेरी तकलीफ इतनी अधिक है तो आप यह कैसे कह सकते हैं कि मेरे स्वास्थ्य में कोई कमी नहीं है ? कुछ भी करके मुझे इस असहनीय पीड़ा से मुक्ति दिलाइए। मैं कितनी उम्मीद के साथ आपके पास आया था और यदि आप ही मेरा इलाज नहीं करेंगे तो इतनी पीड़ावाले इस जीवन का फायदा ही क्या है ? मैं खर्च उठाने को तैयार हूँ, लेकिन मैं स्वस्थ होना चाहता हूँ।

लेकिन डॉक्टर कोई खतरे नहीं लेते और परीक्षण करवाते रहते हैं, जिससे निदान से संबंधित किसी तरह की कमी रह जाने पर वे कंज्यूमर कोर्ट में खींचे जाने से खुद को बचा सकें।

यदि एलोपैथिक दवा असर नहीं करती तो वे वैकल्पिक चिकित्सा-पद्धति को चुनते हैं। अस्पताल, डॉक्टर और मेडिकल उद्योग इन्हीं रोगियों पर फल-फूल रहे हैं। रोगियों के लिए मेरा सुझाव—जब तक कि आप में रक्त की कमी न हो, लगातार वजन न गिर रहा हो और शारीरिक गतिविधि से किसी प्रकार की गंभीर तकलीफ नहीं होती है तो विस्तृत परीक्षणों के लिए न जाएँ।

दैनिक रूप से व्यायाम करें, प्रचुर मात्रा में सब्जियाँ खाएँ, खुश रहें, नकारात्मक प्रकृति के लोगों की संगति से बचें और अपने जीवन के वरदानों के प्रति आभारी रहें।

लोग हर बात के लिए चिंतित रहते हैं। वे हर कोने में खतरा महसूस करते रहते हैं। अनेक लोग सामान्य बीमारियों को विपदा घोषित कर देते हैं। यदि देर से रात का खाना या शराब लेने से पेट में सामान्य गड़बड़ी होती है तो वे इसे कैंसर या अल्सर की समस्या समझते हैं। इंटरनेट की साइट्स देखी जाती हैं और उन्हें विश्वास हो जाता है कि उन्हें एक गंभीर बीमारी हुई है।

न्यायालयों में एक व्यक्ति को जब तक अपराधी सिद्ध नहीं किया जाता, तब तक उसे बेकसूर माना जाता है। आजकल जब तक परीक्षणों द्वारा स्वस्थ सिद्ध न किया जाए, हर व्यक्ति बीमार है।

आम लोगों के लिए उपलब्ध चिकित्सकीय साहित्य से यह आभास होता है जैसे जीवन जीना एक खतरनाक गतिविधि है। डॉक्टरों को समाज को आश्वासन देना चाहिए कि जीवन प्रबल है और हम सभी को एक समझदारीपूर्ण जीवन जीने की आवश्यकता

है। लोगों को यह बताना आवश्यक है कि प्रकृति ने हमारे शरीर के प्रतिरक्षण के लिए हमें अस्त्र-शस्त्र दिए हैं। लेकिन समाज विक्षिप्त-सा होता जा रहा है। लोगों को उस समय राहत मिलती है, जब वे देखते हैं कि टॉयलेट की सीट पर संकेत दिया हो कि यह आपके उपयोग के अनुरूप कीटाणु-मुक्त की गई है।

अनेक लोग इस बात को नहीं समझ पाते कि अपने बुद्धिमत्तापूर्ण तरीकों से इनसान ने जीवन को कम खतरनाक बना लिया है। अब प्लेग या चेचक, फ्लू या पोलियो के संक्रामक रोग नहीं फैलते, जो पिछली शताब्दी में लाखों जानें ले लेते थे। मैं अपने कुछ ऐसे निकट संबंधियों को जानता हूँ, जिनका पूरा परिवार प्लेग और हैजे के संक्रमण के दौरान मर गया था।

हम कितनी ही सारी बातों को सामान्य रूप में ले लेते हैं कि प्रकृति द्वारा प्रदत्त वरदानों के प्रति और विज्ञान की उन उपलब्धियों, जिनसे हमारी मेहनत और समय बचता है, के प्रति आभारी ही नहीं रह पाते। बहुत कम लोग इस बात का अहसास कर पाते हैं कि हममें भी लालच, घृणा और लोभ के रूप में आंतरिक शत्रु हो सकते हैं। मनुष्य इनसानी कानून से भाग सकता है, लेकिन प्रकृति के नियमों से नहीं भाग सकता। प्राचीन समय से ही हमारे विद्वान् ऋषि-मुनियों ने कहा है कि जो लोग अपने व्यक्तिगत लाभ के लिए दूसरों का शोषण करते हैं, वे कभी भी सुखी नहीं रह सकते। ये नियम उतने ही सच्चे हैं जितना कि गुरुत्वाकर्षण का नियम। दूसरी ओर, मैंने गंभीर बीमारियों से पीड़ित रोगियों को देखा है, जो मृत्यु का सामना करते हुए अपने शारीरिक कष्ट, अपंगता और पीड़ा को साहस व धैर्य के साथ सहन करते हैं।

धन, प्रतिष्ठा और सामर्थ्य खुशी की गारंटी नहीं देते। उदारता, नैतिक आचरण और बिना किसी अपेक्षा के जरूरतमंदों की सहायता करना एक समृद्धिकारक अनुभव और आनंद का एक शाश्वत स्रोत होता है।

समाज के प्रत्येक वर्ग में असंतोष फैल रहा है। जब विज्ञान द्वारा प्रदत्त अनेक लाभों के प्रति आभार महसूस करते हुए जीवन नहीं जीते, बल्कि धन-संपदा एकत्र करने में और सम्मान पाने में ही लोग जीवन को व्यर्थ गँवाते रहते हैं तो ऐसी जीवन-शैली जीवन यात्रा के बाद के वर्षों में यह निरर्थकता की अनुभूति को आमंत्रण देती है। संतुष्टि केवल तभी प्राप्त की जा सकती है, जब हम जीवन में अपना योगदान देते हुए अपने अस्तित्व को सार्थक बनाएँ। स्वार्थी व्यक्ति हमेशा दुःख और अनेक शारीरिक तकलीफों से ग्रसित रहते हैं, जिसका उपचार कोई भी दवा नहीं कर पाती।

जब हम उन्हें समझाते हैं कि ये लक्षण तनाव के परिणाम हैं तो वे इसे स्वीकार करते हैं, क्योंकि तनाव दैनिक जीवन की एक सच्चाई है। तनाव और व्यथा में बहुत बड़ा अंतर है। ट्रैफिक जाम में हवाई अड्डे तक ड्राइव करना निश्चित रूप से एक तनावपूर्ण अनुभव होता है। ट्रैफिक जाम का तनाव काम को समय से पूरा करने और

जल्दी हवाई अड्डे पहुँचने के लिए एक अच्छा प्रेरक होता है। लेकिन विमान में बम या हाइजैक होने की चिंता करना या कोई बुरा संक्रमण ले लेने की या सामान खो देने की चिंता करना व्यथा का कारण बनते हैं। एकाग्रचित्त रहने के लिए तनाव तो आवश्यक है, लेकिन व्यथा हानिकारक होती है। अपनी प्रवृत्तियों में परिवर्तन करने का दायित्व केवल रोगी का ही होता है। मस्तिष्क, जो कि हाथ-पैर, हृदय, फेफड़ों और आँतों की तुलना में एक स्थिर अंग होता है, को अपने छोटे आकार के बावजूद ऑक्सीजन की अधिकतम मात्रा की आवश्यकता होती है। विचारों को नियंत्रित करना योग-साधना का सत्त्व है और यह शक्ति का संरक्षक होता है। एक ऐसे व्यस्त हवाई अड्डे की कल्पना करें, जहाँ हवाई ट्रैफिक का कोई नियंत्रण न हो।

रोगियों को ध्यानपूर्वक सुनना, नोट्स बनाना और उनके कागजात जाँचने में पर्याप्त समय देना रोगी पर बहुत अच्छा चिकित्सकीय प्रभाव डालेगा। कई बार हम किसी रोगी के द्वारा बात शुरू करने के आरंभिक कुछ ही मिनटों में स्थिति का निदान कर सकते हैं। लेकिन एक अच्छा डॉक्टर उसकी असंख्य शिकायतों को ध्यान से और तदनुभूति के साथ सुनेगा। कुछ रोगियों में प्रभावशाली रूप से सुधार होता है, लेकिन अनेक पीड़ित ही रहते हैं। समाज को दवा लेने की आदत पड़ रही है, लेकिन डॉक्टरों को आशा नियत करनी चाहिए, न कि दवाएँ।

कुछ वर्ष पहले जब मैं यूरोप गया था, मुझे एक रोगी के मित्र ने डिनर के लिए आमंत्रित किया था। मेजबान ने मुझसे उसकी पत्नी का परीक्षण करने का निवेदन किया, जो काफी लंबे समय से बीमार चल रही थी। मैंने एक विस्तृत जाँच की और इस निष्कर्ष पर पहुँचा कि उन्हें कोई गंभीर समस्या नहीं थी। मैंने उन्हें आश्वासन दिया कि चिंता की कोई आवश्यकता नहीं है तथा उन्हें आहार और जीवन-शैली संबंधी कुछ बदलाव करने का सुझाव दिया।

डिनर पर आए मेहमानों से वह बोलीं, ''डॉ. श्रीखंडे पहले ऐसे डॉक्टर हैं, जिन्होंने मेरा पेट छूकर मेरा परीक्षण किया है। पहले, जब मैं अस्पताल जाती थी तो मुझे एक कुरसी पर बैठा दिया जाता। मुझ पर एक नजर डालकर डॉक्टर अपने कंप्यूटर पर काम करने में ऐसे व्यस्त हो जाते जैसे मैं वहाँ मौजूद ही नहीं हूँ। फिर मुझे परीक्षणों की एक सूची दे दी जाती। मैं लैब और रेडियोलॉजी विभाग में जाती और वे जो परीक्षण करते, उनके आगे खुद को समर्पित कर देती। जब मैं जाँच के परिणाम डॉक्टर के पास ले जाती तो कोई और डॉक्टर मुझे देखते, रिपोर्ट पढ़ते और मुझे चिकित्सा की परची दे देते। अस्पतालों की मेरी सारी दौड़-धूप में मुझे सचमुच ऐसा एक भी व्यक्ति नहीं मिला, जिसके पास मुझे सुनने का समय हो।''

कुछ महीने बाद जब उसके पति बंबई आए, उन्होंने बताया कि उनकी पत्नी स्वस्थ

हैं और जिस तरह से मैंने उनका परीक्षण किया था, उससे वह बहुत खुश थीं। आजकल समस्या यह है कि डॉक्टरों के पास समय नहीं है, रोगियों के पास धैर्य नहीं है और तनाव एवं भय ऐसे इंजन हैं, जो चिकित्सा उद्योग को चलाते हैं।

माता-पिता और संतान के बीच अनबन

सत्रह वर्ष के एक हृष्ट-पुष्ट युवक ने दो साल से चल रहे एक दु:साध्य पेट दर्द के लिए मुझसे परामर्श किया। उसकी जाँच में कोई असामान्यता नजर नहीं आई। उपचार निष्फल हो रहा था। मैंने उसे तथा उसके पिता को आश्वासन दिया कि डरने जैसी कोई बात नहीं है। यदि आवश्यकता हो तो वह चार महीने बाद मुझसे संपर्क कर सकता है। लेकिन उसने दस दिन बाद ही मुझसे फिर से संपर्क किया और इस बात पर दबाव डाला कि वह अकेला ही आएगा। मैं समझ गया कि वह कोई भेद बताना चाहता है।

उसके पिता एक रचनात्मक कलाकार थे, जिनकी रुचि साहित्य, संगीत, कला, कविता और फोटोग्राफी में थी। वह कभी-कभी शराब लेते थे और अपने पुत्र के सामने उनका साथ देने के लिए प्रस्ताव रखते थे। पुत्र को अपने पिता के साथ बहुत आनंद आता। इसके विपरीत, उसकी माँ टेलीविजन से चिपकी रहती। वह अपने विचारों में अत्यधिक कट्टर थी और लगातार हर चीज की शिकायत करती रहती थी। वह सबकुछ साफ और अपने विचारों के अनुसार सटीक चाहती थी और अपने खुद के रूप-रंग के विषय में विशिष्ट ध्यान रखती थी। उसे हमेशा संदेह रहता कि उसके पति का कोई प्रेम-संबंध है, जिसके कारण परिवार का माहौल अत्यधिक तनावपूर्ण रहता और उससे उसकी पढ़ाई में बाधा आती थी।

मैंने उससे पूछा, ''क्या उनका कोई प्रेम संबंध है?''

''ठीक-ठीक नहीं पता, लेकिन अगर हो भी तो मैं समझ सकता हूँ, क्योंकि मेरी माँ के मिजाज के साथ वह काफी सहन कर रहे हैं।''

''आपकी माँ क्या करती हैं?''

''दिल्ली से ग्रेजुएट हैं, सामाजिक संस्थाओं की सक्रिय सदस्य हैं और जीवन-शैली प्रबंधन पर लेक्चर देती हैं।''

''यदि आपके माता-पिता में परिवर्तन नहीं आता तो क्या आप बदल सकते हैं? जिस चीज को आप बदल नहीं सकते, उसे आपको स्वीकार करना सीखना होगा।''

मैंने उसे कोई दवा नहीं दी। तीन महीने बाद जब वह मुझसे मिला, वह एकदम बदला हुआ युवक था। इसके बाद वह मुझसे कभी नहीं मिला; लेकिन उसके ग्रीटिंग कार्ड्स मेरे प्रभावशाली सुझाव के संकेत हैं।

रिटायरमेंट के अवसाद

एक दिन एक महिला परीक्षणों की एक मोटी फाइल के साथ मेरे परामर्श में आई। वह अपनी वास्तविक उम्र से दस वर्ष छोटी दिख रही थी। दो वर्ष से भी अधिक समय से उसने पेट दर्द के लिए अनेक विशेषज्ञों से परामर्श किया था, लेकिन आराम नहीं मिला। बिना मेकअप के भी वह बहुत ही आकर्षक लग रही थी। मैंने उसे बहुत ध्यान से सुना और जब वह बोल रही थी तो उसकी भाव-भंगिमा पर ध्यान देता रहा।

दो साल से भी अधिक समय से अपने खराब स्वास्थ्य के बावजूद उसका वजन कम नहीं हुआ था। उसे बुखार नहीं था। उसे मधुमेह नहीं था। पेशाब से संबंधित कोई समस्या नहीं थी। शारीरिक रूप से वह काफी फुरतीली थी और बिना किसी तकलीफ के चार मंजिल की सीढ़ियाँ चढ़कर आई थी। शारीरिक परीक्षण सामान्य था। मुझे विश्वास था कि उसे कोई बीमारी नहीं थी। वह व्यथित थी।

साठ वर्ष पहले मुझे मेरे कॉलेज में सिखाया गया था कि यह जानना अधिक महत्त्वपूर्ण है कि रोगी कैसा है, न कि कौन सा रोग है।

वह एक संभ्रांत परिवार से थी और उसकी एक विवाहित पुत्री थी, जो कनाडा में बसी थी। उसका अविवाहित पुत्र एक मल्टीनेशनल कंपनी में कार्यरत था, जो सिंगापुर, पेरिस और लंदन के बीच यात्रा करता रहता था। आर्थिक रूप से परिवार इतना ठोस था कि उसके पति ने वी.आर.एस. ले ली थी, ताकि बंबई के ट्रैफिक जाम में अरुचिकर यात्रा करने से और काम को घर लाने से बच सके।

जब परेशानी शुरू हुई तो उस समय वह दंपती चार महीने की छुट्टियों में कनाडा और अमेरिका गया था। वहाँ दंपती के पास करने के लिए कुछ भी नहीं था। तेज रफ्तार से भागती कारों के अलावा वहाँ की सड़कें सुनसान थीं। बंबई में भीड़ भरे फुटपाथ और रेंगती हुई कारें होती हैं। दोनों ही परिस्थितियों में टहलने के लिए जाना संभव नहीं था। बेटी और दामाद अपने-अपने ऑफिसों के व्यस्त कामकाज में सारे दिन घर से बाहर रहते थे। जब तक वे दोनों घर लौटते, अत्यधिक थक चुके होते। मैनहट्टन में एक ऊँची इमारत में रहनेवाले बेटे के काम की कोई निश्चित अवधि नहीं होती थी। उसे बहुत अधिक यात्रा करनी पड़ती थी और अपने माता-पिता को देखने के लिए उसके पास बिल्कुल भी समय नहीं था। दंपती जो अपनी छुट्टियों का आनंद लेने की बड़ी योजना बनाकर गए थे, वे जल्दी-से-जल्दी अपने घर के परिचित माहौल में लौटने की प्रतीक्षा करने लगे।

भारत वापस आने पर परिस्थितियाँ और भी खराब होने लगीं। पति समझ नहीं पाते थे कि अपना खाली समय कैसे व्यतीत करें। वह हर समय ड्राइंग रूम में बैठकर टेलीविजन देखते रहते। उनकी जीवन में रुचि नहीं रही। वे अत्यधिक चिड़चिड़े हो गए और दो-तीन दिनों तक दाढ़ी नहीं बनाते थे। उन्हें बाहरी गतिविधियों में कोई रुचि

नहीं थी। किताबें उन्हें अच्छी नहीं लगती थीं। उनके कुछ मित्र थे, लेकिन वे अपनी दुनिया में व्यस्त थे। उनकी पत्नी उनसे ठीक विपरीत थी। वह सामाजिक गतिविधियों में रुचि रखती थीं, संगीत के कार्यक्रम में भाग लेती थीं और एक पुस्तक क्लब की सदस्य थीं। पहले जब उसके पति अपने ऑफिस के कामों में व्यस्त रहते थे तो वह अपनी गतिविधियों में व्यस्त रहने के लिए स्वतंत्र थीं। अब वह घर पर रहते थे, जबकि उनकी रुचियाँ परस्पर विरुद्ध थीं। उनका अपार्टमेंट काफी बड़ा था और एक नौकर घर पर रहता था। महिला ने अपने मित्रों को घर पर आमंत्रित करना बंद कर दिया, क्योंकि उनके पति को यह सब अच्छा नहीं लगता था। स्पष्ट ही था कि अपने पति की संगति में उस महिला का दम घुटने लगा, जिसे इस बात की जानकारी ही नहीं थी कि वह अपने खाली समय का सदुपयोग कैसे करे।

हम अपने जीवन में अनेक चीजें आवश्यक रूप से करते रहते हैं; जैसे काम पर जाना, टेलीफोन कॉल सुनना, पत्र लिखना और सामाजिक एवं आधिकारिक समारोहों में शामिल होना। कुछ ऐसे काम हमेशा होते हैं, जो अधूरे रह जाते हैं और दिमाग को व्यस्त रखते हैं। व्यस्त रहना एक प्रकार का वरदान है। यदि किसी व्यक्ति के पास विविध प्रकार की रुचियाँ न हों तो उसका खाली समय भयावह बन जाता है और अवसाद को निमंत्रण देता है। किसी संरचना से विहीन जीवन से मन ऊबने लगता है। इस संरचना को रिटायरमेंट से पहले ही विकसित कर लेना चाहिए। किसी व्यक्ति के व्यावसायिक जीवन की चाहे कुछ भी माँग हों, एक संतुलित जीवन विकसित करने के लिए पुस्तकें पढ़ने, मित्र बनाने और कुछ शारीरिक गतिविधियाँ करने के लिए कुछ खाली समय रखना चाहिए। जिन व्यक्तियों के जीवन में केवल कुछ सीमित रुचियाँ ही होती हैं, उनकी तुलना केवल एक चैनलवाले टेलीविजन के साथ की जा सकती है। अनेक चैनल उपलब्ध होने की सुविधा आधुनिक तकनीकी का वरदान है। अपने मनोभावों के आधार पर व्यक्ति मजेदार कॉमेडी देख सकता है या जासूसी कहानी, स्पोर्ट्स, संगीत, इतिहास, वन्य जीवन या अंतरिक्ष में सितारे देख सकता है। अपने काम का प्रभावशाली ढंग से उपयोग करना बहुत अच्छी कला है, काम वरदान है और बिना काम के आराम एक दंड है।

वैवाहिक अशांति

50 वर्ष से अधिक उम्र की एक महिला उपचार की एक बड़ी फाइल और अधूरे निष्कर्ष के साथ आई, जिसको हड्डी में दर्द और खराब पाचन के अस्पष्ट लक्षण थे। स्थिति इतनी विकट प्रतीत हो रही थी कि मुझे निष्कर्ष पर पहुँचना पड़ा कि महिला को किसी प्रकार की गंभीर बीमारी तकलीफ नहीं दे रही थी। उसके साथ उसके पति आए थे। मैंने उन्हें आश्वासन दिया कि चिंता की कोई बात नहीं है।

दो सप्ताह बाद वह अकेली आई और उसकी कहानी ने मेरी आँखें खोल दीं। उसने बताया—"अपने पति की उपस्थिति में मैं आपको हर बात नहीं बता सकी। हमारा परिवार खुशहाल है। हमारे दो बेटे हैं, जो विदेश में बसे हैं। मैं अपने पति और उनके माता-पिता के साथ एक बड़े से बँगले में रहती हूँ। पाँच साल पहले मेरे पति के चचेरे भाई, जो विदेश में कार्यरत थे, दुर्घटनाग्रस्त हो गए और पीठ की चोट के उपचार के लिए उन्हें इंग्लैंड ले जाया गया, जिसके परिणामस्वरूप उनके दोनों पैरों में स्थायी रूप से लकवा मार गया था। उन्हें पूरे आर्थिक मुआवजे के साथ भारत वापस भेज दिया गया, जिससे उनके शेष जीवन की देखभाल हो सके। उनकी पत्नी की बैंक में अच्छी नौकरी थी। दंपती के कोई संतान नहीं थी। मेरे पति उनके घर जाते और दंपती की सहायता करते। तभी से समय से समस्या शुरू हुई। मेरी देवरानी और मेरे पति के बीच रिश्ता बनने लगा, जिससे हमारे वैवाहिक जीवन में बाधा आने लगी।"

मैं जानता था कि उसे स्वास्थ्य से संबंधित कोई समस्या नहीं थी। उसकी प्रतिक्रिया स्वाभाविक थी। अब मेरी भूमिका एक मित्र, दार्शनिक और मार्गदर्शक की थी। मैंने उससे कुछ प्रश्न पूछे।

"क्या वह परिवार की उपेक्षा कर रहे हैं?"

"नहीं।"

"क्या उनके माता-पिता को पता है कि उनका प्रेम-संबंध चल रहा है?"

"हाँ।"

"क्या उन्होंने उन्हें समझाने की कोशिश की?"

"हाँ।"

"क्या वह आपकी उपेक्षा करते हैं?"

"नहीं डॉक्टर, वह वास्तव में एक अच्छे इनसान हैं। कभी भी किसी के साथ कठोरता से पेश नहीं आते और ऑफिस में भी अपने स्टाफ एवं नौकरों के साथ बहुत अच्छे हैं। मैं बस, यही चाहती हूँ कि उनका किसी दूसरी स्त्री के साथ प्रेम-संबंध न हो।"

"यदि वह नहीं बदलते, तो आप अपना दृष्टिकोण बदल सकती हैं। हर समय दुःखी रहने से अच्छा है कि किसी एक दिशा में निर्णय लें।"

वह मेरे कमरे से बहुत प्रसन्न मन से नहीं निकली। कुछ समय बाद एक सामाजिक कार्यक्रम में मैंने उसे देखा, जब वह बोली, "आपके सुझाव के लिए धन्यवाद, डॉक्टर। मैंने इसकी अपेक्षा नहीं की थी। कुछ समस्याएँ, जिनका कोई समाधान न हो, उन्हें स्वीकार कर लेने में ही समझदारी होती है।"

व्यावसायिक असंतोष

फौजदारी के एक प्रसिद्ध एडवोकेट ने मुझसे अपने पेट की ऐसी दुःसाध्य शिकायतों के लिए परामर्श किया, जो उन्हें दस वर्ष से अधिक समय से परेशान किए हुए थी। उनके पास परीक्षणों और अप्रभावी उपचारों की बड़ी फाइल थी। उनका वजन नहीं गिरा था, खाँसी या बुखार नहीं था, धूम्रपान नहीं करते थे; लेकिन शनिवार को वह कुछ ड्रिंक का आनंद लेते थे। नींद के लिए वह कुछ प्रशांतक दवाएँ ले रहे थे। स्पष्ट रूप से उनके साथ कुछ भी गलत नहीं था।

मेरी आदत है कि मैं रोगियों की जाँच करने से पहले परीक्षण की रिपोर्ट नहीं देखता। शारीरिक जाँच ऐसी चीज है, जिसके लिए मैं तब भी जोर देता हूँ जब मुझे पूरा विश्वास होता है कि कुछ भी गंभीर नहीं है। आँखों से सीधे संपर्क के अतिरिक्त एक डॉक्टर का व्यक्तिगत स्पर्श भी रोगी के आत्मविश्वास को बनाने में आश्चर्यजनक भूमिका अदा करता है।

अपने कॉलेज के दिनों में आप फोटोग्राफरों के कैमरे के विषय रहे होंगे और लड़के-लड़कियों के बीच ईर्ष्या के पात्र रहे होंगे।

अब वह बदले हुए व्यक्ति थे।

उन्होंने कहा, ''अपने कॉलेज के दिनों में मैं एक हीरो था। मैं खूबसूरत लड़कियों से घिरा रहता था, लेकिन मैंने उनमें से दो को चुना। एक लड़की चाहती थी कि मैं दाढ़ी बढ़ा लूँ और दूसरी मेरी साफ दाढ़ी से ही खुश थी। मुझे एक को दुःखी करना होगा।''

मैं उत्सुक हो उठा और उनसे पूछा कि अंत में उन्होंने कैसे चुनाव किया?

''मैंने एक सिक्के को उछालकर निर्णय लिया। अपनी शादी से मैं बहुत खुश हूँ।''

''आप अपने व्यवसाय में बहुत सफल रहे हैं। आपको क्या चीज परेशान कर रही है?''

''अकसर मुझे लगता है कि मैं उन अपराधियों का बचाव करता हूँ, जिन्हें लंबी अवधि का कारावास होना चाहिए। मेरी सफलता के कारण मेरे पास अधिक-से-अधिक जटिल मुकदमे आते हैं।''

''क्या आप एक उदाहरण दे सकते हैं?''

''मैं एक ऐसे आदमी का बचाव कर रहा था, जिसने बलात्कार किया था। मैंने पीड़ित के पति के चेहरे की अभिव्यक्ति और उसके डरे हुए बच्चों को देखा और अचानक मुझे अपना खुद का परिवार याद आ गया। वह मेरे जीवन में परिवर्तन का समय था।''

''आपने क्या किया?''

''मैं गैर-आपराधिक कानूनी मामलों में रुचि लेने लगा। लेकिन उन केसों में भी मुझे यह देखकर तकलीफ होने लगी कि किस तरह से अशिक्षित मुवक्किलों को सत्ता

में मौजूद लोग छलते हैं।''

उन्होंने कहा कि न्यायपालिका से उनका भरोसा उठ रहा था। उन्हें ऐसा लगता कि हर व्यक्ति की एक कीमत होती है और उन्हें चिंता होती कि वे अन्याय के लिए एक हथियार बनकर रह गए थे।

मैंने उनसे पूछा कि क्या किसी वकील के लिए यह संभव है कि वह केवल न्यायोचित मुकदमे ही लड़ सके? इस विषय में वह सुनिश्चित नहीं थे।

मैंने उनसे कहा कि समाज कभी भी न्यायपूर्ण नहीं रहा है। जानवरों में न्याय की अवधारणा अनुपस्थित रहती है। मनुष्यों ने न्याय-प्रणाली प्रस्तुत की। लेकिन कानून के निर्माता त्रुटि-रहित नहीं। सबूत इकट्ठा करनेवाले लोगों में ईमानदारी नहीं है और जज देवता नहीं होते।

अनादि काल से मनुष्य ने एक-दूसरे का और अपने पर्यावरण का शोषण किया है। हालाँकि जीवन के प्रत्येक क्षेत्र में कुछ ऐसे लोग भी होते हैं,जो अलग खड़े होते हैं और सत्य, सुंदरता एवं न्याय का संदेश प्रसारित करते हैं। ये लोग ही मानवता के वास्तविक स्तंभ होते हैं। ये उन जहाजों के मार्गदर्शन के लिए प्रकाश-स्तंभ होते हैं, जो अपनी दिशा से भटक गए हैं। हमें अपने जीवन में यही भूमिका अदा करनी है। मैंने सुझाव दिया कि वह अब निस्स्वार्थ केस लें, जहाँ वह उन गरीब व्यक्तियों की सहायता करें, जो किसी भी प्रकार के अन्याय के कारण पीड़ित थे, लेकिन उनके पास इतना पैसा नहीं था कि वे अपना मुकदमा लड़ने के लिए वकीलों की फीस दे सकें। बिना किसी अपेक्षा के किसी जरूरतमंद की सेवा करना खुशी प्राप्त करने का एक निश्चित मार्ग है। खुशहाल जीवन का यह नियम उतना ही अपरिवर्तनीय है, जितना कि गुरुत्वाकर्षण का सिद्धांत।

अपने जीवन को सार्थक बनाने के लिए यह अनिवार्य नहीं है कि दान के बड़े-बड़े काम किए जाएँ। प्रत्येक व्यक्ति को दयालुता के छोटे-छोटे कार्य करने के लिए अनेक अवसर मिलते हैं, जिनके द्वारा उन्हें संतुष्टि का अनुभव होगा। इस तरह से कुछ देकर हम अपने जीवन को समृद्ध बनाते हैं। यह एक सरल उपाय है, लेकिन इस स्वार्थपूर्ण संसार में इसका व्यवहार कठिन है।

एक दिन एक पर्यटन-स्थल पर छुट्टी मनाते समय मैं टहलने गया हुआ था। पिछली रात को बारिश हुई थी। मैंने देखा कि तारकोल की सोखी सड़क पर एक केंचुआ आगे बढ़ने के लिए संघर्ष कर रहा था, ठीक वैसे ही जैसे कोई थका हुआ यात्री एक विशाल रेगिस्तान में अपने पाँव घसीटता है। मैंने एक छोटी सी पट्टी ली, केंचुए को उठाया और उसे सड़क के किनारे रख दिया, जहाँ मिट्टी मौजूद थी। जब मैंने उसे अपने घर की जमीन पर मनोहर ढंग से सरकते देखा तो बहुत ही अनोखी अनुभूति हुई। यदि मैंने ऐसा न किया होता तो इसके कारण मेरे मस्तिष्क में आत्मग्लानि की अनुभूति बनी रह

जाती। मुझे बहुत खुशी हुई। बिना किसी अपेक्षा के किए गए दयालुता के छोटे-छोटे कृत्यों का हमारे मस्तिष्क में संचयी प्रभाव पड़ता है।

जाने से पहले एडवोकेट ने मुझसे कहा, ''मैंने कभी भी नहीं सोचा था कि एक डॉक्टर के परामर्श के कमरे में मुझे ऐसा अनुभव मिलेगा। मुझे खुशी है कि मैं आपसे मिला।'' इसके बाद मैं उनसे कभी नहीं मिला।

एक बार सुबह के समय टहलने जाते समय मैंने एक गरीब दंपती को सोते देखा, जिनके साथ उनका छोटा सा बेटा नग्न सो रहा था। ऐसे दृश्य मुझे व्यथित करते हैं और मुझे अपने आरामदायक जीवन के लिए ग्लानि होती है। अगले दिन मैंने अपने साथ एक दुशाला रखा और उस नग्न बच्चे को ढक दिया। मुझे बहुत खुशी हुई।

इस पुस्तक को पूरा करने से तीन दिन पहले मैंने नेत्रहीन कॉलेज की एक लड़की को सड़क पार करने के लिए अनिश्चित कदम उठाते देखा। लोग बाहर गुजरते रहे, उसे देखते, लेकिन रुके नहीं। मैंने उसे सड़क पार कराने में सहायता की और उसके चेहरे पर आई कृतज्ञ मुसकान से पुरस्कृत हुआ। मैं अपनी पुस्तक को अंतिम रूप देने में व्यस्त था, ठीक से सोया नहीं था और बीस मिनट के लिए मैंने टहलने जाने का निर्णय लिया था। किसी तरह से एक नेत्रहीन लड़की की सहायता करने से मुझमें एक नवीन ऊर्जा का संचार हो गया और अपने पैरों में मानो स्प्रिंग लगाए मैं पचास मिनट तक टहलता रहा। मैंने अनुभव किया है कि बिना किसी अपेक्षा के दूसरों की सहायता करने का कोई भी कार्य हमें जो सुखकर अनुभव देता है, वह अवर्णनीय है। सोते हुए बच्चे ने मुझे कभी भी नहीं देखा, नेत्रहीन लड़की मुझे देख नहीं सकती थी और उन्हें कभी भी पता नहीं चलेगा कि मैं कौन था।

❑

अध्याय 14

सर्जरी में तनाव

जीवन में हर जगह धोखे रहते हैं और उनमें इतनी ताकत होती है कि वे प्राणघातक परिस्थिति में परिणत हो सकें। हम प्रत्येक ऑपरेशन में एक बीमार रोगी को बेहतर बनाने के लिए प्राणघातक परिस्थिति उत्पन्न करते हैं। प्रतिदिन लाखों सर्जरी की जाती है और किसी भी अन्य क्षेत्र की तरह हमारे यहाँ भी दुर्घटनाएँ होती हैं। हालाँकि आधुनिक समय में खतरे कम होते हैं।

त्रासदी से बचने के लिए निरंतर सतर्क बने रहना अनिवार्य होता है। जो लोग लगातार तनाव में रहते हैं, उनके असावधानी होने की, अनिवार्य न प्रतीत होनेवाले कार्यों के प्रति लापरवाह होने की और छोटी-छोटी कमियों के प्रति ढीला-ढाला हो जाने की संभावनाएँ रहती हैं। तर्क किया जाता है कि कानून के प्रति उपेक्षा और उदासीनता के हमारे वर्तमान राष्ट्रीय माहौल में प्रत्येक मानवीय गतिविधि पर इसका विपरीत प्रभाव पड़ेगा, जिसमें ओ.टी. (ऑपरेटिंग थिएटर) भी शामिल है। यदि समाज में अनुशासनहीनता है तो वह सड़कों पर भी दिखाई देगी, निर्माण गतिविधियों, स्कूली बच्चों को मिड-डे मील की आपूर्ति में और ऑपरेशन थिएटर में भी दिखाई देगी।

मैं अपने कैरियर से सर्जरी में तनाव के कुछ उदाहरण दूँगा।

गलत तरफ का ऑपरेशन

मेरे पास उच्च न्यायालय के एक जज का फोन आया कि मैंने उनके पिताजी का गलत तरफ का ऑपरेशन कर दिया था। यह एक ऐसी घटना है, जिसका डर हर सर्जन को रहता है। मेरा दिल बैठ गया।

मैंने अपनी गलती स्वीकार की और परिवार को समझाया कि 42 वर्ष लंबे मेरे कैरियर में मेरे साथ ऐसी दुर्घटना पहली बार हुई थी। उन्होंने मुझसे पूछा कि अब क्या किया जा सकता है? मेरा उत्तर था कि मैं सही तरफ ऑपरेशन करूँगा। मेरा प्रस्ताव

स्वीकार कर लिया गया।

अगले दिन ऑपरेशन किया गया और दो दिन के बाद रोगी को छुट्टी दे दी गई।

जब रोगी को ऑपरेशन थिएटर में ले जाते हैं तो इस कर्माचार का अनुसरण करना चाहिए—

निम्नलिखित के लिए रोगी की फैल की जाँच करनी चाहिए—

—नाम, उम्र, रोग, किस तरफ

—ब्लड ग्रुप, किसी प्रकार की एलर्जी, दी गई दवाएँ

—क्या खून तैयार रखा गया है?

—मधुमेह, उच्च रक्तचाप

—किसी प्रकार के आँखों के लेंस, डेंचर और आभूषण

—क्या पेट खाली है?

—रोगी की स्वीकृति।

इस आसान से दिखनेवाले क्रम का अनुसरण न करने की स्थिति में पूरी दुनिया में दुर्घटनाएँ होती हैं। इस जाँच को करने का दायित्व वार्ड सिस्टर, रेसिडेंट, सर्जन और एनेस्थेटिस्ट का होता है।

दैनिक जीवन में कितनी ही बार हम घर बंद करने से पहले घर की चाभी लेना भूल जाते हैं, मोबाइल फोन चार्ज करना भूल जाते हैं, यहाँ तक कि दवाएँ लेना भूल जाते हैं?

मूलभूत नियम का उल्लंघन अव्यवस्था को आमंत्रण देना है।

अपने काम में अनेक बार जाँच करने के बावजूद यह कैसे हुआ? मैं बड़े अक्षरों में लिखता कि रोगी को किस तरफ का हर्निया है। रोगी मेरे कागज को दाखिले में दिखाता है, मेरे रेसिडेंट पुनः नोट्स बनाते हैं। ऑपरेशन की सूची में वही तरफ लिखा जाता है और ऑपरेशन थिएटर में सिस्टर एवं एनेस्थेटिस्ट उसकी पुष्टि करते हैं। रोगी को आराम देने के लिए और साथ ही कुछ संबंधित विवरणों के विषय में सुनिश्चित करने के लिए मैं हमेशा ही एनेस्थीसिया दिए जाने से पहले थिएटर में रहता हूँ।

गलतियों की शृंखला के कारण यह दुर्घटना घटी। रोगी को मूत्र संबंधी समस्या भी थी, जिसके लिए हर्निया ऑपरेशन से पहले यूरोलॉजी के मेरे सहकर्मी ने एक इंडोस्कोपिक परीक्षण करने की योजना बनाई थी। यूरोलॉजी के रेसिडेंट ने नोट्स बनाए थे। उसकी लिखावट इतनी खराब थी कि Rt side (राइट साइड, जो कि सही था) को Lt side (लेफ्ट साइड) समझा गया। मेरे रेसिडेंट ने बिना रोगी की जाँच किए हुए यूरोलॉजी रेसिडेंट के द्वारा बनाए गए नोट्स की नकल कर ली। रोगी मेरे नोट्स को लेकर नहीं आए थे।

सामान्यतः मेरे एनेस्थेटिस्ट हमेशा ही एनेस्थीसिया देने से पहले रोगी से पूछते हैं

कि उन्हें किस तरफ समस्या है। उस दिन एनेस्थेटिस्ट नई थी और उसने यह प्रश्न नहीं पूछा। सिस्टोस्कोपी की गई। जब मैंने ओ.टी. में प्रवेश किया तो अपने कागज माँगे और रोगी की फाइल में वे मौजूद नहीं थे। एनेस्थीसिया दिए जाने से पहले मैं हमेशा रोगी से बात करता हूँ; लेकिन पहले एंडोस्कोपी संबंधी परीक्षण के कारण रोगी पर पहले ही एनेस्थीसिया का प्रभाव हो चुका था। एक ही केस में अनेक असंबद्ध घटनाएँ एक साथ घटित हो गईं और फलस्वरूप दुर्घटना हो गई।

रिश्तेदारों को इस बात में कोई रुचि नहीं थी कि ऐसी स्थिति कैसे हुई; लेकिन क्या किया जा सकता था। मेरे पास बचाव में कुछ नहीं था। मैंने सारा आरोप अपने ऊपर ले लिया और मैं परिणाम का सामना करने को तैयार था।

जब सुरक्षा न उपलब्ध हो तो किसी और को बलि का बकरा न बनाएँ और न तर्क करें। मेरे रेसिडेंट को मेरा सुझाव था कि आरोप को स्वीकार करें।

मैं सौभाग्यशाली था कि ऐसी स्थिति में अपेक्षित मेडिकल कानूनी परिणामों से मैं बच गया था।

गलत आँख निकाली गई

मैंने एक किस्सा सुना है कि जर्मनी में कैंसर के कारण एक बच्चे की एक आँख निकाली जानी थी। ऑपरेशन के अंत में सर्जन ने महसूस किया कि उन्होंने सही आँख निकाल दी थी। वह शौचालय में गए और अपने सिर में गोली मारकर आत्महत्या कर ली।

न्यूयॉर्क के मेमोरियल स्लोन केटरिंग कैंसर सेंटर के सुप्रसिद्ध न्यूरो सर्जन ने एक मशहूर अभिनेत्री की माँ के मस्तिष्क में ट्यूमर के लिए गलत तरफ का ऑपरेशन कर दिया। कारण यह था कि उन्होंने किसी अन्य रोगी का सी.टी. स्कैन देखा था।

जब काम का बोझ अत्यधिक होता है तो गलतियाँ हो जाती हैं। एक बच्चे के टॉन्सिल का ऑपरेशन हुआ। उसकी बीमारी दाँत की थी। गलत ब्लड ग्रुप का खून चढ़ा दिया गया, क्योंकि सूची में एक ही नाम के दो रोगी मौजूद थे। पहचान की पुष्टि करने के लिए बिना जन्मतिथि के नाम पर्याप्त नहीं होता। ऐसी स्थिति दुर्लभ ही है कि एक ही नाम के दो लोगों को एक ही दिन ऑपरेशन के लिए भरती किया जाए; लेकिन इसी से पता चलता है कि हर चीज कभी-न-कभी पहली बार होती है। मैं एक ऐसे केस के विषय में जानता हूँ, जिसमें एक्स-रे प्लेट पर गलत नाम लिख दिए गए और बंबई के एक प्रसिद्ध सर्जन ने पथरी निकालने के लिए गलत किडनी खोज डाली थी।

ऑपरेशन टेबल पर रक्तस्राव

एक गंभीर जटिलता के लिए मुझे जल्दी से ऑपरेशन के कमरे में बुलाया गया।

वहाँ का वातावरण परेशानी भरा और अशांत था। सर्जन चिल्ला रहे थे, क्योंकि रोशनी समुचित नहीं थी, उपकरण समुचित नहीं थे और स्पंज कम उपलब्ध थे। जमीन पर खून से सने बहुत से स्पंज भरे पड़े थे। उदर में फैला हुआ खून निकालने का सक्शन काम नहीं कर रहा था। सिस्टर असहाय नजर आ रही थी और मास्क को पकड़े युवा एनेस्थेटिस्ट के हाथ काँप रहे थे। रक्तस्राव का स्थान दिखाई नहीं दे रहा था और रक्तस्राव बहुत अधिक हो चुका था। रोगी की नाड़ी तेज चल रही थी। एक दुर्लभ भाव-प्रदर्शन में मैंने अपनी आवाज ऊँची की और शांत रहने का आदेश दिया। मुझे वह बात याद आई, जो मैंने अपने प्रशिक्षण के आरंभिक वर्षों में सीखी थी कि यदि आप रक्तस्राव रोक न सकें तो इसे छुपा दें।

एक लाइन का उत्कृष्ट सुझाव।

मैंने ऑपरेशन टेबल पर रोगी को ढँकने के लिए उपयोग किए जानेवाले स्टेरलाइज कपड़े को लिया और उसे पेट के अंदर डालकर अपने दोनों हाथों से पूरी ताकत के साथ दबाए रखा, जिससे रक्तस्राव रुक जाए।

अब हमारे पास साँस लेने का समय था। मैंने एनेस्थेटिस्ट से कहा कि खून आने तक मैं कुछ नहीं करूँगा। टेलीफोन काम नहीं कर रहे थे, इसलिए चार यूनिट खून लेने के लिए किसी को ब्लड बैंक भेजा गया। गॉज स्पंज का पूरा स्टॉक खत्म हो गया था और ताजा स्टॉक तैयार करने में कम-से-कम एक घंटा लगता। मैंने सिस्टर को निर्देश दिया कि वह समुचित उपकरणों को स्टेरलाइट करें और जमीन पर से खून और खून से सने स्पंज साफ करवाएँ। थिएटर की अव्यवस्था के दृश्य के स्थान पर अब सामान्यता आ गई थी।

एक अतिरिक्त सक्शन मशीन मँगवाई गई, क्योंकि थक्कों के कारण वे अवरोधित होने लगती हैं और उस समय वे काम नहीं कर पातीं, जब हमें उनकी सबसे अधिक आवश्यकता होती है। स्थिति को स्थिर बनाने में दो घंटे लगे। कपड़े को हटाया गया और जब रक्त-वाहिनी का एक छोटा सा छेद स्पष्ट रूप से दिखाई देने लगा तो उसे कुछ ही टाँकों से सिल दिया गया। पेट बंद करने से पहले हमने कुछ समय तक प्रतीक्षा की, जिससे सुनिश्चित किया जा सके कि रक्तस्राव का कोई अन्य स्रोत तो मौजूद नहीं है। दस दिन के बाद रोगी अपने घर चला गया।

आजकल के सर्जन चालीस वर्ष पहले आपातकालीन स्थिति में कार्य की तनावपूर्ण परिस्थितियों की कल्पना भी नहीं कर सकते। रोशनी समुचित नहीं होती थी, सक्शन मशीन काम नहीं करती थी और प्रदाह यंत्र खराब होता था। सेल फोन नहीं होते थे और संचार प्रणाली कमजोर थी। आज की तुलना में उस समय उपलब्ध उपकरणों और यंत्रों की गुणवत्ता का कोई मेल नहीं था और ऑपरेशन थिएटर के अंदर का जीवन अत्यधिक

तनावपूर्ण होता था।

आपातकालीन स्थिति को सँभालने के लिए विचारों में तत्परता, तेज प्रतिक्रियाएँ, आरोप-प्रत्यारोप से बचना, थिएटर के अंदर के वातावरण को तनाव-मुक्त रखना कुछ प्रमुख तरीके हैं; केवल कुशल हाथ ही पर्याप्त नहीं होते हैं। ऐसे सर्जनों की अनेक कहानियाँ बताई जाती हैं, जो रक्तस्राव की स्थिति में शांत-चित्त बने रहते और वातावरण को तनाव-मुक्त रखते।

ऑपरेशन का कमरा एक ऐसा स्थान होता है, जहाँ असंख्य आपातकालीन स्थितियों की संभावनाएँ होती हैं—या तो हमारे कारण या हमारे बावजूद। हमें अप्रत्याशित की अपेक्षा रखनी चाहिए और यही एकमात्र तरीका है, जिससे वहाँ होनेवाले हर कार्य के प्रति हम सतर्कता बरत सकते हैं। जैसे ही हम गाउन और मास्क पहनकर उस पवित्र स्थान पर पहुँचते हैं, जहाँ एक रोगी ने अपना जीवन एक सर्जन के हाथों में सौंप दिया होता है तो हमें उनके विश्वास के लिए अपनी गहन सहभागिता और समर्पण के साथ उनके बहुमूल्य जीवन के प्रति परस्पर प्रतिदान देना चाहिए।

ऑपरेशन के दौरान बिजली चली जाना

मैंने अपने ही अस्पताल में गैस्ट्रिक अल्सर (जठर में अल्सर) का ऑपरेशन शुरू किया था। रोगी हृष्ट-पुष्ट था। उसके अल्सर पर उपचार का असर नहीं हो रहा था और एक बार रक्तस्राव हुआ था। मैंने जठर के जिस भाग को हटाने की योजना बनाई थी, उसे अलग किया। डुओडेनम के ऊपर क्लैंप को रख दिया, जो जठर से आगे होता है और डुओडेनम विभाजित हो गया। (डुओडेनम छोटी आँत का एक भाग है, जो जठर को शेष आँत के साथ जोड़ता है।) इस स्थिति में ओ.टी. की बिजली अचानक चली गई। मैंने अपने अस्पताल के मैनेजर से पूछताछ करने के लिए कहा और बहुत ही कम समय में वह एक भयावह समाचार के साथ आया कि शहर के एक बड़े हिस्से में बिजली चली गई है और कई घंटों के बाद ही आएगी। बंबई में अपना काम शुरू करने के बाद बिजली जाने का यह मेरा पहला अनुभव था।

ऑपरेशन उस स्थिति में पहुँच गया था, जहाँ से वापसी संभव नहीं थी। हमारे पास हाथ में पकड़नेवाले दो टॉर्च थे, लेकिन वे अधिक देर तक नहीं चल पाते। मेरे मित्र रवि देसाई ने पहले ही अपने सहयोगी को दो बड़े टॉर्च और चौबीस बड़े ड्राई सेल लाने के काम में लगा दिया था। यह परिस्थिति कठिन थी, क्योंकि बिजली चली जाने से ऑपरेशन के दौरान किसी भी प्रकार का सक्शन करना असंभव था। बड़े ऑपरेशन में ऑपरेशनवाला स्थान रक्त-युक्त द्रव से भर जाता है, जिससे सर्जन को देखने में परेशानी होती है। अच्छे प्रकाश और सक्शन के बिना जठर की दीवारों में टाँके लगाना

भी अत्यधिक कठिन हो जाता है। मैंने अपने दिमाग को शांत बनाए रखा और तीन दुष्कर घंटों के संघर्ष के बाद ऑपरेशन पूरा किया। उन कुछ ही घंटों में मेरी उम्र कुछ वर्ष बरबाद गई होगी।

वह रोगी एक पुलिस इंस्पेक्टर था। यह एक सामान्य अनुभव है कि जब हम किसी डॉक्टर, वकील, जज या पुलिसकर्मी का ऑपरेशन करते हैं तो कुछ गलत घट जाता है। बंबई के बाहर के स्थानों में जहाँ बिजली जाना बहुत सामान्य बात है डॉक्टरों को जेनरेटर रखना पड़ता है। मेरे पास जेनरेटर नहीं था, क्योंकि बंबई में बिजली कभी-कभार ही जाती थी और जब जाती भी थी तो बहुत कम समय में ही आ भी जाती थी। ऑपरेशन के अंत में मुझे अत्यधिक राहत का अनुभव हुआ। मैं पसीने से भीग गया था और बुरी तरह से थक गया था। ऑपरेशन के बाद कोई जटिलता नहीं हुई। यदि मेरे मित्र ने समय पर उन टॉर्च का प्रबंध न किया होता तो मेरा क्या होता, यह सोचकर ही डर लगता है। अगले ही दिन मैंने एक जेनरेटर खरीदा, जिसका उपयोग अनेक वर्षों से नहीं किया गया है; लेकिन एकमात्र सत्य यह है कि इसके रहने से मुझे निश्चिंतता है।

भारतीय परिस्थितियों में काम करते समय इस तरह के अनुभव अत्यधिक महत्त्वपूर्ण हैं। जब सबकुछ कुशल तरीके से उपलब्ध होता है तो उस समय बड़े ऑपरेशन करना आसान होता है। अनेक बार विदेशों में बहुत अच्छा काम करनेवाले सर्जनों का भारतीय परिदृश्य में अप्रत्याशित परिस्थितियों से सामना होने पर वे यहाँ असफल हो जाते हैं। मैंने अपने छात्रों को सिखाया है कि उन्हें बिना ऐशो-आराम की आदत के खुद को प्रशिक्षित करना चाहिए।

गंभीर केस

एक बार मुझे आँतों में छेद का एक गंभीर ऑपरेशन करना था। रोगी की देखभाल करने के लिए केवल उसकी बारह वर्ष की बेटी ही थी। उसकी माँ की मृत्यु टी.बी. से हो चुकी थी। ऑपरेशन अत्यधिक खतरनाक था। रोगी ने मेरे हाथ पकड़कर, आँखों में आँसू भरकर मुझसे अनुरोध किया था कि यदि उसकी मृत्यु हो जाती है तो उसकी बेटी की देखभाल करनेवाला कोई नहीं था। सौभाग्य से उसके मित्र अस्पताल में आए हुए थे और उन्होंने उसे आश्वासन दिया कि वे उसकी बेटी का खयाल रखेंगे। रोगी झुग्गियों में रहता था और ऊँची इमारतों के अपार्टमेंट में रहनेवालों की तुलना में गरीबों के बीच की दोस्ती अधिक मजबूत होती है। मेडिकल कॉलेज में पढ़ते समय हमें इस वास्तविकता की जानकारी बिल्कुल भी नहीं थी।

जब मैंने ऑपरेशन शुरू किया तो मुझे अपने दिमाग से उस बच्ची के विचार निकालने थे। एकाग्रचित्तता को भंग करनेवाली भावनाओं का एक सर्जन के जीवन में कोई स्थान

नहीं होता। भावनाओं को दूर रखते हुए भी मन की संवेदनशीलता को खोने नहीं देने के लिए नियमित अभ्यास की आवश्यकता होती है। इस प्रवृत्ति का संबंध कुशलता से नहीं, बल्कि मानसिक अनुशासन से है। सौभाग्य से उसका जीवन बच गया। जीवन के लिए भावात्मक होने का यह अर्थ नहीं कि सर्जन का चित्त विचलित होगा और उसके काम में कोई कमतरता होगी।

रविवार की दोपहर इमरजेंसी

एक रविवार को मुझे एक मलाशय की चोट के प्रबंधन के लिए बुलाया गया था, जो एक छोटे से अस्पताल में गर्भाशय को निकालने की सर्जरी के समय लगी थी। रोगी अत्यधिक मोटी थी, ऑपरेशन टेबल को झुकाया नहीं जा सकता था और रोगी को समुचित ढंग से लिटाना संभव नहीं हो पा रहा था। ऑपरेशन टेबल का लैंप अप्रभावी था, स्टाफ प्रशिक्षित नहीं था और एनेस्थेटिस्ट ने लंबी प्रक्रिया के लिए अपनी अक्षमता व्यक्त कर दी थी। लंबे उपकरण और सीवन की सामग्री उपलब्ध नहीं थी और किसी भी ब्लड बैंक से रक्त की आपूर्ति नहीं मिल पा रही थी।

शीघ्र निर्णय लेना अनिवार्य था। मलाशय में लगा चीरा अनियमित था। उसके सिरे घिसे हुए थे और उन्हें समुचित ढंग से बंद करना असंभव था। कुछ टाँके फटे हुए सिरों को एक साथ लाए। पेट में मौजूद सारा मल पदार्थ बहाने के लिए श्रोणि-खोह को अच्छी तरह से धोया गया। अंदर एकत्र होनेवाली पीब को बाहर बहाने के लिए अंदर की ओर नलियाँ लगाई गईं। आँतों की एक गाँठ को पेट के बाहर लाकर खोला गया, जिससे माल पदार्थ क्षतिग्रस्त मलाशय में प्रवेश न कर सके। तीन महीने बाद उसकी फिर से जाँच की गई, मलाशय में सफाई से टाँके लगाए गए और कुछ सप्ताह के बाद आँतों की गाँठ को बंद करके पेट के अंदर डाला गया।

चोट के समय अधिक काम करने की कोशिश घातक हो सकती थी। केवल कुशलता की अपेक्षा पूरी परिस्थिति को परखना अधिक महत्त्वपूर्ण होता है।

आधुनिक ऑपरेशन टेबल पर दुर्घटना

मैंने अपने अस्पताल का आरंभ एक प्रतिष्ठित विदेशी कंपनी द्वारा निर्मित ऑपरेशन टेबल से की थी। कंपनी नमूने के रूप में भारत में एक टेबल लाई थी, लेकिन उसकी कीमत इतनी अधिक थी कि भारत देश में उसकी मार्केट न बन पाती। टेबल गोदाम में बस पड़ी हुई थी। मैं कंपनी से संपर्क स्थापित कर सका, जिन्होंने काफी रियायती दर पर मुझे टेबल बेचने का प्रस्ताव रखा। हालाँकि टेबल पर कुछ निरीक्षण और मरम्मत की आवश्यकता थी, जो काफी जल्दी कर लिया गया। वह काफी मजबूत थी और उसके

शीर्ष पर स्थित चरखियों को नियंत्रित करके उसकी विभिन्न चाल को नियंत्रित किया जा सकता था—वह काम जिसे एनेस्थेटिस्ट करता था। उस समय सभी टेबल में घूमनेवाले पहिए होते थे, जिससे टेबल को विभिन्न दिशाओं में घुमाना संभव होता था—सिर नीचे, पैर नीचे, दोनों ओर गोल घुमाना। यह कहने की आवश्यकता नहीं कि उस समय यह टेबल अत्यधिक उत्सुकता का विषय थी। इसके समुचित उपयोग के लिए मैंने अपने अस्पताल के सारे स्टाफ को प्रशिक्षित किया और प्रत्येक एनेस्थेटिस्ट को यह भी सूचित किया कि शीर्ष के सिरे पर स्थित चरखियाँ कितनी आसानी से टेबल की स्थिति को बदल सकती थीं।

कुछ महीने बाद मैं एक सुप्रसिद्ध कलाकार का ऑपरेशन कर रहा था, जिसका थायरॉइड बढ़ गया था। एनेस्थेटिस्ट ने मुँह में एक नली डाली, जो कंठ नली से होते हुए श्वास नली तक गई। थायरॉइड गरदन में स्थित एक ऐसी ग्रंथि है, जो सामने की ओर और दोनों तरफ स्थित होती है। यह अत्यधिक महत्त्वपूर्ण है कि श्वास नली में डाली जानेवाली इस नली को डालने में एनेस्थेटिस्ट बहुत ही सावधानी बरते, जिस नली के द्वारा ऑपरेशन के दौरान एनेस्थीसिया की गैस दी जाती है। रोगी को ढका गया था और जिस समय हम ऑपरेशन शुरू ही करने वाले थे, टेबल अचानक एक ओर झुक गई, जिससे उसके पैर नीचे की ओर और शीर्ष ऊपर की ओर हो गया, और रोगी श्वास नली में नली डाली हुई स्थिति में ही जमीन पर गिर गया। एनेस्थेटिस्ट टेबल की स्थिति को व्यवस्थित करने की कोशिश कर रहा था; लेकिन उसकी चरखियों की यांत्रिकी इतनी नाजुक थी कि जरा भी दबाव बढ़ाने से टेबल खतरनाक स्थिति तक झुक सकती थी। रोगी को वापस टेबल पर रखा गया और सबसे पहले हमने सुनिश्चित किया कि एनेस्थेटिस्ट के द्वारा लगाई गई नली सही स्थिति में है। इस तरह की असामान्य दुर्घटना से मेरा सामना पहले कभी नहीं हुआ था। मुझे संदेह है कि पूरे विश्व में ऐसी दुर्घटना किसी भी सर्जन के साथ नहीं घटी होगी।

मेरा दिमाग चिंताओं से भर गया। कहीं गिरने के कारण कोई आंतरिक क्षति तो नहीं हो गई? कहीं रीढ़ की हड्डी में कोई चोट, पेट की आँतों में किसी प्रकार की क्षति तो नहीं हो गई? यदि कहीं कोई छोटी सी भी चोट लगी होगी तो मैं ऑपरेशन जारी नहीं रख सकता था। यदि किसी प्रकार की कोई क्षति नहीं थी तो मेरे पास कोई तर्कपूर्ण स्पष्टीकरण नहीं होता कि मैंने ऑपरेशन क्यों नहीं किया। बहुत से ऐसे लोग भी हैं, जो ऑपरेशन टाल देते हैं और कुछ झूठे बहाने बना देते हैं।

आधे घंटे प्रतीक्षा करने के बाद अंततः मैंने ऑपरेशन करने का निर्णय लिया। इसके कारण को मैं शब्दों में नहीं समझा सकता। हम हर समय सही नहीं हो सकते; लेकिन अनुभव सिखाता है कि अधिकांश समय हम सही हो सकते हैं। फिर भी, मुझे खुद को एक बात स्पष्ट समझानी थी। सबसे बुरी स्थिति में यदि कुछ गंभीर घटित हो जाता है

तो दुर्घटना के परिणामों का सामना और साथ ही दुर्घटना के बाद ऑपरेशन जारी रखने के मेरे निर्णय के परिणामों का सामना मुझे करना पड़ेगा। ऐसी परिस्थिति में मुझे कोई भी बचा नहीं सकता था। सौभाग्य से रोगी को किसी प्रकार की जटिलता नहीं हुई, यहाँ तक कि उसकी पीठ में दर्द भी नहीं हुआ। वह सुरक्षित था और मैं खुशनसीब था। ये अत्यधिक तनाव की स्थितियाँ होती हैं, जिनका सामना सर्जनों को करना पड़ता है और उन्हें सँभालना पड़ता है। अधिकांश स्थितियों में ऐसे समय में हम जो निर्णय लेते हैं, वे बुद्धिमत्ता, दक्षता या शास्त्रीय अंक विवरण पर आधारित नहीं होते, बल्कि अंतर्ज्ञान पर आधारित होते हैं। यदि रोगी को गंभीर चोट लग गई होती तो बहुत ही कम उम्र में मेरा कैरियर बरबाद हो जाता।

ऑपरेशन के दौरान हृदय आघात

मई 1972 में मेरे साथ एक कार दुर्घटना हो गई और ढाई महीनों तक मैं अपना काम नहीं कर सका। जब मैंने दोबारा काम शुरू किया तो सबसे पहले मैंने जिस केस पर काम किया, वह फायमोसिस से पीड़ित एक युवक का उपचार था।

खतना एक छोटा सा ऑपरेशन होता है। एनेस्थेटिस्ट ने एनेस्थीसिया दिया। जिस समय मैं ऑपरेशन शुरू करने के लिए तैयार ही हो रहा था, एनेस्थेटिस्ट ने मुझे सूचित किया कि रोगी को दिल का दौरा पड़ा है। मैंने पूरे दबाव के साथ छाती के सामने की दीवार पर प्रहार करके हृदय संबंधी बाहरी मालिश करने का प्रयास किया। ऐसा करने से हृदय की मांसपेशियों को यांत्रिकी कंपन मिलता है, जिसके कारण हृदय दोबारा धड़कने लगता है। हृदय तो फिर से काम करने लगता, लेकिन यदि 180 सेकंड तक मस्तिष्क को ऑक्सीजन की आपूर्ति नहीं होती है तो मस्तिष्क स्थायी रूप से क्षतिग्रस्त हो जाता है। यह एक निष्क्रिय अवस्था होती है, जिसमें हृदय धड़कता रहता है, रोगी साँस लेता रहता है, आँतें, लीवर और किडनी स्वत: ही कार्य करती रहती हैं; लेकिन रोगी अचेत रहता है। मुझे खुद से पूछना पड़ा कि क्या मुझे ऑपरेशन करना चाहिए? मैंने रोगी की आँखों में प्रकाश डालकर देखा उसकी पुतलियाँ अचानक सिकुड़ गईं थीं। इससे ज्ञात हुआ कि मस्तिष्क को किसी तरह की स्थायी क्षति नहीं पहुँची थी। हमने ऑपरेशन जारी रखा और जब रोगी पुन: होश में आया तो मुझे राहत महसूस हुई। रोगी अकेला बेटा था और उसके वृद्ध माता-पिता पूरी तरह से उस पर निर्भर थे।

इस तरह के तनावों का सामना एक सर्जन को अपने संपूर्ण व्यावसायिक जीवन में करना पड़ता है। मैं ऐसी घटनाएँ भी जानता हूँ, जिनमें एक भयावह त्रासदी के कारण सर्जन का पूरा कैरियर समाप्त हो गया।

भरा हुआ पेट आपदा ला सकता है

जब मैं इंग्लैंड में था, एक एनेस्थेटिस्ट ने मुझे बताया था कि ऑपरेशन थिएटर में होनेवाली मृत्यु की गोपनीय रिपोर्ट बनती है और गर्भवती महिलाओं को एनेस्थीसिया दिए जाने पर मृत्यु का सामान्य कारण होता था चिमटी का उपयोग। एनेस्थीसिया देने के दौरान जठर की सामग्री गले में वापस जा सकती है और फिर श्वास नली में प्रवेश करके रोगी को उसके अपने ही स्राव से डुबोकर मार सकती है। सामान्यत: खाना खाने के पाँच घंटे बाद पूरी तरह से खाली हो जाता है; लेकिन जब रोगी को दर्द होता है तो जठर कई घंटों तक भरा रह सकता है। जब तक जठर की सामग्री को एक नली के द्वारा खाली नहीं किया जाता, एनेस्थीसिया के कारण मृत्यु हो सकती है।

बच्चों में ऐस्पेरेशन का खतरा बहुत अधिक होता है। उनका ऑपरेशन सुबह सबसे पहले करना चाहिए। देरी करने पर यदि वे प्यास या भूख से रोने लगते हैं तो डरी हुई माँएँ उन्हें शांत रखने के लिए उन्हें कुछ पानी या दूध दे देती हैं।

एनेस्थीसिया के दौरान एक अच्छी सक्शन मशीन हमेशा तैयार रखनी चाहिए। सक्शन में देरी करने के कारण मृत्यु हो सकती है। ऑपरेशन के कमरे में प्रतिदिन कितनी अधिक जाँच अनिवार्य होती हैं।

अंग्रेजी में एक कविता मशहूर है—'एक कील नहीं मिली, अंत में एक साम्राज्य हार गए।'

बढ़ते हुए अनुभव के साथ मैंने इस कविता का गहरा आशय समझ लिया।

❑

अध्याय 15

निपुणता और सर्जन

माना जाता है कि सर्जन के हाथों में जादुई गुण होते हैं। हालाँकि उनकी लंबी और पतली उँगलियाँ यथार्थ कम और कल्पना अधिक हैं। मैंने एक ऐसे सर्जन के साथ काम किया है, जिसके हाथ महाकायता के कारण मोटे और आकारहीन थे, लेकिन उनकी छुरी के आघात को देखना अत्यधिक चित्ताकर्षक होता था। किसी गायक के स्वर-तंत्र की जाँच करके उसकी आवाज को परखना या पैर देखकर किसी धावक को या सिर का आकार देखकर किसी की बुद्धिमत्ता को समझना असंभव है।

(महाकायता शरीर की आकृति को विकृत करनेवाली समस्या है, जो मस्तिष्क में स्थित पिट्यूटरी ग्रंथि में गाँठ के कारण होता है। पिट्यूटरी को शरीर में एंडोक्राइन ग्रंथियों का सुचालक माना जाता है। इन रोगियों के मोटे हाथ, बड़ी उँगलियाँ, बड़े पैर, बहुत स्थूल कद, जबड़े व जीभ और बाहर निकला हुआ मस्तक होते हैं। समय से सर्जरी करके गाँठ निकाल देने से रोग को बढ़ने से रोका जा सकता है और रोगी का उपचार हो जाता है, क्योंकि सौभाग्य से अधिकांश गाँठें प्राणघातक नहीं होतीं।)

किसी भी सर्जन के लिए निपुणता सर्वाधिक अनिवार्य गुण होता है। ऑपरेशन करते समय कुछ सर्जनों के हाथों की शालीन गति को देखना बहुत ही आकर्षक लगता है, जबकि कुछ के अस्त-व्यस्त हाथों को मानव शरीर के अंदर छेड़छाड़ करते देखना अत्यंत पीड़ादायक होता है। सर्जन एक कलाकार होता है; लेकिन कुछ तुनक मिजाज संगीतज्ञों, अभिनेताओं, चित्रकारों, मूर्तिकारों आदि के विपरीत उसका प्रदर्शन उसके मनोभावों पर निर्भर नहीं करता; बल्कि सर्जन को उस समय एक सकारात्मक परिस्थिति बनानी पड़ती है, जब परिस्थिति बहुत कठिन हो और उसे एक जहाज के कप्तान की भूमिका अदा करनी पड़ती है।

उसे अकसर अकेलेपन की अनुभूति होती है; लेकिन उसे केवल एक बात से राहत मिलती है कि वह अपने रोगी के लिए सर्वोत्तम कार्य कर रहा है और उसके पास एक

ऐसी टीम है, जिसे उसकी कुशलता पर विश्वास है, जो उसके निर्णयों का सम्मान करती है। सर्जरी किसी एक व्यक्ति का प्रदर्शन नहीं होती। इटली के रेनॉल्ड मेसनर की एक विशेष योग्यता है कि वह 8,000 मीटर से ऊँचे सभी चौदह शिखरों पर अकेले चढ़ाई कर चुके हैं। सर्जरी के क्षेत्र में कोई भी मेसनर नहीं मिलेगा। निपुणता के अतिरिक्त दक्ष सर्जनों के लिए रफ्तार एक अन्य कसौटी होती है। इन शब्दों में रोगियों की पीड़ा के व्यापक वर्णन को पढ़ने से बहुत महत्त्वपूर्ण जानकारी मिलती है—एनेस्थीसिया के दिनों से फले, ऑपरेशन के लिए तैयार हो रहा रोगी किसी ऐसे अपराधी के समान होता था, जो फाँसी के लिए तैयार हो रहा होता था। उस दिन नियत समय के आने से पहले वह पल-पल गिनता रहता था। सड़क पर सर्जन की गाड़ी के आने की आवाज को वह ध्यान से सुनता। वह दरवाजे की घंटी को खींचने को देखता, सीढ़ियों पर उसके पैरों को, कमरे में उसके कदमों को, उसके भयानक उपकरणों के उत्पादन को, उसके कुछ गंभीर शब्दों को और शुरू करने से पहले उसकी अंतिम तैयारी को देखता रहता और फिर वह अपनी स्वतंत्रता को समर्पित कर देता तथा अनिवार्यता से घृणा करते हुए, पकड़े जाने के लिए समर्पण करते हुए, असहाय रहकर निर्दयी छुरी के सामने खुद को डाल देता।

सन् 1846 तक यह एक वास्तविकता थी, जब रफ्तार इतनी अधिक महत्त्वपूर्ण थी कि जब अंग-विच्छेदन जैसे एक सामान्य ऑपरेशन को दो मिनट में पूरा कर लिया जाता था। मुझे यह समझने में कुछ वर्ष लगे कि सर्जरी में रफ्तार टीम के काम पर निर्भर करती है और उतनी अधिक सर्जन की निपुणता पर नहीं। सर्जन का सहयोग कर रही ऑपरेशन थिएटर की सिस्टर ऑपरेशन की पूरी कार्य-विधि से अवगत होती है और सर्जन से बिना कोई संकेत पाए हुए उनके हाथ में सही उपकरण पकड़ा देती है।

शस्त्रक्रिया नाजूक, कोमल तरीके से करना अधिक महत्त्वपूर्ण है, तेजी से नहीं। निपुण हाथों में ऑपरेशन में कम समय लगता है, रोगी को रक्तस्राव कम होता है, ऑपरेशन के बाद के दर्द कम होते हैं और स्वास्थ्य-लाभ तेजी से होता है। सर्जन के हाथों के स्पर्श की अनुभूति उतनी ही अधिक महत्त्वपूर्ण होती है जितनी कि किसी गायक में सुर की अनुभूति। विलक्षण प्रतिभावाले सर्जनों में देखी जानेवाली सहज ज्ञान और जागरूकता की विशिष्ट योग्यता पाई जाती है।

क्या कुशलता और रफ्तार में कोई संबंध है? एक अनभिज्ञ निरीक्षक गतिविधि को रफ्तार समझ लेता है।

जब हम युवा रेसिडेंट थे तो हाथों की तेज गतिविधि से हम अत्यधिक प्रभावित होते थे और उसे रफ्तार समझने की गलती कर बैठते थे। कुशल सर्जन अकसर धीमे प्रतीत होते हैं, लेकिन प्रत्येक चरण में ऑपरेशन निरंतर और निश्चित रूप से आगे बढ़ता रहता है।

किसी सर्जन के प्रशिक्षण के सबसे कठिन भाग हैं—उनमें सतर्कता, दिलचस्पी,

एकाग्रता, करुणा, विनम्रता, समय से विचार करना, तेज प्रतिक्रियाएँ और भ्रामक व अत्यधिक तनावपूर्ण स्थिति में तेजी से दूसरे निर्णय पर जाना जैसी प्रवृत्तियाँ विकसित करना और इन सारी परिस्थितियों के दौरान थिएटर में तनाव-मुक्त वातावरण उत्पन्न करना।

'सर्जनों को निपुणता की, निर्णय-क्षमता, बुद्धिमत्ता,
लंबे समय तक काम करने का उत्साह
और आंतरिक बल की आवश्यकता होती है,
लेकिन यदि उनमें ईमानदारी नहीं है तो शेष सभी संपदा को भूल जाएँ।'

❑

अध्याय 16

मेरी परदेश यात्राएँ

सन् 1976 में मैं अमेरिका गया। पहले ही दिन दुर्भाग्यवश मेरी परिचारिका ने मेरे पतलून वाशिंग मशीन में डाल दिए, जबकि मेरा पासपोर्ट उसकी जेब में ही था। जब भी मैं विदेश जाता तो मुझे हमेशा अपना पासपोर्ट खो देने का डर लगा रहता। नया पासपोर्ट लेने के लिए मैं न्यूयॉर्क के भारतीय दूतावास में गया। मैंने सोचा था कि यह एक साधारण काम होगा, क्योंकि क्षतिग्रस्त हो जाने के बावजूद सभी विवरण स्पष्ट रूप से दिखाई दे रहे थे। कार्यालय में प्रवेश करनेवाला मैं पहला व्यक्ति था, क्योंकि अधिकांश स्टाफ अभी काम पर नहीं आया था—उन दिनों किसी भी भारतीय संस्था में दिखाई देनेवाली सामान्य सी बात। संबंधित अधिकारी से मिलने के लिए मुझे लगभग 40 मिनट तक प्रतीक्षा करनी पड़ी थी।

मैंने उन्हें बताया कि क्या हुआ था। मैंने किसी सहायक रवैए की अपेक्षा नहीं की थी, क्योंकि मैंने दूसरों से ऐसी ही परिस्थितियों में बड़े डरावने अनुभव सुने थे।

"आपने इतने महत्त्वपूर्ण डॉक्यूमेंट को सँभालकर क्यों नहीं रखा?"

"अपनी यूरोप यात्रा के बाद मुझे मेरे पतलून धुलवाने थे और मेरी परिचारिका ने बिना जेब की जाँच किए उसे मशीन में डाल दिया।"

उसकी कुपित मुखाकृति से मैं समझ गया कि आगे कठिन समय आने वाला है।

"पहले एक ब्लैक एंड व्हाइट फोटो निकलवाइए और फिर मेरे पास आइए।" स्पष्ट रूप से 'कृपया' शब्द गायब था।

"कहाँ करवा सकता हूँ?"

"मुझे नहीं पता!"

दूतावास के भवन से मुश्किल से पाँच मिनट की दूरी पर मुझे एक स्टूडियो मिल गया। मैंने काउंटर पर बैठी लड़की से कहा कि मुझे मेरे पासपोर्ट के लिए जल्दी से एक फोटो की आवश्यकता है। उसने मुझसे कहा कि यह काम तुरंत नहीं हो सकता और

मुझे प्रतीक्षा करनी पड़ेगी।

मैंने पूछा, ''कितनी देर ?''

''पंद्रह मिनट।''

यह अमेरिका में मेरा पहला सबक था। अमेरिका समय का सम्मान करता है, ऐसी प्रवृत्ति, जो वहाँ कार्यरत हमारे प्रतिनिधियों के लिए विदेशी थी। मेरी जल्दी वापसी से डेस्क पर बैठे पुरुष को आश्चर्य हुआ। मुझे यह देखकर दु:ख हुआ कि वहाँ इतने लंबे समय से कार्यरत इस व्यक्ति को तकलीफ में पड़े अपने ही देशवासी की सहायता करने की कोई इच्छा नहीं थी।

मैंने सारी औपचारिकताएँ पूरी कीं, भुगतान जमा किया और उससे पूछा कि मुझे नया पासपोर्ट कब मिलेगा। सप्ताहांत में कार्यालय बंद रहने के कारण जब उसने मुझसे सोमवार को आने के लिए कहा तो मुझे धक्का लगा। उस समय शुक्रवार को दोपहर के 12 बज रहे थे। मैंने उससे अनुरोध किया कि उसी दिन पासपोर्ट जारी कर दें, क्योंकि अगले दिन मुझे कनाडा जाना था। उसने मेरी सहायता करने में असमर्थता व्यक्त की लेकिन सुझाव दिया कि मैं उससे बड़े अधिकारी से मिल सकता हूँ, जो प्रमुख अधिकारी हैं।

मुझसे पुन: वही प्रश्न पूछे गए और मैंने वही उत्तर दिए।

उन्होंने कहा, ''सोमवार को आइए।''

''क्या मुझे आज मिल सकता है ?''

''नहीं।''

''मुझे दो दिनों तक प्रतीक्षा क्यों करनी पड़ेगी ?''

''डॉक्टर, हमारे पास करने के लिए बहुत से काम हैं। यदि हम उन सारे लोगों को नए पासपोर्ट जारी करने में ही सारा समय व्यतीत करना शुरू कर दें, जिन्हें यही नहीं पता कि उसे कैसे सुरक्षित रखना चाहिए, तो हमारे काम का प्रबंधन ही नहीं हो सकेगा।''

''यह पहली बार है कि मेरा पासपोर्ट क्षतिग्रस्त हुआ है। मैं बीस वर्षों से विदेशों की यात्रा कर रहा हूँ।''

''मैं आपकी सहायता नहीं कर सकता। आज शुक्रवार है, सोमवार को आइए।''

यह भारत की नौकरशाही की सामान्य प्रतिक्रिया थी। मैंने सोचा, यदि ये एक जिम्मेदार नागरिक के साथ इतने खराब तरीके से बात कर रहे हैं तो दूसरों के साथ कैसा व्यवहार करते होंगे ? अब मैं शांत नहीं रह सका।

मैंने विरोध व्यक्त किया, ''इस तरह की शिकायत लेकर कितनी बार भारतीय आपके दफ्तर में आते हैं ? आप हमारे नौकर हैं, मालिक नहीं। हम अपने टैक्स जमा करके आपका रख-रखाव करते हैं। आपके पास समय की कमी इसलिए है, क्योंकि आप ऑफिस देरी से आते हैं, कुशलता से काम नहीं करते और समय से काफी पहले

ही ऑफिस से चले जाते हैं।''

वह आश्चर्यचकित हो गया था और मेरा प्रहार जारी रहा, ''आज जब मैं यहाँ आया तो दफ्तर में कोई भी मौजूद नहीं था। यदि मुझे आज मेरा पासपोर्ट नहीं मिलता तो मैं चुप नहीं रहूँगा। मैं चेतावनी दे रहा हूँ कि भारत वापस जाने के बाद मैं आप और आपके ऑफिस के खिलाफ शिकायत दर्ज करूँगा। आप यहाँ इसलिए हैं कि जब भी हमारे सामने किसी तरह की समस्या आए तो आप हमारी सहायता करें। आप मुझे परेशान कर सकते हैं, लेकिन मैं भी आपको नहीं छोड़ूँगा।''

उसे ऐसी तीखी प्रतिक्रिया की अपेक्षा नहीं थी। उसने अपने अधिकार की आरामदायक कुरसी पर बहुत ही विलासितापूर्ण जीवन का आनंद लिया था। उसकी नाराजगी स्पष्ट थी।

''शाम को 4 बजे वापस आइए और यदि तैयार होगा तो ले जाइए।''

''यदि 4 बजे मुझे यह नहीं मिला तो मैं हंगामा करके रख दूँगा।'' मैंने उसे धमकाया।

मैं उसके ऑफिस से बाहर आया और सब लोग मुझे देख रहे थे। स्पष्टतः उन्होंने मेरी आवाज सुन ली थी। जब मैं क्रोधित होता हूँ तो मेरी आवाज ऊँची हो जाती है। मैं कैफेटेरिया में जा रहा था, जब उस कार्यालय में कार्यरत एक युवती ने मुझे रोका। उसने मुझसे पूछा कि क्या मैं बंबई से हूँ, क्योंकि उसकी बहन मेडिसिन कर रही थी और सर्जरी के सत्र में उसने किसी डॉ. श्रीखंडे के साथ काम किया था। उसे खुशी हुई कि उसकी बहन मेरी छात्र थी। जब हम कॉफी पी रहे थे तो उसने मुझे मेरे क्रोध के लिए बधाई दी और सहमत हुई कि वहाँ काम की समुचित संस्कृति नहीं थी।

एक घंटे के अंदर मुझे मेरा नया पासपोर्ट मिल गया।

मैं संवेदनहीन नौकरशाही का एक और उदाहरण देना चाहूँगा। सन् 1991 तक विदेश में एक कॉन्फ्रेंस में भाग लेने के लिए विदेशी विनिमय प्राप्त करना अत्यधिक डरावना होता था। व्यक्ति को विभिन्न भवनों में विभिन्न विभागों के चक्कर काटने में और अनिवार्य दस्तावेज प्रस्तुत करने में अपने तीन दिन बरबाद करने पड़ते थे। एक बार मैंने विदेशी विनिमय में एक अतिरिक्त दिन के लिए अनुरोध किया। 60 वर्ष की उम्र में मुझे जेटलैग से ठीक होने के लिए समय की आवश्यकता थी। लेकिन मुझे वह समय नहीं मिला, क्योंकि जेटलैग को एक वैध कारण के रूप में स्वीकार करना नियमों में शामिल नहीं था। विडंबना तो यह है कि जिन लोगों का कानून के प्रति कोई सम्मान नहीं होता, वे अपनी जेबों में ढेर सारे डॉलर भर सकते थे। सौभाग्य से, अब परिस्थिति पूरी तरह से बदल गई है; अब मैं काफी अधिक मात्रा में विदेशी विनिमय रख सकता हूँ; लेकिन अब मुझे उसकी आवश्यकता नहीं है।

अमेरिका की मेरी यात्रा का प्रमुख उद्‌देश्य बॉस्टन में लेही क्लीनिक को देखना

था। इसका संबंध सन् 1971 में घटी एक रोचक घटना से था।

मैंने सन् 1959 में इंग्लैंड और एडिनबर्ग से एफ.आर.सी.एस. उत्तीर्ण किया था और एक व्यस्त जिला अस्पताल में मुझे एक नौकरी मिली, जहाँ मैंने खुद ही सर्जरी के काम सीखे। मैं ऑपरेशन थिएटर में चित्रित सर्जरी की किताबें रखता था, ऑपरेशन शुरू करने से पहले और कभी-कभी ऑपरेशन के दौरान भी उन्हें पढ़ता था। एनेस्थेटिस्ट मुझे मार्गदर्शन के लिए चित्र दिखाते थे। वर्तमान युग में इसकी कल्पना भी नहीं की जा सकती; लेकिन मैंने 1950 के दशक में सर्जरी सीखी थी। मैं सतर्क रहता था, लेकिन डरपोक नहीं था; हिम्मती था, लेकिन दुःसाहसी नहीं और मैंने न केवल एक कुशल बल्कि सुरक्षित सर्जन की प्रतिष्ठा प्राप्त की।

वापस आने पर मैंने दस वर्ष तक बंबई में काम किया और जानता था कि मैं सही राह पर था। मैं अपना सामर्थ्य और अपनी कमियाँ जानता था। मेरी एक प्रबल इच्छा होती थी कि मैं देख सकूँ कि मास्टर सर्जन कैसे काम करते हैं और यह प्रबल इच्छा मुझे चार सप्ताह के लिए वापस इंग्लैंड ले गई। सन् 1971 में मैंने लंदन में सेंट जॉर्ज हॉस्पिटल में डॉ. रॉडनी स्मिथ से मिलने गया, जो पित्ताशय और पैंक्रियाटिक सर्जरी के सुप्रसिद्ध विशेषज्ञ थे।

मुझे पर्यवेक्षक गलियारे से ही ऑपरेशन देखना था, जिसके कारण जब सदस्यों के सिर और कंधों के कारण दृश्य में रुकावट नहीं आती, केवल तभी मैं देख सका कि क्या हो रहा है। इतनी दूरी से कोई क्या देख सकता है और वह भी पेट के अंदर क्या हो रहा है? लेकिन मेरे लिए केवल उतनी ही संभावना उपलब्ध थी।

मैंने वास्तव में जो देखा, उससे अधिक सहायक सर्जन की टिप्पणी थी—"वर्तमान सर्जन कितने खुशकिस्मत हैं। वे एक बड़े से हॉल में बैठ सकते हैं, एक बड़ी सी स्क्रीन पर ऑपरेशन के प्रत्येक चरण को देख सकते हैं, यहाँ तक कि सर्जन की सहायता करनेवाले सहयोगियों से भी बेहतर तरीके से।"

एक दिन एक बुजुर्ग डॉक्टर गलियारे में मेरे साथ शामिल हुए। वह मुझे देखकर सौहार्दपूर्ण ढंग से मुसकराए और बोले, "अंग्रेज कितने मजेदार हैं। उनकी शर्ट या पतलून में जेब नहीं होती। मुझे अपनी यात्रा संबंधी दस्तावेज, पासपोर्ट और कैश अपने गमबूट में रखने पड़ते हैं।"

उनका उच्चारण विशिष्ट रूप से अमेरिकन था। रॉडनी स्मिथ के साथ उनकी बातचीत से पता चलता था कि वे अच्छे मित्र थे।

रोडनी ने कहा, "केन, माफ कीजिए। हमारा ऑपरेशन थिएटर पुराने जमाने का है। हमारे पास आपकी परिष्कृत अमेरिकी व्यवस्था नहीं है।"

"रॉन, मैं कुछ अच्छी सर्जरी देखने आया हूँ, आधुनिक ऑपरेशन थिएटर नहीं।"

मैं यह जानने को उत्सुक था कि यह मेहमान कौन थे। मैंने कहा, ''प्रतीत होता है कि आप अमेरिका से हैं।''

''हाँ।''

''कहाँ से?''

''बॉस्टन।''

''आपकी रुचि के क्षेत्र?''

''पित्त की नली की सिकुड़न और पैंक्रियाज।''

''आपका नाम?''

''केनेथ वारेन।''

''लेही क्लीनिक?''

''हाँ।''

मेरी मुलाकात सर्जनों के बीच की एक असाधारण शक्ति से हुई थी।

''मैं कितना सौभाग्यशाली हूँ कि ऐसे अप्रत्याशित तरीके से आपसे मेरी मुलाकात हुई। मैंने आपके और लेही क्लीनिक के बारे में कितना सुना है। मैं अभी आपके देश नहीं गया हूँ, लेकिन जब मैं आऊँगा तो आपका काम देखना चाहूँगा।''

''आपका स्वागत है। जब आप आ रहे हों तो मुझे सूचित करें। हम आपको बहुत सारा काम दिखाएँगे।''

मुझे विश्वास ही नहीं हो रहा था कि मेरी मुलाकात उस क्षेत्र के विश्व-प्रख्यात सर्जन से हो रही थी जिस क्षेत्र में मैंने अपनी कुशलता विकसित करने का निर्णय लिया था। मेरा हमेशा से ही ऐसा अनुभव रहा है। जब मैं एक विशिष्ट लक्ष्य के लिए निर्णय लेता हूँ, सबकुछ सुनियोजित हो जाता है। पाँच वर्ष बाद मैं अमेरिका गया और केनेथ वारेन ने अपना वायदा निभाया।

केनेथ वारेन एक उच्च कोटि के सर्जन और एक उत्कृष्ट इनसान थे। वह मुझे अस्पताल के कैफेटेरिया में ले गए, दबाव डाला कि वह ही बिल का भुगतान करेंगे और पूरे एक महीने तक ऐसा ही करते रहे। उन्होंने कहा, ''संकोच मत करिए। मैं जानता हूँ कि आपके देश में डॉलर प्राप्त करना कितना कठिन है।''

एक शीर्षस्थ सर्जन की ओर से ऐसा व्यवहार मेरे लिए एक दुर्लभ अनुभव था। मुझे यह अत्यंत असामान्य बात लगी कि एक पंक्ति में डॉ. वारेन एक साँवली त्वचावाली कर्मचारी के पीछे खड़े थे। उस समय भारत में ऐसी बातें सोच से परे थीं। मैंने एक मित्र से सुना था कि 1940 के दशक में भारतीय डॉक्टर श्वेतों के साथ एक ही टेबल पर नहीं बैठ सकते थे। मुझे नहीं पता कि यह सच था या नहीं। अमेरिका बदल गया है। आज उनके यहाँ अफ्रीकी-अमेरिकन राष्ट्रपति हैं। मैं यह देखकर भी बहुत खुश हूँ कि एक

लड़का, जो कभी रेलवे के प्लेटफॉर्म पर चाय बेचता था, आज हमारे देश का प्रधानमंत्री बन गया है। शांतिपूर्ण ढंग से 50 करोड़ से भी अधिक लोगों के द्वारा वोट दिया जाना भी मानव इतिहास में एक चमत्कार ही है। तानाशाही में एक तानाशाह का स्थान दूसरा तानाशाह ही लेता है। लोकतंत्र में कोई भी शासक जनता को कमजोर नहीं समझ सकता।

मैंने नियमित रूप से उनके ऑपरेशन के सत्रों में भाग लिया। मैंने पित्ताशय, पित्त की नली और पैंक्रियाज पर अनेक जटिल ऑपरेशन देखे। मैं उनके साथ ही खड़ा होता और वह समय-समय पर मुझे विवरण समझाने के लिए मुझे पेट के अंदर झाँकने देते थे। मैंने अपने पूरे कैरियर में उसी प्रणाली का अनुसरण किया है।

डॉ. वारेन ने मुझे अपना कमरा दिखाया, जो डॉ. फ्रैंक लेही का कार्यालय हुआ करता था। मैं एक स्थान पर बैठा था, जहाँ सर्जरी के इतिहास में महत्त्वपूर्ण घटनाएँ घटित हुई हैं। मेरा अनुभव शब्दातीत था।

मुझे वारेन के व्यक्तित्व के विषय में अनेक तथ्य ज्ञात हुए। उनकी इतनी अधिक प्रसिद्धि के बावजूद वह अत्यधिक विनयशील और सबके प्रति मित्रवत् थे। वह जब भी बॉस्टन में होते, रविवार और क्रिसमस के दिन भी वार्ड के चक्कर लगाना न भूलते। यदि मुझे ठीक से याद है तो उन्होंने मुझे बताया था कि जब बॉस्टन में अत्यधिक बर्फ गिरी थी तो वह और डॉ. रिचर्ड कैटेल वाहनों से रहित सड़कों पर स्की करते हुए अस्पताल पहुँचे थे।

कुछ वर्ष बाद जब मैं उनसे दोबारा मिला, वह मुझे एक नए वार्ड में ले गए, जिसे उनके नाम पर बनाया गया था। वार्ड के प्रवेश पर एक पट्टी पर दानकर्ताओं के नाम लिखे थे। दानकर्ताओं के नाम वर्णानुक्रम पर आधारित थे, न कि उनके द्वारा दान की गई राशि के अनुसार। उन्होंने देखा कि जिस व्यक्ति ने कम धन दिया, उसके मन में उनके लिए कम सम्मान नहीं था और इसलिए यही ठीक था कि नामों को वर्णानुक्रम में लिखा जाए। इस एक घटना ने एक इनसान के उत्तम चरित्र को प्रदर्शित किया।

अनेक वर्ष पहले मैंने डॉ. वारेन से पित्त की नली की चोट का एक अत्यधिक जटिल केस बताया था। परिवार धनी था और दुनिया में किसी भी स्थान में उपचार करवाने के लिए तैयार था। वे इस बात के लिए अत्यधिक इच्छुक थे कि मैं बंबई में चोटग्रस्त नली को जोड़ दूँ; लेकिन चोट एक महीने पुरानी थी। (पुस्तक के आरंभ में मैंने सर एंथनी ईडन के केस के विषय में लिखा है, जिन्हें लंदन में पित्त की नली में चोट के कारण विमान से लेही क्लीनिक ले जाया गया था।) मैंने उन्हें समझाया कि उस युवक के लिए सर्वोत्तम विशेषज्ञ मिलना चाहिए। रोगी को विमान द्वारा अमेरिका ले गए और उसके तीन ऑपरेशन हुए। दुर्भाग्यवश 45 दिनों के बाद उसकी आई.सी.यू. में मृत्यु हो गई। डॉ. वारेन ने मुझे बताया था कि उनके लिए भी वह सर्वाधिक कठिन केस में से

एक था और जो कुछ भी संभव था, किया गया था। (मैंने केवल दो केस विदेश भेजे हैं, दूसरा लंदन भेजा था; क्योंकि मैं जानता था कि समस्या मेरी पहुँच से बाहर हो गई थी। उसे बचाया नहीं जा सका।)

वारेन प्रतिदिन जाकर रोगियों के रिश्तेदारों से बात करते थे। जब रोगी की मृत्यु हो गई तो जिस समय वे लोग लोगान हवाई अड्डे पर घर लौटने की प्रतीक्षा कर रहे थे, उन्होंने उसके कॉफिन पर फूल चढ़ाने के लिए अपने सहयोगी को भेजा। बिल बहुत अधिक था और वारेन ने उसे 50 प्रतिशत कम कर दिया। रिश्तेदार मेरे प्रति अत्यधिक आभारी थे कि मैंने रोगी को इतने अच्छे सर्जन के पास भेजा। मुझे पता चला कि भारत में एक क्षेत्रीय अखबार में डॉक्टरों की सेवा की सराहना करते हुए एक लेख प्रकाशित हुआ था।

इतने उत्कृष्ट कोटि के इनसानों के साथ मेरे संपर्क ने मेरे जीवन को समृद्ध बनाया है। अमेरिका में मेरे दौरे के दौरान मेरी मुलाकात एक उत्कृष्ट अमेरिकन दंपती से हुई और वे अपनी मृत्यु तक मेरे मित्र बने रहे। कार्ल और मेरिअन रॉईप्श से मेरी मुलाकात उस समय हुई, जब सैन डिएगो पहुँचने पर वे हमारा स्वागत करने पहुँचे थे। अपने मेजबानों को यह बताते हुए मुझे अत्यधिक संकोच हो रहा था कि मुझसे मेरे सूटकेस की चाभी खो गई है।

कार्ल ने कहा, ''कोई परेशानी की बात नहीं है। मैं आपके लिए दूसरी बना दूँगा।'' उन्होंने मेरा सूटकेस उठाया और उसे नीचे तहखाने में स्थित कारखाने में ले गए। उन्होंने दस ही मिनट में चाभी बना दी और बोले, ''मुझे मेरे पिताजी ने सिखाया था कि अधिक-से-अधिक काम अपने हाथों से ही करो और मैंने इसे अपनी आदत बना लिया है।''

अधिकांश भारतीयों के समान ही मैं भी हरफनमौला व्यक्ति नहीं हूँ। मैं घर के आसपास के छोटे-मोटे कामों के लिए साधारण उपकरणों का उपयोग नहीं कर सकता; क्योंकि इलेक्ट्रीशियन और प्लंबर जैसे सेवा करनेवाले लोग हमेशा आसानी से उपलब्ध रहते हैं। इसके विपरीत, अमेरिकी लोग खुद अपने आप में बहुत अच्छे होते हैं। चार दिन बाद जब मैं सैन डिएगो से निकला, हम जानते थे कि यह हमारी नई मित्रता की शुरुआत थी। सन् 1981 में सैन डिएगो के लिए मेरी अगली यात्रा के दौरान जब कार्ल मुझे हवाई अड्डे से घर ले जा रहे थे तो रास्ते में मैंने रयान कॉरपोरेशन की होर्डिंग देखी। मुझे याद आया कि रयान कॉरपोरेशन ने 'स्पिरिट ऑफ सेंट लुई' विमान बनाया था, जिसमें चार्ल्स लिंडबर्ग ने सन् 1927 में लौंग आइलैंड, न्यूयॉर्क से पेरिस तक की अटलांटिक पार की पहली नॉन-स्टॉप फ्लाइट तैयार की थी। मैंने चार्ल्स लिंडबर्ग की जीवनी भी पढ़ी थी। मेरी रुचि पर कार्ल को इतना अधिक आश्चर्य हुआ कि जैसे ही मैं सारे कामों से निवृत्त हुआ, वह मुझे सैन डिएगो हवाई अड्डे पर ले गए और निदेशक

से मेरा परिचय भारत से आए एक सर्जन, जिन्हें चार्ल्स लिंडबर्ग के विषय में अमेरिका के अनेक लोगों से अधिक जानकारी है, के रूप में कराया।

मुझे वे रेखाचित्र और तसवीरें दिखाई गईं, जिनमें विमान को बनाने का विवरण दिया गया था। हमने नाश्ता किया और मेरे लिए यह अत्यधिक रोचक अनुभव था।

रॉइप्श परिवार के साथ मैं जिस कमरे में ठहरता था, उसे 'डॉ. श्रीखंडे का कमरा' के नाम से पुकारा जाता था। मुझे खुशी थी कि बिना एक भी डॉलर खर्च किए हुए या कमाए हुए मेरे पास अमेरिका में एक संपत्ति थी। मेरिअन मेरे कपड़े धोती एवं प्रेस करती थीं और उस दंपती के साथ उनके घर में समय गुजारना अत्यधिक आनंददायक था। हवाई अड्डे पर मेरे आगमन पर वह हमेशा मेरा अभिवादन करने आती थीं, लेकिन कभी भी मुझे विदा करने नहीं आईं; क्योंकि उनको यकीन था कि वह रो पड़ेंगी। कार्ल ने मुझे हवाई अड्डे पर छोड़ा, लेकिन मुझे यह अहसास नहीं था कि मैं उन्हें आखिरी बार देख रहा था।

मैं उस समय तक यह बात नहीं जानता था कि सैन डिएगो में पोर्ट निदेशक कार्ल राष्ट्रीय स्तर पर सुप्रसिद्ध व्यक्ति थे, जब तक कि मैंने मई 1983 में अपने अमेरिका भ्रमण के दौरान अखबारों में उनके निधन की सूचना नहीं पढ़ी थी। मेरी यात्रा पूरी तरह से अनियोजित थी। मैं अपने सहकर्मी के इलाज के लिए उनके साथ गया था, लेकिन दुर्भाग्यवश तेज हृदय आघात के कारण सर्जरी से पहले ही उनकी मृत्यु हो गई थी। अगले दिन मैं उनके कॉफिन के साथ अमेरिका से निकला। मैं मेरिअन से नहीं मिल सका, लेकिन उनके लिए एक शोक-संदेश भेजा था—

'प्रिय मेरिअन,

मेरा मन 3335 स्टर्न स्ट्रीट, सैन डिएगो में ही था और अगस्त 1976 में जब हम पहली बार मिले थे, उस समय से हमारे साथ की सारी घटनाएँ मेरे मस्तिष्क में घूमती रहीं। हम अजनबियों की तरह मिले थे और कुछ ही दिनों के अंदर हम निकटस्थ मित्र बन गए, मानो हम एक-दूसरे के परिवारों को बहुत लंबे समय से जानते हों।

हम सुदूर महाद्वीपों में रहते हैं, लेकिन मेरा मन लगातार आपके घर जाता रहता है। व्यथा के दौर में मित्र हमें राहत देते हैं, शारीरिक रूप से वे चाहे कितने ही दूर क्यों न हों। कार्ल हमें बहुत याद आएँगे। वह पुरुषों में पुष्ट व्यक्ति थे, बहुमुखी प्रतिभा के धनी व्यक्ति थे; संकोची, सहृदय और दयालु व्यक्ति थे। ऐसे व्यक्तियों से मिलना बहुत कठिन है और मेरा सौभाग्य है कि मैं उन्हें व्यक्तिगत रूप से जानता था।

आप भाग्यवान् हैं कि आपने उनके साथ लगभग पचास वर्ष का समय गुजारा। वियोग का कष्ट खुशहाल दिनों की मधुर स्मृतियों में घुल जाएगा। कार्ल समुद्र को बहुत पसंद करते थे। मैंने अखबार की रिपोर्ट में पढ़ा कि दाह-संस्कार के बाद उनकी भस्म

को समुद्र में बिखेर दिया गया था। अब वह शाश्वत समुद्र के एक भाग बन गए हैं और इस साथ से दोनों की ही समृद्धि में वृद्धि होगी।

कृपया अपने स्वास्थ्य का ध्यान रखें। यदि आप यहाँ आएँ और कुछ समय हमारे साथ गुजार सकें तो हमें अत्यधिक प्रसन्नता होगी। हमारे पास सैन डिएगो में एक घर है और आपके पास बंबई में एक घर है। मैं इस बात पर पूर्ण विश्वास करता हूँ कि जीवन का एक निहित उद्देश्य है और शरीर खत्म हो जाने के बाद भी आत्मा रहती है। कार्ल जानते ही होंगे कि उन्होंने मेरे जैसे अनेक मित्र पीछे छोड़े हैं, जो सभी आपके दुःख में आपके साथ हैं। ईश्वर उनकी आत्मा को शांति प्रदान करे।'

मेरी बड़ी बेटी के विवाह पर मेरिअन अमेरिका से बंबई आई थीं। मैंने मेरिअन से कई बार कहा कि यहाँ उनका हर समय खुशी से स्वागत होगा और वह जितने दिन चाहें, हमारे साथ रह सकती हैं। यदि कभी तबीयत खराब हो तो उन्हें बंबई में बिना किसी खर्च के सर्वोत्तम चिकित्सकीय सहायता मिलेगी। वह विश्व-भ्रमण करनेवाली महिला थीं और बढ़ी हुई उम्र में भी तिब्बत व अंटार्कटिका देख आई थीं। अपनी यात्रा के दौरान वह मुझे हस्तलिखित पोस्टकार्ड भेजती थीं, जो मेरे लिए सुपाठ्य नहीं होते थे। मैं उनसे कहता कि उनकी लिखावट डॉक्टरों वाली लिखावट है।

अगली बार मैं सन् 1988 में वहाँ गया। कार्ल ने अपनी वसीयत में यह इच्छा प्रकट की थी कि उनकी बहुमूल्य संपदा में से एक सन् 1937 में लिखित फोटोग्राफी पर डॉ. मैक्स थोरेक की एक पुस्तक 'क्रिएटिव कैमरा आर्ट' मुझे दे दी जाए। कार्ल की डॉ. थोरेक से घनिष्ठ मित्रता थी, जो शिकागो के एक सर्जन थे, जिन्होंने इंटरनेशनल कॉलेज ऑफ सर्जन्स की स्थापना की थी और जो एक सुप्रसिद्ध फोटोग्राफर भी थे और अमेरिका में फोटोग्राफर्स सोसायटी के अध्यक्ष थे।

मेरिअन ने मुझे वह पुस्तक दी, जिसमें उन्होंने लिखा था—'यह कार्ल की इच्छा थी कि यह पुस्तक डॉ. वि.ना. श्रीखंडे को दे दी जाए।' अंत में तारीख थी—31 अक्तूबर, 1988। इक्यावन वर्ष के बाद पुस्तक एक हाथ से दूसरे हाथ में गई और अब इसे अपने पास रखकर मैं आभारी महसूस करता हूँ। मैं कितना भाग्यशाली हूँ!

कई वर्ष के बाद मुझे मेरिअन का एक पत्र प्राप्त हुआ—

'जब से कार्ल इस दुनिया से गए हैं, उसके बाद केवल एक सप्ताह पहले मेरे जीवन में कुछ महत्त्वपूर्ण हुआ है और अब मैं उसे आपके साथ साझा करना चाहती हूँ।

'कार्ल 'कैब्रिलो नेशनल मॉन्यूमेंट' से जुड़े हुए थे, जो अमेरिका का दूसरा सबसे अधिक लोकप्रिय राष्ट्रीय उद्यान था और संभवतः विश्व में सबसे अधिक लोकप्रिय था। सन् 1542 में कैब्रिलो सैन डिएगो खाड़ी के लिए रवाना हुए और उसके कुछ भाग को खोजा। उनकी मृत्यु हो गई और संभवतः लॉस एंजलिस के ऊपर स्थित किसी एक चैनल

आइलैंड में उन्हें दफनाया गया, लेकिन हमारे शहर के इतिहास के सर्वाधिक महत्त्वपूर्ण व्यक्ति यह पुर्तगाली-स्पेनवासी अन्वेषक थे।

दो वर्ष बाद कार्ल चले गए। मैंने क्षतिग्रस्त हो रही मूर्ति को प्रायोजित करने का निर्णय लिया, जिसका अपना ही रोचक इतिहास है, यहाँ तक कि अपहरण का भी। यह मूर्ति '40 के दशक के आरंभ से हमारे बंदरगाह में खड़ी थी। 28 फरवरी को उसे शानदार और खूबसूरत तरीके से समर्पित किया गया। मैं अखबारों की कुछ कतरनें यहाँ संलग्न कर रही हूँ; लेकिन अप्रैल 1985 से जब मैंने अपने निर्णय की घोषणा की, तब से और भी अधिक प्रचार हुआ है।

यद्यपि 'लॉस एंजलिस टाइम्स' में भी प्रचार हुआ है। लेकिन शहर के बाहर मैंने अभी तक किसी को भी नहीं बताया था, सिवाय अब आपके।

पुर्तगालियों ने 100 चालक दल के साथ अपना एक युद्धपोत भेजा, जो हमारे तट के प्रवेश द्वार पर 21 तोपों की सलामी के साथ पहुँचा। उन्होंने कैब्रिलो की पेटियाँ जहाज पर रखी थीं। मुझे कैप्टन के केबिन में बुलाया गया (मेरे शेल्टर आइलैंड में टहलने के कपड़ों में) और अगले ही दिन कैब्रिलो को सबसे खूबसूरत स्थान पर दक्षिणी कैलिफोर्निया की ओर देखते हुए लगा दिया गया था।

मैंने अपने शहर के लिए कुछ उपयोगी किया है। एक मित्र ने इस आशा के साथ एक नोट लिखा कि इन सारे समारोहों के दौरान संभवतः कार्ल बादलों में सबसे आगे की पंक्ति में थे। समारोह में लिस्बन, वाशिंगटन डी.सी, एनवायसी, सैन फ्रांसिस्को और सैक्रामेंटो से महत्त्वपूर्ण लोग आए थे।

एक दिन मुझे उनकी पुत्री मैरिएन का पत्र प्राप्त हुआ, जिसमें सूचना दी गई थी कि उनकी माँ अब इस दुनिया में नहीं रहीं। मैंने उनकी बेटी को बताया कि जब भी मैं अमेरिका का मानचित्र देखता हूँ, मैं सबसे सैन डिएगो को ही देखता हूँ। अब मेरे लिए सैन डिएगो खो गया है और अमेरिका में एकाकीपन है। उसने मुझे लिखा कि अब उसके पास मेरे लिए सिएटल के निकट एक घर था और मैं उसके साथ संपर्क में बना रहूँ। मैं दो बार उसके घर गया और उसके एवं उसके पति जेफ मार्टिन के साथ का आनंद लिया।

कुछ वर्ष बाद मुझे पता चला कि मेरिअन ने अपने दो घर बेच दिए थे और उस धन को मूर्ति के जीर्णोद्धार पर खर्च किया था और उस पर 'कार्ल' का नाम खुदवाया था। यदि मुझे इसके बारे में पता होता तो मैं उसे देखने जरूर जाता। उस प्रोजेक्ट पर अपने योगदान के इस भाग के विषय में मेरिअन ने मुझे पहले कभी नहीं बताया था।

मैं रॉइप्श परिवार के संपर्क में कैसे आया? सन् 1970 में भारत के कांडला पोर्ट के एक निदेशक ने मुझसे अपनी पत्नी की वेरीकोस वेंस की सर्जरी के विषय में परामर्श लिया था। उन्हें विश्वास ही नहीं हुआ, जब मैंने उन्हें बताया कि ऑपरेशन अनिवार्य

नहीं था। वह मेरे संपर्क में बने रहे और मुझे बताया कि यदि कभी मैं अमेरिका जाने की योजना बनाऊँ, तो उन्हें सूचित अवश्य करूँ; क्योंकि एक उत्कृष्ट दंपती कार्ल और मेरिअन रॉइप्श के साथ उनकी मित्रता थी।

□

बॉम्बे हॉस्पिटल में सर्जरी पर एक अंतरराष्ट्रीय सम्मेलन आयोजित हुआ, जहाँ मैंने पित्ताशय के ऑपरेशन का लाइव प्रदर्शन किया। मेरी मुलाकात डॉ. रूपर्ट इंद्र से हुई, जिन्होंने लेही क्लीनिक में अपने प्रशिक्षण और डॉ. रिचर्ड कैटेल के साथ अपने संबंध के विषय में बताया। उन्होंने उन्की बेटी से संपर्क किया और वह इतनी दयालु थीं कि मेरे लिए उनकी जीवनी भेजी।

मैंने उत्तर दिया—

अगस्त, 2001

'प्रिय श्रीमती वर्जीनिया डनमोर,

आपकी पुस्तक 'ऑन द कटिंग एज' प्राप्त करके मुझे बहुत प्रसन्नता हुई।

मैं पिछले तीस वर्षों से बंबई में प्रैक्टिस कर रहा हूँ और जब मैं मेडिकल का छात्र था, तभी मैंने आपके स्वर्गीय पिता डॉ. रिचर्ड बी. कैटेल के विषय में सुना था, जिन्होंने सर एंथनी ईडन का ऑपरेशन किया था। डॉ. केनेथ वारेन से अनेक अवसरों पर मिलने का मुझे मौका मिला। मैं आपके पिता के विषय में जानना चाहता था, जिनसे मैं कभी नहीं मिला था। सौभाग्य से मेरी मुलाकात डॉ. रूपर्ट इंद्र से हुई, जिन्होंने आपके पिता के साथ काम किया है।

मैं इतिहास-प्रेमी हूँ, क्योंकि उत्कृष्ट व्यक्तियों के योगदान को समझने से हमें उत्कृष्ट मार्ग पर चलने की प्रेरणा मिलती है। मैं सुदूर यात्रा करके विशिष्ट व्यक्तियों से मुलाकात करता हूँ और अपने जीवन को समृद्ध बनाने के लिए उनकी जीवनियाँ पढ़ता हूँ।

पुस्तक में कहा गया था कि यदि कैटेल एक सर्जन न बनते तो वह एक धर्माचार्य बनते।

मैंने मेयो भाइयों के विषय में भी एक पुस्तक पढ़ी थी और मेरा दूसरा सपना था मेयो क्लीनिक देखने जाना। वहाँ विभिन्न सुविधाओं को देखने में मैंने लगभग दस दिन व्यतीत किए। भारत वापस आने पर मैंने सर्जरी के प्रोफेसर को लिखा—'मैंने मेयो क्लीनिक के विषय में उस समय से सुना और पढ़ा था, जब मैं स्नातक का छात्र था। मैं वहाँ एक तीर्थयात्री की तरह गया। मैंने जो कुछ भी देखा, वह स्वप्न पूरा होने जैसा था।'

मेयो क्लीनिक के अपने अनुभव को मैं अपने परिवार, मित्रों और छात्रों के साथ साझा करता हूँ। यहाँ तक कि मैंने सर्जनों के एक सम्मेलन में अपनी यात्रा के विषय में एक भाषण भी दिया। एक व्यक्ति डॉ. मेयो ने उत्तर दिशा में स्थित एक छोटे से गाँव में एक संस्थान बनाने का विचार किया था। वह सौभाग्यशाली थे कि उनके दोनों पुत्रों ने बिना आर्थिक मामलों के बारे में विचार किए हुए बीमारों की उत्कृष्ट रूप से सेवा

करने के उनके सपने को साझा किया। उस क्लीनिक में रोगियों और डॉक्टरों की लाइन लग गई। उनकी यात्रा को सुविधाजनक बनाने के लिए वहाँ एक हवाई अड्डा बनाया गया। कोई भी संस्था वहाँ काम करनेवाले लोगों के कारण प्रसिद्ध होती है। अब उस अस्पताल में बड़ी मात्रा में होनेवाले शोध कार्यों के कारण क्लीनिक का नाम प्रसिद्ध है। मेयो क्लीनिक की कहानी मुझ जैसे अनेक को प्रेरित करती रहेगी।

सन् 1981 में मेरा मेयो क्लीनिक के प्रो. मॅकलराथ के साथ अच्छा संपर्क बन गया। अपने एक पत्र में मैंने लिखा था—'मेडिकल के छात्र के रूप में मैंने मेयो क्लीनिक के कामों के विषय में सुना था। मैं विलियम ओस्लर के लेखन और रेसिडेंट के प्रशिक्षण में विलियम हाल्सटेड के समर्पण से प्रभावित था। उनकी शिक्षाएँ इस धारणा के साथ पुष्ट थीं कि हमें समर्पण और उत्कृष्टता के साथ प्रशिक्षण और काम दोनों को करने में अपना सर्वोत्तम देना चाहिए। मैं सुनिश्चित नहीं कि बंबई में हमारे द्वारा किए जा रहे काम का विवरण मैंने आपके पास भेजा है या नहीं। अमेरिका में सर्जरी का जो काम मैंने देखा, उससे आपके देश का काम बिल्कुल ही अलग है। हमारे जैसे छोटी संरचना में किए जानेवाले काम आपके लिए सूचनाप्रद हो सकते हैं।

मैं अपने पोस्ट ग्रेजुएट छात्रों को मेयो क्लीनिक के भ्रमण के लिए भेजता रहता हूँ, क्योंकि मुझे लगता है कि उन्हें उत्कृष्ट केंद्रों के विषय में जानकारी रहे, जिससे उनके सामने जीवन में अनुसरण करने के लिए अच्छा प्रतिमान उपस्थित रहे। जब वे मेयो क्लीनिक जाते हैं तो उनके साथ आप जिस शिष्टाचार के साथ पेश आते हैं, उसके लिए मैं आपके प्रति आभारी हूँ।

जुलाई 1987 में उन्होंने लिखा—'मुझे यह सूचित करते हुए दुःख हो रहा है कि पिछले नवंबर मेरी पत्नी कॉनी का देहांत हो गया। वह आपको बहुत अधिक पसंद करती थीं और हम तीनों द्वारा साथ बिताए गए समय का उन्होंने बहुत आनंद लिया।'

मैंने उत्तर दिया—'आपकी पत्नी कॉनी के दुःखद निधन पर मुझे अत्यधिक खेद है। मैं पहली बार आप दोनों से 19 अक्तूबर, 1981 को मिला था। मुझे आज भी वह दिन याद है, क्योंकि उसे दिन मेरी बेटी का जन्मदिन था और बंबई में अपना कैरियर शुरू करने की मेरी बीसवीं वर्षगाँठ थी। हमारी बातचीत के दौरान मैंने देखा कि कॉनी अपने आँसुओं को रोक रही थीं। व्यक्तिगत संपर्क स्थापित करना मेरे स्वभाव में है। ईश्वर उनकी आत्मा को शांति प्रदान करे!

थोमप्सन रिट्याक्टर

सन् 1993 में मैं अमेरिकिन कॉलेज और सर्जन्स की सभा में भाग लेने के लिए सैन फ्रांसिस्को गया था। सर्जरी की दुनिया में वह सबसे बड़ा समारोह था। उस प्रदर्शनी में

मैंने एक रिट्रेक्टर खरीदा, जो काफी महँगा तो था, लेकिन मैंने महसूस किया कि अपने देश भारत में मेरे काम में यह अत्यधिक सहायक सिद्ध होगा। निर्माता से बातचीत करते समय मैंने उस रिट्रेक्टर के आविष्कार की एक अत्यधिक रोचक कहानी सुनी। सर्जन एक पित्ताशय का ऑपरेशन कर रहे थे और पित्ताशय को निकालते समय लीवर के स्थान से अचानक रक्तस्राव होने लगा। उस स्थान तक पहुँचा नहीं जा सकता था। उन्हें बार-बार ऊपर के लैंप को और ऑपरेशन टेबल के झुकाव को व्यवस्थित करना पड़ता। केवल दो घंटे के संघर्ष के बाद ही रक्तस्राव के सही स्थान को पहचाना जा सका था और रक्तस्राव को नियंत्रित किया जा सका।

टेबल के शीर्ष पर खड़े एनेस्थेटिस्ट को विचार आया कि एक रिट्रेक्टर से सर्जरी की टीम का काम आसान हो जाएगा और ऐसी घबराहट भरी परिस्थिति से बचाव हो सकेगा। उस व्यक्ति का नाम थॉम्पसन था। मैंने थॉम्पसन को एक पत्र लिखा और उन्होंने उत्तर भेजा—'मैंने सन् 1960 में रिट्रेक्टर का आविष्कार किया था। इसका विकास रोचक था। मैंने पेटेंट के अधिकार एक कंपनी को बेच दिए; लेकिन छह महीने बाद एक ऑटो दुर्घटना में उनके अध्यक्ष की मृत्यु हो गई। रिट्रेक्टर उस समय तक आलमारी में बंद रहा, जब तक कि सन् 1977 में मैंने उसे वापस ले लिया। इसकी रचना में सुधार करने के लिए और पूरे विश्व में उसकी मार्केटिंग करने के लिए मैंने इस पर कुछ वर्षों तक काम किया। मैंने वह काम एक गैराज में किया और उसे छब्बीस देशों में और अमेरिका में बेचा; लेकिन उसके एपरेट्स में कुछ कमियाँ थीं। मैंने उसे डैन फार्ली को बेचा। उन्होंने इसे त्रुटिहीन किया और अब उन्होंने इसकी विश्वसनीयता की गारंटी ली है। मुझे उन पर अभिमान है।

डॉ. रिचर्ड सी. थॉम्पसन
सैन मैटियो
19 अक्तूबर,1993

'अमेरिकन कॉलेज ऑफ सर्जन्स' के एक अन्य वार्षिक सम्मेलन में मैं शिकागो में था। कभी शिकागो बेवकूफी का अड्डा हुआ करता था और यह अपनी स्थापत्य कला के लिए भी मशहूर है। सितंबर 1893 में विश्व धर्म सम्मेलन में स्वामी विवेकानंद के उत्साहवर्द्धक भाषण के कारण शिकागो के साथ भारतीय खुद को संबद्ध करते हैं।

मुझे अभिमान है कि मैं उस धर्म का अनुयायी हूँ, जिसने विश्व को सहिष्णुता और सार्वभौमिक स्वीकार्यता दोनों के पाठ सिखाए हैं। हम न केवल सार्वभौमिक सहिष्णुता पर विश्वास रखते हैं, बल्कि सभी धर्मों को सत्य मानकर स्वीकार करते हैं। मुझे अभिमान है कि मैं एक ऐसे देश का वासी हूँ, जिसने इस पृथ्वी के समस्त धर्मों और देशों के

उत्पीड़ितों व शरणार्थियों को आश्रय दिया है। मुझे आपको यह बताते हुए शानदार अनुभव हो रहा है कि हमने अपने वक्ष में उन यहूदियों के विशुद्धतम अवशिष्ट को स्थान दिया था, जिन्होंने दक्षिण भारत आकर उसी वर्ष शरण ली थी जिस वर्ष उनके पवित्र मंदिर को रोमन जाति के अत्याचार से धूल में मिला दिया गया था। ऐसे धर्म का अनुयायी होने में मैं अभिमान का अनुभव करता हूँ, जिसने महान् जरथुष्ट्र जाति के अवशिष्ट अंश को शरण दी और जिसका पालन वह अब तक कर रहा है। भाइयो, मैं आप लोगों को एक स्तोत्र की कुछ पंक्तियाँ सुनाता हूँ, जिसकी आवृत्ति मुझे याद है कि मैं बचपन से कर रहा हूँ और जिसकी आवृत्ति प्रतिदिन लाखों लोग किया करते हैं—

॥रुचीनां वैचित्र्यादृजुकुटिलनानापथजुषाम्।
नृणामेको गम्यस्त्वमसि पयसामर्णव इव॥

अर्थात्—जिस प्रकार विभिन्न नदियाँ भिन्न-भिन्न स्त्रोतों से निकलकर समुद्र में मिल जाती हैं, उसी प्रकार हे प्रभो! भिन्न-भिन्न रुचि के अनुसार विभिन्न टेढ़े-मेढ़े या सीधे रास्ते से जानेवाले लोग अंत में तुझमें ही आकर मिल जाते हैं।

मैं मिशिगन एवेन्यू के निकट ही ठहरा हुआ था, जहाँ उन्होंने अपना भाषण दिया था। उनका विश्वास था कि मानवमात्र के कल्याण के लिए पूर्व और पश्चिम को साथ आना चाहिए। पश्चिम में विवेकानंद का संदेश था कि भारत के पास एक चिरस्थायी और लोकोपकारवादी दार्शनिक विरासत की संपदा है, जो मानवमात्र को न केवल एक-दूसरे के साथ बल्कि उनके वातावरण के साथ संपर्क में बनाए रखने के लिए अत्यधिक महत्त्वपूर्ण है।

शिकागो विश्वविद्यालय ने स्वामी विवेकानंद की स्मृति में एक आसन स्थापित किया है। जब मैं युवा था, वातावरण देश प्रेम की भावना से ओत-प्रोत था और हम सभी भारत के अतीत से प्रभावित थे; स्वामी विवेकानंद हमारे हीरो थे।

□

मैं सर्जरी के काम देखने के लिए तीन बार जापान गया। मैंने टोक्यो विश्वविद्यालय के प्रोफेसर नरेश मंत्री का ऑपरेशन किया था और उनके माध्यम से मुझे टोक्यो में सामाजिक व शैक्षणिक दोनों ही क्षेत्रों के कुछ प्रमुख विद्वानों से मिलने का अवसर मिला। मुझे जापान के विषय में एक बहुत महत्त्वपूर्ण तथ्य ज्ञात हुआ। देश अनेक वर्षों तक अलग पड़ा था। एक समय ऐसा आया, जब उन्होंने महसूस किया कि अब अलग रहना संभव नहीं था। वे विश्व में उपलब्ध सर्वोत्तम को आत्मसात् करना चाहते थे। उन्होंने अपने वकीलों को अमेरिका और इंग्लैंड में भेजा; साहित्य, कला और संगीत के अपने छात्रों को फ्रांस भेजा इंजीनियरिंग के छात्रों को जर्मनी भेजा। उन्होंने जापान में 100 प्रतिशत साक्षरता की योजना बनाई और उनकी चर्चा का प्रमुख विषय था कि

उन्हें अंग्रेजी पढ़ाई जाए या जापानी भाषा। अंत में, उन्होंने निर्णय लिया कि किसी बच्चे को शिक्षित बनाने के लिए मातृभाषा का उपयोग सर्वोत्तम तरीका होता है, जिससे बच्चे रचनात्मक और समझ में परिपक्व बन सकें। मुझे खुशी हुई, क्योंकि बच्चों को शिक्षित कराने में मातृभाषा के महत्त्व के विषय में मेरे भी ऐसे ही विचार हैं।

1980 के दशक में किसी समय लंदन में एक महिला के साथ मेरी चर्चा हो रही थी। वह प्रवासी छात्रों को भाषा की शिक्षा देने के क्षेत्र में निपुण थीं। उन्होंने मुझसे कहा, ''कृपया अपने देशवासियों से कहिए कि वे अपनी मातृभाषा की अवहेलना न करें। बच्चे का आरंभिक विकास उनकी मातृभाषा के साथ होना चाहिए, क्योंकि यही रचनात्मक विचारों का समृद्ध स्रोत होती है। वे अनेक भाषाओं को तेजी से सीख लेते हैं; लेकिन विधा और प्रज्ञता मातृभाषा के माध्यम से आनी चाहिए।''

एक बार मैंने दिल्ली के एक रोगी का ऑपरेशन किया था। पाँच वर्ष की बच्ची चार भाषाएँ बोल सकती थी। उसने अपनी माँ से मराठी सीखी, पिता से अंग्रेजी, दादाजी से संस्कृत और नौकरानी से हिंदी। शब्दों का अनुवाद नहीं होना चाहिए। जिस समय मेरा बेटा लगभग सात वर्ष का था, उसने मुझसे पूछा, ''टेलीफोन का अंग्रेजी शब्द क्या है?''

□

टोक्यो में मेरी मुलाकात एक कैंसर सर्जन डॉ. ताकाशी ताकाहाशी से हुई और बाद में बंबई आने पर वह मेरे साथ ठहरे।

उन्होंने मेरे छोटे से अस्पताल में जो काम देखा, उससे वह बहुत प्रभावित हुए और बोले, ''हम इसे त्रुटि-रहित तकनीक कहते हैं। अगली बार जब मैं आऊँगा तो आपके लिए एक उपहार लाना चाहता हूँ, जिससे आपका काम अत्यधिक सुविधाजनक हो जाएगा।''

उन्होंने मुझे एक सेल्फ-रिटेनिंग रिट्रेक्टर दिया, जो दाहिनी तटीय चाप से जुड़ा हुआ था और एक तार से जुड़ा था, जो ऑपरेशन टेबल पर स्थित स्टैंड पर जाता है। यह बहुत बड़ी सहायता थी, क्योंकि अब इस बात की आवश्यकता नहीं थी कि मेरा सहयोगी मेरे बाईं ओर खड़ा रहकर रिट्रेक्टर को पकड़े रहा। तीन दशक पहले यह नई चीज थी और दूरंदेशी में कितना आसान लगता था।

□

मैं पिरामिड और नाइल में समुद्री यात्रा के लिए इजिप्ट गया। जब इजिप्ट में राजा और रानी की मृत्यु होती थी तो उन्हें ममी बनाकर रखा जाता था और उनके खजाने, भोजन, फल एवं मृत्यूपरांत जीवन में जिन सारी चीजों की आवश्यकता उन्हें हो सकती थी, उन सभी के साथ उन्हें दफनाया जाता था। माना जाता था कि जब वे दोबारा जन्म लेंगे तो उन सभी वस्तुओं का उपयोग कर सकेंगे। ये सारे मकबरे नाइल के पश्चिमी तट

पर स्थित थे, क्योंकि सूर्यास्त पश्चिम में होता है। और हिंद महासागर को पार करते ही भारतीयों का विश्वास है कि यद्यपि हमारे शरीर नष्ट हो जाते हैं, हमारी आत्मा अमर है। मृत्यु के ठीक बाद शरीर को जला दिया जाता था और भस्म को पवित्र नदियों में प्रवाहित कर दिया जाता था। एक संस्कृति से दूसरी संस्कृति में मृत्यु की अवधारणा अलग-अलग है।

❑

अध्याय 17

मुझमें मौजूद शिक्षक

मेरे जीवन में मेरे पास ऐसा कोई भी शिक्षक नहीं था, जो मेरा मार्गदर्शन करता, मुझे प्रेरित करता। संभवत: यही कारण था कि शिक्षण कार्य मेरा शौक बन गया। जब मुझे एक शिक्षण अस्पताल के साथ जोड़ा गया तो मुझे स्नातक के छात्रों की क्लीनिक लेने का और पोस्ट ग्रेजुएट छात्रों को प्रशिक्षित करने का बहुत ही अच्छा अवसर प्राप्त हुआ। मेरे साथ 300 से अधिक रेसिडेंट ने काम किया और अनेक सर्जन पर्यवेक्षक के रूप में आए। उनका साथ मेरे लिए बहुमूल्य संपदा है।

मैं जब भी विदेश जाता हूँ, अपने छात्रों के साथ संपर्क करता हूँ। एक बार लंदन यात्रा के दौरान डॉ. कृष्णा पाटिल अपनी मर्सिडीज बेंज कार में मेरे साथ क्रॉयडन से सरी अपने घर जा रहे थे। मैं उनकी उल्लेखनीय यात्रा के विषय में सोच रहा था, जिसमें वह भारत के एक गाँव से निकलकर रॉयल सरी काउंटी अस्पताल, गिल्फोर्ड, सरी, इंग्लैंड में रोबोटिक और लैपरोस्कोपिक यूरोलॉजिकल सर्जन बने।

वह कोल्हापुर के निकट स्थित एक छोटे से गाँव बस्तावाडे में एक किसान के परिवार से थे। वह मेडिकल की शिक्षा नहीं ले सके, इसलिए उन्होंने आयुर्वेदिक ओषधि में एक डिग्री ली, जिसे बी.ए.एम.एस. (बैचलर ऑफ आयुर्वेदिक मेडिसिन एंड सर्जरी) कहते हैं। उस समय उन युवा छात्रों के लिए यह सुविधा थी कि वे एक संघनित कोर्स करें और एलोपैथिक डॉक्टर बन जाएँ। उन्होंने एम.बी.बी.एस. के बाद सर्जन बनने का निर्णय लिया, सन् 1978 में मेरे साथ काम किया और जनरल सर्जरी में एम.एस. अर्जित किया। बाद में उन्होंने विशेष योग्यता प्राप्त करने का निर्णय लिया और प्रो. अजित फड़के के अंतर्गत यूरोलॉजी में एम.सी.एच. (मास्टर किरुर्जिआ) किया। उन्होंने उसी अस्पताल में कार्यरत एक महिला डॉक्टर से विवाह किया और सऊदी अरब चले गए। सऊदी अरब में काम करते हुए उन्होंने छुट्टी ली और इंग्लैंड चले गए, जहाँ अंतत: दंपती कंसल्टेंट सर्जन के रूप में बस गए। उन्हें रोबोटिक सर्जरी में विशेष रुचि थी और उनकी पत्नी बाल चिकित्सक बन गईं।

परिवार सरी में एक घर में रहता है, जहाँ उन्होंने साधारण जीवन-शैली अपनाई है। दंपती और उनके बच्चे चैरिटी के लिए धन एकत्रित करने के लिए न्यूयॉर्क मैराथन में दौड़े। अपने चार अंग्रेज मित्रों के साथ उनके बेटे ने एक पुरानी एंबुलेंस खरीदी, उसकी मरम्मत की और मंगोलिया में उपहार-स्वरूप देने से पहले उसे सोलह देशों में ले गए। उन्होंने चैरिटी के लिए 10,000 पाउंड भी एकत्रित किए। डॉ. पाटिल ने गरीबों और जरूरतमंदों को स्वास्थ्य संबंधी सेवाएँ देने के लिए पूर्वी अफ्रीका का भ्रमण किया। वह महाराष्ट्र राज्य में चिपलूण के निकट स्थित डेरवण में आते रहते हैं, जहाँ वह वालावाकर ट्रस्ट अस्पताल में गरीबों के लिए यूरोलॉजी की प्रक्रियाएँ करते हैं।

सोलापुर में हमारे राज्य की एक कॉन्फ्रेंस में उन्होंने डॉ. द्वारकानाथ कोटनीस की याद में एक अतिथि के रूप में भाषण दिया। उन्होंने भाषण शुरू करने से पहले कहा, ''मैं खुद को खुशनसीब समझता हूँ कि मैंने स्वर्गीय डॉ. फड़के और डॉ. श्रीखंडे से नैतिक मार्ग पर चलने, उपेक्षितों का खयाल रखने के लिए और उत्कृष्टता की चेतना के लिए प्रेरणा प्राप्त की।''

पाटिल सामाजिक प्रगति का एक उदाहरण प्रस्तुत करते हैं, जो भारत के हर क्षेत्र में देखा जा रहा है।

(सोलापुर के डॉ. कोटनीस उन पाँच चिकित्सकों में से एक थे, जिन्हें सन् 1938 में चीन-जापान युद्ध के दौरान चिकित्सकीय सेवाएँ प्रदान करने के लिए चीन भेजा गया था। उन्होंने एक चीनी लड़की से शादी कर ली। उनकी मृत्यु चीन में हुई और उन्हें भारत-चीन मैत्री का एक प्रतीक माना जाता है। सन् 1950 से चीन के नेताओं ने आधिकारिक रूप से भारत-भ्रमण पर आने पर कोटनीस परिवार से मुलाकात करने की परंपरा बना रखी है।)

> 'जीवन की वास्तविक सफलता यह नहीं जिसे हम प्राप्त करते हैं,
> बल्कि इसमें है कि अपने संपर्क में आनेवाले लोगों को गढ़ने, प्रेरित करने
> और नैतिकता की ओर प्रवृत्त करने में हमने कितना समय दिया। यह नहीं
> कि हमने कितनी प्रतिष्ठा प्राप्त की, बल्कि विकास की राह पर हमने
> दूसरों की कितनी सहायता की। जीवन की सबसे बड़ी खुशी है एक विरासत को
> छोड़ जाना।'

एक जर्मन डॉक्टर ने लिखा था—'मैंने बीमारों की सेवा करने के लिए मेडिसिन के क्षेत्र में प्रवेश किया। मेरे देश में उच्च स्तर की शिक्षा उपलब्ध थी, लेकिन मुझे कुछ अभाव लग रहा था। आप में मुझे वह शिक्षक मिला, जिसकी मुझे तलाश थी। विज्ञान और मानवीय स्पर्श एक चमत्कारी संयोजन है।'

भारत के पूर्वी तट पर स्थित विशाखापट्टनम के एक मेडिकल कॉलेज के सर्जरी

विभाग में मुझे एक तीन दिवसीय कार्यशाला आयोजित करने के लिए आमंत्रित किया गया। सर्जरी के विभागाध्यक्ष ने लिखा—'यह केवल मेरे लिए ही नहीं, बल्कि पूरे सर्जरी विभाग में हम सभी के लिए और मेडिकल कॉलेज के सभी छात्रों के लिए अत्यधिक अविस्मरणीय आयोजन रहा। हमारी सभाओं में अकसर ही आपका जिक्र होता है। आपके लेक्चर और सर्जरी के प्रदर्शन से सभी लोग मंत्रमुग्ध थे।

'व्यावसायिक निपुणता के साथ ही प्रोफेसर और छात्रों के बीच संबंध पर भी एक गहन चर्चा हुई और आपके प्रशिक्षणार्थियों के प्रति आपकी सहृदयता और प्रवृत्ति ने हम सभी के दिलों को मोह लिया। मैंने यह भी बताया कि आपके रोगियों के प्रति आपका व्यवहार जैसा आजकल देखने को मिलता है, उसके विपरीत एक व्यापारिक संबंध से कहीं अधिक है। मैंने उन्हें बताया कि आप ऑपरेशन थिएटर को अपना मंदिर और रोगी को ईश्वर के रूप में देखते हैं।

'आपके लेक्चरों पर यहाँ छात्रों के बीच चर्चाएँ होती हैं। छात्रों के बीच आपके इस संदेश की अत्यधिक सराहना हुई कि एक सर्जन के लिए आवश्यक है कि वह अपने रोगी का विश्वास जीतने के लिए एक दक्ष कारीगर के दायरे से बाहर निकले और उसकी पीड़ा को समझे। उन्होंने मुझे बताया कि आपने उन्हें जीवन-पर्यंत के लिए प्रभावित कर लिया है।

—डॉ. डी. सुभाष चंद्रा

10 मई, 1988'

मेडिकल के एक छात्र ने लिखा—'मैं कस्तूरबा मेडिकल कॉलेज, मणिपाल, कर्नाटक में जनरल सर्जरी का एक पोस्ट ग्रेजुएट छात्र हूँ। सर, सौभाग्य से मुझे आपका लेख 'टेकनीक ऑफ गॉल ब्लेडर सर्जरी' पढ़ने का अवसर मिला और इससे मैं अत्यधिक प्रभावित हुआ—सैद्धांतिक रूप से भी और व्यावहारिक रूप से भी। आपकी तकनीकों का अनुसरण करके हम कुछ कठिन परिस्थितियों से बाहर आ गए हैं। आपके रेसिडेंट कितने भाग्यशाली होंगे, जिन्हें आपका काम देखने का अवसर मिलता होगा।

'मैं एक कॉन्फ्रेंस के लिए बेलगाम गया था, जहाँ मेरा बचपन बीता था, जहाँ भारत में गैस्ट्रो-इंटेस्टाइनल (जठरांत्र संबंधी) सर्जरी के विकास में मेरे योगदान के लिए मुझे सम्मानित किया गया। मुझे यह जानकर आश्चर्य हुआ कि मेरे एक छोटे से कार्य ने एक उत्प्रेरक के रूप में काम किया था और परिणामस्वरूप एक उत्कृष्ट कैरियर को रूप दिया था। भारत में हृदय के श्रेष्ठ सर्जन डॉ. महादेव दीक्षित ने चिकित्सा विश्वविद्यालय के शिक्षकों को उस संबंध के विषय में बताया, जिसे मैं भूल गया था और उन्होंने कहा, ''वर्ष 1980 में जब मुझे जनरल सर्जरी के अंतिम एम.बी.बी.एस. की परीक्षा में शामिल होना था, तभी मेरी मुलाकात मेरे बाहरी परीक्षक के रूप में डॉ. वि.ना. श्रीखंडे से हुई।

उस समय तक मैं एक स्थानीय लड़का था, जो एक छोटे से कस्बे बेलगाम में पला-बढ़ा था। हमें बताया गया था कि परीक्षक अत्यधिक सख्त हैं और यदि हमने अच्छा प्रदर्शन नहीं किया तो हम उत्तीर्ण नहीं होंगे। मेरा कलेजा मुँह को आ रहा था और मैंने परीक्षा हॉल में प्रवेश किया। मुझे एक लंबा और तीन छोटे केस दिए गए थे। डॉ. श्रीखंडे और दिल्ली के एक अन्य परीक्षक ने मेरी परीक्षा ली। वे व्यावसायिक परीक्षक थे, क्योंकि उन्होंने मुझे निश्चिंत किया और बेसिक से शुरू करके हाल ही के एडवांस स्तर तक के प्रश्न पूछने शुरू किए। जब मुझे निश्चिंतता की अनुभूति हुई तो मैं उनके प्रश्नों के उत्तर देने में भी सक्षम हो गया। वे प्रभावित हुए। नमूने और उपकरणों से संबंधित दोपहर के स्तर में उन्होंने फिर से मेरी परीक्षा ली। इस बार भी मैंने अच्छा प्रदर्शन किया। डॉ. वि.ना. श्रीखंडे मेरे प्रदर्शन से इतने अधिक प्रभावित थे कि उन्होंने मुझसे कहा कि जैसे ही मेरी इंटर्नशिप पूरी हो जाए, मैं बंबई में उनसे मिलूँ और यह कि वह सर्जन बनने में मेरी सहायता करेंगे।

'इसी समय मैंने निर्णय लिया कि मैं सर्जन बनूँगा और बंबई जाकर उनके मार्गदर्शन में सर्जरी के क्षेत्र में अपना कैरियर शुरू करूँगा। और मैंने ठीक वैसा ही किया। उससे पहले तक मैंने कभी विचार नहीं किया था कि मैं एम.बी.बी.एस. के बाद क्या करूँगा।

'वास्तव में जी.टी. अस्पताल, बंबई में जनरल सर्जरी में उन्होंने मेरे लिए एक हाउस जॉब की व्यवस्था की, जहाँ मैंने तीन-चार महीने काम किया। वह एक उत्कृष्ट सर्जन थे और व्यवहार में नैतिक एवं सहृदय व्यक्ति थे।

'सौभाग्य से मुझे एक सर्जन का पद मिला और मैंने जनरल सर्जरी में एम.एस. किया। बाद में मेरा प्रशिक्षण डॉ. नेमिश शाह के अंतर्गत हुआ, जो बॉम्बे हॉस्पिटल में शीर्षस्थ हृदय संबंधी सर्जन थे। मैंने एम.सी.एच. किया और फिर उन्होंने मेरे लिए इंग्लैंड में मेरे प्रशिक्षण की व्यवस्था की। मैं भारत वापस आया और सात वर्ष तक बी.एम. बिरला हार्ट रिसर्च सेंटर, कलकत्ता में डॉ. देवी शेट्टी के साथ काम किया, जिसके बाद मैं अपने मूल निवास बेलगाम में हृदय संबंधी सर्जरी के कार्यक्रम आरंभ करने के लिए वापस लौट आया।

'यदि मैं उनसे न मिला होता तो मुझे नहीं पता कि मैंने क्या किया होता। पहले तो मैं बंबई ही नहीं गया होता और दूसरे, संभव है कि मैं एक सर्जन नहीं बना होता। मैं खुद को भाग्यशाली समझता हूँ कि मेरी मुलाकात डॉ. वि.ना. श्रीखंडे से हुई, जिनका मुझ पर स्थायी प्रभाव पड़ा और जिसने मेरा भाग्य बदल दिया।

'डॉ. श्रीखंडे' आपके सारे मार्गदर्शन और सहायता के लिए आपको कोटि-कोटि धन्यवाद और आप हमें प्रेरित करते रहें, क्योंकि आप उस दुनिया के प्रकाश-स्तंभ हैं, जो अंधकारमय होता जा रहा है। हम सभी आपके लिए सुख, अच्छे स्वास्थ्य और ऊर्जा की कामना करते हैं, ताकि आप नई पीढ़ी का मार्गदर्शन करते रहें। ईश्वर की

कृपा आप पर बनी रहे।'

(हृदय की सर्जरी का विभाग अत्यधिक विस्तृत हो गया है और वर्तमान में प्रति माह इस क्षेत्र में में 140–160 प्रक्रियाएँ हो रही हैं। इस विभाग ने 20,000 से अधिक ओपन हार्ट सर्जरी पूरी की हैं, जिनमें बाईपास सर्जरी, वॉल्व सर्जरी और जन्मजात दोष की सर्जरी शामिल हैं। के.एल.ई. सोसाइटी में स्थित हृदय संस्थान पूरे भारत में विख्यात है। अपने एम.सी.एच. (सी.वी.टी.एस.) प्रोग्राम में अनेक सर्जनों ने पूरे देश में अपने सेंटर शुरू किए हैं।)

मैंने केवल एक भूमिका अदा की थी कि एक अच्छे छात्र की उसकी परीक्षा के दौरान प्रशंसा की थी, उसी तरह जैसे प्रो. चार्ल्स रॉब ने मेरे प्रदर्शन की प्रशंसा की थी, जब मई 1959 में लंदन में मैंने फेलोशिप की परीक्षा दी थी और मुझे सुझाव दिया था कि यदि मुझे किसी प्रकार की सहायता की आवश्यकता हो तो मैं उनसे संपर्क करूँ। यदि मैं उनके साथ काम करने चला गया होता तो मेरे समक्ष अलग तरह के अवसर आते; लेकिन मैं भारत वापस आकर अपने समाज की सेवा करने के लिए कृत-संकल्प था। जो कुछ भी डॉ. रॉब ने इंग्लैंड में मेरे लिए किया था, मैंने सन् 1980 में बेलगाम में डॉ. महादेव दीक्षित के लिए किया।

'किसी व्यक्ति का भाग्य बदलने के लिए
किसी बड़ी घटना के घटित होने की कोई आवश्यकता नहीं है।'

एक सर्जन ने लिखा था—'पच्चीस वर्ष पहले इसी तारीख को आपने मेरे क्लीनिक का उद्घाटन किया था और मैं अपने मन में भरी हुई स्मृतियों को साझा करना चाहता हूँ।

सन् 1971 में परभणी में पैंक्रियाटायटिस के दौरे के बाद मैंने अपने पिताजी को खो दिया। मेरे पिताजी की उम्र बयालीस वर्ष थी और मैं ग्यारह वर्ष का था। मैंने उस समय डॉक्टर बनने का निर्णय लिया और विशेष रूप से पेट का सर्जन। परिवार को बहुत अधिक आर्थिक कठिनाई का सामना करना पड़ा; लेकिन उससे हमें बहुत शिक्षा मिली। मुझे सन् 1986 में अपना एम.एस. मिला। कॉलेज में हर किसी ने पेट की सर्जरी में आपके काम के विषय में सुना था।

मैं भाग्यशाली था कि मुझे बॉम्बे हॉस्पिटल में आपके रेसिडेंट के रूप में काम करने का मौका मिला। हम आपके विश्लेषणात्मक मस्तिष्क, क्लीनिकल पद्धति, सर्जरी संबंधी उत्कृष्टता और मानवीय स्पर्श से प्रभावित थे। मैं आपके द्वारा प्रदर्शित नैतिक मार्ग पर चल रहा हूँ और अब मुझे मराठवाड़ा के 'डॉ. श्रीखंडे' उपनाम से पुकारा जाता है। 'परभणी रत्न पुरस्कार' का मैं पहला विजेता था। इसे मैं स्वर्णिम स्पर्श का नाम दूँगा।

—कृष्णा कल्लेशवरकर

5 अप्रैल, 2013'

(पैंक्रियाज एक नरम ग्रंथि होती है, जो पेट के ऊपरी भाग में काफी गहराई में स्थित होती है। यह पाचक रस का उत्पादन करती है, जो पतली नलिकाओं द्वारा एकत्र हो जाता है, जो प्रमुख नली में मिलता है और डुओडेनम में जाकर खुलता है, जो जठर के बगल में स्थित छोटी आँत का एक भाग है। यदि पित्ताशय की पथरी के कारण या अत्यधिक एल्कोहल लेने के कारण यह नली अवरोधित हो जाती है तो ये अवरोधित ग्रंथियाँ तनावग्रस्त व जलन-युक्त हो जाती हैं और यहाँ तक कि फट जाती हैं और फिर पाचक रस रोगी के आंतरिक अंगों को पचाने लगते हैं। गंभीर स्थितियों में सर्वोत्तम प्रयासों के बावजूद 20 प्रतिशत रोगियों की इससे मृत्यु हो जाती है।)

□

श्रीखंडे क्लीनिक में एक पर्यवेक्षक, एक वरिष्ठ सर्जन ने नवंबर 1987 में विजिटर्स बुक में लिखा—'प्रो. श्रीखंडे से मिलना मेरे व्यावसायिक कैरियर के लिए एक महत्त्वपूर्ण घटना रही है और साथ ही परिवर्तन का बिंदु बनी है। मैं स्वीकार करता हूँ कि संभवत: मैं सही राह पर नहीं था। उनका जीवन-दर्शन और शिक्षा मेरे व्यावसायिक कैरियर में हमेशा एक प्रेरणा-स्रोत बनी रहेंगी।

कुछ वर्ष पश्चात् जब मैं एक लेक्चर के लिए इन सर्जन के शहर में गया हुआ था तो मैं उनके घर गया। उनकी पत्नी ने आँखों में आँसू भरकर मेरा चरण-स्पर्श किया और बोलीं कि मेरे कारण उनके परिवार में खुशियाँ आई हैं। उनके पति अब पैसे के पीछे नहीं भागते थे, बल्कि गरीबों की सहायता करने का आनंद लेते थे।

अनेक लोगों का मानना है कि बचपन में पड़े संस्कार जीवन भर साथ बने रहते हैं। यह सच नहीं है। मनुष्य में प्रत्युत्तर देने की क्षमता होती है, जबकि पशुओं को प्रतिक्रिया देने के लिए तैयार किया गया है। एक एल्सेशन आज भी उसी प्रकार से प्रतिक्रिया करता है, जैसा वह हजारों वर्ष पहले करता था। हाल ही में मैंने पढ़ा कि एम.आर.आई. के अध्ययन से पता चला है कि विचारों से मस्तिष्क की संरचना में भी परिवर्तन आ सकता है। मैं नहीं जानता कि यह सच है या नहीं।

पर्यवेक्षक के रूप में आए एक युवा सर्जन ने लिखा—'मेरे एक रिश्तेदार एक प्रतिष्ठित सर्जन हैं, जिनका 100 बेडवाला एक अस्पताल है। जिस दिन मैं अस्पताल में पहुँचु मुझे नियुक्ति मिल जाएगी। मैं कुछ सप्ताह के लिए आपका काम देखने आया और सीखा कि एक सर्जन नैतिक मूल्यों पर समझौता किए बिना उत्कृष्टता के शिखर पर पहुँच सकता है। मैंने अपने पिताजी से कह दिया है कि मैं अपने रिश्तेदार के अस्पताल में नियुक्ति नहीं लूँगा। मैं आपके पद-चिह्नों पर चलना चाहूँगा।'

एक रेसिडेंट ने लिखा—

'आदरणीय सर,

आपको पत्र लिखने का साहस करने के लिए कृपया मुझे क्षमा कीजिए। लेकिन मैं आपको लिखने से नहीं रोक सका, क्योंकि आज मेरे लिए एक अलग दिन है। कल से मैं स्वयं अपनी इच्छा से भाग्य के पराधीन सड़कों पर चलूँगा। जैसे एक बच्चा जानता है कि वह गिर सकता है, फिर भी वह चलता है, वैसे ही मैं भी आगे बढ़ना जारी रखूँगा, चाहे इसका परिणाम जो भी हो। हालाँकि यह तो पूर्व विदित ही था कि एक दिन मुझे किसी संस्था की सुरक्षात्मक दीवारों और मेरे शिक्षकों और मार्गदर्शकों की देखभाल से बाहर निकलना पड़ेगा; लेकिन आगे आनेवाली अनजान परिस्थितियों का भय बना हुआ था। लेकिन अब मेरा मस्तिष्क कम-से-कम कुछ हद तक हालात का सामना करने के लिए तैयार हो गया है।

'यह परिवर्तन आपके साथ काम करने और आपको जानने के बाद आया है। मैंने सीखा कि हर समय सबकुछ निर्बाध रूप से चलने की अपेक्षा नहीं करनी चाहिए, बल्कि गलती के लिए तैयार रहना चाहिए। और भी महत्त्वपूर्ण यह है कि मैंने सीखा कि जीवन का रहस्य इस दृढ़ निश्चय के साथ प्रयास करते रहने में है कि अंतिम परिणाम हमेशा सकारात्मक रूप से अच्छा ही होगा।

'अंत में, मैं आपसे कहना चाहूँगा कि सर, जब मैं अपने कैरियर में आगे बढ़ूँगा तो यदि मैं बहुत अच्छा करूँगा तो मैं आपको याद करूँगा, और यदि मैं अच्छा नहीं भी कर पाया तो भी मैं आपको याद करूँगा, क्योंकि आप संघर्ष और उपलब्धि दोनों के प्रतीक हैं। आप एक ऐसे शीर्षस्थ उदाहरण हैं, जो स्वयं अपनी शक्ति से सफलता के शिखर पर पहुँचे हैं।'

इससे अधिक संतुष्टि एक सर्जन के जीवन में और क्या हो सकती है? मार्ग चक्करदार और असाधारण रहा है और अनेक को लगता है कि यह काम नहीं करता।

जिस नैतिक मार्ग पर एक सर्जन से चलने की अपेक्षा की जाती है और जिसका मैंने अनुसरण किया है, वह मेरे लिए इतना अधिक सफल सिद्ध हुआ है कि मैं चाहता हूँ कि और भी अनेक लोग जीवन के इन परिपूर्णता के पलों का अनुभव करें।

मेरे द्वारा प्रशिक्षित सभी छात्रों ने हमारे कुलीन व्यवसाय की परंपरा को कायम नहीं रखा है। सृष्टि में बरबादी का एक नियम होता है; अनेक में से एक बीज, अनेक तसवीरों में से एक, अनेक कविताओं में से कोई एक अच्छा परिणाम देती है। मुझे खुशी है कि कुछ बहुत ही उत्कृष्ट काम कर रहे हैं और हमारे व्यवसाय की प्रतिष्ठा बढ़ा रहे हैं। जो छात्र आज अत्यधिक साधारण नजर आता है, वही कल एक अनुकरणीय व्यक्ति बन सकता है।

'एसोसिएशन ऑफ मेडिकल कंसल्टेंट्स' की वार्षिक कॉन्फ्रेंस में मैं अतिथि वक्ता था। मुझे 'सफलता वरदान है या अभिशाप' विषय पर बोलना था। मैंने अपनी बात इस स्लाइड के साथ पूरी की—

सफलता के स्तंभ

महत्त्व किसका होगा?

इसका नहीं कि आपने क्या खरीदा, बल्कि आपने क्या बनाया।

इसका नहीं कि आपने क्या हासिल किया, बल्कि आपने क्या दिया।

आपकी सफलता नहीं, बल्कि आपका योगदान

यह नहीं कि आपने क्या सीखा, बल्कि आपने क्या सिखाया।

महत्त्व इस बात का होगा कि

ईमानदारी, करुणा या बलिदान की प्रत्येक गतिविधि,

जिससे दूसरों को समृद्ध, सशक्त या प्रोत्साहित किया जा सके

कि वे आपके उदाहरण का अनुसरण करें।

मैं भाग्यशाली हूँ कि मैं इतने सारे सर्जनों को प्रशिक्षित कर सका। काम जारी रहना चाहिए।

❑

अध्याय 18

रोग अजनबियों को मेरे जीवन में लाए

केशवराव दाते

मेरे मरीज बंबई के मेयर डॉ. हेमचंद्र गुप्ते ने श्री केशवराव दाते को परामर्श के लिए मेरे पास भेजा, जो अतीत में एक मशहूर अभिनेता थे। जब उन्होंने मेरे कमरे में प्रवेश किया तो मैंने उनसे कहा कि मैं कितना भाग्यशाली हूँ कि इतने मशहूर व्यक्ति से मिल रहा हूँ, जिनकी फिल्में मैं कॉलेज के एक छात्र के रूप में 20 वर्ष पहले देखा करता था। वह सर्जरी नहीं करवाना चाहते थे, जो उन दिनों बहुत बड़ी मानी जाती थी। लेकिन जब मैंने उन्हें सुझाव दिया तो वे इसके लिए मान गए।

उन्होंने मुझे परामर्श की फीस देनी चाही, लेकिन मैंने इनकार कर दिया। उन्होंने उस दौर में थिएटर और सिनेमा में काम किया, जिस समय कलाकारों को बहुत कम भुगतान मिलता था। वे बहुत ही छोटे से अपार्टमेंट में रहते थे और साधारण जीवन जीते थे।

अपनी पत्नी की अंतिम बीमारी के दौरान दाते को अस्पतालों और डॉक्टरों का अत्यधिक दु:खद अनुभव रहा था। किसी ने भी नहीं बताया कि इस तरह से अप्रत्याशित तरीके से उनकी मृत्यु क्यों हो गई। जब उन्होंने अपनी दमा की तकलीफ के लिए छाती के एक विशेषज्ञ से परामर्श लिया तो उनका पहला प्रश्न था, 'क्या आप मेरे परामर्श की फीस 30 रुपए चुका सकते हैं ? इस प्रश्न से दाते को बहुत दु:ख और अपमान का अनुभव हुआ, जो डॉक्टर ने उनके स्वास्थ्य की समस्या की चर्चा करने से पहले ही पूछ लिया था। अभिनेता बनने की दिशा में दाते के साथ सबकुछ विपरीत ही घटित हो रहा था। उनका व्यक्तित्व प्रभावशाली नहीं था। उनका कद छोटा था। उनकी आवाज में आकर्षण नहीं था और वह दमा से पीड़ित थे। उनकी ये सारी कमियाँ अप्रासंगिक रह गईं, क्योंकि उन्होंने अपनी आवाज में सुधार किया, चेहरे की अभिव्यक्ति पर उन्होंने अपना नियंत्रण विकसित किया और जब वह स्टेज पर उतरे तो एक उत्तुंग व्यक्तित्व के रूप में नजर आए। उन्हें आज पचास वर्ष बाद भी ड्रामा और फिल्मों के क्षेत्र में उत्कृष्टता

के अनुकरणीय व्यक्ति के रूप में माना जाता है।

उन्होंने मुझसे कहा कि सफलता को विनम्रता के साथ सँभालना चाहिए। अभिनेता तालियों की गड़गड़ाहट और अति प्रशंसा के आदी हो जाते हैं; लेकिन जब परदा गिरता है तो थिएटर खाली हो जाता है। कलाकार भी खालीपन और उदासीन का अनुभव करते हैं।

मैं हमेशा ही ऐसे लोगों से मिलने में प्रोत्साहित महसूस करता हूँ, जिन्होंने अपनी कमियों के बावजूद सफलता अर्जित की। केशवराव दाते मेरे जीवन में आनेवाले पहले मशहूर व्यक्ति थे और मुझे बहुत ही अच्छा अनुभव हुआ। मैंने उनके बढ़े हुए प्रोस्टेट का ऑपरेशन किया और बाद में उनके हर्निया का ऑपरेशन किया। उन्होंने कभी भी धनार्जन नहीं किया, लेकिन हमारे जीवन को समृद्ध किया। हम उसने अपने निकटस्थ मित्र बन गए और संपर्क की यादों को मैंने सँजोकर रखा है। उन्होंने मुझे दीपावली पर शुभकामना संदेश भेजा था, जिसमें हाथ से लिखा था—'एक कलाकार से दूसरे कलाकार के लिए!'

जाल पारडीवाला

एक बुजुर्ग सज्जन को संकटमय हालत में भरती किया गया। डाइवर्टीकुलाइटिस के कारण जिनकी बड़ी आँत के क्षतिग्रस्त हो जाने के कारण सेप्टिक शॉक हुआ था। उत्कृष्ट प्रबंधन और चार भागों में किए गए ऑपरेशन ने उनके जीवन की रक्षा की और वह अनेक वर्षों तक स्वस्थ जीवन जी सके। बाद में मुझे पता चला कि जाल पारडीवाला भारतीय एथलेटिक्स के पुराने महारथी थे और उन्हें स्विट्जरलैंड, फिनलैंड तथा अमेरिका से कई सम्मान प्राप्त हुए थे।

(सेप्टिक शॉक क्या है? संक्रमणकारी बैक्टीरिया रक्त प्रवाह में प्रवेश करते हैं और शरीर के प्रत्येक अंग को क्षतिग्रस्त कर देते हैं। दिल की धड़कन बढ़ जाती है, रक्तचाप गिर जाता है, फेफड़े रक्त में समुचित ढंग से ऑक्सीजन नहीं भेज पाते, किडनी व्यर्थ पदार्थों को बाहर नहीं निकाल पाती, आँतें भोजन को पचा नहीं पातीं और मस्तिष्क की प्रक्रिया नीचे गिर जाती है। पस (पूति) को बाहर की ओर बहाने से और बैक्टीरिया को नष्ट करने के लिए एंटीबायोटिक के उपयोग से जीवन बच सकता है।)

डाइवर्टीकुलाइटिस में कुछ बुजुर्ग लोगों की बड़ी आँतों की परत पर छोटे-छोटे फफोले विकसित हो जाते हैं, जो मांसपेशियों की नली में कुछ कमजोर भाग मिलने पर उनसे बाहर की ओर निकल आते हैं। डाइवर्टीकुलाइटिस उन लोगों में सामान्य होती है, जिनके आहार में फाइबर की कमी होती है। फलस्वरूप कब्जियत होती है और बड़ी आँत पर दबाव बढ़ जाता है। यह आधुनिक सभ्यता का रोग है। डाइवर्टीकुलाइटिस के लगभग 20 प्रतिशत मामलों में रक्तस्राव, दर्द के दौरों की पुनरावृत्ति होती है या संक्रमण के कारण वे फट जाते हैं। प्रभावित अंग को निकालने की आवश्यकता होती है। लेकिन

यदि रोगी की हालत गंभीर हो तो पस को बहाया जता है, बड़ी आँत के स्वस्थ भाग को रोगग्रस्त भाग के ऊपर पेट की ओर से लाया जाता है, जिससे मल पदार्थों को पेट से जुड़े एक थैले में एकत्र किया जा सके। रोगग्रस्त भाग को बाद की तारीख पर निकाला जाता है और फिर बड़ी आँत में ऊपर और नीचे के सिरों को आपस में सिल दिया जाता है।

अपने संघर्ष की प्रेरक कहानी और समाज में उनके निस्स्वार्थ योगदान के कारण मुझे पारडीवाला बहुत पसंद आए। गुजरात के एक गाँव पारदी में गरीबी में जनमे। उनकी शिक्षा एक पारसी अनाथालय में हुई और वह भारत में राष्ट्रीय स्तर के सम्मानित स्पोर्ट्स शिक्षक बन गए। उन्होंने बिना किसी लाभ की अपेक्षा किए हुए अपने व्यवसाय और देश को अपना जीवन दे दिया। वह उस युग में हुए थे, जब स्पोर्ट्स को धन से नहीं जोड़ा गया था। उन्होंने अपने विलक्षण कैरियर में उच्च स्तरीय नैतिक मूल्यों का वहन किया। उनका विश्वास था कि जिन लोगों को पराजय का भय होता है, वे कभी भी जीत नहीं सकते। कठिन परिस्थितियों का सामना करते समय वे खतरों पर नजर रखते, लेकिन पुरस्कारों पर नहीं।

मुझे खेलकूद में कोई रुचि नहीं है, लेकिन मुझे हमारे विचारों में एक समानता नजर आई। हम दोनों का ही विश्वास था कि जीवन में बड़ा और अच्छा परिणाम पाने के लिए सकारात्मक विचार अनिवार्य होते हैं। केवल कौशल ही पर्याप्त नहीं होता और असंभव को प्राप्त करने के लिए श्रेष्ठतम प्रदर्शन करने की आकांक्षा अनिवार्य होती है। मेरा विश्वास है कि समान विचारवाले लोग एक साथ संपर्क में आते हैं। अन्यथा मेरे जैसे व्यक्ति, जिसकी खेलकूद में कोई रुचि नहीं थी, की मित्रता स्पोर्ट्स के एक महान् शिक्षक के साथ कैसे होती!

पारसी भारत का सबसे छोटा समुदाय है। भारत देश ने उन्हें उस समय आश्रय दिया था, जब उन्होंने पर्शिया छोड़ा था और वे गुजरात राज्य के पश्चिमी तट पर पहुँचे थे। शताब्दियों से भारत ने अनेक स्थानच्युत लोगों को आश्रय दिया है। पारसियों ने अपनी विशिष्ट पहचान बनाए रखी है; लेकिन शिक्षा, स्वास्थ्य, उद्योग, न्यायपालिका, विज्ञान और लोकोपकार के क्षेत्र में उनका योगदान उल्लेखनीय रहा है।

उनका आवास मेरे घर से पैदल दूरी पर स्थित था। वह आते, दो फ्लोर ऊपर चढ़ते और एक गिलास पानी के साथ मेरे साथ समय व्यतीत करते। मुझे उनके शब्द 'केम डिकरा' (हैलो नौजवान) और उनका मुसकराता चेहरा याद आता है। पारडीवाला की मृत्यु सन् 2002 में हो गई, लेकिन उनकी बेटी मिठु जेसिया मुझे अपने पिता की तरह देखती हैं और हिंदुओं के त्योहारों, पारसी नववर्ष और मेरे जन्मदिन पर मुझे शुभकामना देना कभी भी नहीं भूलती हैं। वह हमेशा याद रखती हैं कि कैसे उसके पिता इस कहावत

से उसे प्रभावित करते थे—'विनम्रता की गहराई से व्यक्ति महानता की ऊँचाई तक ऊपर उठ सकता है।'

जस्टिस मेनन

मैं कालीकत में एक सर्जरी की कॉन्फ्रेंस में लेक्चर देने गया था। मेरे सर्जन मित्र, जिन्होंने उस कॉन्फ्रेंस का आयोजन किया था, कॉन्फ्रेंस के बाद मुझे केरल के एक खूबसूरत पर्यटन स्थल मुन्नार ले गए। यह स्थान पृथ्वी पर स्वर्ग के समान था। मुझसे वहाँ के स्टाफ के लिए एक भाषण देने के लिए कहा गया; लेकिन जब मैं बोलने के लिए खड़ा हुआ तो माइक बहुत ऊँचा था और उसे मेरे कद के अनुसार व्यवस्थित नहीं किया जा सकता था। ऐसी छोटी-छोटी कठिनाइयाँ भारत में सामान्य हैं। मैं एक लकड़ी के पट्टे पर खड़ा हुआ और बोला, ''प्रत्येक महान् व्यक्ति पिछली पीढ़ी की उपलब्धियों के कंधों पर खड़ा एक बौना है।'' इस वाक्य का स्वागत तालियों की गड़गड़ाहट के साथ किया गया।

प्रश्नोत्तर सत्र के बाद मेरे मेजबान चाहते थे कि मैं एक अत्यधिक महान् व्यक्ति से मिलूँ, जो अपने सेवानिवृत्ति के बाद के जीवन के दिनों को पहाड़ी पर स्थित एक बँगले में व्यतीत कर रहे थे। वह केरल उच्च न्यायलय के पूर्व मुख्य न्यायाधीश जस्टिस एम.एस. मेनन थे। उस समय वे 80 वर्ष से अधिक के हो चुके थे।

यह एक पहाड़ी के शीर्ष पर स्थित ब्रिटिश राज के दौरान निर्मित एक सुंदर घर था, जो चारों ओर से चाय के बागानों और हरियाली से घिरा हुआ था। जब मैंने घर में प्रवेश किया तो मैंने पं. जवाहरलाल नेहरू के साथ उनकी तसवीर देखी। मैं यह जानने के लिए बहुत उत्सुक था कि प्रधानमंत्री के साथ यह मुलाकात कैसी रही होगी। उन्होंने बताया कि उनकी मुलाकात बहुत संक्षिप्त थी। वह नेहरू के बहुत बड़े प्रशंसक थे। उनकी पुस्तक 'डिस्कवरी ऑफ इंडिया' उनके संवेदनशील मस्तिष्क और अंग्रेजी भाषा पर उनके सरल नियंत्रण का प्रतिबिंब थी।

जस्टिस मेनन अपने सपने की घटनाओं के सजीव विश्वकोश थे और इस बात में कोई आश्चर्य नहीं कि एक सप्ताह पहले भारत के पूर्व मुख्य न्यायाधीश उनसे मिलने आए थे। सन् 1930 में एक नौजवान के रूप में उन्होंने यूरोप में कुछ समय के लिए रवींद्रनाथ टैगोर के सचिव के रूप में काम किया था।

उनकी स्मरण शक्ति बहुत अच्छी थी और उनके पास साझा करने के लिए इतने सारे सुसमृद्ध अनुभव थे कि मुझे लगा कि शायद उन्होंने अपनी आत्मकथा लिखी हो। उन्होंने बताया, ''बहुत से लोगों ने मुझसे ऐसा करने का अनुरोध किया है। आत्मकथा लिखना एक खतरनाक काम होता है। यह प्रदर्शन करना बहुत आकर्षक लगता है कि

विश्व को आप वह दिखा सकें, जो आप चाहते हैं कि वे आपके विषय में विश्वास करें, जबकि जिसके विषय में आप जानते हैं कि वह सच नहीं है। केवल महात्मा गांधी जैसे पारदर्शी व्यक्ति ही आत्मकथा लिख सकते थे।''

उन्होंने कुछ सुप्रसिद्ध व्यक्तियों की आत्मकथा के उदाहरण दिए, जिनमें अनेक झूठ भरे हुए थे। वह अनेक ऐसे विख्यात लोगों को जानते थे, जिनकी आत्मकथाएँ झूठ से भरी हुई थीं। एक तकनीक थी ऐसे महान् व्यक्तियों के साथ अपने संबंध का संदर्भ देना, जिनकी मृत्यु हो चुकी हो और फलस्वरूप किसी प्रकार का खंडन न हो सके।

स्पष्टत: एक आत्मकथा में लेखक ने लिखा था—'कैबिनेट ने विदेश में एक महत्त्वपूर्ण प्रयोजन लेखक को भेजने का निर्णय लिया था। प्रधानमंत्री ने उसे संदेश भेजा था कि हवाई अड्डे जाते समय रास्ते में उनसे मिलते हुए जाएँ। जब लेखक उनसे मिलने गए तो प्रधानमंत्री ने लेखक के कंधे पर अपना हाथ रखा और कहा कि सरकार ने एक अत्यधिक महत्त्वपूर्ण काम उनके हाथों में सौंपा है और उन्हें विश्वास है कि वह बहुत ही बेहतरीन काम करके आएँगे। लेखक कुछ कमजोर नजर आ रहे थे और उन्हें अपने स्वास्थ्य का ध्यान रखना चाहिए। जस्टिस मेनन ने मुझे बताया कि इस कहानी में सत्य से अधिक कल्पना थी।

जस्टिस मेनन से मुलाकात इतना शिक्षाप्रद अनुभव था कि मैं दो बार और उनसे मुलाकात करने गया। उनके साथ समय गुजारना एक पुस्तक पढ़ने के समान था।

हम पत्रों के माध्यम से संपर्क में बने हुए थे, जिनमें से एक में उन्होंने लिखा था—'मुझे आशा थी कि समय की आघाती तरंगों में मैं गुम हो जाऊँ, उससे पहले इन ऊँची पहाड़ियों में मैं आपसे फिर एक बार मिल सकूँगा। अपने आठ दशक से भी लंबे जीवनकाल में मैं जिन लोगों से मिला हूँ, आप उनमें श्रेष्ठतम व्यक्तियों में से एक हैं। जिन लोगों ने आपके भाषण सुने, उनका कहना है कि आपने मुन्नार के टाटा टी हॉस्पिटल में जिस तरह का भाषण दिया था, वैसा उन्होंने कभी कहीं नहीं सुना था। एक अन्य पत्र में उन्होंने लिखा—'अगली जून में मैं 88 वर्ष का हो जाऊँगा। मुझे विश्वास है कि अब अंत बहुत अधिक देरी से नहीं आएगा। अभी भी मैं उस व्यक्ति की भाँति महसूस करता हूँ, जो ऐसे निर्जन समारोह भवन में अकेला ही विचरण कर रहा हो, जिसका प्रकाश बोझिल हो चुका है, जिसकी मालाएँ मुरझा गई हैं और उनके अतिरिक्त शेष सभी लोग प्रयाण कर चुके हैं। मैंने अनुभव किया कि जस्टिस मेनन की भाषा अत्यधिक सम्मोहक थी।'

इन दुर्लभ व्यक्तियों ने जीवन को एक सुंदर अनुभव में परिणत किया है।

हृषिकेश यादव

जब मैंने अपने क्लीनिक में श्री हृषिकेश यादव का ऑपरेशन किया तो मुझे उनके

विषय में कुछ भी विवरण नहीं पता था। इस सुप्रसिद्ध पर्वतारोही के विषय में मुझे अस्पताल में आए हुए आगंतुकों से मालूम चला। वह माउंट एवरेस्ट पर उत्तर दिशा से भारत की प्रथम नागरिक अभियान के नेता थे। कंचनजंगा अभियान के दौरान उन्होंने 24,000 फीट की ऊँचाई पर बिना ऑक्सीजन के पंद्रह दिन व्यतीत किए थे। उन्होंने मुझे एक समारोह में आमंत्रित किया, जिसमें 117 साइकिल सवारों ने सन् 2009 में मनाली से लेह का अभियान आरंभ किया था। उन्होंने हिमालयन अभियान का आयोजन और नेतृत्व किया, जिसमें 10 नेत्रहीन और बधिर व्यक्तियों ने 17,000 फीट ऊँची एक पहाड़ी चढ़ाई की।

मैं उनसे मिलता रहा। 17 जुलाई, 2011 को षणमुखानंद हॉल में पर्वतारोहियों की एक संस्था 'गिरि मित्र' द्वारा आयोजित एक समारोह में महान् उपलब्धि करनेवाले पर्वतारोहियों को सम्मानित करने के लिए मुझे मुख्य अतिथि के रूप में बुलाया गया। मंच पर आसीन महानुभावों में से एक मार्क इग्निस थे, जिन्होंने कृत्रिम परिओं से माउंट एवरेस्ट पर चढ़ाई की थी। हॉल अनेक युवक-युवतियों से खचाखच भरा हुआ था, जो बहुत ही कम जगह में किसी तरह से खड़े थे। वातावरण उत्साह और उत्सव से परिपूर्ण था।

हमारा महाराष्ट्र राज्य अनेक पर्वतों से घिरा हुआ है, जिन्होंने अतीत में इस धरती को आक्रमणकारियों के आक्रमण से बचाया है। आजकल पर्वतारोहण युवाओं के बीच बहुत बड़ा शौक बन गया है।

मैंने अपना भाषण इस तरह से शुरू किया, 'मुझे इस बात पर विश्वास नहीं हो रहा कि जिस व्यक्ति ने कभी किसी भी पर्वत पर चढ़ाई नहीं की है, वह आज के समारोह का मुख्य अतिथि है। मैं अतिविशिष्ट व्यक्तियों के बीच आने का अवसर कैसे खो देता! यद्यपि मैं जीवन के प्रत्येक क्षेत्र के अनेक महारथियों से मिला हूँ, लेकिन वे सभी एनेस्थीसिया के प्रभाव में थे।

'आज हम मानव-जीवन के इतिहास की एक विशिष्ट घटना के साक्षी बन रहे हैं, उतना ही विशिष्ट जितना मनुष्य द्वारा चाँद पर चलना। मार्क इग्निस ने 15 मई, 2006 में कृत्रिम पैरों से माउंट एवरेस्ट पर चढ़ाई करके इतिहास रचा है। जिस समय वह न्यूजीलैंड के उच्चतम शिखर माउंट कुक के शिखर पर पहुँचने का प्रयास कर रहे थे, एक बर्फीले तूफान में फँसने के कारण उन्होंने अपने दोनों पैर गँवा दिए थे। 20 डिग्री सेंटीग्रेड तापमान पर वह तेरह दिनों तक फँसे रहकर बाहर निकले थे। उनका वजन 31 किलो कम हो गया था। मार्क इंग्लिश खिन्न थे; लेकिन उन्होंने अपनी चेतना शक्ति का संचय किया और कुछ ऐसा कर दिखाया, जिसकी कल्पना करना भी असंभव था। उन्होंने न केवल न्यूजीलैंड में स्थित माउंट कुक की चढ़ाई पूरी की, बल्कि माउंट एवरेस्ट पर भी चढ़ाई की। मार्क इंग्लिश ने कहा कि वह अपने पैरों से नहीं चढ़े, बल्कि अपने मन की शक्ति से चढ़े थे।

विक्टर फ्रैंकल ने यूरोप में एक घोर यातना देने के लिए नियमित किए गए कैंप में अपने अनुभवों पर एक पुस्तक लिखी है। उन्हें ज्ञात हुआ कि मानव शरीर असंभव कठिनाइयों में भी बच सकता है। उनका विश्वास था कि वह इसलिए बचे, क्योंकि जीवन को सार्थकता प्रदान करना उनका एक लक्ष्य था।

मार्क इग्निस ने एक धर्मार्थ ट्रस्ट स्थापित किया है, जिसके माध्यम से वह उन हजारों लोगों के लिए कृत्रिम अंग प्रदान करते हैं, जिन्होंने कंबोडिया में बारूदी सुरंगों में अपने हाथ-पैर गँवा दिए थे। मंच पर आसीन इन सभी लोगों ने, जिनको आज मैं सम्मानित करने जा रहा हूँ, अपनी सीमाओं और प्रतिष्ठा के बावजूद सामाजिक कल्याण की दिशा में अपनी गहन रुचि का प्रदर्शन किया है। मेरे भाषण को लोगों ने पसंद किया और अधिक महत्त्वपूर्ण बात यह है कि मैं प्रेरित होकर घर लौटा। हृषिकेश यादव के साथ मेरे संपर्क ने मेरे जीवन को अत्यधिक समृद्ध बनाया है।''

केवल वही, जो बहुत आगे जाने का खतरा उठाते हैं, प्रदर्शित कर पाते हैं कि वे कितनी दूर तक जा सकते हैं।

—टी.एस. इलियट

पंडित रामनारायण

मैं उस समय एक ऑपरेशन के लिए स्क्रब कर रहा था, जब मेरी सेक्रेटरी ने आकर मुझे बताया कि पं. रामनारायण को सर्जरी के लिए जल्दी दाखिला चाहिए। लेकिन क्लीनिक के सभी कमरे भरे हुए थे और यह भी बताया कि वह उनके रिश्तेदारों को यह बात समझा नहीं पा रही कि वह उनकी सहायता करने में असमर्थ है। मेरे मित्र और मैनेजर रवि देसाई ने उनके रिश्तेदारों से बात की और उन्हें आश्वासन दिया कि जल्दी ही एक कमरे की व्यवस्था हो जाएगी। मैंने उनसे सवाल नहीं किए, क्योंकि रवि एक ऐसे व्यक्ति हैं, जो कठिन परिस्थितियों को सँभाल लेते हैं। संगीतज्ञ, खिलाड़ी और अभिनेताओं को लोग हर जगह पहचानते हैं; लेकिन यह मेरी अनभिज्ञता थी कि मैं अंतरराष्ट्रीय स्तर पर सुविख्यात सारंगी-वादक पं. रामनारायण को नहीं पहचानता था। उनके स्वास्थ्य के विषय में पूछने के लिए बड़ी संख्या में आनेवाले कलाकारों और संगीत-प्रेमियों ने मुझे पंडितजी की प्रतिष्ठा का अहसास दिलाया। सुप्रसिद्ध तबला-वादक उस्ताद अल्ला रक्खा खाँ फूलों के एक बहुत बड़े गुच्छे के साथ हवाई अड्डे से सीधे उन्हें देखने आए थे।

पंडितजी के लिए एक विशेष कमरे की व्यवस्था करने के कठिन काम का प्रबंधन रवि देसाई ने कैसे किया? उन्होंने स्पेशल कमरे के एक रोगी से संपर्क किया और उनसे अनुरोध किया कि क्या वे दो अन्य रोगियों के साथ सामान्य सुविधाओं वाले एक कमरे में चले जाएँगे, जिससे पं. रामनारायण के लिए जगह बन सके? रोगी, जो स्वयं भी संगीत-प्रेमी था, खुशी से कमरा बदलने के लिए तैयार हो गया। लेकिन उसकी एक

शर्त थी कि उन महान् संगीतज्ञ के साथ उसकी एक तसवीर खिंचवाने का अवसर दिया जाएगा, जिसे वह अपने ड्राइंग रूम की शोभा बना सके। सबकुछ अच्छे से हो गया। फोटो खिंचवाते समय पंडितजी ने अपना आभार व्यक्त किया। रोगी अत्यधिक उत्साहित था और हम सब खुश थे।

मैंने पं. रामनारायण के साथ अनेक वर्षों के संपर्क का आनंद लिया। प्रत्येक मुलाकात एक लाभकारी अनुभव होता है, जो इस बात की पुष्टि करते हैं कि सभी महान् व्यक्ति विनम्र और सरल होते हैं। पंडितजी को भारतीय संगीत के क्षेत्र में अपने अतुलनीय योगदान के लिए 'पद्म विभूषण' से सम्मानित किया गया था, जो भारत में दूसरा सबसे बड़ा नागरिक सम्मान है और उन्होंने पूरे विश्व में संगीत के सर्वाधिक प्रतिष्ठित मंचों पर प्रदर्शन किया है; लेकिन फिर भी इन सभी बातों से वे विरक्त रहते हैं। 87 वर्ष की उम्र में भी वह प्रतिदिन अभ्यास करते हैं और सतर्क रहते हैं कि कोई भी महत्त्वपूर्ण विवरण उनसे छूटने न पाए।

उनके पुत्र-पुत्री और पौत्र सभी भारतीय शास्त्रीय संगीत की समृद्ध परंपरा का अनुसरण करते हुए उत्कृष्ट संगीतज्ञ हैं। उनके बड़े भाई पं. चतुरलाल को महानतम संगीतज्ञों के द्वारा तबला-वादन में अभूतपूर्व रूप से प्रतिभावान् माना जाता था। एक बार मैं एक व्याख्यान के लिए उदयपुर में था और पंडितजी भी वहीं थे। हम एक छोटे से गाँव में गए, जहाँ मैंने 20-25 छोटे लड़कों को सारंगी बजाते हुए देखा। मुझे बताया गया कि हमारे देश के अनेक भागों में संगीत की ऐसी परंपरा व्याप्त है। अनेक रत्न चारों तरफ फैले हुए हैं।

सुप्रसिद्ध वॉयलिन-वादक स्वर्गीय सर येहुदी मेनुहिन, जो पंडितजी के प्रशंसक और निकटस्थ मित्र थे, ने लिखा है—'सारंगी न केवल एक विशुद्ध और वास्तविक भारतीय वाद्य है, बल्कि रामनारायण के हाथों में जो सर्वाधिक हृदयस्पर्शी ढंग से भारतीय भावनाओं और विचारों को स्पष्ट रूप से अभिव्यक्त करती है। मैं सारंगी को राम नारायण से अलग नहीं कर सकता। दोनों एक-दूसरे के साथ इस तरह से एकीकृत हो गए हैं, न केवल मेरी स्मृतियों में, बल्कि एक वाद्य के प्रति एक महान् संगीतज्ञ के इस सूक्ष्म समर्पण की वास्तविकता में भी, जिसे उनके अतुलनीय ढंग से बजाने के कारण, जो अब पुरातन वाद्य नहीं रह गया है।

मेरे व्यवसाय ने मुझे अनेक क्षेत्रों के विभिन्न प्रतिभावान् व असाधारण व्यक्तियों के संपर्क में आने का अवसर दिया है।

पांडुरंग शास्त्री अठावले

एक अन्य रोगी, जिन्होंने मुझपर गहरा प्रभाव डाला, वह थे पांडुरंग शास्त्री अठावले।

जब वह मेरे अस्पताल में सर्जरी के बाद स्वास्थ्य-लाभ कर रहे थे, उस समय उन्होंने सन् 1980 में संयुक्त राष्ट्र महासभा द्वारा निर्मित पीस फाउंडेशन में यूनिवर्सिटी ऑफ पीस में पीस एवं एथिक्स के प्रोफेसर कोस्टा-रिका के डॉ. गीको मुलर-फाहरेनहोल्ज का एक पत्र प्राप्त किया।

श्री माजिद रहमाना के एक लेख से मुझे आपके कार्यों के विषय में जानकारी मिली। श्री रहमाना से ही मुझे आपका पता भी मिला। सर्वप्रथम आपको बताना चाहूँगा कि मुझे और मेरी पत्नी को स्वाध्याय आंदोलन के विषय में जो भी जानकारी मिली है, उससे हम अत्यधिक प्रभावित हैं।

स्पष्टत: आप निर्धनों के जीवन में काफी अधिक सामर्थ्य विकसित करने में सफल हुए होंगे, जिससे वे अपने समुदायों का पुनर्निर्माण करने में सफल हुए होंगे। हम अत्यधिक आभारी हैं कि यह संभव है; क्योंकि दुनिया के इस भाग में हम अत्यधिक निर्भरता को देखते हैं, न केवल भौतिक मामलों में, बल्कि आध्यात्मिक मामलों में और भी अधिक। इतना अधिक कि निर्धनों का खुद अपने ऊपर से और अपनी दैवी शक्तियों से विश्वास उठ गया है।

अत: एक मतवाले कुछ अन्य मित्रों से भी बात करने के बाद हम आपस में बात कर रहे थे कि क्या आप कोस्टा-रिका में हमारे साथ लगभग एक सप्ताह बिता सकते हैं, जिससे इस दिशा में हमारे अपने तरीकों को खोजने में आप हमारी सहायता कर सकें?

मैं शास्त्रीजी के विषय में अधिक जानना चाहता था। मैंने संयुक्त राष्ट्र से जुड़े ईरानी विद्वान् माजिद रहमाना, जो अब पेरिस में रह रहे हैं, का एक लेख पढ़ा, जिसका शीर्षक था—'स्वाध्याय : द अननोन, द पीसफुल, द साइलेंट यट सिंगिंग रिवोल्यूशन ऑफ इंडिया'।

श्री रहमाना भारत में विभिन्न प्रकार के विकासपरक कार्यक्रमों को देखने आए थे और स्वाध्याय आंदोलन से इतने अधिक प्रभावित थे कि बताया जाता है कि उन्होंने कहा कि बिना किसी आर्थिक सहयोग के मानव विकास में यह विशिष्ट प्रयोग उन पारंपरिक कार्यक्रमों की किसी भी उपलब्धि से कहीं अधिक आकर्षक है, जिनमें विशाल राशि की फंडिंग की जाती है।

मुझे अपना विचार बदलना पड़ा कि पांडुरंग शास्त्री एक आध्यात्मिक गुरु थे, जिनके बड़ी संख्या में अनुयायी मौजूद हैं। वह एक बहुत बड़े समाज-सुधारक थे, जिन्होंने सन् 1954 में निर्धनों के लिए निस्स्वार्थ प्रेम पर आधारित स्वाध्याय आंदोलन शुरू किया, जिसके माध्यम से उन्होंने दमित जनता को सम्मान दिलाने और प्रत्येक इनसान, प्रत्येक वृक्ष, प्रत्येक फूल में ईश्वर की छवि देखना सिखाया। वह कभी भी किसी स्कूल में नहीं गए, लेकिन उन्हें संस्कृत में शिक्षा दी गई थी—वह प्रणाली, जो प्राचीन भारत में प्रचलित थी।

स्वभाव से मैं किसी भी प्रकार के आध्यात्मिक या धार्मिक गुरु के पास जाने की कोई इच्छा नहीं रखता; लेकिन कुछ अवसरों पर मैं गुजरात गया और उनके अनुयायियों के द्वारा जारी रखे गए काम को देखने के लिए गाँवों में गया।

गुजरात में, उमरगाँव में, मैंने मानवता का सबसे बड़ा सैलाब देखा। लगभग 10 लाख लोग वहाँ मनुष्य की 'दासत्व से मुक्ति' नाम के एक समारोह का आयोजन करने के लिए एकत्र हुए थे। समारोह खत्म होने के बाद इतने बड़े जन-सैलाब के लिए कभी किसी भी यातायात प्रणाली ने इतनी तत्परता से काम नहीं किया होगा। रात के अंधकार में भीड़ के बीच चलते हुए मैं करीब 3 मील तक चलता रहा। लगभग सभी ग्रामीण लोग थे। किसी भी तरह की धक्का-मुक्की, कोई चिल्लाहट, जमीन या सड़कों पर कोई गंदगी नहीं फेंकी गई थी। एक भी पर्स की चोरी नहीं हुई। किसी भी महिला के साथ बदसलूकी नहीं हुई। अनुशासनहीनता के लिए प्रसिद्ध देश में पुलिस को किसी भी तरह की चिंता ही नहीं थी। यह चमत्कार था।

लेकिन स्वाध्याय का प्रत्येक समारोह अपने अनुशासन, सहयोग, मुसकराते चेहरों और उत्साह के लिए विशिष्ट होता है। मैं भाग्यशाली था कि इस चमत्कार को देख सका।

मेरे एक रोगी, जो एक युवा नेता थे, सन् 1949 में एक प्रतिनिधिमंडल के साथ भारत के गृहमंत्री सरदार वल्लभभाई पटेल के पास गए और एक बेहतर भारत के निर्माण का वायदा पूरा करने में असमर्थ नेताओं के प्रति अपनी हताशा और क्षोभ प्रकट किया।

लौह पुरुष ने धैर्यपूर्वक उन्हें सुना और बोले, "जीवन में कुछ भी प्राप्त करने के लिए आपको लोगों को अपने साथ लेना होगा। मुझे दिखाइए कि क्या आप अपने पूरे जीवन में पाँच लोगों को भी प्रभावित कर सकते हैं।" यह वक्तव्य मुझे तब से हमेशा याद रहता है।

मनुष्य का विकास इस संसार की सर्वाधिक रचनात्मक गतिविधि में से एक है और मेरे दिमाग में सबसे अधिक यही बात घूम रही थी कि शास्त्रीजी यह चमत्कार कैसे कर सके होंगे। वह जनता से साधारण बातचीत की भाषा में बोलते थे कि "हमें सामाजिक, आर्थिक और पारिस्थितिकीय पर्यावरण में तालमेल बनाकर रहना चाहिए।"

स्वाध्याय आंदोलन ने विशाल बंजर जमीनें खरीदीं और उन्हें हरे-भरे क्षेत्रों में परिणत किया।

"एक पेड़ में भी दैवी गुण होते हैं और एक व्यक्ति, जो महीने में एक बार या प्रत्येक दो-तीन महीने में एक बार भी उस पेड़ की देखभाल करता है, वह एक पुरोहित बन जाता है और इसलिए यह उसका धार्मिक कर्तव्य है कि पेड़ की देखभाल पूरे प्रेम के साथ करे।" शास्त्रीजी के ऐसे शब्दों के साथ इसमें कोई आश्चर्य की बात नहीं कि पेड़ों का रख-रखाव उच्च कोटि का हो गया। उन्होंने मछुआरों के लिए एक नया शब्द

'सागर-पुत्र' शुरू किया और किसानों को उन्होंने 'भूमि-पुत्र' का नाम दिया। मैंने उनके अनुयायियों के घरों में सफाई देखी। बड़ी संख्या में महिलाओं ने भी इस आंदोलन की सदस्यता ली है।

क्या ईश्वर की अवधारणा का उपयोग किए बिना ऐसी अच्छी गतिविधि को करना संभव है ? एक व्यक्ति बिना मनुष्य द्वारा निर्मित ईश्वर में विश्वास किए हुए बहुत सारे अच्छे काम कर सकता है, लेकिन जन-समुदाय का क्या ?

गांधीजी ने कहा था—''मानव शरीर ईश्वर का मंदिर है। उस मंदिर का सम्मान करें।'' पांडुरंग शास्त्री ने यही संदेश दिया और यह काम कर गया। उन्होंने लोगों से कहा कि प्रत्येक व्यक्ति को अपना जीवन पवित्र, श्रेष्ठ और उपयोगी बनाना चाहिए। उन्होंने लोगों को इस बात के लिए प्रेरित किया कि जीवन के रूप में हमें ईश्वर ने एक बहुमूल्य उपहार दिया है, जिसके लिए हमें उसके प्रति आभारी होना चाहिए। सन् 1996 में उन्हें सामुदायिक नेतृत्व के लिए 'रामन मैगसेसे अवार्ड' से सम्मानित किया गया, जिसे एशिया का नोबेल पुरस्कार माना जाता है और साथ ही सन् 1997 में उन्हें धर्म में प्रगति के लिए 'टेंपल्टन पुरस्कार' प्रदान किया गया। इस पुरस्कार को उनके अतिरिक्त बिली ग्राहम और मदर टेरेसा ने प्राप्त किया था। मैं उस समय लंदन में ही था और जब वेस्टमिंस्टर एबे में प्रिंस फिलिप ने उन्हें सम्मानित किया तो उस समारोह में मैं शामिल हुआ।

उन्होंने लोगों को याद दिलाया कि ईश्वर अन्य इनसानों में भी विद्यमान हैं और इसीलिए हमें एक-दूसरे का सम्मान करना चाहिए। यही स्वाध्याय की पूरी अवधारणा है—अपने आप से अपने संबंध को समझना और साथ ही बाहरी दुनिया से भी।

मुझे शास्त्रीजी के साथ कार, ट्रेन और विमान से यात्रा करने के कुछ विशिष्ट अवसर मिले और सैकड़ों-हजारों पुरुषों, महिलाओं और बच्चों की यादें मेरे स्मृति-पटल पर स्पष्ट हैं, जो रंग-बिरंगे कपड़ों में, सड़कों, रेलवे प्लेटफॉर्म, हवाई अड्डों और बंदरगाहों पर फूलों के साथ पंक्तिबद्ध होकर उत्सव के से माहौल में शास्त्रीजी की एक झलक पाने के लिए प्रतीक्षा कर रहे थे। कारण तो मैं नहीं जानता, लेकिन वह मुझे अपना भाई मानते थे। यह कैसे हुआ, यह मेरी समझ से परे है।

विंग कमांडर राकेश शर्मा (रिटायर्ड)

मेरे एक रोगी के पैंक्रियाज में एक छोटा सा ट्यूमर विकसित हो गया था, जो इंशुलीन का स्राव कर रहा था। (पैंक्रियाज पाचक रसों को उत्पन्न करते हैं, जो एक नली के माध्यम से बड़ी आँत में पहुँचते हैं। ये इंसुलिन का भी उत्पादन करते हैं, जो सीधे रक्त-प्रवाह में जाती है। जब रक्त में शर्करा का स्तर बढ़ जाता है तो भोजन लेने के बाद इंशुलीन का उत्पादन बढ़ जाता है। इंशुलीनोमा एक अत्यधिक दुर्लभ रोग है,

जहाँ पैंक्रियाज लगातार इंसुलिन का स्राव करते रहते हैं, यहाँ तक कि जब रक्त-शर्करा का स्तर गिर जाता है, उस स्थिति में भी। इसका एकमात्र इलाज है सर्जरी द्वारा ट्यूमर को निकालना। रक्त-शर्करा का सामान्य स्तर 80 से 180 mg/dl होता है, लेकिन इस स्थिति में यह नीचे की ओर 40 तक भी गिर जाता है और रोगी कोमा में जा सकता है।)

निम्न रक्त शर्करा के कारण वह हर समय खाते रहते और परिणामस्वरूप उनका वजन बहुत अधिक बढ़ गया। यहाँ तक कि जब वह मेरे परामर्श कक्ष में प्रतीक्षा कर रहे थे, उस समय भी उन्हें खाना पड़ रहा था। सौभाग्य से, ऑपरेशन के दौरान मुझे ट्यूमर का बिल्कुल सही स्थान मिल गया। सर्जरी के बाद वह तुरंत ही स्वस्थ हो गए। अब हर समय खाते रहने की लज्जाजनक अनिवार्यता नहीं रही थी और किसी भी अन्य औसत व्यक्ति की तरह सामान्य व्यवहार करके वह बहुत खुश थे।

वह हिंदुस्तान एरोनॉटिकल लिमिटेड (एच.ए.एल.) के प्रमुख थे। उन्होंने मुझे अपने गेस्ट हाउस में एक सप्ताहांत साथ गुजारने के लिए आमंत्रित किया। हमें अकसर ऐसे निमंत्रण मिलते हैं; लेकिन काम का दबाव हमारे पास ऐसे छोटे अवकाश लेने के लिए समय नहीं छोड़ता। जब मैंने अपनी कठिनाई बताई तो उन्होंने कहा, "क्या आप श्री राकेश शर्मा को जानते हैं? वह हमारे साथ काम करते हैं और उनसे मुलाकात करके आपको खुशी होगी।" मैं भारत के एकमात्र अंतरिक्ष यात्री से मिलने को उत्सुक था और इसलिए मैंने अपने रोगी के साथ वह सप्ताहांत बिताने का पहला ही अवसर हाथ में ले लिया। उन्होंने मेरे सम्मान में डिनर की व्यवस्था की थी और प्रत्येक व्यक्ति मुझसे मिलने के लिए आतुर था; लेकिन मैं श्री राकेश शर्मा से मिलने के लिए अधिक आतुर था।

मैंने उस शाम उनके साथ इतना अधिक समय बिताया कि उनकी पत्नी मधु ने मुझसे कहा, "डॉ. श्रीखंडे, आपने पूरी शाम के लिए मेरे पति पर अधिकार कर लिया।"

मैंने उत्तर दिया, "आपने पूरे जीवन के लिए उन पर अधिकार कर लिया है, कृपया एक शाम तो मेरे लिए छोड़ दीजिए!"

वहाँ एकत्र भीड़ में ठहाके गूँज उठे थे, जो वहाँ उस सर्जन को सुनने के लिए एकत्र हुई थी, जिसने सी.ई.ओ. का एक दुर्लभ ऑपरेशन सफलतापूर्वक किया था।

मैंने राकेश शर्मा को एक पत्र लिखा—

'28 अगस्त, 1988

पिछले महीने ओझर में आपके साथ लंबी बातचीत करने का अवसर मेरे लिए बड़े सौभाग्य की बात थी। आप पहले भारतीय हैं, जो हमारे धरती माँ से इतनी दूर जा सके और यही कारण है कि आप हमारे दिलों के इतने करीब हैं। आप जैसे व्यक्ति, जो अज्ञात सीमाओं का अन्वेषण और विस्तार करते हैं, मानवीय प्रगति और उपलब्धियों के पथ-प्रदर्शक हैं।

सभी वास्तविक रूप से महान् व्यक्ति विनम्र व निरहंकारी होते हैं और इसीलिए आपकी उपलब्धियों के बावजूद आपके व्यक्तित्व में दयाशीलता और अहंकार का अभाव देखकर मुझे कोई आश्चर्य नहीं हुआ। मैंने अपने अनेक मित्रों से आपके विषय में बताया और आशा करता हूँ कि किसी दिन मेरे बच्चों को भी आपसे व्यक्तिगत रूप से मिलने का अवसर मिलेगा।

आपका,
डॉ. वी.एन. श्रीखंडे'

मुझे सर विंस्टन चर्चिल का वक्तव्य याद आता है। मानव इतिहास में पहले कभी भी इतने कम लोगों ने इतना अधिक अर्जित किया था। वह रॉयल एयर फोर्स द्वारा किए गए बलिदान के संदर्भ में बोल रहे थे, जो उन्होंने ब्रिटेन को स्वतंत्र देश बनाए रखने के लिए किया था। मैं यही आशा करता हूँ कि हमारे राजनीतिज्ञ, बुद्धिजीवी और नागरिक जीवन जी रहे अन्य व्यक्ति जान सकें कि हमें स्वतंत्र बनाए रखने के लिए कुछ लोग कितना कठिन जीवन जीते हैं। उत्तराखंड राज्य में हाल ही में फँसे हुए सैकड़ों व हजारों लोगों को बचाकर बाहर निकालने के मानवीय काम में एयर फोर्स और सेना का योगदान अतुलनीय है। हाल ही में कश्मीर में आई विनाशकारी बाढ़ में भारतीय वायु सेना ने अपने विमानों के द्वारा 1,25,000 से अधिक लोगों को बाहर निकाला।

राकेश शर्मा से मिलने के बाद मुझे मालूम हुआ कि विमान में अकेले एक फाइटर पायलट के लिए व्यक्तिगत कृतिका पालन अत्यधिक महत्त्वपूर्ण होता है। अंतरिक्ष के विमान में सबकुछ कंप्यूटरीकृत होता है। मैंने उनसे पूछा कि उन्होंने अपने विचारों को कैसे प्रशिक्षित किया?

''बहुत आसान था। उस बात की चिंता न करो, जिस पर आपका नियंत्रण नहीं है।''

यात्रा के दौरान संवाद के लिए उन्हें रूसी भाषा सीखनी थी, सिवाय उस समय के जब प्रधानमंत्री इंदिरा गांधी ने उनसे हिंदी में पूछा था, ''वहाँ से भारत कैसा दीखता है?'' और उनका उत्तर तत्परता से आया था, ''सारे जहाँ से अच्छा।'' उनका उत्तर सहज था। उन्होंने अपनी अंतरिक्ष यात्रा के अनुभव के विषय में बताया, ''मेरे आठ दिवसीय अंतरिक्ष अभियान के दौरान सबसे पहले तो मैं अपने देश की सुंदरता से हतप्रभ था। धीरे-धीरे मेरे मानसिक दायरे में वृद्धि हुई और मैंने पृथ्वी को अपने घर के रूप में देखा। यह अनुभूति और भी अधिक गहन हो गई, जब मैंने काले, अनाकर्षक और अबाध शून्य के सामने अपनी पृथ्वी को देखा।

''मैंने खुद को एक भारतीय के रूप में नहीं देखा, जो सोवियत अंतरिक्ष यात्रियों के साथ काम कर रहा था; बल्कि एक ऐसे व्यक्ति के रूप में देखा, जो अंतरिक्ष में शांतिपूर्ण मानवीय गतिविधि में संलग्न था। ऐसा नहीं था कि मैंने अपनी राष्ट्रीय पहचान खो दी

थी या समर्पित कर दी थी; बल्कि इस सत्य से मैं आनंदित हो रहा था कि मेरे देश की समृद्ध और शताब्दियों पुरानी परंपरा एवं संस्कृति ने मुझे मानव-निर्मित सीमाओं और पूर्वग्रहों से परे देखने के योग्य बनाया था।।

''मैंने यह भी अनुभव किया कि इस एकीकृत होने की भावना की अनुभूति करने के लिए आवश्यक नहीं कि व्यक्ति अंतरिक्ष की यात्रा करे। एक बौद्धिक स्तर पर इसे हम सभी समझ सकते हैं और अपनी धरती माँ पृथ्वी पर रहते हुए ही समान गहनता के साथ इसे समझ सकते हैं।''

वह एक टेस्ट पायलट बने और दुर्घटनाग्रस्त हो गए। 29 अक्तूबर, 1988 को उन्होंने मुझे लिखा—'हाल ही में एक उड़ान के दौरान घटी दुर्घटना के कारण चोटग्रस्त होने पर जल्दी स्वास्थ्य-लाभ करने की आपकी शुभकामनाओं के प्रति अपना आभार प्रकट करने के लिए मैं आपको यह पत्र लिख रहा हूँ। इस समय मैं धीमी और पीड़ित स्थिति में हूँ, जिसमें टखने की गतिशीलता के लिए प्रयासरत हूँ।

'मुझे पूरा विश्वास है कि कुछ ही महीनों में मैं अच्छा हो जाऊँगा। मेरा बचना बहुत ही सौभाग्यशाली रहा होगा; लेकिन मेरे लिए इसका तात्पर्य है कि मैं अभी भी जीवित हूँ, इस दुनिया में आने का मेरा उद्‌देश्य अभी भी पूरा नहीं हुआ है, जैसा कि रिचर्ड बैच ने खूबसूरती से लिखा था।'

पूरे देश में उन्हें लेक्चर के लिए आमंत्रित किया जाता है और वह उसकी फीस दान में दे देते हैं। हालाँकि वह अपवाद हैं। मेरे 75वें जन्मदिन के अवसर पर आयोजित एक बड़े समारोह में वह भी एक वक्ता थे।

उनके भाषण में उनका संदेश था—''हम एक महान् देश के वासी हैं। युवाओं को कठिन परिश्रम करना चाहिए, ताकि हमारी प्राचीन प्रतिष्ठा को पुनः प्राप्त किया जा सके। हमें हमारी पीढ़ी पर कोई भरोसा नहीं है और इसलिए युवाओं को व्यक्तिगत उदाहरण स्थापित करते हुए काम करने चाहिए। उन्हें भारत एवं भारतीय मूल्यों को पुनः प्राप्त करना होगा, बुद्धिमत्तापूर्ण ढंग से यह प्रश्न करना होगा कि कैसे व्यर्थ व्यय की संस्कृति ने उनके जीवन को विपरीत रूप से प्रभावित किया है, उनकी तुलना हमारे प्राचीन मूल्यों से करें। संग्रहणशील न बनें, आत्म-संतुष्टि के सार को समझें।''

डॉ. गुणटर शालर

जर्मनी के एक सर्जन डॉ. गुणटर शालर से मेरी मुलाकात संयोगवश हुई। यह मेरा पेशा ही था, जो मुझे विशिष्ट व्यक्तियों के संपर्क में लाता था। मुझे सबसे अधिक हतप्रभ जिन बातों ने किया था वे थीं—उनकी बौद्धिक स्पष्टता, तर्कपूर्ण मस्तिष्क और यंत्र-विन्यास, तत्त्वज्ञान एवं इतिहास में उनकी रुचि। हम घनिष्ठ मित्र बन गए।

लैपरोस्कोपिक सर्जरी के लिए उपकरणों के आविष्कार करने के लिए उनके पास पेटेंट थे। वह मेरे साथ तीन दिन तक रहे। उनकी जीवन-शैली सरल थी। उनका एकमात्र सामान था उनका छोटा सा सूटकेस।

मैं उनके साथ दक्षिण जर्मनी में रहा और हमने अनेक बातों पर चर्चा की। मुझे उस दिन की स्पष्ट याद है, जब हमने पेरिस की एक सुरंग में कार दुर्घटना में राजकुमारी डायाना की मृत्यु का दु:खद समाचार सुना था। कुछ वर्ष बाद मुझे सर्जरी की एक कॉन्फ्रेंस के लिए व्हीएना जाना था। हमारी संभावित मुलाकात के लिए वह बहुत खुश थे। यह जताने के लिए कि वह मुझसे मिलने के लिए कितने इच्छुक हैं, उन्होंने मुझे दो बार फोन किया। उन्होंने कहा, ''मैं एक संक्षिप्त छुट्टी ले लूँगा। हम ब्लैक फॉरेस्ट में खूब टहलेंगे, अनेक बातों पर चर्चा करेंगे और बियर का आनंद लेंगे।'' जब मैंने उनसे मिलने में अपनी असमर्थता जताई तो उन्होंने मुझे सूचित किया कि फिर वह एक संक्षिप्त यात्रा के लिए इंग्लैंड चले जाएँगे।

एक महीने बाद मुझे उनकी महिला मित्र का एक पत्र प्राप्त हुआ, जिसमें उनकी दु:खद मृत्यु की सूचना थी कि जब वह इंग्लैंड के रास्ते में थे, उन्होंने सड़क पर एक गाड़ी की दुर्घटना देखी। उन्होंने दुर्घटना-ग्रस्त की सहायता करने के लिए अपनी कार रोकी, तभी दुर्भाग्यवश एक दूसरी कार आई और उन्हें टक्कर मारकर हमेशा के लिए सुला दिया। अपने पत्र में डॉ. इंग्रिड ने लिखा था—'हमारे जीवन में ऐसा बहुत ही कम होता है कि हम ऐसे बुद्धिजीवियों से मिलें, जिनकी आत्मा करुणा से भरपूर हो। वह ऐसे ही एक व्यक्ति थे। वह आपसे मुलाकात के लिए उत्सुक थे।'

उन्होंने एक वसीयत बनाई कि उनके अंतिम संस्कार पर कुछ भी खर्च न किया जाए, बल्कि उनकी सारी बचत को भारत में किसी उपयुक्त अस्पताल के लिए भेज दिया जाए। उनकी मृत्यु ने मेरे मन में दु:ख की एक अनुभूति भर दी, यदि मैं जर्मनी गया होता तो उनकी मृत्यु न हुई होती। यही जीवन है और यही किस्मत है!

तात्या साहेब शिरवाडकर (कुसुमाग्रज)

5 मार्च, 1999 को मैं लखनऊ जाने के लिए तैयार हो रहा था, जहाँ मुझे भारतीय सेना के सर्जनों की एक कॉन्फ्रेंस में मुख्य अतिथि के रूप में आमंत्रित किया गया था। जब मैं हवाई अड्डे के लिए निकलने ही वाला था, मुझे संदेश मिला कि कुसुमाग्रज स्वस्थ नहीं हैं और मुझे जितनी जल्दी संभव हो, नाशिक पहुँचना चाहिए, क्योंकि वह केवल मेरा सुझाव ही सुनते थे।

मैं 7 मार्च की शाम को बंबई लौटा और हवाई अड्डे से ही कार से नाशिक की ओर रवाना हो गया। ग्लानी मी थे, लेकिन जैसे ही मैंने उनका हाथ अपने हाथ में लिया

और कहा, ''तात्या साहेब, मैं डॉ. श्रीखंडे हूँ। आपसे मिलने आया हूँ।'' उनके चेहरे की भाव-भंगिमा में आए परिवर्तन को देख सभी आश्चर्यचकित हो गए।

उन्होंने पूछा, ''लखनऊ में भाषण कैसा रहा?'' उनकी छाती गाढ़े स्राव से भरी हुई थी, जिसे छाती के चिकित्सक की सहायता से बाहर की ओर अवशोषित कर लिया गया था और उन्हें तुरंत ही बेहतर महसूस हुआ। उन्हें अस्पताल में भरती होने का सुझाव दिया गया था, लेकिन इसके लिए वह नहीं माने। मैं पूरी रात उनके घर पर रहा। 8 मार्च को मेरा जन्मदिन था। उन्होंने उपहार में मुझे एक दुशाला, फूलों का गुच्छा, एक शास्त्रीय नर्तकी की मूर्ति और अपने काव्य की पुस्तक के अंग्रेजी अनुवाद की एक प्रति दी। उन्होंने कहा, ''जब मेरे हाथ से ग्लूकोज सलाइन की ड्रीप निकल जाएगी तो मैं इस पर अपना हस्ताक्षर करूँगा।''

उनके मित्रों ने मुझे बताया कि वह लगातार दुनिया छोड़ने की अपनी इच्छा व्यक्त कर रहे थे और कहा कि मैं उनसे ऐसा न बोलने के लिए कहूँ; क्योंकि दुनिया को अभी भी उन जैसे दुर्लभ व्यक्तियों की आवश्यकता है। उनसे विदा लेते समय मैंने उनसे कहा, ''एक दिन तो हम सभी को इस दुनिया से विदा होना है; लेकिन अभी हम 27 फरवरी (उनका जन्मदिन) को और फिर 8 मार्च को फिर मिलेंगे।' हमने चेहरे पर मुसकराहट के साथ हाथ मिलाया; लेकिन मैं जानता था कि उनमें जीवित रहने की कोई इच्छा नहीं रह गई थी।

मैं बंबई लौट आया। 10 मार्च को जब मैं बॉम्बे हॉस्पिटल में ऑपरेशन कर रहा था, उनकी मृत्यु का समाचार आया। वह महाराष्ट्र के पहले ऐसे असैनिक नागरिक थे, जिनका अंतिम संस्कार राजकीय सम्मान के साथ किया गया, जिस में हजारों शोकाकुल लोग एकत्र हुए थे। उस दिन नाशिक के टैक्सी और ऑटो ड्राइवरों ने शोकाकुल लोगों से कोई भी किराया नहीं लिया। समाज के सभी वर्गों द्वारा सम्मानित और प्रेम प्राप्त करनेवाले एक महान् कवि, साहित्य के एक विशाल स्तंभ के प्रति यह एक दुर्लभ श्रद्धांजलि थी।

अपने जीवन के अंतिम क्षणों में उन्होंने अपनी परिचारिका शांताबाई से एक पेंसिल व कागज माँगा और लिखा—

अंतिम दहलीज पर

प्रियतम,
वह पल आ गया है
जब तुम्हें इस अंतिम सराय में यहीं रह जाना होगा।
अब मैं उस दिशाहीन अंधकार की ओर बढ़ जाऊँगा, कुछ नहीं
बस उस चमचमाते सितारे का प्रकाश है, जो तुमने मुझे दिया है
हमारे जीवन-पर्यंत के साथ में

और जिसे मैंने किनारे पर पहुँचने तक संचित किया है।
प्रत्येक चरण के साथ टपकती बूँदें मुझे आगे का मार्ग दिखाएँगी
न, न, चिंता न करो, वह चमक खत्म न होगी
यात्रा के अंत के उस उन्मादपूर्ण पल तक, जब
अतीत, वर्तमान और भविष्य
उस परम शून्य में विलीन हो जाएँगे, जैसे
समुद्र-तट पर पानी के उतार-चढ़ाव के साथ रेत निमग्न हो जाती है,
यह जानते हुए भी आँसू किसलिए?
दहलीज पर कुछ बूँदें···यात्री के मार्ग पर।

यह लिखने के पश्चात् वह इतना अधिक थक गए थे कि उन्होंने कागज और पेंसिल शांताबाई को दे दिया। उन्होंने उनसे खिड़की खोलने का अनुरोध किया और कहा, ''मैं अपने मार्ग पर हूँ।'' और हमेशा के लिए अपनी आँखें मूँद लीं।

(मेरा सौभाग्य है कि मुझे कुछ सुझाव पंजिम, गोवा के मेरे मित्र डॉ. अजय वैद्य से मिले, जो एक ऑप्थैल्मिक सर्जन हैं और कला, साहित्य एवं थिएटर के क्षेत्र में अपनी दृष्टि और अनुराग के लिए प्रसिद्ध हैं।)

❑

अध्याय 19

क्या मैं किस्मत पर विश्वास रखता हूँ?

आत्म-निरीक्षण के पलों में मेरे दिमाग में अकसर यह विचार उभरता है कि किसी व्यक्ति के जीवन में किस्मत क्या भूमिका अदा करती है?

सन् 1943 में मैं टायफाइड के दौरे से बचा था, जिस समय क्लोरोमायसिटीन उपलब्ध नहीं होती थी। बुखार काबू में आया, मगर फिर वापस आकर लौट आता था, जो अड़तालीस दिनों तक चला था। मेरा पुनः स्वस्थ हो पाना एक असामान्य बात थी, क्योंकि उन दिनों आँतों से रक्तस्राव और छिद्र के कारण काफी मरीजों की मृत्यु हो जाती थी। टायफाइड के कारण मेरे कुछ मित्रों की भी मृत्यु हो गई थी।

मैं एक बार फिर मौत से बाल-बाल बचा था। एक छोटे से कस्बे में एक निदान कैंप में काम पूरा करने के बाद मैं तीन वरिष्ठ कंसल्टेंट के साथ पुणे (बंबई से 100 मील दूर एक शहर) के रास्ते में था। चालीस वर्ष पहले सड़कें इतनी अच्छी और सुरक्षित नहीं थीं और गाड़ी में सीट बेल्ट नहीं होती थी। मैं ड्राइवर के बगल में आगे की सीट पर बैठा था; लेकिन अंतिम मिनट में एक वरिष्ठ सर्जन वहाँ बैठ गए। हम पुणे पहुँचने ही वाले थे, जब मॉनसून की पहली बारिश शुरू हो गई। बारिश की बूँदों को अपने चेहरे पर महसूस करने का अपना बचपन का प्यार मुझे याद आ गया और मैंने खिड़की के पासवाली सीट पर बैठने की इच्छा प्रकट की। आसमान में दोहरा इंद्रधनुष बना था और मिट्टी की सोंधी महक मुझे एक अच्छी सिंगल मॉल्ट (एक व्हिस्की) की याद दिला रही थी।

मैं जिस समय उन्हें आत्मसात् ही कर रहा था, मैंने सामने से एक कार को आते हुए देखा। वह अचानक दाहिनी ओर को मुड़ी, जिधर सड़क नहीं थी। मैंने सन्निकट टकराव को महसूस किया और अपनी छाती को चोट से बचाने के लिए तुरंत ही एक तरफ को मुड़ गया। मैंने एक तेज धमाका सुना, टूटे काँच की बरसात और परिणामस्वरूप होनेवाला कोलाहल सुना। आगे की सीट पर बैठे सर्जन अचेत हो गए और उनकी नाक से रक्तस्राव

होने लगा। ड्राइवर का टूटा हुआ पैर फँस गया था और उसे दर्द हो रहा था। एक अन्य कंसल्टेंट सड़क पर गिर गए थे, लेकिन अपने पैर को कार से नहीं निकाल पाए थे। मुझे यह देखकर राहत मिली कि मैं अपनी उँगलियों को हिला-डुला पा रहा था। मेरी सूजी हुई बाईं कलाई से फ्रैक्चर का पता चल रहा था; लेकिन मुझे पेट में कोई दर्द नहीं था। अपना सिर और पैर मैं बिना किसी कठिनाई के हिला पा रहा था और अच्छी तरह से साँस ले पा रहा था। जीवित बच पाने के लिए मैंने भाग्य के प्रति आभार व्यक्त किया।

कार से उतरने पर मैंने सड़क पर पड़े हुए चार मृत शरीर देखे और एक आदमी को वहाँ बिखरे हुए आम बटोरते देखा, जो सामनेवाली गाड़ी से गिरकर बिखर गए थे। वह घबराहट और सदमे की स्थिति में था और खुद को ऐसी गतिविधि में व्यस्त रखे हुए था, जिसके बारे में उस स्थिति में कोई भी सोच नहीं सकता था। मेरे अचेत, खून से लथपथ सहकर्मी और दूसरे घायल यात्रियों को पास ही स्थित एक अस्पताल में ले जाने के लिए एंबुलेंस आई। मेरे सहकर्मी कभी भी पूरी तरह से स्वस्थ नहीं हो सके और मैं अभी भी नहीं समझ पाता कि वह कौन सी घड़ी थी, जब किस्मत ने उन्हें आगे की सीट पर बैठाया, जिस पर पहले मैं बैठना चाहता था। इस प्रकार से मैं बहुत ही गंभीर व घातक चोट से बच गया था।

जब मेरी पत्नी और बच्चे (मेरी बड़ी बेटी उस समय आठ वर्ष की थी और सबसे छोटा बेटा केवल सोलह महीने का था) अस्पताल में मुझसे मिलने आए तो मैंने अपने चेहरे पर मुसकराहट बनाए रखी और उनसे कहा कि कुछ ही दिनों में मैं घर आ जाऊँगा। मुझे बहुत अधिक दर्द था, लेकिन मैं आभारी था कि मैं शवगृह में नहीं था और खुश था कि मेरे परिवार को राहत थी।

दो वर्ष बाद मैं विश्व स्वास्थ्य संगठन (W.H.O.) के कंसल्टेंट के रूप में ढाका में था। वहाँ हमें लगातार बारिश का सामना करना पड़ रहा था। मैं उस समय कार में था, जब मैंने दो इंद्रधनुष देखे। इसके पिछले अनुभव ने मुझे कुछ व्याकुल कर दिया। सड़क के बगल में बह रही नदी कुछ बढ़ गई थी, जिसमें पानी की धार बहुत तेज थी, घने बादल छाए थे और लगातार बादल गरज रहे थे। मैं न चाहते हुए भी उस डरावने वातावरण से कुछ बेचैनी महसूस करने लगा। मैं इस विषय में सोच ही रहा था कि हमारी कार कीचड़ भरे, फिसलाऊ ढलान पर जाने लगी। अब मैं दूसरी बार संभावित मौत के आमने-सामने था। मैं इतनी दूर इस धरती पर मरने के लिए क्यों आया, जहाँ शायद मेरा शरीर भी खोजा न जा सके? जैसे ही कार नदी के निकट पहुँची, उसके बोनेट के बीच का भाग एक पेड़ से टकरा गया और हम अचानक ही रुक गए। हमने कुछ क्षण प्रतीक्षा की, लेकिन वह किसी तरफ झुकी नहीं। निकृष्टतम की संभावना से पहले ही सड़क पर काफी भीड़ जमा हो चुकी थी। हम गाड़ी से बाहर कूदे और हमारे जूते कीचड़ में धँस

गए। वहाँ खड़े लोगों ने सड़क पर चढ़ने में हमारी सहायता की और आभार प्रकट करने के लिए हमने उन्हें जो रुपए देने का प्रस्ताव दिया, उसके लिए उन्होंने मना कर दिया। उन्होंने बस, अल्लाह का शुक्रिया अदा किया और कहा कि उन्हें इसी बात की खुशी है कि एक बहुत बड़ी दुर्घटना होने से बच गई। एक बार फिर मेरे जीवन की रक्षा करने के लिए मैं भाग्य के प्रति आभारी था। यह अनुभूति उस समय और भी अधिक गहन हो गई, जब अगले दिन का अखबार उन लोगों की तसवीरों से भरा हुआ था, जो इतने भाग्यशाली नहीं थे कि उस बाढ़ में बच पाते। एक बस दुर्घटना में 20 से भी अधिक यात्रियों की मौत हो गई थी।

कहने की आवश्यकता नहीं कि मुझे आकाश में दो इंद्रधनुष देखने से घृणा है।

सन् 1950 में एक सर्जिकल सत्र के दौरान हमें सूचना मिली कि सरदार वल्लभभाई पटेल की मृत्यु हो गई है। उस दिन मैं अपने मित्रों के साथ मानवता के शोकाकुल समूह में शामिल होने गया, जो भारत के लौह पुरुष को अश्रुपूरित श्रद्धांजलि देने के लिए एकत्र हुए थे। उन्होंने 650 शाही राज्यों को भारतीय संघ में एकीकृत करने का विस्मयकारक कार्य किया था। अनेक लोगों को नहीं पता होगा कि बंबई से नई दिल्ली तक केवल 20 प्रतिशत रेलमार्ग भारतीय प्रांत से गुजरते थे और शेष स्वतंत्र राज्यों और उनके अपने शासकों व सेनाओं के बीच से गुजरते। कुछ विशेषज्ञों ने भविष्यवाणी की थी कि भारत निश्चित रूप से विघटित हो जाएगा और यहाँ केवल अव्यवस्था का शासन होगा। सरदार पटेल ने उन्हें गलत साबित कर दिया।

भीड़ इतनी विशाल थी कि हम सब एक-दूसरे से बिछड़ गए। मैं ओपेरा हाउस के निकट फ्रेंच ब्रिज पर था। मेरा कद छोटा है और मैं आगे की ओर बढ़ने का प्रयास कर रही विशाल भीड़ में फँस गया। मैं सभी तरफ से दब गया था और वास्तव में जमीन से ऊपर की ओर उठ गया था। कुछ समय तक मैं हवा में ही था, जो बहुत ही भयानक अनुभव था। जब मैं जमीन पर आया तो अत्यधिक राहत की अनुभूति हुई। मेरे पसीने छूट रहे थे, लेकिन मैं साँस ले पा रहा था। शरीर में दर्द कुछ दिनों तक बना रहा था। जब भारत में धार्मिक जन-समूह में या यूरोप और लैटिन अमेरिका में सॉकर स्टेडियम में जन-समुदाय अनियंत्रित हो जाता है तो उस समय मची भगदड़ में लोग कैसे मर जाते हैं, यह समझना मेरे लिए आसान था।

सन् 1959 में इंग्लैंड प्रवास के दौरान मैंने रात के 10 बजे तक दो आपातकालीन ऑपरेशन सहित उस दिन के सारे काम पूरे कर लिये थे और फिर रेजिडेंट्स की पार्टी में शामिल हो गया, जहाँ मैंने केवल एक पिंट बियर पी थी। मैं अपनी नई खरीदी हुई नीले रंग की फोर्ड एंजिला में कैंब्रिज जाने के लिए शहर से निकला, जहाँ चार मित्रों के साथ मैं दस दिनों की छुट्टियाँ मनाने वाला था। मुझे ड्राइविंग में बहुत आनंद आता था।

यह मेरी पहली कार थी। रास्ते में ट्रैफिक न के बराबर था और सबकुछ मेरी योजना के अनुरूप ही चल रहा था। चिकनी सड़क पर घूमती पहियों की आवाज का मेरे कानों पर बहुत ही मधुर प्रभाव पढ़ रहा था और मेरी आँखों में भारीपन आने लगा। खुद को सतर्क बनाए रखने के लिए मैं खिड़की खोलकर अपने चेहरे पर ठंडी हवा का झोंका लेने लगा।

मैं लीस्टर के बाहरी इलाके में था, जब मैंने लाल बत्ती का सिग्नल देखा। मैंने एक्सीलरेटर से अपना पैर हटाया और ब्रेक दबाया; लेकिन तभी मेरा दिल दहल गया। मैं लाल बत्ती से आगे निकल चुका था। टक्कर को बचाने के लिए सड़क के दूसरी ओर तेजी से मुड़ी एक कार की तेज आवाज से मैं अचानक जागा। यह चमत्कार था। सतर्क ड्राइवर की तत्पर प्रतिक्रिया के कारण टक्कर बच गई। मेरे पाँव काँप रहे थे और मैंने खुद से कहा, "फिर कभी ऐसा नहीं होगा।" मैंने सड़क के किनारे पर कार रोकी और कैंब्रिज जाने से पहले दो घंटे के लिए सो गया। मैंने अनुभव किया कि एक बार पलक झपकते भी व्यक्ति सो सकता है। थकान और कम मात्रा में भी एल्कोहल का संयोजन बहुत ही घातक होता है।

मेरा पहला दिल का दौरा

मैं अचानक छाती में दर्द के कारण नींद से जागा। मैं समझ रहा था कि तीन दशक के अत्यधिक व्यस्त जीवन के बाद बासठ वर्ष की उम्र में मेरा हृदय कुछ आराम माँग रहा है। मेरे घर में चार डॉक्टर थे—मेरी पत्नी, बेटी, दामाद और बेटा और कार्डियक आई.सी.यू. केवल 200 यार्ड की दूरी पर था। भाग्यवश, बहुमूल्य समय के अंदर ही मुझे आपातकालीन उपचार मिल गया और न स्टेंट, न बाईपास की आवश्यकता पड़ी।

मैंने एक अनुशासित जीवन जिया है, अपना युवावस्था का वजन बनाए रखा है और नियमित रूप से व्यायाम करता रहा हूँ; लेकिन व्यावसायिक जीवन का तनाव मेरा सतत साथी बना रहा है। मैं बहुत समय तक अच्छे स्वास्थ्य को स्वाभाविक रूप से उपलब्ध मानता रहा हूँ; लेकिन यहाँ चेतावनी की घंटी बज गई थी। अब खाली समय भविष्य का लक्ष्य नहीं रह गया था। इसके लिए अभी समय था।

दिल का दौरा मेरे जीवन में परिवर्तन लेकर आया। इस बात की व्यग्रता कि मुझे दिल का दौरा पड़ सकता है, अब खत्म हो गई थी। मुझे आश्चर्य था कि मैं भयभीत नहीं था, बल्कि मुझे दुःख था कि अब मैं इस एकमात्र जीवन की खुशियों का आनंद नहीं ले सकूँगा। स्वच्छ चेतना मेरी प्रमुख संपदा थी। मैंने बिना लालच के काम किया था और अनेक निर्धनों का ऑपरेशन निःशुल्क किया था। मेरा मृत्यु के बाद जीवन पर, पुनर्जन्म के किसी भी प्रकार के पुरस्कार या दंड पर कोई विश्वास नहीं था।

मैंने जीवन में जितनी कल्पना की थी या मैं जितना योग्य था, उसकी तुलना में

मैंने बहुत कुछ प्राप्त किया था। सर्जरी के अतिरिक्त दुनिया के किसी भी अन्य व्यवसाय में मुझे एक चिकित्सक, वैज्ञानिक, कलाकार, दार्शनिक, शिक्षक और मानवतावादी का सुसमृद्ध अनुभव प्राप्त नहीं होता।

मैं इस वास्तविकता का सामना कर रहा था कि कल नहीं आएगा। मैंने अपने बेटे से कहा कि काम नहीं रुकना चाहिए किसी प्रकार का कोई कर्मकांड न किया जाए। मेरी तसवीर मराठी और अंग्रेजी के अखबारों में समाचार के साथ दी जाए, क्योंकि मुझे सारे देश के लोग जानते थे। रोगी, शुभचिंतक और मित्र मुझे दीपावली व क्रिसमस के शुभकामना संदेश न भेजें। लेकिन सौभाग्य से, मैं पूरी तरह से स्वस्थ हो गया और चार सप्ताह के भीतर ही वापस काम पर पहुँच गया।

दूसरा दिल का दौरा

मैं फिनलैंड से लौटा था, जहाँ मैं मध्य रात्रि का सूर्य देखने गया था। लौटने पर एक आपातकालीन स्थिति मेरी प्रतीक्षा कर रही थी। एक कंसल्टेंट सर्जन को पेट में तीक्ष्ण दर्द के कारण भरती किया गया था। सोमवार के लिए सर्जरी की योजना बनाई गई थी, लेकिन उस दिन पहले से ही चार बड़े ऑपरेशन होने वाले थे। अतः उस सर्जन के आँत के अवरोध के लिए मैंने रविवार को ही सर्जरी कर दी।

अगले दिन नहाते समय मुझे दिल का दूसरा दौरा पड़ा। एक बार फिर मैं सौभाग्यशाली था कि मुझे तुरंत ही सहायता मिल गई। एंजियोग्राफी से पता चला कि बाईपास अनिवार्य था। मैंने प्रक्रिया का अच्छी तरह से सामना किया। मैंने महसूस किया कि आई.सी.यू. में लोग क्यों अवसादग्रस्त हो जाते हैं। बाहरी दुनिया से पूरी तरह से कट जाने पर मुझे यही पता नहीं चलता था कि इस समय दिन है या रात। अत्यधिक कमजोरी महसूस हो रही थी। वहाँ लाइट सपोर्ट पर कुछ गंभीर रोगी थे, कुछ मृत्यु के इंतजार में लगातार नई भरतियाँ हो रही थीं। डॉक्टर व नर्सें हर समय दौड़ते रहते थे और उपकरणों की लगातार आवाजें होती रहती थीं। रोगी को कैद में रखनेवाली असंख्य नलियाँ हर गति को पीड़ादायक बनाती थीं।

आई.सी.यू. से निकलकर कमरे में शिफ्ट होने पर मैं बहुत खुश था, जहाँ से मैं बंबई का आकाश देख सकता था, ट्रैफिक की आवाज सुन सकता था और खिड़कियों से टकराते तेज बारिश के झोंकों को देख सकता था। मुझे शांतिदायक दवाओं पर रखा गया था, क्योंकि मेरी नींद का तरीका पूरी तरह से बदल गया था और यह मुझे घर वापस आने के बाद भी तंग करता रहा। नींद मेरे लिए कभी भी समस्या नहीं रही है। मैं बंबई के शोरगुलवाले ट्रैफिक में भी आसानी से बढ़िया नींद ले सकता था। लेकिन अब मैं अनिद्रा की समस्या से जूझ रहा था। मैंने सीडेटिव की खुराक बढ़ा दी; लेकिन उसके

बावजूद पूरी रात मेरी आँखें पूरी तरह से खुली रहतीं।

बिना नींद की रातों का मेरा डर परिस्थिति को असहनीय बना देता था और इसीलिए मैंने एक रात जब अपने हाथों को काँपते देखा तो सीडेटिव की तीन गोलियाँ ले लीं। इससे मुझे धक्का लगा, क्योंकि सात दशकों से मुझे स्थिर हाथों और गहरी नींद की आदत थी। मेरे दिमाग में बिना गोली खाए सो न पाने का डर आ गया था और उससे भी बड़ा डर यह था कि गोलियाँ खाने के बावजूद मैं सो नहीं पाऊँगा। मैंने निर्णय किया कि कुछ और दिनों तक बिना सोए हुए बिताने से मैं मर नहीं जाऊँगा।

मुझे मध्य-पूर्वी देश की एक कॉलेज जानेवाली युवती की याद आई, जिससे मेरी मुलाकात लंदन के एक ट्रेन में हुई थी। वह टूटी-फूटी अंग्रेजी बोल रही थी और हुआ यूँ कि वह जो पता खोज रही थी, वह उस स्टेशन के पास था, जहाँ मुझे उतरना था। वह कला में स्नातक थी और ड्रामा में उसकी रुचि थी। बातचीत के दौरान उसने बताया कि उसने अपने जीवन में पहली बार लंदन में अच्छी नींद का आनंद लिया है। वह जिस स्थान की रहनेवाली थी वह हिंसा, गोलीबारी, मशीन गन और सड़कों पर चलते टैंकों का है।

मैंने सुना था कि द्वितीय विश्व युद्ध की बमबारी के दौरान इंग्लैंड के लोग रात भर पीड़ा में बिताते थे। प्रशिया के सेंट पीटर्सबर्ग में मेरी मुलाकात एक सर्जन से हुई थी, जिन्होंने मुझे बताया कि उनकी माँ बताती थीं कि किस तरह से हजार दिनों तक जर्मनी की घेराबंदी के दौरान नागरिक पीड़ित रहते थे। भूख, रोग और ठंड से हजारों लोगों की मृत्यु हो गई। यूरोप, चीन, जापान, वियतनाम, बोस्निया, पैलेसटाइन और म्याँमार में लाखों लोग मर गए। बंबई की झुग्गी-झोंपड़ियों में 40 लाख से अधिक लोग अमानवीय परिस्थितियों में रह रहे हैं। मुझे अपनी नींद के लिए चिंता करने का अधिकार ही क्या है, जबकि मैं बहुत ही आरामदायक कमरे में रहता हूँ और एक सुरक्षित घरेलू माहौल में मेरी इतनी अच्छी देखभाल की जा रही है!

इस अनुभूति ने मुझे अपने मामूली डरों के साथ छोटेपन का अहसास कराया। मैंने उन गोलियों को फेंक दिया और उन्हें न छूने का निर्णय लिया। उस रात मैं केवल एक घंटे सो सका, लेकिन बिना नींद की गोली के। अगले कुछ दिनों में मेरी नींद में लगातार सुधार होता गया और शामक (नींद की गोली) गोलियाँ वापस आलमारी में बंद हो गईं।

हम गलत अपेक्षाओं के साथ अपने जीवन का तनाव बढ़ाते हैं। हमें इस विचार के साथ आभारी महसूस करना चाहिए कि संसार के लाखों लोगों की तुलना में हम कितने भाग्यवान् हैं।

पुल्मोनरी एडीम (पानी भरा फेफड़े की समस्या)

अक्तूबर 2010 में मुझे मुख्यत: भूख की कमी के कारण स्वास्थ्य संबंधी जाँच

करवानी थी। सी.टी. स्कैन के कुछ समय बाद मेरी साँस तेज चलने लगी। मुझे बैठना पड़ा और व्यग्रता एवं भय मुझ पर हावी होने लगे। मेरे सहकर्मी डॉ. किशोर अद्यान्थया ने मुझे व्हील चेयर पर बैठाया और मुझे लेकर बॉम्बे हॉस्पिटल के कॉरिडोर में तेजी से दौड़े। मुझे आई.सी.यू. की लिफ्ट में ले जाया गया। मैंने महसूस किया कि हवा के लिए व्याकुलता किस तरह की होती है और मेरा मौत के साथ आमना-सामना हो रहा था। ऑक्सीजन मास्क से लाभ नहीं हो रहा था और मैं समझ गया था कि अंत आ गया है; क्योंकि मेरी अंतिम साँस में ऑक्सीजन नहीं पहुँच सकी थी। तभी मुझे एक तेज धमाके की आवाज सुनाई दी, जिसके विषय में मुझे बाद में पता चला कि मेरे फेफड़ों में दबाव के साथ ऑक्सीजन पंप किया जा रहा था। मेरे फेफड़ों में दबाव डालकर फेफड़ों में जमा पानी को बाहर निकाला गया। उसी समय मैंने श्वास अंदर लेने की खुशी का अनुभव किया। लेकिन विचारों की श्रृंखला मेरे मन को घेरने लगी। क्या मुझे वेंटिलेटर की आवश्यकता होगी और कितनी देर? सौभाग्यवश मैं खुद ही श्वास ले पा रहा था। हम एक दिन में 20,000 से अधिक बार साँस लेते हैं; लेकिन उस दिन जिस पल मैंने एक प्रभावशाली श्वास ली, वह मेरे मस्तिष्क पर आभार और प्रसन्नता के साथ अंकित है। 'केवल एक ही साँस जीवन को मृत्यु से अलग करती है।'—यह वक्तव्य एक अशिक्षित महिला बहिनाबाई के हैं, जो ग्रामीण भारत की एक महान् कवयित्री थीं।

(सी.टी. स्कैन के दौरान पेट के अंगों की स्पष्ट तसवीरें लेने के लिए इंजेक्ट किया गया डाई रक्त-संचरण को भारी कर सकता है। सँकरे वॉल्ववाला हृदय रक्त-संचरण के अतिरिक्त बोझ को वहन नहीं कर पाता है, जिससे फेफड़ों में पानी जमा होने लगता है और वायु के प्रवेश के लिए कोई भी स्थान नहीं बचता। केवल दबाव के साथ ऑक्सीजन देकर फेफड़ों से द्रवों को बाहर धकेला जा सकता है और इस तरह से रोगी को बचाया जा सकता है।)

डॉक्टरों को मालूम था कि बाईपास ऑपरेशन के दौरान मेरे हृदय की महाधमनी का वॉल्व और छोटा हो गया था। वृद्धावस्था में यह स्थिति अकसर देखने को मिलती है, लेकिन इससे मेरी गतिविधियों पर कोई असर नहीं पड़ रहा था।

कुछ दिनों बाद जब मैं अस्पताल में ही था, मुझे अचानक ही हृदय आघात की सन्निकट विपत्ति की अनुभूति हुई और आई.सी.यू. में मेरा उपचार किया गया। डॉक्टर 'नियर डेथ' (सन्निकट मृत्यु) शब्द का उपयोग करते हैं; लेकिन बिना यह समझे हुए कि इस समय कैसी अनुभूति होती है।

मुझे महसूस हुआ कि इस पीड़ा से कहीं अधिक दयालु मृत्यु होगी।

एंजियोग्राफी से पता चला कि आठ वर्ष पहले मुझ पर की गई बाईपास सर्जरी सही ढंग से काम कर रही थी और धमनी, जो अवरोधों का बाईपास करने के लिए उपयोग

की जानेवाली छोटी धमनियाँ होती हैं, अब एक सुंदर बड़ी रक्तवाहिकाओं में विकसित हो गई थीं। प्रकृति वास्तव में असाधारण है। एक छोटी सी गली अब एक चौड़े राजपथ/हाइवे में विकसित हो चुकी थी।

महाधमनी के वॉल्व के सँकरे होने से अब मेरे लिए मृत्यु सन्निकट हो चुकी थी। मैंने सर्जरी करवाने का निर्णय लिया, जो आराम के समय भी हार्ट फेल होने के खतरे से अधिक सुरक्षित खतरा था। सर्जरी से बचने के सुझावों पर विचार किया गया, क्योंकि मेरा पहले ही एक बार ऑपरेशन हो चुका था। दोबारा ऑपरेशन होने से किसी भी सर्जरी में तकनीकी कठिनाई आती है, क्योंकि छाती में स्थित संरचनाएँ एक-दूसरे में मिल जाती हैं और उनका विच्छेदन (डिसेक्शन) आसान नहीं होता। मेरी उम्र लगभग 80 वर्ष हो चुकी थी। पूरी तरह से नियंत्रित हलके डायबिटीज के साथ ही हृदय के पूरे अवरोध के लिए पेसमेकर लगा था।

मैं अपने पूरे जीवन सक्रिय रहा हूँ और इस बात को स्वीकार करना कि मुझे धीमे पड़ जाना चाहिए, मेरे लिए सोच से परे था। केवल तीन ही घटनाएँ संभव थीं। ऑपरेशन टेबल पर मेरी मृत्यु हो सकती थी, जो एक पीड़ा-रहित मृत्यु का वरदान होता। अगली संभावना थी, मेरी उम्र में पीड़ादायक स्वास्थ्य-लाभ के तूफान से गुजरने के बाद नए वॉल्व के साथ स्वस्थ होना और सक्रिय जीवन के कुछ और वर्षों का आनंद लेना। तीसरी जिस संभावना से मुझे चिंता हो रही थी, वह थी कि मुझे लाइफ सपोर्ट सिस्टम की पीड़ा सहनी होगी और संभव था कि मैं दोबारा सामान्य अस्तित्व के साथ जीने के योग्य न रहूँ। मैंने अपने डॉक्टरों और रिश्तेदारों से बता दिया था कि ऐसी स्थिति में मुझे सम्मान के साथ मरने की अनुमति दी जाए।

जब सर्जरी शुरू होने वाली थी तो अंत निकट होने के विचार मेरे मन के साथी बन गए। ऑपरेशन से एक दिन पहले मैंने सोचा कि यह संभवत: मेरे जीवन की अंतिम शाम है। जब मैंने अपने दाँत साफ किए, जब मुझे मेरे बिस्तर से उठाया गया, जब मैंने वार्ड छोड़ा, एलेवेटर / लिफ्ट से ऊपर ले जाया गया और जब मैंने ऑपरेशन थिएटर में प्रवेश किया—प्रत्येक क्षण अंत की अनुभूति का अनुभव हो रहा था। मेरे मन में विचार आया कि कुछ ही घंटों में इसी प्रकार मेरा शरीर इलेक्ट्रिक श्मशानघाट में जाएगा। इस विचार ने मुझे व्यथित नहीं किया।

मैंने अपने ऑपरेशन के लिए बॉम्बे हॉस्पिटल के डॉ. अनिरुद्ध त्रिवेदी को चुना। मैंने उन्हें ऑपरेशन करते हुए और ऑपरेशन के बाद उनकी उत्कृष्ट देखभाल को देखा था। ऑपरेशन से पहले वह मेरे कमरे में आए और मेरे चरण-स्पर्श करके मेरा आशीर्वाद लिया। किसी भी व्यक्ति के लिए यह विशिष्ट अनुभव होगा। मैं प्रफुल्लित हो गया। पिछले चार वर्षों से मुझे उच्च कोटि का जीवन देने के लिए मैं हमेशा ही उनके और

उनकी टीम के प्रति अनुगृहीत रहूँगा।

मैंने युवा सर्जनों को प्रशिक्षित करके और अनेक जीवनों को लाभान्वित करके चिकित्सा व्यवसाय की उच्चतम परंपरा का अनुसरण किया था। इस अनुभूति ने मुझे अत्यधिक शक्ति दी। जिस समय एनेस्थीसिया दिया जा रहा था, मुझे सत्रहवीं शताब्दी के संत कवि तुकाराम का एक वक्तव्य याद आया। पूर्ण सत्यनिष्ठा के साथ इतनी कठिनाई का जीवन जीना उपयुक्त ही था, जिससे धरती पर अंतिम क्षण संतुष्टि के भाव से परिपूर्ण होंगे।

मुझे बताया गया कि मेरी महाधमनी का वॉल्व बुरी तरह से क्षतिग्रस्त हो गया था और उसे सफलतापूर्वक बदल दिया गया। खून के थक्के जमने में एक कमी के कारण सर्जरी आठ घंटों तक चली। जैसी कि अपेक्षा ही थी, ऑपरेशन के बाद की अवधि कठिन थी। छाती की हड्डी को दूसरी बार विभाजित करना पड़ा था। इसके कारण लगातार पीड़ा हो रही थी। मेरे शरीर में अनेक नलियों को जोड़कर मुझे बाँध दिया गया था। खाँसी से कठिन परीक्षा होती। धीरे-धीरे एक-एक करके सभी नलियों को मेरे शरीर से निकाला गया और जब अंतिम नली निकाली गई, नलियों के बिना जीवन अत्यधिक सुंदर महसूस हुआ।

आई.सी.यू. में मेरे लिए समय की सारी अनुभूति समाप्त हो गई थी। नर्सों, फिजियोथैरेपिस्ट और चाय एवं नाश्ता लानेवाले परिचारकों की लगातार लाइन लगी रहती थी। टेक्नीशियन सुबह 6:30 बजे आकर खून ले जाते, ताकि 8 बजे तक जब डॉक्टर आएँ तो रिपोर्ट तैयार मिले। तीस वर्ष तक जिस अस्पताल में एक वरिष्ठ सर्जन के रूप में काम करने के कारण मुझे वह विशेषाधिकार मिल रहा था, जो मुझे कहीं और बिल्कुल भी नहीं मिल सकता था।

त्वचा का रूखापन एक तकलीफदेह समस्या थी। नमीवाली (मॉस्चुराइजिंग) क्रीम प्रभावी नहीं हो रही थी। हथेली और तलवे की त्वचा से पपड़ी निकल रही थी। बेड पैन का उपयोग और बिस्तर पर लेटकर ही मल-त्याग करना बहुत ही तकलीफदेह अनुभव था। बेड पैन को हटाने के लिए प्रतीक्षा करनेवाले परिचारक के समक्ष मैं अपनी असमर्थता व्यक्त करता। मुझे उस सफाई कर्मचारी के लिए बहुत दुःख होता, जिसका एकमात्र काम था रोगियों के बिस्तरों के नीचे बेड पैन लगाना और निकालना।

मेरे साथ काम करनेवाली नर्सों के सामने अपने कपड़े उतारने का संकोच जल्दी ही जाता रहा।

डॉक्टर के विनोदपूर्ण व्यवहार की भी मैंने सराहना की। जब मेरी किडनी की प्रक्रिया में सुधार हुआ तो मुझे बताया गया कि मैं अपनी किडनी ट्रांसप्लांट (प्रत्यारोपण) के लिए दान दे सकता हूँ।

मेरी मांसपेशियों में काफी अधिक मात्रा में क्षति हुई थी और अत्यधिक प्रयास व पीड़ा के साथ ही मैं बिस्तर से उठ सका। खड़े होने पर मेरे पैर लड़खड़ाते थे।

जब मैं अस्पताल के बिस्तर पर पड़ा था, मेरी जागरूकता इस दिशा में बढ़ी कि बंबई में अभी भी कुछ चिड़ियाँ जी पा रही थीं। मैं फुटपाथ पर तेजी से टहलते लोगों को देखता; हॉकी, फुटबॉल और क्रिकेट खेलते युवक-युवतियों को देखता; हँसते-खिलखिलाते बच्चों को देखता, जो दौड़ते, गिरते-पड़ते और फिर भी खेलना जारी रखते और वार्ड में साधारण से गिर जाने के कारण कूल्हे में फ्रैक्चर से पीड़ित बूढ़े रोगी भरती थे। इससे मुझे सशक्त और लचीली हड्डियों की खूबसूरती का अहसास हुआ।

जब हमारी उम्र बढ़ने लगती है, तब हमें अहसास होता है कि युवावस्था कितना शानदार उपहार है—सीढ़ियों से ऊपर और नीचे जाना, दौड़ना, बिना रक्त शर्करा की चिंता किए हुए पूरा खाना खाना, बिना थके हुए लगातार आठ से दस घंटे तक ऑपरेशन करना, बिना पेट खराब हुए कभी-कभार पर्याप्त मात्रा में एल्कोहल का आनंद लेना, बिना आँखों में पानी आए पढ़ना, फुसफुसाहट को भी सुन लेना, गहरी नींद का आनंद लेना और मजबूत दाँत।

अस्पताल में रहने के कारण मैं वार्ड बॉय, सफाई कर्मचारियों, टेक्नीशियन और नाई से बातें कर पा रहा था, जिनमें से अधिकांश ग्रामीण भारत से आए थे। सुबह के समय जो वार्ड बॉय मुझे चाय देता था, वह हमेशा प्रसन्नचित्त रहता था, अपने मस्तक पर लाल तिलक लगाता और भक्ति-गीत गाता था। उसकी पत्नी को औपचारिक शिक्षा प्राप्त नहीं हुई थी; लेकिन उसकी दोनों बेटियाँ स्कूल में पढ़ती थीं। पूरा परिवार सप्ताह में उस एक दिन की प्रतीक्षा करता था, जब सभी पड़ोसी मिलकर भजन-कीर्तन करते और महाकाव्यों एवं पुराणों की कहानियाँ सुनाते। परिवार एक छोटे से घर में रहता था। वे सब सुबह जल्दी सोकर उठते, अपने कपड़े धोते और बच्चे पास के स्कूल में पढ़ने जाते। सप्ताह में एक बार परिवार टी.वी. पर कोई रोचक फिल्म देखता।

उसके परिवार के लिए भजन गाना एक दैवी अनुभव था और उसकी बेटियाँ भी अत्यधिक उत्साह से उस कार्यक्रम की प्रतीक्षा करती थीं।

असंस्कृत नाइट लाइफ के उत्साह और उत्तेजक एवं शामक नशे के सेवन से कहीं अधिक अच्छा है प्रार्थना और भजन में इस प्रकार की श्रद्धा रखना।

किसी भी प्रकार की श्रद्धा, जिससे संतुष्टि की प्राप्ति हो, किसी भी प्रकार की शामक दवाओं से श्रेष्ठ है। मानव सभ्यता आत्म-संतुष्टि एवं आनंद की तलाश में है, क्योंकि यह संसार आज अवसाद के शिकंजे में जकड़ा हुआ है। दवाएँ और आमोद-प्रमोद की तलाश संतुष्टि प्रदान नहीं कर सकते। यह भीतर से आती है, जब कोई व्यक्ति कृतज्ञता के भाव के साथ सार्थक जीवन जीता है।

एक युवा नर्स की कहानी याद करने लायक है। उसे 5 बजे सुबह उठना होता, 20 मिनट तक धुँधली रोशनीवाली, गड्ढों से भरी सड़क पर चलकर उसे शहर के बाहरी भाग से ट्रेन पकड़नी होती, जिससे वह सुबह 7:15 अपनी ड्यूटी पर पहुँच सके। जब उसकी शाम की ड्यूटी होती तो वह रात के 10 बजे घर पहुँचती। उसके पिता एक ऑटो-रिक्शा के ड्राइवर थे। उसकी माँ ने मुक्त विश्वविद्यालय से खुद को सुशिक्षित किया और घर पर छोटे-छोटे लड़के-लड़कियों को पढ़ाती थी। उसका भाई एक कंप्यूटर डिप्लोमा कर रहा था और उसकी बहन एक संस्था में टेलीफोन ऑपरेटर के पद पर नियुक्त थी। पूरा परिवार एक कमरे में रहता था। उन्हें यह लाभ था कि उनके पास अपना टॉयलेट था। लाखों भारतीय इस तरह से रहते हैं। उनका पूरा जीवन एक संघर्ष ही है। वही मेहनती व्यक्ति हैं, जो हर स्तर पर भ्रष्टाचार (जो ऊँचे स्तर पर और भी अधिक है) के बावजूद देश को आगे की ओर ले जा रहे हैं।

मैं अस्पताल में परोसे जानेवाले स्वाद-रहित भोजन की एकरसता के खत्म होने की प्रतीक्षा कर रहा था। मुझे बिल्कुल भी भूख नहीं थी, लेकिन अपनी जीवन-शक्ति को बनाए रखने के लिए और यह सुनिश्चित करने के लिए कि मेरे घाव उचित ढंग से ठीक हो जाएँ, मुझे खाना अपने मुँह में जबरन धकेलना पड़ता था।

किसी भी अस्पताल के वार्ड की सार्वभौमिक महक इथर, स्पिरिट, दवाओं, घाव की ड्रेसिंग, आधे खाए हुए भोजन की प्लेट, यूरिन के पॉट और बेड पैन की मिली-जुली गंध बहुत अवसादकारी थी; लेकिन मैं जानता था कि यह जल्दी ही खत्म हो जाएगा। मैं बगल के कमरे के उस नब्बे वर्ष के रोगी से अधिक भाग्यशाली था, जो छह महीने तक आई.सी.यू. में भरती थे। खुले हुए मुँह के साथ वह एक निष्क्रिय अवस्था में थे और उन्हें टहलाने के लिए एक व्हील चेयर पर ले जाना पड़ता था। उनके परिवार से नियमित रूप से कोई मिलने आता था; लेकिन वह उन्हें पहचान नहीं पाते थे। मैं खुश था कि कोई उनकी परवाह तो करता था। मेडिकल साइंस इतना अधिक निर्दयी क्यों है कि ऐसे इनसान को तकनीकी रूप से जीवित रखता है, जो जीवन के आनंद का अनुभव करने में ही अक्षम है? आधुनिक युग में यह नैतिक असमंजस की कठिन परिस्थिति है, जहाँ जीवन को लंबा करना संभव हो गया है।

विज्ञान जीवन की गुणवत्ता को परिभाषित नहीं करता। यह केवल जीवन को लंबा कर सकता है। परिवार समृद्ध था और रिश्तेदार इस बात पर जोर देते थे कि रोगी के लिए सारे संभव प्रयास किए जाते रहें। सबकुछ संभव और सबकुछ तर्कसंगत में बहुत अधिक अंतर है। इस मामले में भाग्यहीन रोगी का मत कुछ भी नहीं था।

जब दिसंबर 2010 में अमेरिका के राष्ट्रपति बराक ओबामा बंबई आए तो बंबई पुलिस ने मेरे सामनेवाला कमरा सील कर दिया था। वह अस्पताल के निकट स्थित एक

कॉलेज में भाषण देने आए थे। अस्पताल की बारहवीं मंजिल से मैंने सड़क पर उनकी कारों का काफिला जाते देखा। सभी आशा कर रहे थे कि देश में उनका प्रवास सुरक्षित रहेगा और सील किया हुआ कमरा उस समय तक वैसा ही रखा जाए, जब तक कि वह दिल्ली के लिए रवाना नहीं हो जाते।

सन्निकट मृत्यु के इतने सारे अनुभवों के बावजूद मैं जीवित हूँ। मुझे याद है कि जब मैं इंग्लैंड में था, उस समय ओपन हार्ट सर्जरी की मृत्यु दर काफी अधिक थी। साठ वर्ष पहले की तुलना में इस समय वृद्ध होना अधिक अच्छा है। सर्जरी के चार वर्ष बाद मैं बहुत सक्रिय हूँ और इसके लिए प्रतिदिन कृतज्ञ महसूस करता हूँ।

जब मुझे मेरे जीवन की सन्निकट मृत्यु की दुर्घटनाएँ याद आती हैं तो मुझे महसूस होता है कि हम दुर्घटनाओं में मरते हैं, लेकिन दुर्घटनावश जीवित भी रहते हैं। एक वैज्ञानिक ने कहा है, 'बड़ा सत्य वह है जिसके विपरीत भी सत्य ही हो।'

हर बार जब मैं मृत्यु से बचा, मैंने यही माना कि मेरे चमत्कारिक रूप से बचने के पीछे कोई उद्‌देश्य निहित था।

❑

अध्याय 20

मृत्यु का सामना करने में साहस

मेरी बेटी नीना (अंजना) की जर्मनी से एक पेन-फ्रेंड है गेबी, जो कोलोन के निकट एक गाँव में रहती है।

मई 2007 में मुझे उसके पिता होर्स्ट जब्लोंसकी से मिलने का अवसर मिला, जिनकी उम्र 70 वर्ष से अधिक थी और जिनका जीवन त्रासदियों की एक शृंखला थी, जिन्हें उन्होंने अत्यधिक धैर्य के साथ सहन किया। बचपन में वह एक बड़े फार्म में रहते थे; लेकिन युद्ध शुरू हो गया और उनके पूरे परिवार को वहाँ से भागना पड़ा। इसके साथ ही सुरक्षा के लिए भागते रहने की उनकी कठिन परीक्षा शुरू हुई। उन्होंने लोगों की हत्याएँ होते देखीं और आक्रमणकारी सैनिकों के द्वारा बलात्कार की जानेवाली लड़कियों की चीखें सुनीं। उन्हें –200 सेंटीग्रेड पर चलना पड़ता था। लोग ठंड से मर रहे थे। बर्फ पिघलने पर कुछ डूबकर मर गए। उन्हें चारों ओर से बंदूकों की और बम फटने की आवाजें सुनाई देतीं। अंततः उन्हें एक ऐसे गाँव में आश्रय मिला, जहाँ उन्होंने एक संपन्न किसान के साथ काम किया। उन्हें बहुत ही मेहनत से काम करना पड़ता और खाने में उन्हें एक टुकड़ा ब्रेड और सूप मिलता, जिसमें अकसर कीड़े पड़े होते।

युद्ध खत्म हुआ। उन्होंने एक होटल में नौकरी की, जूतों की पॉलिश की और एक बार में सफाई की। किसी तरह से होटल का मालिक उनसे प्रभावित हो गया। उन्होंने ट्रक चलाना सीखा, सेल्समैन का काम सीखा। वह इतनी अच्छी तरह से काम कर रहे थे कि उनका मालिक अपनी बेटी से उनकी शादी करवाना चाहता था। लेकिन वह जानते थे कि वह इतने संपन्न परिवार की लड़की से विवाह नहीं कर सकते थे और उन्होंने अपना आत्मसम्मान बनाए रखा।

उन्होंने अपनी नौकरी छोड़ दी और एक पर्यटन बस कंपनी शुरू कर दी—पहले छोटी दूरियों के लिए और फिर लंबी दूरियों के लिए। जब परिस्थितियाँ अच्छी हो रही थीं तो सन् 1987 में उन्हें कैंसर हो गया और सफलतापूर्वक उनका उपचार हो गया। उन्होंने

जमीन का एक प्लॉट खरीदा और पहली बार उनके पास अपना घर था। दुर्भाग्यवश उन पर एक और विपदा आ गई। उन्हें मांसपेशियों की कमजोरी होने लगी। वह अपंग हो गए और अंततः व्हील चेयर पर चलने लगे। श्वास की तकलीफ के फलस्वरूप निमोनिया हो गया और उनकी श्वास-नली में स्थायी रूप से एक नली डालनी पड़ी। वर्ष 2003 में उन्हें दिल का दौरा पड़ा और उनकी बाईपास सर्जरी हुई। मांसपेशियों में बढ़ती हुई कमजोरी लगातार जारी रही और उन्हें एक यांत्रिकी बिस्तर पर रखा गया, जहाँ उनके हाथ व पैरों की गति को कंप्यूटरीकृत घिरनी के द्वारा नियंत्रित किया जाता था। वह एक स्वचालित इलेक्ट्रिक व्हील चेयर पर चलते हैं, जिस रूप में सन् 2007 में मैंने उन्हें देखा।

वह एक आकर्षक तरीके के कपड़ों में थे। रे बैन का धूप का चश्मा लगाए थे और उनके काले बाल चिकने ढंग से पीछे की ओर सँवारे गए थे और उनके चेहरे पर संतुष्टि के भाव थे। देखनेवालों को विश्वास नहीं हो सकता था कि उन्हें हाल ही में दाहिने हाथ में हर्पीस जोस्टर हुआ था। उन्हें अत्यधिक दर्द था और वह कोर्टीजोन दवा पर चल रहे थे।

वह जानते थे कि अंत निकट है और अपना आभार व्यक्त करने के तथा मित्रों से मिलने के लिए वे अंतिम विदा के लिए घूम रहे थे।

मैंने उस परिवार के साथ एक रात गुजारी। जब हम उनके घर में थे तो उन्होंने एक सामूहिक तसवीर लेने की इच्छा प्रकट की। वह हमें हमारी बस तक विदा करने आए, जो लगभग एक किलोमीटर दूर खड़ी थी। उन्होंने मुसकराते हुए चेहरे के साथ हमें विदा किया और जबकि उनका परिवार बस के चलने तक वहाँ खड़ा रहा, वह अपने घर वापस चले गए। मैं उन्हें काफी देर तक देखता रहा—एक एकाकी व्यक्ति, जो अपनी मांसपेशियों को हिला-डुला नहीं सकते थे, जिन्होंने त्रासदी के बाद त्रासदी ही सही थीं, उस खाली सड़क पर अकेले चले जा रहे थे। जब तक वह मोड़ पर आँखों से ओझल नहीं हो गए, मैं उन्हें टकटकी लगाए देखता रहा। मेरी आँखों से आँसू बह निकले, क्योंकि मैं जानता था कि मैं अब उन्हें कभी नहीं देख सकूँगा। कुछ महीने बाद उनका देहांत हो गया।

उन्होंने सफेद जैकेट में तसवीरें खिंचवाई थीं, जिसे वह अपनी अंत्येष्टि के समय पहनना चाहते थे। उन्होंने अपने नाती-पोतों के साथ तसवीरें खिंचवाईं, क्योंकि वे जानते थे कि उनका अंत निकट है। उन्हें बार-बार छाती में संक्रमण हो रहा था और अप्रैल 2008 में उन्हें अस्पताल में दाखिल किया गया। अगले दिन उन्हें पेसमेकर लगाया गय; लेकिन उनके हृदय ने उस पर प्रतिक्रिया नहीं की और उनकी मृत्यु हो गई। उनका अंतिम संस्कार इतना बड़ा था जितना कि उस छोटे से गाँव ने पहले कभी नहीं देखा था। लोगों ने उन्हें अंतिम विदा देने के लिए अपने काम से छुट्टी ली थी।

मुझे उनकी बेटी ने बताया था कि कैसे अपनी स्थिति के बावजूद वह हमेशा हँसमुख बने रहे, जीवन का आनंद लेते, अच्छा भोजन, अच्छा संगीत और कभी-कभी एक ड्रिंक भी लेते। एक मुलाकात ने मुझे वह सिखाया, जो कई पुस्तकें भी न सिखा पातीं।

मेरे विचार मुझे सन् 1954-57 में ले गए, जब एक युवा डॉक्टर के रूप में मैं सर्जरी में प्रशिक्षण ले रहा था। केरोबा नामक एक रोगी एक सरकारी अस्पताल में गरीब रोगियों से भरे जनरल वार्ड के बरामदे में पड़ा था।

केरोबा जीवन जीने के तरीके और अपनी शारीरिक अक्षमता की असंभव स्थिति को स्वीकारने का विशिष्ट उदाहरण था। उसकी सगाई हो चुकी थी और अपनी मंगेतर से मिलने जाने के लिए यात्रा कर रहा था, जो बंबई से 200 मील दूर एक गाँव में रहती थी, लेकिन रास्ते में एक कार से वह दुर्घटनाग्रस्त हो गया। ड्राइवर और उसके दो मित्रों को छोटी चोटें आईं, लेकिन केरोबा को पीठ पर गंभीर चोटें आई थीं। उसके दोनों निचले अंगों में लकवा मार गया था और मूत्राशय एवं मलाशय पर से उसका नियंत्रण खो गया।

जब उसने महसूस किया कि यह क्षति स्थायी थी तो उसने अपनी मंगेतर से कहा कि वह सगाई के बारे में भूल जाए और किसी और से शादी कर ले। उसने अपनी रोती हुई मंगेतर से कहा कि अगले जन्म में हम दोनों ही पति-पत्नी होंगे। उन दिनों लकवे का प्रबंधन बहुत ही अपरिष्कृत था। उसकी पीठ में फोड़े हो गए। उसके आसपास से लगातार मल-मूत्र की बदबू आती रहती थी और इसलिए उसे टॉयलेट ब्लॉक के निकट के एक वार्ड के किनारे के बिस्तर पर बरामदे में रखा गया था। उसकी इस दुर्भाग्यपूर्ण स्थिति के बावजूद मैंने कभी उसे उदास नहीं देखा। वह भजन गाता और अपनी मजेदार कहानियों से दूसरों को हँसाता रहता।

एक बार उसने मुझे बताया कि उसने गणतंत्र दिवस की रोशनी देखी। मैंने सोचा, शायद अस्पताल ने उसे खूबसूरती से सजे शहर को दिखाने के लिए एंबुलेंस में भेजा होगा। उसने केवल इतना किया था कि वह अपने बिस्तर की घिरनी को पकड़कर बैठा था और खिड़की से कुछ लाइट देखी थी। वह इतना अधिक खुश था। क्या वह दिखावा कर रहा था या यह उसकी प्रवृत्ति ही थी? हर बार जब मैं वार्ड के चक्कर लगाने के लिए जाता, ये विचार मुझे परेशान करते। मेरा सत्र पूरा होने को आ रहा था। उसने इच्छा व्यक्त की कि मैं उसे एक पुस्तक दूँ, जिसे वह एक स्मृति-चिह्न के रूप में रखेगा; लेकिन किस्मत को कुछ और ही मंजूर था। तेज मॉनसून के दिनों में उसे छाती में ऐसा संक्रमण हो गया, जिसे नियंत्रित नहीं किया जा सका। एक दिन चक्कर लगाते समय मैंने देखा कि उसका चेहरा एक चादर से ढँका हुआ है। वह गहरी साँस ले रहा है, खाँस रहा है, लेकिन फिर भी शिकायत नहीं कर रहा। दो दिन बाद मुझे रात में फोन आया कि केरोबा की मृत्यु हो गई।

तेज बारिश में ही मैं उसके वार्ड में पहुँचा। रात की नर्सें, वार्ड बॉय और सफाई कर्मचारी—सभी आँखों में आँसू लिये बिस्तर के चारों ओर खड़े थे। सामान्यत: जब ऐसे रोगियों की मृत्यु होती है (जो स्टाफ पर एक बड़ा बोझ होते हैं) तो लोगों को एक राहत-सी मिलती है, लेकिन केरोबा अपवाद था।

एक सफाई कर्मचारी ने कहा, ''केरोबा भगवान् था।'' मैं अपने आँसुओं को बहने से नहीं रोक सका। यह उस लाजवाब इनसान की मृत्यु का समय था, जिसने अपना अपंग, दूसरों पर निर्भर, दयनीय जीवन अंतिम समय तक चेहरे पर मुसकान लिये हुए जिया। उसने हमें सिखाया कि कैसे जिएँ और कैसे मरें। उसकी मृत्यु को 50 से अधिक वर्ष हो गए हैं। जब भी मैं ऐसे लोगों से मिलता हूँ, जो जीवन की छोटी-छोटी असुविधाओं के लिए शिकायत करते हैं तो मुझे अभी भी उसका चेहरा याद आता है। उसके पास जीवन में ऐसा कुछ भी नहीं था, जिसके लिए उसे आभारी होना चाहिए था। मुझे इंग्लैंड में अपने वार्ड के उस 40 वर्ष के युवा पुरुष की याद आती है, जिसने अपनी मृत्यु के केवल चार घंटे पहले ही मुसकराकर मेरा अभिवादन किया था, 'डॉक, कैसे हैं ?'

इन स्मृतियों ने जीवन जीने की कला के प्रति मेरे तरीके को गढ़ा है।

❑

अध्याय 21

मेरा परिवार

इंग्लैंड से वापस आने के बाद मैंने डॉ. सुहास बोकील से विवाह किया। दोनों ही परिवारों के एक उभयनिष्ठ मित्र ने हमारे परिवारों का परिचय करवाया। उनके पिता एक अत्यधिक बुद्धिमान, जो एक इंजीनियर थे, जिनका अपनी ईमानदारी के कारण अत्यधिक सम्मान होता था और वह केंद्रीय रेलवे से चीफ कॉमर्शियल सुपरिंटेंडेंट के पद से रिटायर हुए थे। उनकी माँ उस समय की स्नातक थीं और एक डॉक्टर की पुत्री थीं। सुहास पुणे में हॉस्टल में रहती थीं। उनका शैक्षिक कैरियर उत्कृष्ट था और उनके माता-पिता का पुणे में अपना घर था। उन्होंने विवाह के लिए अपनी स्वीकृति दे दी; यद्यपि मैंने उन्हें बताया कि सर्जन के रूप में मुझे अभी व्यवसाय में स्थापित होने के लिए बहुत अधिक प्रतीक्षा करनी होगी और यह कि हमें बंबई में एक छोटे से अपार्टमेंट में मेरे माता-पिता और भाई-भाभी के साथ एक संयुक्त परिवार में रहना पड़ेगा। उन्होंने कभी एक बार भी मेरी सीमित आमदनी या हमारी साधारण जीवन-शैली के विषय में कोई शिकायत नहीं की।

उन्होंने प्रसूति एवं स्त्री रोग में डिप्लोमा किया था; लेकिन पारिवारिक उत्तरदायित्वों के कारण वह अपना पोस्ट ग्रेजुएट कोर्स पूरा नहीं कर सकीं। हमारी बेटी सीमा जब केवल 3 वर्ष की थी तो बहुत अधिक बीमार हो गई और सुहास को रेलवे अस्पताल की अपनी नौकरी छोड़नी पड़ी थी; लेकिन कॉलोनी नर्सिंग होम और श्रीखंडे क्लीनिक में सर्जरी के दौरान वह मुझे सहयोग करती रहीं। लेकिन कुछ वर्ष बाद हमारा बेटा शैलेश भी बीमार पड़ा, जिसके कारण उन्हें पूरी तरह से घर पर रहना पड़ा। सुहास ने अपने कैरियर को छोड़ दिया, लेकिन परिवार अच्छी तरह चलता रहा।

हमारी तीन बेटियाँ और एक बेटा हैं, जिन सभी का शैक्षिक जीवन उत्कृष्ट कोटि का रहा है। हमारी सबसे बड़ी बेटी अंजना के एम.बी.बी.एस. पूरा करने के बाद पोस्ट ग्रेजुएशन की पढ़ाई करने के लिए उसके सामने अनेक विकल्प उपलब्ध थे। लेकिन

उसने बहुत ही अलग ढंग की भूमिका अदा करने का निर्णय लिया। हालाँकि बड़े परिदृश्य में देखने पर सहयोग प्रदान करने की संभवत: अधिक महत्त्वपूर्ण भूमिका अदा की। अपने पति के साथ वह पूरे परिवार और श्रीखंडे क्लीनिक की देखभाल करती है। हमारे दामाद डॉ. आनंद नांदे मेरे सर्वश्रेष्ठ छात्र थे और बॉम्बे हॉस्पिटल इंस्टीट्यूट में सर्जरी के प्रोफेसर हैं। साथ ही उन्होंने श्रीखंडे क्लीनिक में काम जारी रखा है। वह संगीत विशारद (हिंदुस्तानी शास्त्रीय संगीत में स्नातक की डिग्री के समकक्ष) भी हैं, जिन्होंने सुप्रसिद्ध गायक पं. दिनकर कैकिणी के शिष्यत्व में संगीत की शिक्षा ग्रहण की है। यदि आनंद सर्जन न बनते तो वह राष्ट्रीय स्तर के गायक बनते। कुछ वर्ष पहले पं. कैकिणी की स्मृति में उन्होंने रविवार की शाम को जब भी संभव होता, संगीत सिखाना शुरू किया था। वह अभी भी पूरे परिवार के सशक्त अवलंब बने हुए हैं।

उनकी दो बेटियाँ हैं—अनुश्री, जो एक उत्कृष्ट छात्रा है, ने विज्ञान में 12वीं कक्षा उत्तीर्ण की है; लेकिन परिवार के बाहर अनेक लोगों के लिए यह आश्चर्य की बात है कि उसने परिवार की चिकित्सा कैरियर की विरासत को जारी रखने के स्थान पर लिखने की अपनी वास्तविक अभिलाषा पूरी करने का विकल्प चुना है। एक ऐसा निर्णय, जिसे हम सबने पूरा समर्थन दिया है। उसने इंग्लैंड के एज हिल विश्वविद्यालय से क्रिएटिव राइटिंग (एवं मीडिया स्टडीज) बेचलर और क्रिएटिव राइटिंग मास्टर्स की डिग्री ली है। वह एक फ्रीलांस एडीटर है और लीड स्टार्ट पब्लिशिंग एवं वर्डीट सी.डी.ई. के लिए काम करती है और विभिन्न पत्रिकाओं, ब्लॉग, पुस्तकों, लेखन, फुटबॉल, फिल्म, टी.वी. पर साहित्यिक वेबसाईट्स के लिए लिखती है। विभिन्न मंचों पर उसकी लघु कथाएँ, साहित्यिक निबंध और कविताएँ प्रकाशित हुई हैं। अनुश्री हाल ही में स्पेन से लौटी है, जहाँ वह 10 महीने तक एक स्पेनिश परिवार के साथ रहते हुए अंग्रेजी संवाद संबंधी सहायक थी। वर्तमान में वह भड़कीले और छोटी कथाओं के प्रभाव व चुनौतियों पर काम कर रही है और अपने पहले उपन्यास पर काम कर रही है। उनकी दूसरी बेटी अंजलिका का भी उत्कृष्ट शैक्षिक जीवन रहा है, जिसने जुलाई 2014 इंग्लैंड में में बर्मिंघम विश्वविद्यालय से सैद्धांतिक भौतिकी और प्रायोगिक गणित में स्नातक मास्टर्स पूरा किया है। वर्तमान में वह हार्वर्ड यूनिवर्सिटी से सैद्धांतिक भौतिकी में पी-एच.डी. कर रही है। अनुश्री और अंजलिका दोनों ही अपने-अपने स्कूलों और विश्वविद्यालयों में बैडमिंटन की खिलाड़ी रही हैं और उन्हें संगीत एवं कला में काफी रुचि है।

हमारी दूसरी बेटी—माधवी (सीमा, विवाहोपरांत—संयुक्ता खोत) ने अपने उत्कृष्ट शैक्षिक जीवन में कंप्यूटर इंजीनियरिंग में बी.एस-सी. टेक किया है और उसका विवाह ग्रुप कैप्टन धनञ्जय खोत से हुआ है, जो भारतीय वायु सेना में फाइटर पायलट हैं। रुपारेल कॉलेज, बंबई में बी.एस-सी. भौतिकी करते समय उन दोनों की मुलाकात हुई। धनञ्जय

ने वायु सेना में नियुक्ति प्राप्त कर ली, जबकि सीमा ने उच्च शिक्षा जारी रखी। उनका विवाह सन् 1991 में हुआ। अक्तूबर 1991 में राजस्थान के रेगिस्तान के ऊपर जब एक मिग विमान में आग लग गई थी तो उस समय धनञ्जय उसमें से अद्‌भुत रूप से बचकर बाहर निकल आए थे। उनका कैरियर अत्यधिक उत्कृष्ट रहा है और अभी भी वह अत्यधिक समर्पित भाव से वायु सेना और राष्ट्र की सेवा कर रहे हैं।

उनकी दो बेटियाँ हैं। संजना अत्यधिक बुद्धिमान और तर्क विश्लेषण करनेवाली लड़की है और वह इंग्लैंड से कंप्यूटर साइंस की शिक्षा ले रही है; जबकि शिवानी, जो कला के क्षेत्र में दक्ष है, ने 12वीं उत्तीर्ण की है तथा पुणे में एनिमेशन के क्षेत्र में अंतरराष्ट्रीय मास्टर्स प्रोग्राम करेगी। अपनी दोनों बेटियों के साथ सीमा पूरे देश में विभिन्न स्थानों पर रही है। धनञ्जय की असंख्य पोस्टिंग पर उसके साथ रहती रही, अकसर सुदूर स्थानों पर। परिणामस्वरूप संजना और शिवानी ने 10 विभिन्न स्कूलों में शिक्षा पाई है और बहुत ही कम उम्र में अनेक स्थानों का अनुभव लिया है। सीमा ने मिलिट्री जीवन में विरासत में मिलनेवाले सामाजिक दायित्वों का बहुत ही कुशलता से वहन किया है। जब भी संभव हुआ, वह शिक्षा और कंप्यूटर के क्षेत्र में भी काम करती रही है। अब वह एक फ्रीलांस वेब-डेवलपर के रूप में काम करती है।

प्रथम श्रेणी के पायलट होने के अतिरिक्त धनञ्जय सितार भी बजाते हैं और एक उत्कृष्ट वक्ता हैं। मेरे 75वें जन्मदिन के अवसर पर दिए गए उनके भाषण को अभी भी बहुत से लोग याद करते हैं। उन्होंने कहा था—

> ''धरती पर प्रत्येक अवतरण मृत्यु को चुंबन है
> प्रत्येक उड़ान जन्म है,
> चूँकि मैं उड़ता हूँ,
> मुझे घृणा से कोई वास्ता नहीं, मैं धरती पर किसी से ईर्ष्या नहीं करता।''

हमारी तीसरी बेटी वासंती अपने फैल जानेवाली उत्साह के साथ बहुआयामी भूमिकाएँ अदा करती है; क्लीनिक और परिवार के प्रति अपने विभिन्न दायित्वों को निभाते हुए, संगीत के लिए अपने प्यार के साथ संतुलन बनाकर रखती है। संगीत के क्षेत्र में उसकी योग्यता प्राकृतिक है। वह एक कॉमर्स ग्रेजुएट है और बाद में उसने हिंदुस्तानी शास्त्रीय संगीत में मास्टर्स किया। शास्त्रीय संगीत की सुप्रसिद्ध गायिका श्रीमती श्रुति सडोलीकर काटकर के मार्गदर्शन में उसने गायन सीखा; लेकिन दुर्भाग्यवश उसकी एक स्वर-तंत्री में अपक्षय विकसित हो गया। इसके बाद उसने सारंगी सीखना शुरू किया (एक प्राचीन भारतीय वाद्य, जो मानव स्वर के अत्यधिक निकट है, यद्यपि इसमें पारंगत होना अत्यधिक कठिन है) और अंतरराष्ट्रीय स्तर पर सुप्रसिद्ध व प्रतिष्ठित सारंगी उस्ताद पद्‌मविभूषण पं. रामनारायण के द्वारा प्रशिक्षण प्राप्त कर रही है। उसने हाल ही

में प्रदर्शन करना आरंभ किया है और उसके वादन को काफी पसंद किया जा रहा है।

हमारा बेटा शैलेश क्रिकेट का अच्छा खिलाड़ी था और उसने स्कूल एवं शहर की टीम का सफलतापूर्वक प्रतिनिधित्व किया; लेकिन उसने एक डॉक्टर और सर्जन बनने का निर्णय लिया। इस समय वह देश में कैंसर के प्रमुख अस्पताल टाटा मेमोरियल सेंटर में पचन संस्था, अग्न्याशयु, पित्ताशय व लिवर विभाग का प्रमुख है और सर्जिकल ओनकोलॉजी का प्रोफेसर है। 10 मार्च, 2015 को लंदन में शैलेश ने सम्माननीय एफ.आर. सी.एस. इंग्लैंड को प्राप्त किया। कुछ समय पहले तक ही वह मेरे बेटे के रूप में जाना जाता था; लेकिन अब मुझे उसके पिता के रूप में जाना जाता है। मैं खुद को भाग्यशाली मानता हूँ कि मेरे बेटे में करुणा, निष्कपटता और सत्यनिष्ठा के मूलभूत मूल्य मौजूद हैं और उसने बहुत ही कम उम्र में अच्छा नाम कमाया है। हमारे परिवार में तीन सर्जन होने के कारण ऑल इंडिया रेडियो ने हमारा साक्षात्कार किया था। हम भाग्यशाली हैं कि हमारे परिवार में पाँच डॉक्टर हैं, जबकि अतीत में एक भी नहीं थे। शैलेश की बेटी जोसेफीन और पुत्र अर्जुन वर्तमान में जर्मनी में रह रहे हैं।

मेरी एक बहन और एक भाई है। मेरे बड़े भाई नीलकंठ (हम उन्हें 'कुमार' के नाम से पुकारते हैं) एक सुप्रसिद्ध संरचनात्मक इंजीनियर हैं। उन्होंने अपनी प्रतिष्ठित कंसल्टिंग फर्म स्थापित की है और उनको अपने दोनों बेटों का कुशल सहयोग प्राप्त हो रहा है, जिनमें से रवींद्र एक संरचनात्मक इंजीनियर, मैनेजिंग डायरेक्टर है और दूसरा राजीव चार्टर्ड अकाउंटेंट और जॉइंट मैनेजिंग डायरेक्टर है। मेरी भाभी श्रीमती नलिनी ने अपने परिवार के साथ ही हमारे माता-पिता का ध्यान रखा है। उनके पिता को पूर्वी रेलवे के एक भाग में विद्युतीकरण करने के लिए प्रथम राष्ट्रपति डॉ. राजेंद्र प्रसाद से 'पद्मश्री' से सम्मानित किया गया था। मेरी छोटी बहन इंद्रायणी कोल्हटकर समाज-शास्त्र में एक आर्ट्स ग्रेजुएट है। उसने बैडमिंटन में अपने कॉलेज का प्रतिनिधित्व किया। उसके पति बालासाहेब कोल्हटकर ने इलेक्ट्रिकल कम्यूनिकेशन इंजीनियरिंग में डिप्लोमा किया है और यंत्रीकरण के क्षेत्र में काम किया है। उन्होंने अपने पिता को उसी समय खो दिया था, जब वह केवल कुछ ही महीनों के थे; लेकिन उनकी माँ ने सारे कष्ट सहकर भी परिवार की अच्छी तरह से देखभाल की। दंपती ने अपने निवास के लिए नाशिक को चुना और वहाँ वे कठिन परिस्थितिवाले बच्चों तथा दुःखी लोगों का मार्गदर्शन करते हैं। वे इस बात का उत्कृष्ट उदाहरण हैं कि व्यक्ति किस प्राकर से रिटायर होने के बाद एक सक्रिय व अर्थपूर्ण जीवन जी सकते हैं।

❑

अध्याय 22

अंतिम मोड़ के साथ

प्रयाण द्वार अधिक दूर नहीं। मेरे पास किसी भी सामान का बोझ नहीं है। किसी भी प्रकार की सुरक्षा जाँच नहीं होगी। प्रवास संबंधी कोई औपचारिकताएँ नहीं होंगी। मैं बिना मंजिल की यात्रा पर जाऊँगा। मुझे विदेशी विनिमय या वीजा की भी आवश्यकता नहीं होगी। प्रस्थान का अनुमानित समय ज्ञात नहीं और उस समय तक मेरे पास जो भी समय उपलब्ध है, उसका परामर्श लेने के लिए मैं स्वतंत्र हूँ। मैं चिंतन की मन:स्थिति में हूँ।

सात वर्ष की उम्र में मैं गोवा में था, जब मैंने पणजी बंदरगाह की ओर एक जहाज को आते हुए देखा था। सर्वप्रथम आकाश में उठता हुआ केवल धुआँ ही था, फिर एरियल और फिर जहाज नजर आया था। उस दिन मैंने जाना था कि पृथ्वी गोल है। मैंने रेडियो, बॉलपॉइंट पेन, नल का पानी, चौड़ी सड़कें, टेलीफोन, टेलीविजन, इलेक्ट्रिक टाइपराइटर, बिना प्रोपेलर के विमान (जेट विमान), कंप्यूटर, सेल फोन, टैबलेट की नवीनता देखी। अब मैं हजारों मील दूर स्थित लोगों को देखकर उनसे बातें कर सकता हूँ।

मैंने मानव इतिहास के उल्लेखनीय युग में जीवन जिया है। जब मैं 16 वर्ष का था, भारत सैकड़ों वर्षों की पराधीनता से आजाद हुआ। अनेक भारतीयों को लगा था कि भारत में अत्यधिक विविधता, गरीबी, निरक्षरता और पिछड़ेपन के कारण लोकतंत्र कभी नहीं चल सकेगा। लेकिन भविष्यवेत्ता गलत थे। आज भारत में लोकतंत्र का नशा हो गया है।

मैं आशावादी रहा हूँ। मेरे लिए सबसे सुंदर दृश्य होता है झुग्गी-झोंपड़ियों, गाँवों, हमारे विशाल उपप्रायद्वीप के सुदूर स्थित किनाओं से यूनीफॉर्म में सजे स्कूल जाते हुए छोटे-छोटे लड़के और लड़कियाँ। शिक्षा में गिरते स्तर को लेकर काफी अधिक चिंता व्याप्त है; लेकिन मेरी भविष्यवाणी है कि इन्हीं उपेक्षित जन-समुदायों से भावी परिवर्तन के नेता उभरकर सामने आएँगे। मैं जितनी ही अधिक यात्रा करता हूँ, उतना ही अधिक मुझे अहसास होता है कि हमारे पूरे देश में असंख्य रत्न बिखरे पड़े हैं और अपने

आविष्कार की प्रतीक्षा कर रहे हैं।

मनुष्य ने पहली बार 20 जुलाई, 1969 को चंद्रमा पर अपना पहला कदम रखा, जब नील आर्मस्ट्रॉन्ग ने कहा था, ''यह एक मनुष्य के लिए एक छोटा सा कदम है, पर मानवता के लिए एक बड़ी छलाँग है।'' मनुष्य एक पशु है और 'जो बलवान, वही सत्य/उचित है' के आधार पर इस पृथ्वी पर जीवित बना हुआ है। दक्षिण अफ्रीका के राष्ट्रपति पद के लिए शपथ लेते समय नेल्सन मंडेला ने अपने दमनकारियों की उपस्थिति में प्रेम और क्षमाशीलता का संदेश दिया था। मार्टिन लूथर किंग, नेल्सन मंडेला, बर्मा के आंग सान सू की—सारे उसी मार्ग पर चल रहे हैं, जिस पर महात्मा गांधी चले थे। मैं सौभाग्यशाली था कि मैंने गांधीजी को वास्तविक जीवन में देखा।

बचपन में मैंने अपने दादाजी की बैलगाड़ी में यात्रा की है और मंगल यान के मिशन में भारत की सफलता भी देखी है। मैं खुद को अत्यधिक भाग्यशाली मानता हूँ कि मैंने अपने जीवनकाल में इतनी सारी अविस्मरणीय घटनाएँ देखी हैं।

चिकित्सा के क्षेत्र में अत्यधिक परिवर्तन हुए हैं। इस युग में वृद्ध होने के कारण मैंने अत्यधिक अच्छे भाग्य का अनुभव किया है, जब एक विकृत महाधमनी के वॉल्व के लिए मैं बड़ी सफल ओपन हार्ट सर्जरी से निकला तो उस समय मेरी उम्र 80 वर्ष थी।

पारिवारिक चिकित्सक का अभाव किसी बीमार के घर पर आनेवाली बहुत बड़ी विपदा होती है। कंसल्टेंट से संपर्क करनेवाले और अस्पतालों में जानेवाले 90 प्रतिशत से अधिक रोगियों को जनरल चिकित्सक आसानी से देख सकते हैं; लेकिन यह टिप्पणी उसके पास तो केवल एम.बी.बी.एस. की डिग्री है, आज के समाज की दुःखदायी मनःस्थिति का प्रतिबिंब है और सोचनेवाली बात है कि मेरे परिवार की देखभाल पैंतालीस वर्ष से भी अधिक समय तक एक जनरल चिकित्सक स्व. एम.पी. विद्वौंस ने ही की। वह बंबई विश्वविद्यालय के एम.बी.बी.एस. थे।

मुझे अच्छी तरह से याद है कि हमारे घरों और स्कूल में किस बात पर विशेष बल दिया जाता था—जल्दी सोये और जल्दी उठें; स्वस्थ, समृद्ध एवं बुद्धिमान बनें। सरल शिक्षाओं में प्रचुर मात्रा में अंतर्निहित शिक्षा होती है। साथ ही नियमित व्यायाम, सरल व अनुशासित जीवन, खाने को ठीक से चबाने, सब्जियाँ एवं फल खाने आदि को भी बहुत महत्त्व दिया जाता था। आज ये साधारण, लेकिन महत्त्वपूर्ण सुझाव आधुनिक अस्पतालों में अनेक परीक्षणों की श्रृंखला के बाद अत्यधिक योग्यता प्राप्त कंसल्टेंट देते हैं और समाज शिकायत करता है कि मेडिकल उपचार बहुत महँगा हो गया है।

समाज को समझना चाहिए कि आधुनिक जीवन-शैली से जुड़े रोगों को व्यक्तिगत प्रयासों से ही सबसे अच्छे तरीके से रोका जा सकता है, न कि डॉक्टरों द्वारा इनका इलाज होता है। आत्म-केंद्रित लोग, जिन्हें अन्य किसी की चिंता नहीं होती, दुःख भोगने

का श्राप लेते रहते हैं। ऐसे रोगियों को आराम पहुँचाने में दवाएँ असहाय हो जाती हैं।

मैंने मेडिकल कॉलेज अस्पताल में काम किया है, जहाँ बड़े-बड़े डॉक्टर बिना किसी पारिश्रमिक के अपने समय का एक हिस्सा निर्धनों की देखभाल के लिए लगाते हैं; किसी भी अन्य व्यवसाय में इस सेवा के बराबर कोई अन्य सेवा उपलब्ध नहीं है। आधुनिक अस्पतालों को एक उद्योग की तरह काम करना पड़ता है और उद्योग को तो लाभ अर्जित ही करना होता है। दुर्भाग्यवश जब मेडिकल की शिक्षा ही धन एकत्र करने का उद्योग बन गया है तो फिर मेडिकल सेवाएँ बीमारों के लिए वहन करने योग्य कैसे रह जातीं? ऐसे शैक्षिक संस्थान, जो मानवीय गुणों को नहीं समझाते हैं, को प्रोत्साहित करनेवाले समाज को मानवीय गुणोंवाले डॉक्टरों की भी अपेक्षा नहीं करनी चाहिए।

मैंने महसूस किया है कि मेरी सबसे बड़ी संपदा रही है—सुधार के लिए मेरे सतत प्रयास और कठिनाइयों में समाधान खोजना। इन्होंने रचनात्मकता एवं आत्मविश्वास के लिए उत्तेजक की तरह काम किया। आगे बढ़ाने के प्रत्येक कदम ने मेरा आत्मविश्वास बढ़ाया और इससे धीरे-धीरे मेरी कमियाँ अप्रासंगिक रह गईं। उत्सुकता मेरा जी.पी.एस. थी। सुधार एवं रचनात्मकता के लिए उत्सुकता प्रेरक बल होती है।

यह मेरा अनुभव है कि कोई भी औसत व्यक्ति, जो खुद में प्रतिदिन कुछ सुधार करने का संकल्प ले लेता है, एक दिन उन ऊँचाइयों पर पहुँचता है, जिसकी वह स्वयं भी कल्पना नहीं कर सकता। अनेक दशकों बाद मुझे पता चला कि जापान में कैझेन (शून्य त्रुटि) दर्शन के पीछे यही सिद्धांत अंतर्निहित है। जर्मनी से आए एक पर्यवेक्षक, जिन्होंने एक महीना मेरे साथ बिताया और जो अब सर्जरी के एक प्रोफेसर हैं, ने मुझे लिखा—'अब मैं आपके उस प्रश्न का महत्त्व समझ रहा हूँ, आज आपने क्या सीखा? मैं यही प्रश्न खुद से और अपने छात्रों से पूछता हूँ।'

तो मैं सुधार की परख कैसे करूँ? 69 वर्ष की उम्र में एक प्रयोग के रूप में मैं देखना चाहता था कि क्या मेरे हस्त-लेखन में अभी भी सुधर संभव है? यह परखना बहुत आसान था कि ऐसा सचमुच हुआ। ऐसा अनुभव स्फूर्तिदायक था, क्योंकि मैंने इस अवधारणा को गलत सिद्ध कर दिया था कि उम्र बढ़ने के साथ हमारे हाथों में स्थिरता नहीं रहती। अपनी 84 वर्ष की उम्र में भी मैं पाकगृह से डाइनिंग रूम तक बिना एक बूँद भी छलकाए हुए चाय से भरे दो कप ला सकता हूँ। आप किस पर विश्वास करते हैं, यही जीवन में महत्त्वपूर्ण होता है। एक पूर्व रेसिडेंट इस बात पर विश्वास ही नहीं कर पाया कि जब 30 वर्ष पहले वह मेरा रेसिडेंट था, उस समय उसने मुझमें जो निपुणता देखी थी वह अभी भी वैसी ही अक्षुण्ण है। व्यक्ति जो भी गतिविधियाँ करता है, यदि उनमें किसी प्रकार का सुधार या नयापन न हो तो जीवन बहुत ही नीरस हो जाता है। मेरी ओर से सबके लिए यही मंत्र है—प्रतिदिन सुधार करो।

सुधार करने का उत्साह, प्रवृत्ति जारी रहती है।

मेरे रोगियों ने मुझे सिखाया है कि कैसे जिएँ, क्यों जिएँ और साथ ही, कैसे मरें। किसी भी संवेदनशील सर्जन के पास और कोई विकल्प नहीं होता, सिवाय इसके कि वह तत्त्वज्ञानिक बन जाए और उन चीजों को स्वीकार करे, जिन्हें वह बदल नहीं सकता। लेकिन इसी के साथ उसे आशावादी भी होना पड़ता है और उन चीजों के लिए प्रयासरत रहना होता है, जिन्हें वह बदल सकता है। एक संतुलित व सार्थक जीवन के लिए स्वीकार्यता और प्रयास दो सिद्धांत हैं। यह पाठ मेरे व्यवसाय ने मुझे सिखाया है।

मेरे व्यवसाय ने मानव शरीर के भीतर और मेरे चारों ओर के समाज में प्रकृति के अचरज को देखने का अवसर दिया। मेरे काम के कारण समाज ने मुझे जो प्रतिष्ठा दी, उसका मैंने आनंद उठाया और इसी ने मेरे जीवन को मायने दिए।

मुझसे अकसर पूछा जाता है कि सफलता का रहस्य क्या है?

'समाज को कुछ बहुमूल्य देने में योगदान करें,
जो भावी पीढ़ी को लाभान्वित करेगा।'

सफलता को मापा नहीं जा सकता, इसे अनुभव किया जा सकता है। यह कोई मंजिल नहीं और न ही एक बार की साधन-प्राप्ति है, बल्कि यह एक यात्रा है। जो लोग धन, संपत्ति या प्रतिष्ठा के रूप में अपनी मंजिल तय कर लेते हैं, वे एक मृगतृष्णा के पीछे ही भटकते रहते हैं और यह जान ही नहीं पाते कि कहाँ रुकना है, जैसे टॉल्सटॉय के 'हाउ मच लैंड डज अ मे नीड?' (एक मनुष्य को कितनी जमीन चाहिए?)

न्यूयॉर्क के एक अस्पताल में कैंसर से मर रही एक कम उम्र की लड़की की यह कविता, जो इ-मेल के द्वारा प्रसारित हो रही है, मुझे अत्यधिक मर्मस्पर्शी लगी—

'बेहतर हो, धीमे हो जाओ। इतना तेज नृत्य न करो।
समय कम है। संगीत चलता न रहेगा।
जब कहीं पहुँचने के लिए आप तेज दौड़ते हैं'
वहाँ पहुँचने का आधा आनंद ही खो देते हैं।
जब सारा दिन चिंता और जल्दबाजी में बिताते हैं
तो यह बिना खोले, फेंके गए उपहार की ही तरह होता है।
जीवन कोई स्पर्धा नहीं, धीमे-धीमे इसका आनंद लें।'

वर्ष 2008 में मैं वैलेंशिया, स्पेन गया था, जहाँ मैंने समुद्र-तट पर स्थित एक रेस्टोरेंट 'ला पेपिका' में लंच किया। इसे सुप्रसिद्ध अर्नेस्ट हेमिंग्वे ने प्रतिष्ठित किया था, जिनकी विशाल तसवीर वहाँ प्रदर्शित थी। मेरे मन में विचार दौड़ने लगे कि उन्होंने आत्महत्या क्यों की? फिल्म एवं फैशन उद्योग में भारत और विदेश के इतने सारे सुप्रसिद्ध व्यक्ति आत्महत्या क्यों करते हैं? एक सुप्रसिद्ध कोरियन मॉडल, जिसने बीस वर्ष की अल्पायु

में पेरिस के एक अपार्टमेंट में आत्महत्या की थी, के पत्र से उसकी मन:स्थिति का पता चलता है—'अवसादग्रस्त और काम का अत्यधिक बोझ। मैं जितना ही अधिक पाती हूँ, उतनी ही अकेली होती जाती हूँ। जीवन एक खूबसूरत उपहार है, लेकिन बिना किसी की मौजूदगी में और बिना कारण हुई मृत्यु दोहरी त्रासदी है।'

ये लोग सफलता के प्रतीक थे, लेकिन अपने भीतर से ही हार गए। मैं ऐसे अनेक सफल व्यक्तियों को जानता हूँ, जो अपने जीवन की संध्या के समय वीरान, दु:ख और हताशा का अनुभव करते थे।

अपने जीवन के अंतिम पड़ाव में पीड़ा के दौरान रोगी अपनी जिस सांसारिक संपदा की निरर्थकता का अनुभव करते थे, उसने जीवन के प्रति मेरी संतुलित विचारधारा को सुदृढ़ बनाया होगा। लालच से दु:ख उत्पन्न होता है। ब्यूटिशियन के सैलून में बनाई गई सुंदरता अधिक समय तक बनी नहीं रहती। बाहरी आनंद अल्पकालिक होते हैं। जो भी चीज हमारे भीतर से विकसित होती है, वही हमेशा के लिए बनी रहती है और वही सफलता है।

यही कारण है कि मेरे पिताजी मेरे आदर्श बने रहे। वह मुझे सामान्य लोगों के लिए एक असामान्य सर्जन बनाना चाहते थे। मैंने उन्हें निराश नहीं किया।

कुछ वर्ष पहले एक सुप्रसिद्ध वकील, जिनका मैंने ऑपरेशन किया था, ने मेरे पिताजी के साठ वर्ष पुराने निर्णय का उद्धरण दिया—

'एक चाँद ही काफी है हमारी पृथ्वी के लिए,
एक अच्छा बच्चा ही काफी है परिवार के लिए,
एक अच्छा मित्र काफी है जीवन के लिए और
एक अच्छा सबूत काफी है न्यायालय के लिए।'

मेरे लिए एक ही जीवन काफी है। मैंने एक लंबे जीवन का आनंद लिया है और आभारी रहा हूँ।

❑

परिशिष्ट

सर्जन, शिक्षक, दार्शनिक जिन्होंने हमारे जीवन को स्पर्श किया

डॉ. वि.ना. श्रीखंडे का 75वाँ जन्मदिन वर्ष 2006 में एक वैज्ञानिक कार्यक्रम को आयोजित करके मनाया गया था, पचन संस्था के सर्जरी में वर्तमान मानदंड जनरल और जी.आई. सर्जनों के लिए एक अपडेट। इस संदर्भ में एक पुस्तिका भी प्रकाशित की गई थी।

नीचे उद्धृत प्रस्तावना एनेस्थीसिया के क्षेत्र में सुप्रसिद्ध स्व. प्रोफेसर डॉ. वाई. जी. भोजराज ने लिखी थी।

डॉ. वाई.जी. भोजराज प्रथम भारतीय थे, जिन्होंने 1953 में लंदन में उच्चतम एफ.एफ.ए.आर.सी.एस. डिग्री प्राप्त की थी। उन्हें इंग्लैंड में कंसल्टेंट के पद के लिए प्रस्ताव मिला था, लेकिन वह सन् 1954 में भारत वापस आ गए और के.ई.एम. में नियुक्ति ले ली, जहाँ उन्होंने 1974 में अपने रिटायरमेंट तक काम किया।

सन् 1954 में उन्होंने बॉम्बे हॉस्पिटल में नियुक्ति ली और 1995 में बॉम्बे हॉस्पिटल इंस्टीट्यूट ऑफ मेडिकल साइंसेज में एनेस्थीसिया में सेवा-मुक्त प्रोफेसर नियुक्त हुए।

भारत में सर्जरी संबंधी बड़ी विशेषज्ञता के विकास के क्षेत्र में अपने बहुमूल्य योगदान के लिए उन्हें याद किया जाता है।

डॉ. वि.ना. श्रीखंडे के साथ मेरा संपर्क वर्ष 1962 में किसी समय संयोगवश ओपेरा हाउस में पटेल चैंबर्स पर स्थित डॉ. ए.वी. बालिगा के ऑपरेशन थिएटर में हुआ था। वह पहली मुलाकात ही अनेक कारणों से मेरे मस्तिष्क में उनकी स्थायी स्मृतियाँ अंकित कर गई।

डॉ. बालिगा पेट का एक बड़ा ऑपरेशन कर रहे थे। मैंने ध्यान दिया कि कोई मेरे पीछे खड़ा है और उसने मुझे अपना परिचय दिया कि वह एक सर्जन हैं और डॉ. बालिगा

को ऑपरेशन करते हुए देखने आए हैं। मैंने उनका परिचय डॉ. बालिगा से कराया और ऐसा प्रतीत हुआ कि डॉ. श्रीखंडे पहले ही डॉ. बालिगा की अनुमति ले चुके थे और डॉ. बालिगा उनके आने की उम्मीद कर रहे थे। डॉ. बालिगा ने डॉ. श्रीखंडे को सुझाव दिया कि वह ऑपरेशन के लिए हाथ धो लें, ताकि वह बेहतर तरीके से सर्जरी देख सकें।

मुझे डॉ. श्रीखंडे के साथ अपनी पहली मुलाकात इसलिए याद रही, क्योंकि वह एक युवा सर्जन थे, जो पहले ही एक मेडिकल कॉलेज अस्पताल में कंसल्टेंट थे और प्रसिद्ध सर्जनों से सीखने के लिए अत्यधिक इच्छुक व आतुर थे। मेरा विश्वास है कि वही लोग, जो अपने पूरे जीवन भर शिक्षार्थी बने रहते हैं, अच्छे शिक्षक बन सकते हैं। बाद के वर्षों में सर्जरी के श्रेष्ठतम शिक्षक के रूप में अपनी पहचान बनाकर डॉ. श्रीखंडे ने मेरे विचार को तर्कसंगत सिद्ध किया।

कुछ और वर्ष के बाद अपने एक रोगी के पेट की बड़ी सर्जरी के लिए एनेस्थीसिया का प्रबंध करने के लिए डॉ. श्रीखंडे ने मुझे बुलाया। रोगी एक छोटे से निजी नर्सिंग होम में भरती था और ऑपरेशन थिएटर बहुत ही छोटा व बुरे ढंग से सज्जित था। इस समय तक मैं काफी वरिष्ठ बन चुका था, जिसे वरिष्ठ सर्जन अपने बड़े सर्जरी के काम में उपयुक्त रूप से सुसज्जित प्रतिष्ठित अस्पतालों में बुलाते थे। इस छोटे से निजी नर्सिंग होम में डॉ. श्रीखंडे के लिए पेट की इस बड़ी सर्जरी को करने में मैं कुछ संशय में और असहज था। फिर भी, ऑपरेशन के अंत में मुझे स्वीकार करना पड़ा कि मेरा डर बेबुनियाद साबित हुआ था। सर्जरी बहुत अच्छी तरह से संपन्न हुई और अब मैं डॉ. श्रीखंडे के लिए उस छोटे से नर्सिंग होम में सर्जरी से जुड़ी प्रक्रियाएँ करने में असहज नहीं था।

इस स्थान पर डॉ. श्रीखंडे के लिए की गई ऑपरेशन संबंधी कुछ बड़ी प्रक्रियाएँ मुझे अभी भी याद हैं। एक बार यहाँ एक पैंक्रियाटिको-डुओडेनल प्रक्रिया थी, जिसे एक भलीभाँति सुसज्जित अस्पताल में भी बहुत बड़ी प्रक्रिया माना जाता है। दूसरा था श्वास नली के संपीड़न विचलन के साथ थायरॉइड का एक बहुत बड़ा ट्यूमर और तीसरा था मिश्रित पैरोटिड ट्यूमर। अंतिम सर्जरी बिना नर्व मोटर स्टिमुलेटर के की गई थी और चेहरे की प्रत्येक शाखा का स्पष्ट रूप से विच्छेदन किया गया और उन्हें कोई भी क्षति पहुँचाई नहीं गई थी।

बहुत जल्दी ही डॉ. श्रीखंडे का काम बढ़ा और उन्हें खुद अपने नर्सिंग होम की आवश्यकता हुई, जो उन्होंने हिंदू कॉलोनी, दादर में बनाया।

यहाँ पहला ऑपरेशन मेरे एक छात्र की बेटी का हुआ था और मैं ही एनेस्थेटिस्ट था। मैंने उस स्थान को बहुत ही अच्छे ढंग से सुसज्जित और पर्याप्त स्टाफ वाला पाया। कुछ और वर्ष तक मैंने डॉ. श्रीखंडे के साथ काम किया, क्योंकि बाद में मुझे कुछ चिकित्सा कारणों से अपना काम कम करना पड़ा था। कुछ विशिष्ट मामलों के अतिरिक्त

मैंने डॉ. श्रीखंडे के लिए एनेस्थीसिया देना बंद कर दिया।

सन् 1979 में डॉ. श्रीखंडे बॉम्बे हॉस्पिटल से जुड़ गए और जल्दी ही उन्होंने एक उत्कृष्ट जनरल सर्जन की प्रतिष्ठा प्राप्त की। डॉ. सत्येंद्र, डॉ. किशोर अद्यान्थाया और डॉ. आनंद नांदे उनके सहयोगी थे।

इसमें कोई आश्चर्य नहीं कि जल्दी ही जब बॉम्बे हॉस्पिटल को एक शैक्षिक संस्थान के रूप में मान्यता मिली और द बॉम्बे हॉस्पिटल इंस्टीट्यूट ऑफ मेडिकल साइंसेज के रूप में उसकी पहचान बनी तो डॉ. वि.ना. श्रीखंडे को सर्जरी विभाग का विभागाध्यक्ष नियुक्त किया गया। स्टाफ के सभी सदस्यों द्वारा किए गए उत्कृष्ट शिक्षण और शैक्षिक कार्यों के कारण और डॉ. बी.के. गोयल के अथक प्रयासों के कारण ही यह पहचान बन सकी, जिन्हें अंततः संस्था का प्रथम डीन बनाया गया।

मैंने एक बात पर ध्यान दिया कि बॉम्बे हॉस्पिटल में अपने बढ़ते हुए काम के बावजूद वह दादर स्थित अपने नर्सिंग होम में अपना आधार बनाए हुए थे।

बॉम्बे हॉस्पिटल के विपरीत दादर में उनके अधिकांश रोगी मध्यम और निम्न मध्यम वर्ग से होते थे। वे बसों और ट्रेन एवं टैक्सी से आशा व प्रार्थना के साथ इस नर्सिंग होम में ऐसे आते थे जैसे किसी पूजा-स्थल में प्रवेश कर रहे हों और वे अत्यधिक संतुष्टि के साथ नर्सिंग होम से जाते थे। बॉम्बे हॉस्पिटल में डॉ. श्रीखंडे के काम से उनकी निश्चित रूप से पूरे देश में पहचान बनी; लेकिन मैंने हमेशा यही महसूस किया कि उनका दिल हमेशा दादर में उनके अपने नर्सिंग होम में ही रहता था।

बंबई उच्च न्यायालय के अवकाश-प्राप्त न्यायाधीश जस्टिस चंद्रशेखर धर्माधिकारी ने एक बार मुझसे कहा था, ''भोजराज, मुझे लगता है कि बंबई में उत्तर और दक्षिण का एक विभाजन है; क्योंकि प्रत्येक गतिविधि में दक्षिण समृद्ध है, लेकिन उत्तर नहीं।''

मेरी पीढ़ी के डॉक्टर उस समय के सुप्रसिद्ध डॉक्टर, जैसे डॉ. जी.एम. फड़के, डॉ. एस.जी. जोशी और डॉ. वी.एन. शिरोडकर ने दक्षिण बंबई की कुछ संस्थाओं के प्रति अपने समर्पण के बावजूद कभी भी अपने मध्यम एवं निम्न-मध्यम वर्गीय रोगियों को नहीं छोड़ा। उन महान् डॉक्टरों के पदचिह्नों पर चलते हुए इस परंपरा को कायम रखनेवाले अगली पीढ़ी के डॉक्टर थे—डॉ. अजित फड़के, डॉ. के. राममूर्ति, डॉ. ए.वी. बावडेकर, डॉ. नंदू लाड और डॉ. वि.ना. श्रीखंडे। ये वे लोग हैं, जिन्हें मैं जानता हूँ। उन्होंने दादर पर अपना आधार कभी नहीं छोड़ा और मध्यम वर्गीय रोगियों के प्रति हमेशा ही उनके जीवन की प्रमुख प्रतिबद्धता बनी रही।

हालाँकि मुझे सुनाई देने लगा कि डॉ. श्रीखंडे आसानी से उपलब्ध नहीं होते और अब अधिक-से-अधिक समय बंबई से बाहर व्यतीत कर रहे हैं। उनके शुभचिंतकों ने मुझसे संपर्क किया और उन्हें सुझाव देने का अनुरोध किया कि वह उनकी समस्या

पर विचार करें।

इस मामले में डॉ. श्रीखंडे के साथ मेरी विस्तार से बातचीत हुई। मैं भी इस समस्या पर चिंतित था। हालाँकि इस चर्चा के दौरान मुझे डॉ. श्रीखंडे के विषय में अनेक बातें पता चलीं और मेरे मन में उनके प्रति प्रतिष्ठा अत्यधिक बढ़ गई। मैंने महसूस किया कि डॉ. श्रीखंडे केवल एक उत्कृष्ट सर्जन ही नहीं थे, बल्कि वह अपने समाज के लिए भी बहुत कुछ करना चाहते थे। उन्होंने मुझे बताया कि वह बंबई में अपने काम से दूर क्यों रह रहे हैं और वह क्या प्राप्त करने का प्रयास कर रहे हैं। उनके ही शब्दों में, बंबई के बाहर से अनेक सर्जन मेरे नर्सिंग होम में मेरा काम देखने आते हैं। यह उनके लिए अधिक लाभकारी होता है क्योंकि वह सीखते हैं कि किस तरह से एक बड़ी सर्जरी भी एक निजी नर्सिंग होम में की जा सकती है। यहाँ आनेवाले सर्जनों के अपने नर्सिंग होम का वातावरण भी यहाँ जैसा ही होता है। इस प्रकार उनमें अधिक आत्मविश्वास विकसित होता है और उन्हें अपने रोगियों को बंबई नहीं भेजना पड़ता। मेरा मानना है कि रोगियों को उनके घर के पास ही इलाज मिल जाना चाहिए। न ही सभी रोगियों के लिए बंबई आना संभव है और न ही सभी सर्जन बंबई आकर सर्जरी की प्रक्रियाओं को देखकर सीख सकते हैं। इसलिए मैंने निर्णय लिया है कि मुझे इन छोटे शहरों व कस्बों में अधिक-से-अधिक जाना चाहिए और स्थानीय सर्जनों के लिए भाषण तथा कुछ सर्जरी संबंधी प्रक्रियाओं का प्रदर्शन करना चाहिए। अन्य शब्दों में, छोटे स्थानों में अधिक-से-अधिक सर्जरी संबंधी केंद्रों को स्थापित करना और इस प्रकार, एक बड़ी जनसंख्या के लिए स्थानीय रूप से सर्जरी संबंधी सुविधाएँ संभव बनाना। समय के साथ मैंने इस कार्यक्रम का बहुत अच्छा परिणाम देखा है और अनेक जटिल तथा बड़ी सर्जरी अब सफलतापूर्वक की जा रही हैं। मुझे महसूस होता है कि मेरा यह प्रयास यद्यपि छोटा और सीमित दायरे में ही है, लेकिन उसके परिणाम मिल रहे हैं और इससे मुझे संतुष्टि मिलती है। मेरी विदेश यात्राएँ मुझे सर्जरी के क्षेत्र में सभी आधुनिक विकासों के साथ रखती हैं और इससे मुझे संतुष्टि मिलती है तथा मैं सर्जरी के सुप्रसिद्ध व्यक्तियों से व्यक्तिगत संपर्क भी बनाता हूँ, जो हमारे छात्रों को प्रशिक्षण के लिए स्वीकार करें। इस योजना से मेरे अनेक छात्र लाभान्वित हुए हैं और एक परिपूर्ण कंसल्टेंट बनकर लौटे हैं।

डॉ. श्रीखंडे को सुनकर मेरे पास इस मामले में उन्हें सुझाव देने का कोई कारण नहीं रह गया था। बल्कि इसके विपरीत, उन्होंने जो कुछ भी कहा और वह जो कुछ कर रहे थे, उसके लिए मेरे मन में उनके प्रति प्रशंसा के भाव ही थे। जब मन डॉ. श्रीखंडे को सुन रहा था तो न जाने कैसे मुझे एक साक्षात्कार याद आया, जो इन्फोसिस के एम.डी. और भारत के सर्वाधिक सम्मानित उद्योगपतियों में से एक श्री नारायण मूर्ति ने एक अमेरिकी पत्रकार को दिया था। प्रश्नोत्तर के एक लंबे सत्र के बाद पत्रकार ने

कहा, ''श्री मूर्ति, मैं आपके राजनीतिक विचार जानना चाहता हूँ।''

नारायण मूर्ति ने जो उत्तर दिया वह उल्लेखनीय था। उन्होंने कहा, ''आरंभ में मैं कम्यूनिस्ट था, फिर कुछ समय के लिए मैं बदलकर समाजवादी बन गया; लेकिन अब मैं एक करुणावान् पूँजीपति हूँ।''

विस्तार से समझाने के लिए कहे जाने पर मूर्ति ने जवाब दिया, ''पूँजीपति होने के नाते मैंने संपत्ति बनाने और एकत्र करने में विश्वास करता हूँ, लेकिन करुणावान् होने के कारण मैं उसे अपने लिए जमा करने पर विश्वास नहीं करता, बल्कि उसे अपने भागीदारों के बीच वितरित करता हूँ, जिन्होंने मुझे इस संपदा को एकत्र करने में सहायता की। इससे मेरे भागीदारों को न केवल अपनी सहायता करने के लिए मदद मिली बल्कि उन्होंने मुझे भी अधिक संपत्ति बनाने में मदद की।''

श्री नारायण मूर्ति ने कुछ हद तक मुझे दो दशक पहले डॉ. श्रीखंडे की कही हुई बात याद दिला दी। यदि आप श्री मूर्ति के उत्तर में से 'संपत्ति' शब्द को हटाकर वहाँ डॉ. श्रीखंडे के उत्तर से सर्जरी संबंधी कुशलता और ज्ञान शब्दों को लगा दें तो समानता प्रत्यक्ष हो जाती है। दोनों ही स्थितियों में अर्जित करने और वितरित करने पर जोर दिया गया है, न कि संचय करने में।

अपने पेपर एवं भाषणों के कारण डॉ. श्रीखंडे एक उत्कृष्ट वक्ता के रूप में प्रसिद्ध हो गए और जल्दी ही वह न केवल महाराष्ट्र बल्कि पूरे देश में सर्वाधिक पसंदीदा वक्ता बन चुके थे। अपने व्यावसायिक सहकर्मियों के अतिरिक्त वह अपने मित्रों की संगति में भी बहुत खुश रहते हैं, जो जीवन के विभिन्न क्षेत्रों से संबंध रखते हैं। उनकी मित्र-मंडली में प्रसिद्ध साहित्यिक व्यक्ति, सुप्रसिद्ध संगीतज्ञ, समाज-सेवक आदि शामिल हैं। वह अत्यधिक विनोदप्रिय हैं और उन्हें खुश करके खुलकर हँसाना अत्यधिक आसान है।

डॉ. श्रीखंडे के विषय में इस पूरे लेख में मैंने जानबूझकर सर्जरी के क्षेत्र में उनकी महान् उपलब्धियों के विषय में चर्चा नहीं की है; लेकिन एक श्रेष्ठ उपलब्धि की चर्चा मुझे यहाँ करनी ही चाहिए। ऐसा न करने से मेरी ओर से बड़ी कमी रह जाएगी। जब उन्हें भारत के तत्कालीन राष्ट्रपति डॉ. शंकर दयाल शर्मा का ऑपरेशन करने के लिए बुलाया गया तो उनके सर्जरी संबंधी काम की पहचान अपने चरमोत्कर्ष पर पहुँच गई। अपने ऑपरेशन के लिए डॉ. श्रीखंडे को चुनने में भारत के राष्ट्रपति ने विदेश में जाकर उपचार कराने के स्थापित चलन को नजरअंदाज किया। ऑपरेशन के लिए उनका चुना जाना और बंबई से देश की राजधानी दिल्ली में बुलाया जाना उनके के लिए बहुत बड़े सम्मान की बात थी।

डॉ. श्रीखंडे के साथ अपनी बातचीत में मैंने हमेशा उन्हें उनके माता-पिता के विषय में बात करते सुना है, जिनसे उन्होंने मानवीय मूल्यों, अपने कार्यों से संबंधित

नैतिकता के लिए प्रेम और उत्साह को आत्मसात् किया है। उनके पिता एक सेशन कोर्ट के जज थे, जो न केवल अपनी न्याय संबंधी श्रेष्ठता के लिए मशहूर थे, बल्कि अपनी एकनिष्ठता और उच्च नैतिक मानदंडों के लिए भी उन्होंने प्रतिष्ठा प्राप्त की थी। उनके लिए यह अत्यधिक गौरव का विषय था।

मैंने एक पुस्तक देखी, जिसके लेखक ने निम्नलिखित शब्दों में अपनी पुस्तक को समर्पित किया था—'मैं इस पुस्तक को अपने माता-पिता को समर्पित करता हूँ, जिन्होंने मुझे सर्वोत्तम जीन्स दिए और उन सभी को, जिन्होंने उन्हें सँवारने का मुझे वरदान दिया।' मुझे डॉ. श्रीखंडे की उत्कृष्ट उपलब्धियों का उत्तर मिल गया था।

अंत में, मैं एक व्यक्तिगत बात लिखूँगा। मेरी माँ, जो 90 वर्ष से ऊपर हो चुकी थीं—अत्यधिक निर्बल महिला, जिनका वजन मुश्किल से 35 किलो था—को जंघा संबंधी अवरुद्ध हर्निया हो गया। नाजुक हालत में उन्हें श्रीखंडे क्लीनिक, दादर में भरती किया गया। डॉ. श्रीखंडे ने उनका ऑपरेशन किया और उनका जीवन बचाया। सर्जन और एनेस्थेटिस्ट डॉ. सतीश गुप्ते—दोनों के लिए ही यह अत्यधिक चुनौतीपूर्ण काम था, जिन्होंने शानदार काम किया और उनकी जान बचाई। मैं हमेशा उन दोनों के प्रति आभारी रहूँगा।

उनके 75वें जन्मदिन के अवसर पर उनके छात्र एक अंतरराष्ट्रीय वैग्युअनिक कॉन्फ्रेंस आयोजित कर रहे हैं। ऐसे समारोह दुर्लभ ही होते हैं, जो शिक्षक और छात्रों दोनों को ही परिलक्षित करते हैं। मुझे विश्वास है कि यह अत्यधिक सफल होगा और मेरी दिली इच्छा व शुभकामना है कि डॉ. श्रीखंडे चिकित्सा और समाज दोनों ही क्षेत्रों में आनेवाले अनेक वर्षों तक उत्कृष्ट काम करना जारी रखें।

—डॉ. वाई.जी. भोजराज

निम्नलिखित कविता डॉ. श्रीमती क्षमा वकसंगकर का योगदान है, जो सोलापुर में कंसल्टेंट एनेस्थेटिस्ट हैं, डॉ. सतीश वकसंगकर की पत्नी हैं और जिन्होंने सर के साथ सन् 1982 में दो वर्ष तक काम किया है।

सर के प्रति, सप्रेम

मैं अपने घोंसले से निकली, सकुचाती और सादगी से,
सहायता का एक हाथ खोजती,
और सर, यह वही था···आपका ही हाथ!
सर, आपको काम करते देखना आनंददायक था,
ईश्वर-प्रदत्त हाथो से बजाया मधुर संगीत
अशांत आत्माओं को भी खुश कर देता

आप नहीं जानते सर, आपने क्या किया है
अपने छात्रों के लिए, अपनी जादुई शक्ति से,
श्रेष्ठ व्यवसाय, न कि व्यापार,
आपके पद-चिह्नों पर मैं चल पड़ी
सही राह पर मार्गदर्शन करते आप
आँधियों और तूफान में
आप हैं, सर,
मेरे दिशा-प्रवर्तक
आपके लिए सर, सप्रेम! आपके लिए सर, सप्रेम!

प्रेरक व्यक्तित्व

इस महान् अवसर पर डॉ. श्रीखंडे के 75वें जन्मदिन के उत्सव का सहभागी बनना मेरे लिए अत्यधिक खुशी का पल है। सन् 1964 से ग्रांट मेडिकल कॉलेज में डॉ. श्रीखंडे का छात्र रहने का और जी.टी. अस्पताल में एक रेसिडेंट डॉक्टर और पी.जी. का छात्र रहने का मुझे सौभाग्य मिला है। और भी अधिक सौभाग्य आज मुझे मिला है कि मैं आज भी उनकी विद्वत्ता का रस प्राप्त कर रहा हूँ।

जब हम डॉ. श्रीखंडे के विषय में बात करते हैं जो तसवीरें हमारे सामने उभरती हैं, वे हैं—एक महान् सर्जन, उत्कृष्ट अध्यापक, एक दार्शनिक, एक मानवतावादी, एक करुणामय डॉक्टर, हमेशा साथ देनेवाले एक मित्र, एक विश्वसनीय मार्गदर्शक और एक उत्कृष्ट मनुष्य, एक ऐसे व्यक्ति जिन्हें मैंने नैतिक मूल्यों से परिपूर्ण पाया है। ईश्वर करे, आप ऐसे ही छात्रों की अनेक अन्य पीढ़ियों को प्रेरित करते रहें और एक प्रतिरूप, एक अनुकरणीय व्यक्ति के अपने वास्तविक रूप में सदा सामने रहें।

—डॉ. ललित कपूर
एसोसिएशन ऑफ मेडिकल कंसल्टेंट्स
बंबई के मैनेजिंग ट्रस्टी

समतुल्य में प्रथम

ऑपरेशन थिएटर के अंदर विभिन्न एनेस्थेटिस्ट के बीच चर्चा का विषय स्वभावत: सर्जन होते हैं; लेकिन वहाँ सर्जनों की निपुणता की चर्चा नहीं की जाती, बल्कि यह चर्चा होती है कि वे कितने अच्छे इनसान हैं। जब भी इस तरह की बातें होतीं, मैं हमेशा डॉ. वि.ना. श्रीखंडे की बात करता।

मुझे जी.टी. अस्पताल में उनके साथ अनेक वर्ष तक काम करने का अवसर मिला।

वह अपने रेसिडेंट में जिन पहली चीजों को सिखाना चाहते थे, वे थीं—अच्छा आचरण, अच्छा व्यवहार और वे अनिवार्य गुण, जो आपको एक अच्छा इनसान बनाते हैं। वह हमेशा व्यक्तिगत उदाहरण से सिखाते थे। एनेस्थेटिस्ट, वार्ड सिस्टर, ऑपरेशन थिएटर की नर्सें, सिस्टर्स और वार्ड बॉयज के साथ उनका अच्छा तालमेल था। इतना अधिक कि अपने रजिस्ट्रार को सर्जरी का कोई काम स्वतंत्र रूप से सौंपने से पहले वह मुझसे ओ.टी. में उस रेसिडेंट के व्यवहार के बारे में पूछते। आज भी जब कोई एनेस्थेटिस्ट बताता है कि कोई विशेष सर्जन अत्यधिक विनम्र है या उदारचित्त है और बंबई से है तो मेरे मन में पहला विचार यही आता है कि वह सर का ही रेसिडेंट होगा।

अकसर सर्जरी की प्रक्रियाएँ रात में बहुत देर से पूरी होती थीं। वह एकमात्र ऐसे कंसल्टेंट थे, जिन्हें हमारी सुरक्षा के विषय में चिंता होती थी और सुनिश्चित करते थे कि हमें घर तक उनके रेसिडेंट या वे खुद पहुँचाएँ। उन्हें सभी से सर्वश्रेष्ठ सहयोग मिलता था और इसमें कोई आश्चर्य की बात नहीं कि उनकी यूनिट अधिकतम संख्या में केस करती थी। सामान्यतः एयरकंडीशन दोपहर 1 बजे बंद हो जाता था; लेकिन जब सर सर्जरी कर रहे होते तो वह तब तक चलता रहता जब तक कि सर्जरी पूरी न हो जाती।

सन् 1998 में उन्हें पुणे में विख्यात भूतज्ञ डॉ. दिलीप कुसुरकर ओरेशन में बोलने के लिए आमंत्रित किया गया था। मैं उनसे कई वर्ष पहले बंबई में मिली थी। उन्होंने याद करके मेरा टेलीफोन नंबर खोजा और मुझे उस समारोह के लिए व्यक्तिगत रूप से आमंत्रित किया। उस दिन उन्होंने उन अनेक लोगों के विषय में चर्चा की, जिन्होंने सर्जरी के उनके महान् कैरियर में कोई भूमिका अदा की थी। उन्होंने अपने शिक्षकों, सहकर्मियों, ओ.टी. और वार्ड के स्टाफ तथा निश्चय ही एनेस्थेटिस्ट के विषय में चर्चा की। उन्होंने कहा कि एक अच्छे एनेस्थेटिस्ट के बिना अच्छी सर्जरी संभव नहीं। मुझे उनका वक्तव्य याद है, ''प्रत्येक सर्जन को उसकी योग्यता के अनुसार एनेस्थेटिस्ट मिलता है; वैसे ही जैसे जनता को वैसी ही सरकार मिलती है, जिसके वह लायक होती है।'' विभिन्न एनेस्थेटिस्ट के विषय में बोलते हुए उन्होंने विशेष रूप से मेरा नाम लिया। मुझे अत्यधिक गौरव और सफलता की अनुभूति हुई और मैं इतनी अधिक भावुक हो गई कि मेरी आँखों में आँसू भर आए। लेक्चर के बाद सारे एनेस्थेटिस्ट के बीच चहल-पहल बढ़ गई और उन सबने मुझे बधाई दी। उन्होंने कभी नहीं सुना था कि किसी सर्जन ने मंच से एनेस्थेटिस्ट की प्रशंसा की हो। फिर यहाँ तो डॉ. वि.ना. श्रीखंडे जैसे विख्यात सर्जन थे, जो प्रशंसा कर रहे थे।

मुझे सम्मान का अनुभव होता है कि मुझे डॉ. वि.ना. श्रीखंडे जैसे विशाल व्यक्तित्ववाले व्यक्ति के साथ काम करने का अवसर मिला। जे.जे. अस्पताल और

जी.टी. अस्पताल में मैंने दो दशक से भी अधिक समय तक अनेक सर्जनों के साथ काम किया है। वह वास्तव में समतुल्य लोगों में सर्वप्रथम स्थान पर हैं।

—डॉ. वीणा गडकरी

एनेस्थेटिस्ट, पुणे

व्यापारिक दुनिया में एक दुर्लभ उदाहरण

मुझे सर से मिलने का, उन्हें जानने का एवं उनके साथ मैत्री करने का सुखद अनुभव मिला और वह अनेक वर्षों तक अपने प्रेम एवं आशीर्वाद से मुझे और मेरे परिवार को अभिसिंचित करते रहे हैं।

पहली बार मेरी मुलाकात सर से सन् 1964 में हुई, जब मैंने पहली बार जी.टी. गवर्नमेंट हॉस्पिटल में हाउस फिजिशियन के रूप में नियुक्ति पाई थी, जहाँ वह एक असिस्टेंट ऑनरेरी सर्जन थे। उन तीन वर्षों में जब मैं जी.टी. हॉस्पिटल में था, सर की व्यक्तिगत सादगी, उनके मानवीय मूल्यों और उनकी विनम्रता के लिए मेरे मन में उनके लिए श्रद्धा के भाव विकसित हुए। मेरे पिताजी को सन् 1968 में मूत्र अवरोध के लिए और उनके बढ़े हुए प्रोस्टेट की सर्जरी के लिए जी.टी. हॉस्पिटल में भरती किया गया था। सर्जरी के एक दिन पहले वह अचानक मरणासन्न होने लगे, लेकिन फिर बेहतर हो गए। सर मेरे पास आए और मेरे कंधे पर अपना हाथ रखकर बोले, ''यदि आपको लगता है कि मैं जूनियर हूँ तो किसी वरिष्ठ सर्जन को बुला लीजिए और मैं उन्हें असिस्ट करूँगा।'' मैंने जोर दिया कि सर को ही सर्जरी करनी चाहिए। सबकुछ अच्छे ढंग से हुआ, लेकिन मैं उनका वह मनोभाव और वृत्ति कभी नहीं भूल सकता।

उन्होंने हाल ही में अस्पताल में नियुक्ति ली थी। वह व्यस्त नहीं थे और युवा थे। वह जीवन के उस स्तर पर थे, जब हर व्यक्ति अपना प्रभाव बनाने के लिए ऑपरेशन करना चाहता है। एक सर्जन के रूप में मैं सर की क्षमता के विषय में अधिक कुछ नहीं कहूँगा; लेकिन जी.टी. हॉस्पिटल में प्रत्येक व्यक्ति उनके निपुण हाथों की अत्यधिक प्रशंसा करता था। मेरे पिताजी, माँ, बहन और पत्नी—सभी का ऑपरेशन उन्होंने ही किया है, केवल इसलिए कि मुझे उनकी प्रतिभा पर अटूट विश्वास और भरोसा है। निस्संदेह सर एक उच्च श्रेणी के सर्जन हैं, सहृदय हैं और जैसा कि यहाँ उद्धृत है—वे गरीबों के सर्जन हैं। मेरे अनेक रोगियों की सर्जरी के बाद जब मैं उन्हें फीस के लिए फोन करता तो वह कहते, ''आप रोगी के विषय में अधिक जानते हैं। यदि वह भुगतान करने की स्थिति में है तो उन्हें करने दीजिए, यदि नहीं तो उनसे नर्सिंग होम का शुल्क अदा करने के लिए कहिए और मेरी फीस के बारे में भूल जाइए।''

एक मानव-रत्न, जिन्हें धन के लिए कोई लालच नहीं है, लेकिन निर्धनों की

अत्यधिक परवाह और चिंता है। ईश्वर से डरनेवाले इनसान, एक समर्पित डॉक्टर और सबसे ऊपर, श्रेष्ठ मानवीय मूल्यों एवं सामाजिक दायित्वोंवाले एक विलक्षण इनसान!

—डॉ. एंड्राडे मारियो

सी.एम.ओ., जी.टी. हॉस्पिटल

1960 के दशक से मझगाँव में निजी प्रैक्टिस

अगेंस्ट द रन ऑफ प्ले (अप्रत्याशित ढंग से परिस्थितियाँ पलटना)

इस लेख का शीर्षक खेल की दुनिया से उधार लिया गया है, जहाँ एक अनपेक्षित घटना घट जाने के कारण खेल पूरी तरह से पलट जाता है। इस अभिव्यक्ति को मानवीय मामलों और व्यक्तियों पर भी लागू किया जा सकता है। उदाहरण के लिए, जब कोई व्यक्ति एक अच्छे भविष्य के लिए सभी उपलब्ध संभावनाओं के बावजूद असफल रहता है या ऐसा व्यक्ति, जिसके लिए शिखर पर पहुँचने की कोई संभावनाएँ न नजर आये, अचानक सफलता प्राप्त कर लेता तो ऐसी घटनाओं को 'अगेंस्ट द रन ऑफ प्ले' का नाम दिया जाएगा।

उदाहरण के लिए, एक सर्जन के लिए एक हृष्ट-पुष्ट और रोबदार व्यक्तित्व की अपेक्षा की जाती है। उनमें इन शारीरिक गुणों के माध्यम से उत्पन्न शानदार चाल-चलन से आत्मविश्वास बढ़ाने की क्षमता हो और एक निश्चित ढंग की निर्भीकता हो, जो कभी-कभी साहस की सीमा तक पहुँचते हुए अनपेक्षित सुखद परिणामों को प्राप्त कर सके। एक सर्जन के चारों ओर एक प्रकार का प्रभाव भी दिखाई देता है, जैसे किसी फिल्म या नाटक में प्रमुख अभिनेता के चारों ओर अन्य छोटी भूमिकाएँ करनेवाले अभिनेताओं की भीड़ होती है।

यदि किसी व्यक्ति में उपर्युक्त गुणों में से कुछ भी न हो, फिर भी वह अपने समय के ऐसे विलक्षण प्रतिभावाले सर्जन बनकर उभरें कि उन्हें इस देश के राष्ट्रपति का ऑपरेशन करने के लिए चुना जाए, तो? छरहरे बदन के, सादगी भरी पोशाक, वाणी में खराबी के साथ और अंग्रेजी भाषा पर परिष्कृत पदावली के साथ कोई बड़ा नियंत्रण नहीं। उनका पालन-पोषण शहर के किसी संभ्रांत वर्ग के मकान में नहीं हुआ था। उनका कोई गॉडफादर नहीं था, जो उन्हें खींचकर आगे तक पहुँचा देता और न ही इस बेपरवाह, निर्मम और स्पर्द्धात्मक शहर में उनके पास किसी प्रकार की एकरूपता का नेटवर्क ही था। जब कोई व्यक्ति अचंभित कर देनेवाले तरीके से विश्व के शीर्ष स्थान पर पहुँचता है तो कहा जा सकता है कि यह घटना 'अगेंस्ट द रन ऑफ प्ले' थी। विनायक नागेश श्रीखंडे ऐसे ही व्यक्ति हैं। मैंने जानबूझकर उनके नाम के आगे उनकी डिग्री या किसी अन्य विशेषण का उपयोग नहीं किया है। मेरे लिए वे सब अप्रासंगिक हैं।

वह तदनुभूति पूर्ण संवाद की पहुँच की प्रतीक है, न कि स्पष्ट उच्चारण में निपुणता के। वह अपने रोगियों के साथ और साथ ही अपने सहकर्मियों के साथ ऐसे सूत्र से जुड़ जाते हैं, जो पारदर्शी रूप से स्नेह से परिपूर्ण है, लेकिन उनकी शैली में आधुनिक आवेगी सौहार्द शामिल नहीं है। अपने बाद के वर्षों में उन्होंने संभवत: धन, विशेष लाभ सम्मान अर्जित किया है और शक्तिशाली लोगों के बीच प्रभावशाली माने गए हैं। लेकिन ये सभी केवल उस व्यक्ति को सुसज्जित किए जानेवाले आभूषण हैं, जो केवल अपने साथियों के साथ जुड़ना चाहता था, जिस प्रयास में उन्होंने अभूतपूर्व सफलता प्राप्त की। जो उन्होंने अपने व्यवसाय में छुरी चलाई, वह संयोगवश ही हुआ। वह कलम को भी उतनी ही अच्छी तरह से चला सकते थे। सच है कि उन्होंने बहुत ही निपुणतापूर्वक ढंग से लगातार छुरी चलाई, लेकिन साथ ही सतर्कतापूर्ण ढंग से भी चलाई; क्योंकि छुरी की तीक्ष्णता नैतिकता की भट्ठी में पैनी की गई थी। वही भट्ठी जहाँ उनके अधिकांश समकालीन यदि जले नहीं तो झुलस अवश्य गए। वि.ना. श्रीखंडे केवल अपनी छुरी को ही पैनी करके सकुशल बाहर निकल आए। सफलता का स्वभाव है कि यह मँडराते मित्रों को आसपास लाती है, लेकिन साथ ही उसकी छाँव तले निंदक और शत्रु भी पनपते हैं, जो यदि वार नहीं कर पाते तो आलोचना तो अवश्य करते हैं। मुझे संदेह है कि इस लेख के नायक दोनों का ही सम्मान करते हैं।

—डॉ. रवीन थत्ते

एम.एस., एफ.आर.सी.एस. (एडिन)
भूतपूर्व प्रोफेसर एवं अध्यक्ष प्लास्टिक सर्जरी
लोकमान्य तिलक हॉस्पिटल सायण, बंबई
पुरस्कृत सम्माननीय एफ.आर.सी.एस. एडिन

(सम्माननीय एफ.आर.सी.एस. के उद्धरण की व्याख्या। उन्होंने विकासशील देशों के लिए प्लास्टिक सर्जरी को सरल बनाया है और साथ ही उन्होंने फ्लैप संचरण से संबंधित कुछ मूलभूत तथ्यों पर और क्लेफ्ट पैलेट पर भी काम किया है।

वह एकमात्र एशियाई हैं, जिन्हें यह सम्मान मिला है। वह एकमात्र ऐसे गैर-अमेरिकी भी हैं, जिन्हें 'अमेरिकन जर्नल ऑफ प्लास्टिक सर्जरी' में लिखने के लिए आमंत्रित किया गया।)

❑❑❑